本书出版得到“教育部新世纪优秀人才支持计划”（NCET11–0707）
国家社科基金重大项目（13&ZD130）经费支持

序

1899年甲骨文的发现开启了中国古史研究的新纪元，成为学术史上一件彪炳千秋的大事。经过一个多世纪的积淀与发展，甲骨学已成为一门国际性显学，专家学者遍布寰宇，研究论著汗牛充栋。溯本求源，中国甲骨学国际化的滥觞与20世纪初一批来华传教士有密切关联，正是他们的积极参与和潜心研究，奠定了海外早期甲骨学研究与发展的根基。

20世纪40年代，董作宾、陈梦家等先生曾关注过这批传教士的甲骨学研究贡献。但在随后的半个世纪内，由于诸多方面的原因，学界对这批传教士或避而不谈，或一味批判，使得这一特殊群体在甲骨学史上销声匿迹。20世纪90年代后这种情况有所改观，一批研究传教士相关甲骨学活动的论著陆续问世，尤其是山东大学方辉教授的《明义士和他的藏品》一著，成为该领域的代表之作。即便如此，学界对传教士相关甲骨学活动的研究仍显得十分薄弱，大部分学者的研究要么局限在讨论他们窃取我国文物的数量及其罪行等层面，很少去考察其对文物的研究情况，以及他们收购、保存甲骨的初衷和过程；要么仅将研究目光聚焦于某个或某国传教士身上，而缺乏对西方传教士这一特殊群体的整体性观察。基于此，关于西方传教士与中国甲骨学的研究成为甲骨学学术史研究中的一个薄弱环节，因此，系统理清这批传教士收藏、流布我国甲骨的经过，分析其研究动机，梳理其研究成果的脉络，已是甲骨学学术史研究的一个新课题，也是中外甲骨学界对话的一个新平台。

邹芙都、樊森二君的新作《西方传教士与中国甲骨学》就是一部以西方传教士学术群体的甲骨学活动和贡献为研究对象的学术史著作。细读该著，视角新颖、资料翔实、引证丰富、条理清晰，在学术创新方面很值得称道：

首先，该著是首部运用“群体性”视角研究西方传教士甲骨学活动的学术史著作。该著不仅将西方传教士的甲骨学活动看作一个群体性学术行为，而且依照时间顺序将传教士的活动划分为先后两个阶段，并结合同时期中国甲骨学的发展背景，对比分析了各个阶段传教士的甲骨学研究重点，从而全面探索了其学术传承与脉络。

其次，该著勾稽了大量中外文献，详细梳理了西方传教士购藏我国甲骨的时间、经过、数量等情况。特别值得称赞的是，该著运用了大量的图表辅助展示形式，如用流程图展示了各个传教士旧藏甲骨的流布情况，使每批甲骨的流转过程清晰明了；采用对照表表现了中外甲骨学者的著录数量、研究贡献，方便读者对照查阅，等等。

其三，该著通过对西方传教士甲骨著作的深入解读，挖掘了传教士的甲骨学研究成果，从而对其甲骨学贡献进行重新定位，新见迭出。如除了指出学界已了解的明义士在字形断代方面的突出贡献外，还考证了被学界忽视的其他传教士的甲骨学研究突破，如方法敛在 1906 年已率先运用缀合的方法研究甲骨，库寿龄在 1914 年就已经提出字形断代的构想，等等。

此外，该著通过对传教士甲骨学活动的梳理，将其相关甲骨学研究纳入了国际汉学史的研究范围，这是一件很有意义的事。目前我国在国际汉学史研究中关注较多的是宗教、思想、语言、文学、历史等方面的域外研究成果，而对于出土文献学方面关注尚不够。《西方传教士与中国甲骨学》一著在这一点上很值得肯定，希望今后有更多类似的书籍出版。当然，梳理汉学各领域的学术发展史并不是一件简单的事，这不仅要求研究者有扎实的专业功底、良好的外文素养，更需要密切的国际交流与合作。我们希望学界今后在进行类似研究时能够搭建良好的国际交流平台，形成学术交流的“研究场”，这样才能更好地借鉴吸收中外成果，进而促进汉学史研究的进一步深化。

学术史是学术研究的重要门径。我与芙都兄相识多年，深识他的为人和执著的学术追求精神。他和樊森二君的大作搁笔后，嘱我写上几句话，此领域我虽属门外汉，但兄弟之情却之不恭，故只能草上几句续貂。更为重要的是希望向学界推荐此书，让有识之君能够从中真正受益。

卜宪群

2015年1月

自　序

自1899年王懿荣最先发现甲骨文，中国甲骨学已经历了110余年。在中国甲骨学百余年的学科发展史上，西方传教士这个特殊的群体对其产生、拓展，尤其是发展成为一门国际性显学作出了不可磨灭的贡献。任何一门学科的发展，均离不开对其自身发展过程的省思。出于学术自觉，全面回顾和深入思考中国甲骨学发展史上有关西方传教士的工作，对于甲骨学这门自诞生之初就彰显“国际性”的学问而言，显得尤为重要。如此不仅可以还原历史，更可以为未来世界范围内的甲骨学学术交流及学科发展探寻新的研究路径。本书拟以20世纪初甲骨学草创之期为时间范围，以中国甲骨学国际化为空间范围，选取值此之际、涉身其中的一批西方传教士为研究对象，以他们的甲骨购藏、流布、保存、著录以及研究情况等作为主要切入点，观察该群体的甲骨学活动轨迹。与此同时，从社会政治、历史文化以及相关学科领域、海内外甲骨学研究土壤等视角，审视该群体在中国甲骨学这一“世界性”显学的构建过程中的地位和影响，进而考察传教士甲骨学研究的学术价值及历史地位。

本书内容主要包括以下几个方面：

第一，西方传教士甲骨购藏与流布。甲骨资料是我国历史档案的重要组成部分，它体现着我国历史的早期进程，但这一珍贵文物档案却有相当一部分流散海外，据孙亚冰2006年《百年来甲骨文材料统计》统计，目前收藏有我国甲骨资料的国家共有十四个，流散到这些国家的甲骨文资料总数约为21 578片。我国甲骨流布海外的过程是甲骨学研究的重要内容，不能不引起我们的重视，而对早期西方传教士甲骨购藏活动的详细考察，便成为理清我国甲骨流布世界经过的重要环节。本书在学界前贤的基础上，综合勾稽、比对文献资料，辨析既往研究中西方人购藏我国甲骨始年的相关问题，尝试找出首个购藏我国甲骨的传教士的购藏时间和收购经过，并在此基础上详细考察以方法敛、库寿龄、明义士等为代表的西方传教士的甲骨购藏活动，分析其各自购藏特点。同时，详细梳理传教士旧藏甲骨的海内外现藏情况，尝试以时间流向表的形式，还原国内外传教士甲骨重要收藏单位的甲骨入藏经过。在此过程中，本书发现，西方传教士的甲骨购藏活动与国内学者的甲骨购藏活动存在着文化背景方面的差异；同时本书也认为传教士的甲骨购藏活动，既存在学界传统评价的消极影响，但同时在客观上又具有一定程度的积极作用。

第二，西方传教士的甲骨著录。本书从甲骨著录数量、著录方式、文献价值等诸方面详细梳理了西方传教士的甲骨著录情况，指出在甲骨学草创和发展的初期，西方传教士为中国甲骨文献资料的保存事业作出了巨大的贡献，仅方法敛和明义士两人就完成甲骨著录专书6部，著录甲骨约7953片。传教士的甲骨著录不仅开创了新的甲骨著录方法，而且率先将中国甲骨介绍给西方世界，如果说“早期著录将甲骨文推向学术界”的话，那么可以说西方传教士的甲骨著录将中国甲骨和甲骨学推向了世界的学术界，为中国甲骨学的“国际化”进程迈出了重要的一步。

第三，西方传教士相关甲骨学论著、甲骨学研究成果及甲骨学贡献。西方传教士不仅甲骨著录数量众多，其甲骨研究亦取得骄人成绩。传教士的甲骨学研究成果主要集中于其研究论著当中。本书选取方法敛《中国原始文字考》、库寿龄《河南出土之卜骨》、明义士《甲骨研究》为代表，在分析、考察各书主要内容的基础上，指出西方传教士的甲骨学研究领域广泛，不仅关注到董作宾先生1930年在《甲骨文研究的扩大》一文中所列的二十二项研究领域，还涉及甲骨缀合、文字断代等其他五个研究领域。传教士不仅是最先关注到甲骨缀合、文字断代的研究群体，其于甲骨缀合、辨伪、校重、商史研究等方面亦作出了重要成绩。此外，以明义士、福开森为代表的西方传教士群体还在我国早期博物馆事业的发展、甲骨人才的培养等方面作出了突出贡献。

第四，中外学者对传教士旧藏甲骨或甲骨拓片、摹本的再著录。学术研究重视传承延续，我们除了关注传教士群体自身的甲骨学成果外，也关注海内外学者对传教士甲骨学的再研究。本书详细考察了《英国所藏甲骨集》、《美国所藏甲骨录》、《明义士收藏甲骨》、《怀特氏等收藏甲骨文集》等海内外学者对传教士甲骨旧藏及甲骨著录的再著录书籍，指出其既是对早期西方甲骨学的一次回顾，也是中外学者在西方传教士之后继续碰撞的一个缩影，是第一、二次甲骨学术交流高潮的中继。

第五，本书指出20世纪上半叶即甲骨学草创时期是中国甲骨学“世界性”显学地位萌芽和形成的重要时期，重新审视该时期西方传教士的甲骨学活动，不但能够比较全面地认识中国甲骨学史早期的“世界性”特色，而且能为今后的甲骨学发展尤其是甲骨学术史的发展提供一些可资借鉴的材料。传教士的甲骨学不但是中国甲骨学国际化的重要环节，也是海外汉学发展的关键环节，并最终促成了西方“专业汉学时期”的到来。

此外，为方便学界使用，本书亦在前贤研究的基础上编制出了西方传教士甲骨学大事记、西方传教士甲骨学著作目录、西方传教士旧藏甲骨著录片号对照表等相关内容与表格，以备学界使用。

以上是本书的主要内容，因笔者学识有限，故本书论述过程中定有诸多不当或错误之处。尤其是有关传教士海外甲骨现藏的数量问题，其头绪甚多，各家所言又多相抵触，故在咨询、对比、求索、取舍之际难免左右为难。另外，为保持原始资料的可靠性，本书对于所引著作的英文原文仅择其要点加以释译，这可能造成部分读者的阅读不便。此外，诸如对传教士群体在甲骨学学科中的定位和评价等许多观点，多系笔者首次提出，其中不当之处，恳请方家批评指正！

目　录

第一章 导 论

由于流沙坠简、敦煌写经、内阁大库档案，“四裔”碑铭以及殷墟甲骨文的发现，蔚然形成了几种举世瞩目的新学问。特别是一八九九年甲骨文的发现和其后的科学发掘，形成了甲骨学和殷商考古学这两门全新的学问。从此，由于史料不足而山穷水尽的殷商文化研究峰回路转，柳暗花明，别开了新生面。甲骨学成为与语言文字学、历史学、考古学、古代科学技术史研究等学科有着密切关系的当今“显学”和“世界性”学问。①

谈到甲骨学，无人不知“甲骨四堂”。著名古文字学家唐兰曾言：

卜辞研究自雪堂导夫先路，观堂继以考史，彦堂区其时代，鼎堂发其辞例，固已极盛一时。②

蒋逸雪亦赞曰：

近世治甲文而著声称者有四人焉，亦统名曰四堂。四堂者，上虞罗振玉雪堂，一也；海宁王国维观堂，二也；峨嵋郭沫若鼎堂，三也；南阳董作宾彦堂，四也。罗、王继其乡人孙诒让之《契文举例》而有作，咸具开拓之功，世无间言。郭氏杂治，披沙拣金，时亦有获。董氏晚起，亲履殷墟，所见益广，而务为条贯。其《殷历谱》一书，号称合作。③

但鲜有人知，甲骨学草创之初，非独有罗王“有作”、“考史”，董郭“亲履殷墟”、“杂治”甲骨。中国甲骨学有今日之成就，实出于“各国多数学者的共同努力”。这一点，“四堂”之一的董作宾早在20世纪50年代就曾明确提出过：

唐兰氏所称，“卜辞研究自雪堂导夫先路，观堂继以考史，彦堂区

① 王宇信：《甲骨学通论》，北京：中国社会科学出版社，1989年，第23页。

② 唐兰：《天壤阁甲骨文存并考释》序，北京辅仁大学丛书，民国二十八年（1939）石印本；又收入宋镇豪、段志洪：《甲骨文献集成》第二册，成都：四川大学出版社，2001年，第448页。

③ 蒋逸雪：《〈炎黄氏族文化考〉序》，《文教资料简报》1983第1期，第27—29页。

其时代，鼎堂发其辞例，固已极一时之盛”，自然是切实持平之论，非夸张阿好之谈。不过甲骨学得有今日，实出于各国多数学者的共同努力，集千狐之腋以成裘，决不是少数人所应该自己矜伐的。①

这“各国多数学者”中就包含有一个特殊的群体——20世纪初活跃于中华大地的西方传教士，他们不仅在甲骨学草创之初就积极参与甲骨购藏、流布、著录和研究，而且对甲骨学在国际范围的传播、甲骨学“世界性”显学地位的建立均有着不可磨灭之功。

第一节　甲骨学是一门国际性显学

什么是甲骨学？作为一个学科术语，“甲骨学”一词最早见于1931年周予同先生发表在《中学生杂志》上的《关于甲骨学》，此后以“甲骨学”直接入题的论著就相继问世，如1933年、1934年朱芳圃的《甲骨学文字编》、《甲骨学商史编》，1935年郑师许的《我国甲骨学发现史》，1937年蒋大沂的《甲骨学小史》，1944年、1945年胡厚宣的《甲骨学商史论丛》初集、二集等。尽管如此，学界真正对甲骨学做出科学界定的时间却是在20世纪80年代。

1988年9月台湾学者张秉权在《甲骨文与甲骨学》一书中，第一次对“甲骨学”做出较为科学全面的界定：

甲骨学所研究的是甲骨文，但并不限于甲骨文字，凡是和卜用甲骨以及卜辞所涉及的一些有关的事项，都在研究的范围之列。②

1989年6月大陆学者王宇信在《甲骨学通论》中给出了更为明确的界定：

应该明确的是，甲骨文并不就是甲骨学。甲骨文只是商朝后期遗留下来的珍贵文物和史料，它的科学价值，只有随着甲骨学研究的发展，才愈为人们所认识。

而甲骨学，是以甲骨文为研究对象的专门学科，是甲骨文自身固有规律系统的和科学的反映。③

而就是在20世纪80年代——甲骨学蓬勃发展的新时期，随着一批批中外甲骨学者走出各自国门，一次次国际甲骨学盛会成功举办，作为学科门类的“甲骨学”在20世纪的最后二十年已然成为一门“世界性”的显学。④

---

① 董作宾：《甲骨学五十年》，《大陆杂志语文丛刊》，第一辑第三册，1950年，第274页。

② 张秉权：《甲骨文与甲骨学》，台北：台湾编译馆，1988年，第7页。

③ 王宇信：《甲骨学通论》，北京：中国社会科学出版社，1989年，第3—4页。

④ 以下会议信息参考了郭胜强：《甲骨学研究与中国对外开放》，《夏商周文明研究·六——2004年安阳殷商文明国际学术研讨会论文集》，中国殷商文化学会，2004年。

1981年，中国社会科学院历史研究所所长李学勤应邀访问英国，揭开了新时期中外甲骨学界交流合作的序幕。

同年，中国殷商文化学会会长、甲骨学大师胡厚宣先生访日，在日本学者陪同下，参观了天理大学参考馆，并经日方同意选录了部分甲骨予以发表，基本上摸清了日本所藏甲骨的大体面貌。

1982年，“商文明国际讨论会”在美国夏威夷召开，中国社会科学院历史研究所研究员胡厚宣、张政烺、王贵民，考古研究所研究员夏鼐、郑振香、杨锡璋等应邀出席了会议。此次参会人员不仅包括我国大陆及港台地区学者，还包括有大批美国、日本、加拿大、澳大利亚学者。这次会议标志着中外学术界在甲骨学、考古学和商史研究等领域的全面交流与合作的开始。

1983年，胡厚宣赴美访问，在美国加利福尼亚大学吉德炜（Herbert Allen Giles）、哈佛大学张光直等学者陪同下，先后访问了伯克利、旧金山、坎布里奇、纽约等九个城市的甲骨收藏地，摸清了美国所藏甲骨的全部情况，编著《美国所见甲骨补录》，补充了美国加利福尼亚大学洛杉矶分校周鸿翔教授1976年编《美国所藏甲骨录》中未收及未见甲骨24片。[①]

同年，郑州大学教授、中国殷商文化学会副会长李民先生出席了在加拿大召开的第十一届世界人类学和民族学大会，在会上作了“论郑州商代文化”的重要发言，引起国际学术界的重视。

1987年，由中国社会科学院历史研究所、考古研究所、安阳师范学院等单位发起，在安阳市人民政府大力支持下，河南安阳召开了“中国殷商文化国际学术研讨会”，这是自甲骨文发现以来，中外甲骨学家首次在甲骨故乡的大聚会。来自世界各地的117名专家学者出席了这次会议，如中国学者周谷城、胡厚宣、张政烺、杨希枚、饶宗颐、李学勤、田昌五、安金槐、邹衡、李民、王宇信、杨升南等，日本学者池田末利、伊藤道治、松丸道雄、石田千秋、小南一郎等，美国学者吉德炜（Herbert Allen Giles）、张光直、班大为（David W. Pankenier）、江伊莉（Elizabeth Childs-Johnson）、艾兰（Sarah Allan）等，德国学者德麦陵等。

1989年，“纪念殷墟甲骨文发现90周年国际学术研讨会”于河南安阳召开。

1993年，“夏商文明国际青铜器暨殷商文明国际学术研讨会”于江西南昌召开。

1994年，“纪念甲骨文发现95周年国际学术研讨会”于河南安阳召开。

---

① 后均收入胡厚宣：《苏德美日所见甲骨集》，成都：四川辞书出版社，1988年。

1997年，“山东桓台中国殷商文明国际学术研讨会”于山东桓台召开。

1998年，“殷墟发掘70周年国际学术研讨会”于河南安阳召开。

1998年，“河北邢台中国商周文明国际学术研讨会”于河北邢台召开。

1999年，甲骨文发现100周年，为了纪念这一世纪性学术盛事，由中国社会科学院、中国殷商文化学会、安阳师范学院、香港中文大学中国文化研究所等单位主办，在安阳市人民政府支持下，河南安阳隆重举行了“纪念甲骨文发现100周年国际学术研讨会”。中共中央政治局委员、中国社会科学院院长李铁映专程到会祝贺，200多位中外学者出席了这次盛会，其中海外学者就有80多人，中外甲骨学术交流达到一个新的高潮。

正如著名学者周谷城在“中国殷商文明国际学术研讨大会”开幕式上指出的那样：

> 殷商文明的研究，在世界文明史上也有重大意义。今天在座的专家学者，来自不同的国家，说着不同的语言，但在殷商文化方面却有着共同的语言，特别是甲骨文，可以说几乎成了我们各国专家、学者的“通行文字”。这说明了殷商文化，特别是甲骨学研究，确实已成为一门“国际性”学问。①

下面是与中国甲骨学“国际化”密切相关的两组数据：

(1) 根据宋镇豪、常耀华1999年在《百年甲骨学论著目》序文中的统计结果，截至1999年甲骨文发现100周年时，世界范围内甲骨学学者共3833人②，其中中国学者（含港澳台）3332人，外国学者502人，发表、出版各类甲骨学论著约10 946种。502名海外学者，广布于日本、美国、韩国、英国、法国、德国、加拿大、俄国、瑞典、澳大利亚、瑞士、意大利、匈牙利、新加坡等14个国家（图1-1）。③

(2) 根据孙亚冰2006年《百年来甲骨文材料统计》统计，除我国（包括香港、台湾地区）外，目前收藏有甲骨的国家共有十四个，流散到这些国家

---

① 周谷城：《在中国殷商文明国际学术研讨会开幕式上的讲话》，《殷墟博物苑苑刊》（创刊号），北京：中国社会科学出版社，1989年。

② 《百年甲骨学论著目》统计数字为“3833人”，计算有误。据其统计：“一百年中有关论著超过1万种，作者队伍总共加起来达到3833人，分布于中国大陆、港澳、台湾，以及世界上其他14个国家，其中中国（包括港澳台地区）3332人，外国502人，内日本290人，美国93人，韩国40人，英国27人，法国16人，德国9人，加拿大9人，俄国7人，瑞典4人，澳大利亚3人，瑞士、意大利、匈牙利、新加坡各1人。”据此应为“3332+502=3834人”。

③ 宋镇豪、常耀华：《百年甲骨学论著目》序，北京：语文出版社，1999年。

的甲骨总数约为 21 758 片（图 1-2）。[①②]

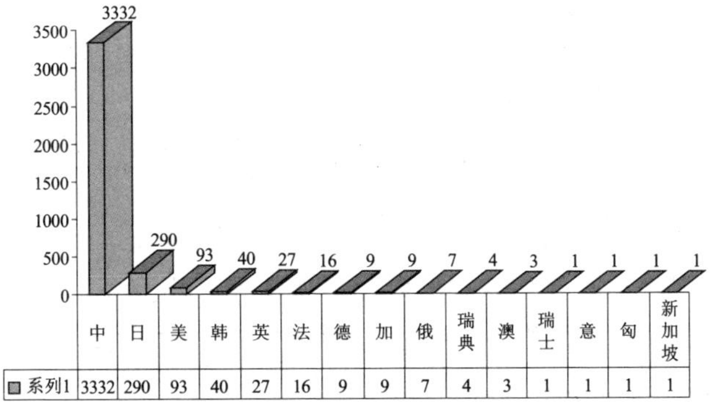

	中	日	美	韩	英	法	德	加	俄	瑞典	澳	瑞士	意	匈	新加坡
系列1	3332	290	93	40	27	16	9	9	7	4	3	1	1	1	1

图 1-1　世界甲骨学人分布图（截止于 1999 年）

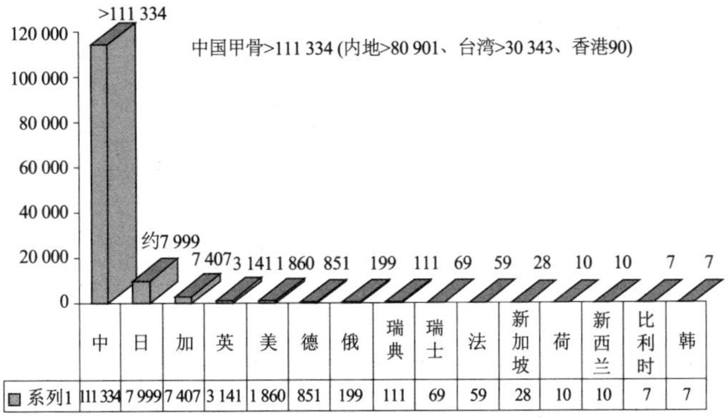

	中	日	加	英	美	德	俄	瑞典	瑞士	法	新加坡	荷	新西兰	比利时	韩
系列1	111 334	7 999	7 407	3 141	1 860	851	199	111	69	59	28	10	10	7	7

图 1-2　中国甲骨世界分布图

以上事实和数据无不表明，中国甲骨学是一门“国际性”学问，不论从甲骨实物（研究材料或对象）现藏，还是甲骨学人（研究主体）国籍的地域分布来看，甲骨学都具备国际背景和国际格局。

因此，本书所讨论的中国甲骨学即一门起于传统社会下，后广泛传播发展于我国内地、香港及台湾地区，以及日本和欧美等国家和地区的综合性人文学科。它综合研究运用甲骨卜辞、与甲骨卜辞相关的文献或实物材料溯求我国商周历史真相；研究方式广泛而多样，主要包括甲骨著录、汇释，甲骨

① 孙亚冰：《百年来甲骨文材料统计》，《故宫博物院院刊》2006 年第 1 期。

② 因甲骨埋藏日久且骨脆易碎，兼之部分甲骨保存不当，故常有同一贮藏地甲骨片数因统计时间不同而导致片数不一的现象出现，故本书甲骨数字均表示为约数。

辨伪、校重、缀合，甲骨分期、断代，占卜形制、文例及相关商周史研究等。

中国甲骨学冠以“中国”之名，是因其植根于中国，生长于中国。“中国”乃取其根本，是为国家概念。但经百余年来的蓬勃发展，甲骨学已成为一门“国际性”显学，甲骨材料广布世界，研究学者遍及寰宇，研究硕果更是超越国界、绽放全球。简言之，“甲骨是中国的，甲骨学是世界的”。因此，这里的“中国甲骨学”可以认为是一门关于中国甲骨的世界性学问。

中国甲骨学走向“国际化”绝非偶然。回顾一百余年甲骨学学术史，我们可以看到在甲骨学研究领域曾出现过两次中外交流的高潮：一次是上文中列举的从20世纪80年代初开始，历经20世纪八九十年代并一直延续至今的国际甲骨学交流盛事；另一次则是发生在20世纪初叶，自甲骨文发现之初开始，一直延续到20世纪三四十年代的西方传教士对中国甲骨的收藏、著录、研究及传播高潮。即：

第一次　20世纪初叶　西方传教士将甲骨传向世界

第二次　20世纪末叶　海外学者将甲骨学带回中国

这两次交流的时代背景、具体情况各有所异，本书着重研究第一次中西甲骨学交流高潮，认为如果没有第一次高潮中中国甲骨的走出国门，就不会有第二次甲骨学回归中国的高潮。二者存在着前因后果式的关联：中国甲骨学在世界各地的开花结果，离不开传教士早期的播种和耕耘。

需要指出的是，这里所说的“西方”[①] 并非广义的发达资本主义国家，不包括日本和俄罗斯，特指以美、加、德、英、法、瑞士等国为代表的欧美国家。而本书中的西方传教士也仅界定于20世纪初活跃在中华大地且与中国甲骨发生过密切关系的欧美传教士，具体包括加拿大长老会牧师明义士、圣公会牧师怀履光，英国浸礼会牧师库寿龄，美国长老会牧师方法敛、“社会福音派”牧师福开森，德国魏玛差会牧师卫礼贤等，这些人在华期间不仅投身传教、医疗等事业，而且为甲骨学的发展作出了巨大贡献。

第二节　西方传教士与中国甲骨学的研究历史与现状

一、西方传教士：甲骨学史上的一支重要力量

正如上文所述，中国甲骨学之所以说是一门国际性显学，是因为在甲骨

① 西方国家，泛指美国、西欧、加拿大、澳大利亚、新西兰等国家和地区，由于这些国家和地区大部分集中在欧美，所以有时也称作“欧美国家”。

学史上曾出现过两次世界范围的中外甲骨学学术交流高潮，这两次高潮前为因后为果，没有第一次“甲骨的走出国门”就不可能出现第二次“甲骨学回归中国”。从某种意义上讲，甲骨学之所以能成为一门国际性显学，是因为它一开始就受到了海内外学者的共同关注，具备了国际显学的基因和种子。

甲骨，作为研究实物，甲骨学，作为一门学问，都属于客体，客体的传播与发展离不开主体的追求和努力。在20世纪初期，一批外国人士的极力搜求和大力传播，成为甲骨和甲骨学早期海外传播的主因。而在这批外国人士中，西方传教士是一个显著而独特的群体。他们既胸怀崇高理想、坚定信念，是一群热心虔诚的宗教信仰者和宣传者；又深受西方科技、人文教育，是一群训练有素的文化研究者和传播者；更兼之置身中华大地、浸染中国文化，故能在不断了解中国、感知中国的过程中逐渐成为一群中西文化交流的参与者和推动者。

具体到本书所关注的重点，如加拿大长老会牧师明义士、圣公会牧师怀履光，英国浸礼会牧师库寿龄，美国长老会牧师方法敛、“社会福音派”牧师福开森，德国魏玛差会牧师卫礼贤等，他们有着特殊的身份和地位，大多持有西方学历、熟悉中国文化，不仅长期居住在中国，从事宣教、赈灾、医疗、教育等公益事业，而且在甲骨学，尤其是材料收集、文献整理、文化探究、学术传播等诸多方面都作出过突出贡献。

翻开《甲骨学大事记》，他们的行踪历历可见。

> 1903年　美国长老会驻潍县宣教士方法敛和英国浸礼会驻青州宣教士库寿龄为上海亚洲学会博物馆购得甲骨400片；
>
> 1904年　美国人方法敛及英国人库寿龄、驻潍县牧师柏尔根……在潍县、青岛等地搜购甲骨文；
>
> 1914年　英国驻安阳长老会牧师、加拿大人明义士开始在安阳小屯村收购甲骨……
>
> 1917年春，明义士《殷虚卜辞》出版。此书为西方学者所编第一部甲骨著录书……[①]

但长期以来学界对这一特殊群体在甲骨学史上的地位与贡献重视不够，早期对其评价也大多是负面的。如田牧在《彻底肃清帝国主义文化侵略的影响——济南市高等学校“三反”及思想问题展览会》一文中说：

① 王宇信、杨升南：《甲骨学一百年》附录《甲骨学大事记》，北京：社会科学文献出版社，1999年，第700—702页。

过去我们曾怀疑过我国许多无价宝贵的古物为什么不翼而飞了。现在人们可以清楚地知道，原来许多贵重古物被打着“友谊”招牌、披着“牧师”外衣的帝国主义分子盗窃走了。[①]

陈梦家在《殷虚卜辞综述》中说：

帝国主义国家所派遣来的文化侵略者和传教者……利用他们国家的武力，乘中国在政治经济都落后而且混乱之际，掠去了我们先民所遗的宝贵文物，满载而去，作为他们回国后的敲门砖，实在是我们研究古代文物的一个重大而惨痛的损失。[②]

不可否认，甲骨出于中国，属于中国，西方传教士在我国甲骨流出中国这一事实上负有不可推卸的责任；但是同样不能否认的是，大多数传教士收藏者是以纯学术研究或科普教学为目的而收集甲骨，这点与罗振玉、刘鹗等人并无两样，而且也正是因为他们的收集、传布，才使大量珍贵甲骨躲过战乱、得以保存。马克思主义唯物辩证法告诫我们观察事物要一分为二，若只是揪住一点便将整个传教士群体“一棍子”打死，盲目否认其甲骨学贡献，就势必落入绝对主义的窠臼，毕竟正是他们推动了早期甲骨学走向世界，并为这一显学的“国际化”进程作出过突出贡献。

二、西方传教士甲骨学的研究历史与现状

作为中国目前发现的最早的成系统的文字，甲骨文自发现之日起就受到了海内外学者的瞩目，很快成为一门“世界性”学问。在此过程中，一大批外国人士，特别是以加拿大长老会明义士、美国长老会方法敛等为代表的传教士，在甲骨收集、文献整理、文化探究诸方面都作出过突出贡献。

国内较早关注这一特殊群体的学者有董作宾和陈梦家二人。早在 20 世纪 40 年代，董作宾就撰写了《方法敛博士对于甲骨文字之贡献》，文中董作宾从方氏“学历”（引者按：即方法敛年表）、已发表的三种甲骨摹本、方氏摹本对其本人写作《殷历谱》的启发等三方面对美国长老会传教士方法敛博士的甲骨学贡献进行了系统地总结和回顾。董氏特别指出：“方氏最大的贡献不在他研究的心得（多未发表），而在他‘努力摹写每一片经他手的甲骨文字。’”[③]

① 田牧：《彻底肃清帝国主义文化侵略的影响——济南市高等学校“三反”及思想问题展览会》，《大众日报》1952 年 5 月 21 日。

② 陈梦家：《殷虚卜辞综述》，北京：中华书局，1988 年，第 1 页。

③ 董作宾：《方法敛博士对于甲骨文字之贡献》，《图书季刊》新第 2 卷第 3 期，1940 年，第 297—324 页。

与董氏同年同刊发表的还有陈梦家的《述方法敛所摹甲骨卜辞》及《述方法敛所摹甲骨卜辞补》[①] 两篇文章，分别就方氏所摹《库方二氏藏甲骨卜辞》中的伪刻部分、库方二人英文名中译的统一、方氏旧藏尤其是普林斯顿大学所藏甲骨的现状和白瑞华对方氏手本的影拓等四方面做了详细介绍，为当时国内学者了解这部分材料提供了重要依据。

而到了新中国成立后，尤其是20世纪六七十年代，由于众所周知的原因，学界对这批传教士或避而不谈，或盲目扣上“帝国主义”的帽子、一味批判，使得这一特殊群体在这一时期的甲骨学史叙述中踪迹难觅。

直到20世纪90年代，随着甲骨学百年学术史回顾与总结的全面开展，学界才逐渐开始重新关注这一群体，并陆续刊布了一批有关传教士甲骨学[②]的著作与文章。如：方辉《明义士的甲骨收藏与甲骨学研究》、《有关明义士藏品的一封信》、《明义士在华期间的文物收藏及其对中国考古学的贡献》、《从传教士到考古学家——明义士学术评传》、《明义士甲骨入藏南京博物院》、《明义士和他的藏品》[③]；刘志伟《明义士博士：还您一个公道》[④]；王宇信《明义士殷商文化研究的成功及对我们研究的启示》[⑤]；陈巨慧、钟倩《加拿大学者明义士：甲骨研究“西方学者第一人”》[⑥]；李巍《从传教士到汉学家——加拿大圣公会主教怀履光》[⑦]；高慧《怀履光及其汉学研究》[⑧]；张科生《福

---

① 陈梦家：《述方法敛所摹甲骨卜辞》，《图书季刊》新第2卷第1期，1940年，第45—49页；陈梦家：《述方法敛所摹甲骨卜辞补》，《图书季刊》新第2卷第3期，1940年，第325—330页。

② 所谓“传教士甲骨学”，并非一个专称，实指对传教士所从事的相关甲骨学活动的概括，具体研究内容见本章第三节。

③ 方辉：《明义士的甲骨收藏与甲骨学研究》，《殷都学刊》1994年第1期，第12—18页；《有关明义士藏品的一封信》，《殷都学刊》1996年第3期，第8—9页；《从传教士到考古学家——明义士学术评传》，见宋家珩：《加拿大人在中国》，北京：东方出版社，1998年，第186—212页；《明义士甲骨入藏南京博物院》，《中国文物报》1999年3月28日；《明义士和他的藏品》，济南：山东大学出版社，2000年。

④ 刘志伟：《明义士博士：还您一个公道》，http://aycua.blogchina.com/100528.html。

⑤ 王宇信：《明义士殷商文化研究的成功及对我们研究的启示》，《文物天地》2001年第6期，第48—49页。

⑥ 陈巨慧、钟倩：《加拿大学者明义士：甲骨研究“西方学者第一人”》，《大众日报》2012年12月18日。

⑦ 李巍：《从传教士到汉学家——加拿大圣公会主教怀履光》，见宋家珩：《加拿大人在中国》，北京：东方出版社，1998年，第257—285页。

⑧ 高慧：《怀履光及其汉学研究》，山东大学2008年硕士学位论文。

开森捐赠文物始末》[①]；刘钢《探密福氏古物馆》[②]等。此外，国内最早的甲骨学教科书之一明义士《甲骨研究》（前编）也得以再版发行[③]。

下面以时间为序，对这部分研究成果进行简要的回顾和评述。

20世纪90年代，山东大学加拿大研究中心宋家珩教授委托方辉博士承担“加拿大传教士明义士在华活动”研究课题。1993年方辉开始收集相关资料。1994年，他在《殷都学刊》上发表了《明义士的甲骨收藏与甲骨学研究》一文，该文首次对西方所主张的明义士发现“殷墟”观点进行了比较详细地考辨，得出“明义士是第一个以学者身份访问殷墟的人”的可信结论。此外，还对明义士在华期间的甲骨收集活动，及其在甲骨著录、校重、鉴别辨伪、分期断代和商史研究方面作出的贡献进行了简要的论述。更为重要的是，方文中所提供的明义士旧藏甲骨流传的新材料颠覆了这个曾经被我们看作是“披着道袍的帝国主义文化侵略者和文物盗窃者”的传教士的传统印象。

1996年方辉又在《殷都学刊》第3期发表了《有关明义士藏品的一封信》，文中公布了另一名传教士乔治·金1948年7月写给明义士、明义士·玛莉小姐等人的一封信，信中间接反映出明义士愿意将自己齐鲁大学博物馆藏品捐赠给齐鲁科美学校的意愿，为我们了解明义士藏品的流向提供了新材料。

1998年，方辉又在宋家珩主编的《加拿大人在中国》一书中发表了《从传教士到考古学家——明义士学术评传》，着重从明义士由传教士到考古学家这一身份转变的角度对明义士的学术活动，尤其是甲骨学、考古学方面的贡献进行了述评。这是一篇帮助我们了解明义士学术历程的重要文章。此外，该书还收录了与方文角度一致的另一篇文章——李巍《从传教士到汉学家——加拿大圣公会主教怀履光》，该文分青年时代、福建传教、河南创业、掠夺中国文物、研究和介绍中国文化等五个部分对怀履光的一生进行了客观公正的总结，使我们在谴责怀履光窃取中国文物可耻行为的同时，也看到了他向西方世界介绍中国文化所做出的努力及起到的积极作用。对比阅读方、李二文，我们可以对明义士和怀履光，这两位对我国近代考古学产生过较大影响的西方传教士有一个相对清晰、全面的认识。

以上是20世纪末甲骨学百年学术史全面回顾和总结时期，为数不多的

① 张科生：《福开森捐赠文物始末》，《纵横》2006年第4期，第54—58页。

② 刘钢：《探密福氏古物馆》，《中国收藏》2007年第8期，第122—125页。

③ 明义士：《甲骨研究》，济南：齐鲁书社，1996年。原是明义士执教齐鲁大学时（1932—1936）的课程讲义，1933年齐鲁大学石印出版。因此书印量小，存世很少，早已成为个别图书馆或少数学者秘不示人的孤本。

专篇讨论传教士甲骨学的研究论作。

2000年，《殷都学刊》第一期刊发了方辉《明义士在皇家安大略博物馆》一文，文中首次公布了明义土在1940年3月6日致加拿大皇家安大略博物馆馆长卡雷利的一封信函。通过这封重要的信函，我们对明义士回国后（1936年至1940年）任职于该博物馆期间的情况有了基本了解。信中内容不仅涉及明义士本人在河南安阳等地的文物收集情况，还涉及同为加拿大传教士的怀履光在河南洛阳、安阳等地的文物收集情况，反映了两人截然不同的“收藏之道”，这封信的内容对于中国考古学史的研究也大有裨益。

21世纪初期，传教士甲骨学研究中最引人注目的是2000年6月方辉《明义士和他的藏品》一书的出版。初看题目，这似乎是一部有关明义士的个人传记和藏品介绍，但仔细读来便会发现这是一部颇具学术史气质的专著。

在书中，方辉对明义士一生的经历和相关甲骨学活动做了全面总结。方辉的这一研究肇始于20世纪90年代，早在1993年方辉就开始收集资料，1994年和1997年他还利用到加拿大做访问学者的机会访问明氏后人，大大增益了该书的内容。基于作者深厚的考古学、殷商史学术基础，长期扎实详细的一手材料，七年的持续努力，阶段性成果不断，终于在2000年取得预期的丰收。方辉在后记中写道：“这个课题同自己的专业之间存在着一定的距离”，因此最初曾有一种“游离于‘主战场’之外的感觉”。他又说，这种感觉“相信许多像我一样的年轻学人都曾经遇到过。实际上，作为对学科发展和真理的追求，学术研究本不应该存在主次之分。我曾将上述的担心向师友们袒露，得到的是肯定和鼓励。”① 事实上从该书问世以来所收到的学界广誉来看，方辉博士的担心完全是多余的，其驰骋于“主战场”之外亦能得心应手，游刃有余。

《明义士和他的藏品》一书的正文由七章构成，分别是：第一章来华传教，第二章讲业齐鲁，第三章文物收藏，第四章回国以后，第五章学术贡献，第六章藏品流布，第七章藏品选粹。与其他文化学意义上的人物传记不同，方辉在书中更多运用了明氏著作转录及大量参考文献注释等，大大提升了该书的学术性。尤为珍贵的是，文中公布了大量明义士及其亲友的书信资料，为我们重新认识明义士这个曾被人误会的传教士形象提供了确凿的依据。通过该书的介绍，我们看到明义士不仅是一名出色的传教士，也是一名出色的教育家；不仅是一位著名的收藏家，更是20世纪初精研中国甲骨及青铜文化的西方学者。正如王宇信先生所言：“这是第一部全面介绍西方甲骨学家贡献的专著，因而较为重要。本书把一位热心探求中国古代文明、全身心地投

① 方辉：《明义士和他的藏品》后记，济南：山东大学出版社，2000年。

入中国古代文化研究的诚实学者的一生再现出来，是一件很有意义的事情。”[①]

在方辉此书的影响下，学界开始对20世纪初传教士在中西文化交流和中国文化研究上的贡献进行重新审视和评价，研究视角也渐从聚焦明义士一人扩展到对其他传教士的关注。

如山东大学2008届硕士毕业生高慧的毕业论文《怀履光及其汉学研究》对怀履光进行了较为全面的研究，尤其重视突出怀氏在汉学研究中的贡献，该文为我们全面了解这一备受争议的历史人物提供了比较详细的借鉴材料。此外，张科生的《福开森捐赠文物始末》、刘钢的《探密福氏古物馆》追述了传教士福开森将其毕生收藏无偿捐赠给南京博物院的事迹。这些研究均颠覆了传统对西方传教士之于中国甲骨和甲骨学的粗浅、片面的评价，使得我们对这一特殊群体刮目相看。

诚如王宇信在《甲骨学一百年》中所指出的那样：

> 百年来甲骨学辉煌成就的取得，是中国学者和海外学者共同努力的结果。……国外学者的研究著作也在甲骨学史上占有重要地位。[②]

而对于甲骨学早期的历史而言，参与甲骨学草创和推进甲骨学早期发展的“海外学者”就是这批西方传教士群体，而从甲骨学的国际化起源和发展的角度来看，关注和研究西方传教士在甲骨学史上的地位和贡献更成为不可回避、不容忽视的重要课题。

整体而言，尽管学界已经认识到这个问题，而且从20世纪80年代以来，学界对西方传教士及其甲骨学活动也确实给予了一定程度的关注，但是相对于该群体在甲骨学史上的重要地位，尤其是其在甲骨学成为一门世界性学问过程中所起到的筑基作用而言，对其关注的程度和研究的力度都是远远不够的；而既往研究成果的数量，相比于我们给予其他甲骨学研究群体的关注，也是不成比例的。此外，以往的研究较多关注传教士个人，尤其是学界的焦点多集中于明义士一人身上，缺乏对传教士这一特殊群体的整体研究。因此，就整个甲骨学学术史的研究而言，西方传教士课题还有继续深入发掘的空间。

综之，对于既往学术研究成果的梳理，了解学界对西方传教士与中国甲骨学研究的历史和现状，对本书研究方向的确立、研究思路的拓展裨益良多。

---

① 王宇信：《明义士和他的藏品》序，济南：山东大学出版社，2000年。

② 王宇信、杨升南：《甲骨学一百年》，北京：社会科学文献出版社，1999年，第21页。

第三节　本书的研究范围及宗旨

一、本书研究范围

1. 时间范围

本书所研究的时间范围定为20世纪上半叶这段时间。之所以择取这段时间，如前所述，主要是因为20世纪上半叶是中国甲骨学的草创（1899—1928）和初步发展（1928—1937）时期，正是这一时期的发展为后世中国甲骨学的“世界性”地位奠定了坚实基础。

需要注意的是，西方传教士的相关甲骨学活动时间虽是固定的，但其对中国甲骨学，尤其是对其国际化的影响则是长期持久的。

2. 空间范围

所谓空间范围，是从地域上而言，我们这里考察的不单单是西方传教士在华期间的甲骨学活动，还包括他们回国后的相关后续研究，甚至他们的甲骨学活动和研究在世界范围的影响。具体讲，既包括他们在华的甲骨购藏、流布、著录、缀合、商史文化研究等方面，也包括他们回国后的相关学术活动和学术研究；既包括他们的甲骨旧藏在世界范围内的分布和现藏，也包括他们的甲骨学研究成果在世界范围的影响；当然，还包括海内外学者对西方传教士旧藏甲骨及甲骨学成果的研究。

3. 内容范围

本书研究内容包括两个方面：一方面是传教士本人相关甲骨学活动和研究，具体为传教士甲骨购藏与流布；甲骨著录与整理；甲骨辨伪、校重与缀合；甲骨学与殷商史以及中国古代历史文化研究；传教士在华开展的考古学、甲骨学、殷商史教学；甲骨铜器等古物展览；在华举办的甲骨学讲座和报告；发表的中英文甲骨学著作等方面，我们把这部分称之为“本体研究”。另一方面则是中外学者在传教士旧藏甲骨及其相关研究成果基础上的再研究，我们称之为“后续研究”。

此外，本书还涉及西方传教士甲骨学研究群体与同时期其他甲骨学研究群体，如以“甲骨四堂”为代表的中国学者之间的比较，分析植根于西方文化的传教士群体与深谙中国传统学问的本土学者之间的不同，借此挖掘西方传教士群体之所以在中国甲骨学术史舞台上扮演重要角色、促使甲骨学成为一门国际性显学的时代偶然性与历史必然性。

二、本书宗旨

在甲骨学发展的一百余年间，资料汗牛充栋，名家辈出，群星璀璨，论作如林。为充分继承和弘扬前辈学者给我们留下的宝贵精神财富，全面总结甲骨学形成和发展的历程，全方位调查和清理甲骨学发展早期的情况和规律，认真梳理这段历史中的“学人、事迹、著作、观点、功绩、过失”是十分必要的。正如《甲骨学一百年》中所说：

> 对百年来甲骨学研究进行总结，是使我们新一百年的研究从理论上、方法上、规律上的探索更为明确和自觉，从而避免盲目和重复，使我们更加主动地向研究的广度和深度方面前进并着力向研究的新领域开拓。①

如本节开头所言，中国甲骨学是一门国际性显学，西方传教士在甲骨学发展史及甲骨学走向世界的国际化道路上均居于特殊地位，对二者起到了积极作用。本书将视角集中于这群甲骨学草创（1899—1928）和发展初期（1928—1937）活跃于中华大地、置身于甲骨学前沿的西方传教士身上，研究其甲骨学活动、代表著作、学术观点、主要贡献和深远影响，旨在梳理中国甲骨学史及甲骨学国际化进程中中西交流第一次高潮产生的背景和过程。一方面期望能以微薄之力为学界提供一份丰富的关于甲骨学早期历史面貌的新材料、一种观察甲骨学历史和国际化进程的新视角；另一方面初步探索甲骨学这一国际显学学科地位的根源，也为进一步深入和拓展甲骨学的中外学术交流提供依据和借鉴。

① 王宇信、杨升南：《甲骨学一百年》，北京：社会科学文献出版社，1999年，第20页。

第二章　西方传教士与甲骨购藏

当殷墟出土甲骨文被甲骨学先驱们出高价收购，或有的国内学者尚怀疑是朽骨伪刻之时，外国传教士便已认定这是有价值的中国古代文物。①

继1840年鸦片战争后，各国列强纷来沓至，一个个侵略势力、一项项强盗条约，使得晚清政府屡遭屈辱，赤县神州水深火热，泱泱中华遂沦为半殖民地半封建社会。到19世纪末20世纪初，“在列强进一步的侵略下，欧美各国的各种人员可以自由出入中国。在来华的各种人中，传教士占了很大的比例。尽管这些传教士中的少数人是抱着不可告人的目的来华，但大多仍是以宣传教义为主。这些传教士中大多有较高的文化修养，他们利用其特殊的身份，可以自由出入我国的城市和乡村。他们对我国古代文物也很有兴趣，不少人也多方蒐集，有的是作为收藏鉴赏，也有不乏为本国博物馆、艺术馆的蒐集者。”②

就中国甲骨学的发展历史而言，自清光绪二十五年（1899）秋甲骨文被发现③，一直到民国十七年（1928）10月中央研究院历史语言研究所在河南安阳小屯村开始科学考古发掘的30年时间被称作“甲骨学的草创期”和“甲骨文的非科学发掘阶段”④。在这段时期内因曾用之以药材、弃之如瓦砾的甲骨，被认出为殷商遗文、古物，其文物价值和经济价值迅速被嗅觉灵敏的古董商人捕捉到。商贩走贾千里奔波、万里经营，汲汲以图、厚价以求。而王懿荣“每

---

① 王宇信、杨升南：《甲骨学一百年》，北京：社会科学文献出版社，1999年，第38页。

② 王宇信、杨升南：《甲骨学一百年》，北京：社会科学文献出版社，1999年，第38页。

③ 关于“甲骨文的发现问题”，参见王宇信、杨升南：《甲骨学一百年》，北京：社会科学文献出版社，1999年，第29—34页。

④ 王宇信、杨升南：《甲骨学一百年》，北京：社会科学文献出版社，1999年，第4页。

版价银二两”、端方“每字酬银二两五钱”[①] 的高价更使甲骨买卖供不应求，以至于小屯村民弃农掘骨以求厚利，古董业者假冒伪造以谋善价。

一时之间，士大夫、古董商、古玩家，乃至入华传教士们，纷纷加入购藏行列，不遗余力。然而，这些甲骨购藏者对待甲骨的态度和处理并不完全相同：或藏为古董、赏鉴把玩，以为传世增值之本，如王懿荣辈；或现于同好、切磋钻研，以为学术探讨之务，如刘鹗、罗振玉等人；或流于海外、呈之公众，以备展览研究之用，如西方传教士群体。

尽管不同人士“对待甲骨的态度和处理并不完全相同”，但是有一点则是一致的，这些人士的甲骨购藏无疑加剧了人们对殷墟甲骨的私挖乱掘，所以从某种程度上可以说“甲骨文的非科学发掘阶段”也就是“殷墟甲骨文被私挖乱掘的阶段”。西方传教士的甲骨购藏活动主要就是发生在这个阶段，也即是说西方传教士的甲骨购藏史是构成甲骨学草创期和甲骨私挖乱掘期历史的重要组成部分，我们要想全面了解和把握甲骨学草创期和甲骨私挖乱掘期的历史，就离不开对西方传教士甲骨购藏史的清理和把握。

但梳理西方传教士在此期间的甲骨购藏历史面临着种种“疑难杂症”[②]，如“西方传教士究竟是什么时候开始购藏甲骨的”、“西方传教士分别购藏了多少甲骨，其总数为多少”、“西方传教士购藏甲骨过程中都有哪些代表性人物和典型事件”等等，这些问题由于受到时代、地域、语言、文化、政治等因素的制约，“当时的文字记载或实物为证”不足，而长期聚讼纷纭。而今天在科技大发展、文化大繁荣、学术大自由的背景下，着力搜集资料、获取信息以继续上述问题的探究就显得可能而又必要。

本章中前三节分别为三个独立的专题，同时这三节从时间和特点上又可分为两个阶段、两种情形。因此，本章第四节以时间为纲将这两个阶段进行比较，并参照对比同时期购藏甲骨的国内学者，以期揭示西方传教士群体的甲骨购藏特征及历史地位。

---

① 明义士《甲骨研究》中记载：“一八九九年秋，……潍县范氏又卖于王氏（懿荣）甲骨十二块，每块银二两。”董作宾《甲骨年表》“清光绪二十五年”条中记载：“山东潍县古董商人范维卿，为端方搜买古物，往来于河南武安彰德间，见甲骨刻有文字，购若干片献端方，端极喜，每字酬银二两五钱。范乃竭力购致。”

② 王宇信、杨升南：《甲骨学一百年》引孟世凯语：“我国历史上的许多问题，若无当时的文字记载或实物为证，就会留下不少‘疑难杂症’，需要后人去研究、求证，这也是历史研究必不可少的一种工作。”北京：社会科学文献出版社，1999 年，第 33 页。

第一节　西方人购藏甲骨始年钩沉

同甲骨学史上的另一段著名公案“谁最先发现的甲骨文”一样，“谁是最早购藏甲骨的外国人”也历来意见不一。

具体而言，本问题包含两个方面：一，人物，即最早购藏甲骨的外国人是谁？二，时间，即其人于何时最早购藏甲骨？关于第一点，学界一致同意最早接触并购藏甲骨的外国人是19世纪末20世纪初的一批活跃在中华大地上的西方传教士，他们拥有中西学术背景，身份和地位特殊，兼得天时、地利之便，故能成为早期购藏甲骨的一股重要力量。焦点人物有两个：英国浸礼会传教士库寿龄（Samuel Couling，1859—1923）和美国长老会传教士方法敛（Frank Herriny Chalfant，1862—1914）。关于第二点，则分歧较大，代表性观点主要有三种：庚子年间（1900）、光绪二十九年（1903）、光绪三十年（1904）。

“西方人购藏甲骨始年”问题无疑是甲骨学史上的一件大事，也是研究甲骨学学术史无可回避的问题。该问题的解决不仅有助于理清中国甲骨流失海外的最早情形，而且有利于研究中国甲骨学走向世界（成为国际显学）的历史，因为传教士购藏甲骨的初始时间不仅是西方人接触和了解中国甲骨的开始，也是中国甲骨学走向世界的起点。因此，围绕这一问题进行钩沉整理，对于今后的甲骨学史研究有着资料性意义。

一、西方人甲骨购藏的始年诸说

1.“1900年·库、方二人”

目前所见的最早提出西方人购藏甲骨始于1900年的材料，见于吴汶1937年发表的《甲骨研究之史的发展》一文，文中谈到：

> 一九〇〇年，范维卿挟着百多片甲骨到北京，王懿荣看见后喜极，以厚值悉数买去。后来潍县赵执斋也有数百片卖给王氏。那年（引者按：1900年），英人Couling和美人F. H. Chalfant在山东潍县也购得极多的残片，献给英国博物院及苏格兰博物院，芝加哥Field博物院[①]。[②]

该文认为最早购藏甲骨的外国人是英国人库寿龄和美国人方法敛，时间为1900年。为称述方便，姑且将此观点称之为“观点一：1900年·库、方二人”。

---

① 即“飞尔德博物院”，或译“菲尔德博物院”，本书中所用译名均依照所引文献译名写法。

② 吴汶：《甲骨研究之史的发展》，《复旦学报》（社会科学版）1937年第2期，第83—89页。

方法敛简介

方法敛（Frank Herring Chalfant，1862—1914），美国汉学家，长老会传教士，1862 年 5 月 29 日出生于美国宾夕法尼亚州匹兹堡，在拉斐耶特大学毕业后，又就读于神学院。1887 年，他刚结婚便赴中国，到潍县乐道院任教，担任道学教授。方法敛酷爱中国文化，起初他以收藏和研究中国古钱币闻名，1901 年 1 月 17 日在皇家亚洲文会华北支会演讲《秦朝的重量和度量标准》。到20世纪初发现甲骨文后，他又以极大的热情转向甲骨的收藏和研究。1903年，方法敛和英国牧师库寿龄在潍县先后向古董商人赵允中（字执斋）、李茹宾等陆续购买了大批龟甲兽骨。1906 年，方法敛在美国出版了《中国最早的文字》（*Early Chinese Writing*）一书（亦译作《中国原始文字考》），此书仅仅比刘鹗所编甲骨文开山之作《铁云藏龟》晚了三年，是第一本向西方学界介绍甲骨文的英文著作，在当时的国际史学界引起较大轰动，并使我国的甲骨文研究迅速得到国际学术界认可。其后方法敛用 10 年时间完成《甲骨卜辞》一书，书中包含有摹写本 423 页，书前有 60 页引论，又有一个 3300 字的字汇，字汇前有序文，并以甲骨文与金文、小篆比较表作为附录，另外书后还附有两种索引及一篇书目提要。该书是方法敛一生文字学研究的总结，方氏因此被称作是西方研究和传播甲骨文字的第一人。①

库寿龄简介

库寿龄（Samuel Couling，1859—1922），英国汉学家，浸礼会传教士，1884 年来华，后从事文化教育事业，曾创立山东青州广德书院，1887 至 1908 年出任校长。1914 年 2 月 20 日在皇家亚洲文会华北支会作题为《河南所出之卜骨》的演讲。1915 年 5 月 13 日演讲《中国的塔》。编著《中国百科全书》（*The Encyclopaedia Sinica*），该书出版于 1917 年，全书旨在以大英百科全书为楷模帮助外国读者了解中国，以增进相互了解和尊重。库寿龄也因此获得 1908 年的法国儒莲奖（该奖素有“国际汉学界的诺贝尔奖”之誉）。此外，库寿龄还担任《新中国评论》（*The New China Review*，1919—1922）主编。1921 年库寿龄与兰宁（George Lanning，1852—1920 年，上海西童书院院长）合著《上海史》。除著作之外，库氏还以收藏甲骨闻名于世，所藏甲骨分赠大英博物馆和苏格兰皇家博物馆。库寿龄的一生与中国密不可分，最后卒于中国。②

① 参见《西方研究甲骨文第一人方法敛》（http://tieba.baidu.com/p/1981509429）、《乐道院的那些人那些事》（《齐鲁晚报》2011 年 3 月 4 日）等文。

② 参见王国强：《新中国评论》出版前言，北京：国家图书馆出版社，2012 年。

2.“1900 年·库寿龄”

认为外国人最早购藏甲骨的始年为 1900 年的还有另外一种观点，即最早购藏甲骨的外国人是英国浸礼会传教士库寿龄，我们称之为“观点二：1900 年·库寿龄”。

持这一观点的材料大致可分为两类：一类是专门论述英国收藏甲骨情况的专著，如李学勤在《英国所藏甲骨集》前言中所称：

> 库寿龄在 1884 年代表英国浸礼会到中国。1887 至 1908 年，在山东青州任一男子中学校长。他在 1900 年首次购买甲骨，距甲骨发现鉴定不过一年，是最早收藏甲骨的外国人。1902 年，库寿龄在苏格兰休假，并取得硕士学位。他收藏的大部分是 1903 至 1908 年间与友人方法敛合作收得的。1908 年，他因校务争执自浸礼会退休，移居上海。1917 年，在上海出版他的《中国百科全书》。①

另一类材料则是对近百年来甲骨学研究史的总结回顾性论文，如朱凤瀚在《近百年来的殷墟甲骨文研究》一文中的论述：

> 早在殷墟甲骨被学者发现的第二年，即 1900 年，居于山东青州的英国浸礼会代表库寿龄 (S. Couling) 即已开始购买甲骨，成为最早收藏甲骨的外国人。②

以上两则材料都明确指出英国传教士库寿龄是最早购藏甲骨的外国人。

3.“1903 年·方法敛”

在以往的研究材料中，还有另外一种材料，可以为我们提供更为直观的认识，即总结甲骨学历史事件的甲骨学年表。董作宾在 1937 年发表的《甲骨年表》中有一条最早涉及外国人购藏甲骨的记录，即以下所引述的“光绪二十九年”栏：

> 光绪二十九年，癸卯，一九〇三——一九〇四，美国长老会驻潍县宣教士查尔凡 (Rev. F. H. Chalfant) 为上海皇家亚洲学会博物院 (The Museum of the Royal Asiatic Society，Shanghai) 购得甲骨文字四百片。（据明义士《甲骨研究》讲义引查氏 *Early Chinese Writing* 一文）③

也就是说，从《甲骨年表》来看，最早购藏甲骨的外国人是美国长老会传教士方法敛（即引文中的“查尔凡”），时间为 1903 年。故可称之为“观点三：1903 年·方法敛”。

① 李学勤、齐文心、艾兰：《英国所藏甲骨集》前言，北京：中华书局，1985 年。

② 朱凤瀚：《近百年来的殷墟甲骨文研究》，《历史研究》1997 年第 1 期，第 115—139 页。

③ 董作宾、胡厚宣：《甲骨年表》，上海：商务印书馆，1937 年，第 7 页。

4. “1903 年 · 库、方二氏”

同样，认为西方传教士购藏甲骨的始年发生在 1903 年的还有另一种说法，即赵彦昌 2011 年在《甲骨档案流失海外的原因、经过及具体分布》中的说法：

> 在甲骨档案被发现后的第四年即 1903 年，美国驻山东潍县传教士方法敛和英国浸礼会驻青州传教士库寿龄在潍县合伙购买了很多甲骨档案，并把其中四百片转卖给了上海英国人所办的亚洲文会博物馆。[①]

该说法认为最早购藏甲骨的外国人是美国长老会传教士方法敛和英国浸礼会传教士库寿龄，时间为 1903 年，可称之为“观点四：1903 年 · 库寿龄、方法敛”。

5. “1904 年 · 库、方二人”

与“观点二”同样明确地指出外国人和甲骨发生关系始年的还有另外一种观点。在当前最具代表性的甲骨学百年学术史的总结性著作《甲骨学一百年》中，王宇信等指出：

> 当殷墟出土甲骨文被甲骨学先驱们高价收购，或有的国内学者尚怀疑是朽骨伪刻之时，外国传教士便已认定这是有价值的中国古代文物。

这里的“当……之时”只是一个模糊的时间概念，并没有给出明确的时间。至于人物，也不明确，只知道是外国传教士。不过，从作者的遣词“当……之时，……便已……”中，至少可以看出作者认为外国传教士接触甲骨的时间不会太晚。接下来该书写道：

> 据《甲骨年表》载：光绪三十年（1904），美英传教士就在山东潍县收购甲骨文。所以郭沫若认为“最初发现甲骨的是潍县的商人，又因为甲骨出土不久即遭庚子之变，我们可以揣想到的是这商人在北京的生意做不通，所以甲骨有一部分便搬回了潍县。当时潍县的牧师有库林（Samuel. L Couling）、查尔芳（F H. Chalfant，自名方法敛）两人便得到了这一部分……这大约就是欧美人和甲骨发生关系的开始。”[②]

这段材料是结合了董作宾《甲骨年表》和郭沫若《中国古代社会研究》的研究成果得出的结论。从行文来看，“光绪三十年（1904），美英传教士就在山东潍县收购甲骨文”，一个“就”字，表明作者认为最早购藏甲骨（引者按：“和甲骨发生关系的开始”根据这里的行文其实就是说

① 赵彦昌：《甲骨档案流失海外的原因、经过及具体分布》，《山西档案》2011 年第 6 期，第 35—40 页。

② 王宇信、杨升南：《甲骨学一百年》，北京：社会科学文献出版社，1999 年，第 38—39 页。

的购藏情况）的外国人是“美英传教士”，即库、方二人，时间是“光绪三十年（1904 年）”。这种观点，我们称之为“观点五：1904 年 · 库、方二人”。[①]

这样问题就出来了，最早收购甲骨的西方人究竟是库寿龄一人，方法敛一人，还是库方二人？其最早收购甲骨时间到底是 1900 年，1903 年，还是 1904 年呢？

我们以人物和时间作纵、横两个坐标，将以上五种观点列表显示（表 2-1）：

表 2-1　西方人购藏甲骨三个始年时间的五种观点

人物	1900 年	1903 年	1904 年
库寿龄、方法敛	观点一	观点四	观点五
库寿龄	观点二		
方法敛		观点三	

如表所示，从人物来看，“观点一”、“观点四”、“观点五”都认为最早购藏甲骨的外国人是库方二人，区别在于时间是 1900 年、1903 年还是 1904 年。从时间来看，“观点一”、“观点二”都认为外国人最早购藏甲骨的时间是 1900 年，不同的是，前者认为是库方二人，后者认为是库氏一人；“观点三”、“观点四”都认为外国人最早购藏甲骨的时间是 1903 年，前者认为是方氏一人，后者认为是库方二人。“观点五”则是将西方人购藏甲骨的时间保守推迟到 1904 年。

二、西方人甲骨购藏始年不晚于 1903 年

那么，西方人购藏甲骨的始年究竟是哪一年？仅从上表来看，无法判断出五种观点孰是孰非，我们希望能从五种观点所依据的材料本身出发去寻找线索（表 2-2）。

值得注意的是，上述五种观点中明确提到其依据或材料来源的只有“观点三”和“观点五”。

① 持此观点的还有陈光宇《儿氏家谱刻辞综述及其确为真品的证据》，文章指出：“1904：库寿龄（Samuel Couling，或译库全英，库考龄，1859—1922）及方法敛（Frank Herring Chalfant，1862—1914）开始购藏甲骨，共达 5000 片。儿氏家谱刻辞骨版即在 1904—1908 年之间为二人收购。”（“商代与上古中国文明国际学术研讨会”会议论文，2011 年 11—12 日）

表 2-2　西方人购藏甲骨始年五种观点的材料来源

三个始年的五种观点			来源 / 依据	备注
始年	人物	材料		
观点一 1900 年	库方二人	吴汶《甲骨研究之史的发展》1937 年 2 月		论文
观点二 1900 年	库寿龄	李学勤《英国所藏甲骨集·前言》1985 年		专论
		朱凤瀚《近百年来的殷墟甲骨文研究》1997 年		论文
观点三 1903 年	方法敛	董作宾《甲骨年表》1937 年 4 月	据明义士《甲骨研究》讲义引查氏 *Early Chinese Writing* 一文。（引者按：讲义出版于 1933 年，文章发表于 1906 年）	年表
观点四 1903 年	库方二人	赵彦昌《甲骨档案流失海外的原因、经过及具体分布》2011 年		论文
观点五 1904 年	库方二人	王宇信等《甲骨学一百年》1999 年	董作宾《甲骨年表》1937 年 4 月；郭沫若《中国古代社会研究》1954 年①	专著

如表所示，尽管“观点一”出现时间最早，但由于没有交代所依据的材料来源，我们目前尚无法判断其真实性，先不做判断。② 从有源可查的“观点三”、“观点五”来看，“观点五”是结合了“观点三”和郭沫若《中国古代社会研究》两种资料来源后的一种概括。

下面分别来看这两个资料本身的说法。

① 郭沫若《中国古代社会研究》一书经过多次修改，前后发行过几个版本，详见蔡震：《〈中国古代社会研究〉及版本的几个问题》（《郭沫若学刊》2010 年第 2 期，第 39—43 页），1954 年人民出版社修订版为“观点五”出处参考版本（详见《甲骨学一百年》第 39 页注释①）。

② 不过，我们可以从观点一的表述中找到一些线索，即从“购得极多的残片，献给英国博物院及苏格兰博物院，芝加哥 Field 博物院”这句话中找到一些蛛丝马迹。根据后人（如明义士、董作宾、郭沫若等）对相关事件的记录，我们并不能确定“献给英国博物院及苏格兰博物院，芝加哥 Field 博物院”的这批甲骨与“在山东潍县也购得极多”就是“那年（1900 年）”是同一批、同一年。根据明义士《甲骨研究》讲义“……1904 年以后，美国长老会驻潍县宣教士方法敛和英国浸礼会驻青州宣教士库寿龄二氏又得了些甲骨，加以研究。……”和董作宾《方法敛博士对于甲骨文字之贡献》“是年（引者按：1906 年）十一月廿日方氏由美返华，在潍县购得甲骨文字一一九片，今归美国普林司登大学保存，有摹本，见七集 P1—119；（引者按：1909 年）方氏以甲骨文字四三八版让与美国卡内基博物院收藏……同年，英国库金英氏亦以所藏甲骨文字七〇六版让归苏格兰全众博物院”、“（引者按：1913 年）方氏以甲骨四版让与美国飞尔德博物院”可知，“献给英国博物院及苏格兰博物院，芝加哥 Field 博物院”的甲骨不一定是西方人最早购藏的那批甲骨。

1937年4月发表的《甲骨年表》中的相应内容是：

光绪三十年 甲辰 一九〇四——一九〇五……美国长老会驻潍县宣教士查尔凡及英国浸礼会驻青州宣教士考龄（Rev. Samuel Couling）在潍县合购甲骨文字残片甚多。①

但在此之前，该年表还有如下记载，即"观点三"所依据的材料：

光绪二十九年 癸卯 一九〇三——一九〇四……美国长老会驻潍县宣教士查尔凡（Rev. F. H. Chalfant）为上海皇家亚洲学会博物院（The Museum of the Royal Asiatic Society，Shanghai）购得甲骨文字四百片。（据明义士《甲骨研究》讲义引查氏 *Early Chinese Writing* 一文）

可见，观点五所说的"据《甲骨年表》载：光绪三十年（1904），美英传教士就在山东潍县收购甲骨文"，并非"这大约就是欧美人和甲骨发生关系的开始"。如此，"观点五"做出判断的依据应是郭沫若《中国古代社会研究》的观点。

郭沫若在1954年出版的《中国古代社会研究》中谈到：

最初发现甲骨的是潍县的商人，又因甲骨出土后不久即遭庚子之变，我们可以揣想得到的是这商人在北京的生意做不通，所以甲骨有一部分便搬回了潍县。当时潍县的牧师有库林（Samuel Couling）、查尔芳（F. H. Chalfant 自名方法敛）两人便得到了这一部分，这一部分现在听说是保存在下列的几个地方：

卡纳葛博物馆，匹兹堡（Carnegie Museum, Pittsburgh）；

王家苏格兰博物馆，爱丁堡（Royal Scottish Museum, Edinburgh）；

不列颠博物馆（British Museum）；

费尔德博物馆，支加哥（The Field Museum, Chicago）

（据库林著《河南所出之奇骨》，见《王家亚细亚杂志》四十五卷六十五页——"*Royal Asiatic Journal*" XLV. 65 "Oracle-bones from Honan" by S. Couling.）

这大约就是欧美人和甲骨发生关系的开始。据库林自己在《河南所出之奇骨》一文中说，他前后到中国来专门采办过甲骨及其他的器物三次，采办回去即分卖给各地的博物馆。②

根据上下文语境，郭沫若所指出的"这大约就是欧美人和甲骨发生关系的开始"中的"这"指代的是"当时潍县的牧师有库林（Samuel Couling）、

① 董作宾、胡厚宣：《甲骨年表》，上海：商务印书馆，1937年，第9页。

② 郭沫若：《中国古代社会研究》，北京：人民出版社，1954年，第168—169页。

查尔芳（F. H. Chalfant 自名方法敛）两人便得到了这一部分”。也就是说，“和甲骨发生关系的开始”的“欧美人”是指前面的潍县牧师库林、查尔芳，即库、方二人。但郭氏并没有明确指出具体的时间，因为“当时”是一个模糊的时间概念，指代的是“甲骨出土后不久即遭庚子之变，我们可以揣想得到的是这商人在北京的生意做不通，所以甲骨有一部分便搬回了潍县”的这个时间。也就是说这里的“当时”必然在“这商人在北京的生意做不通”，将“甲骨一部分搬回潍县”之后。此处我们所能确定的时间只有“庚子之变”，即1900 年。那么，在“甲骨一部分搬回潍县”之后究竟是哪一年，从郭氏的论述中还是无法得知，究竟是不是“光绪三十年”（1904）仍是个未解之谜。

值得注意的是，“观点三”明确指出，“据明义士《甲骨研究》讲义引查氏 *Early Chinese Writing* 一文”。我们知道明义士 1933 年发表的《甲骨研究》讲义比以上几种观点提出的时间都要早，而该讲义所依据的文献 *Early Chinese Writing* 更是由当事人方法敛早在 1906 年亲自撰写。因此，这一材料是我们的一个关键性线索，价值极高。

我们先来看明义士《甲骨研究》讲义中相关论述的原文，在明氏讲义的第 10—15 页有“西方人方面所得甲骨略史”，现将相关内容转述如下：

> 一九〇三年乱平，西人回内地。
>
> 一九〇四年（甲辰光绪三十年）以后，美国长老会驻潍县宣教士方法敛（Rev. F. H. Chalfant）和英国浸礼会驻青州宣教士库寿龄（Rev. Samuel Couling）二氏又得了些甲骨，加以研究。一九〇六年（丙午光绪三十二年）方氏 *Early Chinese Writing*（中国初时文字）出版（*Memoirs of Carnegie Museum*, Pittsburgh, Vo1. IV.）。此书三十面上，方氏说“一八九九年，（河南省）卫辉府附近，古朝歌城故址，有古物出现（此即潍县范氏在山东不言正地殷虚，特言朝歌城）。据说发掘三千件，商人先到北京，遇义和团之乱，乃带古物到（山东）潍县，将一部分留存城中某贾手中。此人与著者相识，告了他，也借给他看。其余带往上海（或别处）售归刘铁云道台。这位学者用他本国（中）的文字著了一部书，并将他所有的标本墨拓八百片石印插入书中[①]。其间著者为上海皇家亚洲学会博物院（The Museum of the Royal Asiatic Society，Shanghai）买了四百块。一年后，

① 引者按：这里所引的文字中方氏有几处失误，即“并将他所有的标本墨拓成八百片石印插入书中”句。1. 刘鹗《铁云藏龟》一书所拓甲骨实际为 1058 片，而非“八百片”；2. 所拓甲骨是从他所藏的 5000 余片中精选而得，并非“所有的”。

其余一千八百块的下落也知道了。费了不少的事购来，现为私人收藏。[①]

从引文中可知，明氏这里强调的是1904年以后“又得了些”。可见在此之前，库方二人就接触并得到过甲骨。也就是说，西方人购藏甲骨的始年，绝不会晚于1903年。

但是，库方首次联手购得甲骨一事究竟发生在何时？是否就是“观点一”吴汶所说的“那年（引者按：1900年），英人Couling和美人F. H. Chalfant在山东潍县也购得极多的残片”一事呢？如前所述，此说无据可查，不能确定。那么是否是“观点五”所据的郭沫若说的“当时潍县的牧师有库林（Samuel Couling）、查尔芳（F. H. Chalfant，自名方法敛）两人便得到了这一部分”一事呢？诚如前文所言，“当时”只是个模糊的时间概念，在没有时间参照的情况下，并不能确知是何年。那么是不是“观点三”《甲骨年表》所载的“光绪二十九年（引者按：1903年）……查尔凡为上海皇家亚洲学会博物院（The Museum of the Royal Asiatic Society，Shanghai）购得甲骨文字四百片”一事呢？

仅从明氏的转引来看，我们也不能得出确切的答案。因为记载此事所用的时间词为“其间”，这仅是一个时间段概念，而且引言中出现的时间至少有“一八九九年”、“义和拳乱（引者按：1900年）”、“刘铁云道台”著书（引者按：1903年）三种。这样，“其间”所指就非常模糊了，有可能是1899—1903年之间的任何一年。不仅如此，引言中的“一年后”也不知所云。问题追索至此，是否就一筹莫展了？我们只有从这段引言的源头，即方法敛本人所著*Early Chinese Writing*中去寻找线索。

方法敛的*Early Chinese Writing*一书为英文写就，国内一般译作《中国原始文字考》，其中上述明氏转引部分的文字英文原文如下：

> A remarkable find of antiquities occurred in 1899 near Wei Hui Fu (Honan Province) upon the site of the ancient city Chao Kuo Ch’eng (朝歌城). There were reported to have been exhumed three thousand fragments. The vendors went first to Peking, but finding that city disturbed by the approaching Boxer Uprising, they brought their curios to the city of Weihsien (Shantung) and left a portion of the find in the hands of a local merchant. This Chinese gentleman, being a friend of the writer, made known the presence of these unique curiosities, and loaned them to him for inspection. The balance of the find had been taken to Shanghai (or elsewhere) and sold to a mandarin (Tao-tai)

① 明义士：《甲骨研究》，济南：齐鲁书社，1996年，第11—12页。

Liu T'ie-Yün（刘铁云）. This Chinese scholar published a book in his own language, illustrated with eight hundred phototypes taken from ink-rubbings of the specimens in his possession. Meanwhile some four hundred fragments were purchased by the writer for the Museum of the Royal Asiatic Society, Shanghai. A year later（1904-5）the remaining eighteen hundred fragments were located, and, after some difficulty, were procured and are now preserved as private collections.①

根据这段引文中“Meanwhile some four hundred fragments were purchased by the writer for the Museum of the Royal Asiatic Society, Shanghai.（引者译：其间，著者为上海皇家亚洲学会博物院买了四百块）”理解，人物是“the writer（著者）”十分明确，即作者方法敛本人。但是这里的时间“Meanwhile”究竟指的是何时，就让人颇费思量。如果按照“其间”来理解，根据上下文这里的“其”当指“This Chinese scholar published a book in his own language”，即光绪二十九年（1903）刘鹗抱残守缺斋石印出版《铁云藏龟》之事，“其间”应该在1900年“庚子之变”贾人将“甲骨一部分搬回了潍县”之后，1903年10月刘鹗《铁云藏龟》出版发行之前。此外，“A year later（1904-5）”给出了明确的时间，即1904年，可见“为上海皇家亚洲学会博物院买了四百块”不应该是光绪三十年（1904）。

值得注意的是，英文“meanwhile”在指称时间时，不同的语境下，除了可以理解为“其间”外，还可以理解为“同时”②。如果按照“同时”来理解，根据此处上下文，应指的是刘鹗编撰出版《铁云藏龟》之年，即光绪二十九年（1903）。至此，我们可以确定的是，方法敛1904年转让与上海亚洲学会博物院的400片甲骨的购买时间应该为1903年10月之前（meanwhile作“其间”理解），至迟也是1903年10月（meanwhile作“同时”理解）。

也就是说，西方人购藏甲骨的始年，绝不会晚于1903年，我们可以据此排除观点五“1904·库、方二人”说。

三、库寿龄购藏甲骨时间不早于1903年

那么，方法敛为上海亚洲学会博物院购得甲骨400片是否就是“欧美人

① Chalfant F H. *Early Chinese Writing*. Pittsburgh：Carnegie Museum, 1906, pp. 30—31.

② 依据《牛津高阶英汉双解词典》（第七版）（商务印书馆、牛津大学出版社，2009年）、《21世纪大英汉词典》（中国人民大学出版社，2005年）、《柯林斯英汉双解大词典》（商务印书馆，2008年）。

和甲骨发生关系的开始”？甲骨是方氏一人所购还是与库寿龄合购的？仅从方法敛的 *Early Chinese Writing* 一书中，我们还不能得出答案，考索该问题尚需一些其他材料。

明义士曾在1917年出版的《殷虚卜辞》英文序言中有一段①叙述：

> Just after the Boxer year 庚子 REVS. SAMUEL COULING and F · H · CHALFANT of Ch'ing Chou fu 青州府 and Weihsien 潍县 in Shantung secured a number of fragments in Weihsien. It was through the good offices of these two gentlemen that the collections were formed in the British Museum, the Royal Scottish Museum, the Field Museum, Chicago, as well as the private collection of L. C. HOPKINS, Esq., I.S.O. who has written much on the subject in articles in the Royal Asiatic Journal. It was they who introduced these objects to the Scientific world.
>
> “庚子之变”后不久，青州府的库寿龄和潍县的方法敛在山东购得一批甲骨，后来这些甲骨分别归于大英博物院、苏格兰皇家博物馆和芝加哥飞尔德博物馆，此外金璋（其人时常在 *The Royal Asiatic Journal* 上发表关于甲骨文字的研究文章）也得到了其中的一部分。即是他们将甲骨介绍给西方学界的。——引者译

根据这段文字，可知时间是“Just after the Boxer year 庚子”，人物是“REVS. SAMUEL COULING and F. H. CHALFANT”，地点是“Weihsien”，也就是说，“庚子之变”后不久，山东青州府（今青州市，潍坊市下辖的县级市）的库寿龄和潍县（今潍坊市）的方法敛二人就开始在潍县购藏甲骨了（secured a number of fragments in Weihsien）。

该段资料与前文所引的1937年吴汶中文发表的《甲骨研究之史的发展》中的资料比较如下②（表2-3）：

表2-3　明义士1917年文与吴汶1937年文比较

时间	地点	人物	事件	结果
那年（1900）	山东潍县	英人 Couling 和美人 F. H. Chalfant	购得极多的残片	献给英国博物院及苏格兰博物院，芝加哥 Field 博物院
Just after the Boxer year 庚子	Weihsien	REVS. SAMUEL COULING and F.H.CHALFANT	secured a number of fragments	the collections were formed in the British Museum, the Royal Scottish Museum, the Field Museum, Chicago

① 明义士：《殷墟卜辞》序，上海：别发洋行石印本，1917年。

② 就目前所见材料，认为最早购藏甲骨的是库、方二人，且购藏时间距离1900年庚子之变不久的观点，最早主要出现于1917年明义士发表的《殷虚卜辞》英文序和1937年吴汶中文发表的《甲骨研究之史的发展》二文。

经过对比，可以发现两种说法如出一辙。一种可能是二人对该事件真相的把握程度相同，因为“真相只有一个”，所以二者的答案一致；另一种可能是，1937年发表的中文文章，参考并接受了1917年发表的英文文章的观点。在此，我们认为后者的可能性较大。

那这两种说法究竟对不对？我们来看当事人库寿龄本人的记录。同样，最早记录库寿龄本人的甲骨购藏情况说明的中文文献也来自明义士《甲骨研究》。其中有一段转引自库寿龄1914年发表的 *The Oracle-Bones from Honan* 一文：

> 一九一四年（甲寅民国三年）库寿龄牧师著 *The Oracle-Bones from Honan*（河南所出的卜骨），载在皇家亚洲学会集刊第四十五期 (*Journal of the North-China Branch of the Royal Asiatic Society*，XLV，1914) 内。六十六面上，库氏说：“买好了第一批甲骨以后，从河南来的继续不断。我们（库方二氏）尽量收买。市价越来越涨，收买不起。第一批联合收藏，就是我们以为最末后所能得，让与（美国）皮兹堡喀内各博物院 (the Carnegie Museum，Pittsburgh)。但后来又得一批，卖与爱丁堡皇家苏格兰博物院 (the Royal Scottish Museum，Edinburgh)。最好的第三批，其中有些最佳的标本，也有一枚雕刻很美的鹿角（见 A Royal Relic of Ancienty *[sic]* China，*Man*，April，1912《人类杂志》论文《中国古代王家遗物》）。先为我二人联合收藏，后归我个人研究。一九一一（辛亥宣统三年）卖与不列颠博物院 (the British Museum)。
>
> 此四博物馆所藏之外，我们帮助 Mr. Lionel C. Hopkins 得八百多块好标本；……余所知西人方面收藏止于此，但或有别人收藏几片，未详。[①]

从明氏讲义所转引的这段材料中，我们可以获取如下信息：库方联合收藏的第一批甲骨就是后来“让与（美国）皮兹堡喀内各博物院”的甲骨。至于时间，则不得而知。

为此，我们再次查阅当事人库寿龄本人的相关记载。1914年库寿龄曾为英国皇家亚洲文会华北分会作过一场报告，即上面所提到的 *The Oracle-Bones from Honan*（《河南所出的卜骨》）的发言稿[②]，后发表在该学会集刊第四十五期上。其中有如下文字描述：

---

① 明义士：《甲骨研究》，济南：齐鲁书社，1996年，第12—13页。

② Couling S. The Oracle-Bones from Honan. *Journal of the North-China Branch of the Royal Asiatic Society*, 1914, XLV, pp.65-75. 按：根据65页脚注1“Read before the Society February 20, 1914.”可知，该文最早于1914年2月20日在皇家亚洲文会华北分会上宣读。

The time of their discovery has never been in dispute,—it was 1899. Dealers carried the curious things to Peking the next year, but 1900 was a bad year for curios in Peking—for sellers at least; and the bones were disposed of in Weihsien, Shantung. It was also a bad year in Shantung for foreigners, all of whom, myself among them, were driven to the coast; and it was not till after I had returned from a furlough that the bones came under my notice in 1903. Then Dr. F. H. Chalfant who lived at Weihsien secured for himself and for me, who lived in a neighbouring city, some four hundred fragments out of a total said to number three thousand. We fully recognised their interest, but did not suppose that any more would be obtainable, and in February 1904 we passed them on at cost price to the Museum of this Society, where you have all had the opportunity these ten years of studying them. Later on we were able to buy more of the first consignment, and as more and more arrived from Honan during the next few years we bought all we could get, and more than we could afford, at ever-increasing prices. Our first joint collection (if a such word may be allowed), being as we supposed final, was disposed of to the Carnegie Museum, Pittsburgh; but more were obtained later, and sold to the Royal Scottish Museum, Edinburgh. The third and best collection, containing some of the finest speciments *[sic]* found, including the beautiful carved antler, after being jointly held for some time became my own property for purposes of study ; but in 1911 I sold it to the British Museum.

甲骨发现于1899年并无争议，次年，商贾即将甲骨携至北京，但1900年北京的古董行情对于他们来说实在不好，于是甲骨被搁置在山东潍县。可是1900年对于在山东的外国人（包括我）来说，同样十分糟糕，我们被迫离开，流至沿海。直至我1903年休假结束返回山东后，我才开始注意到甲骨之事。那时，临近的潍县方法敛为我和他自己收买了一些，这四百片甲骨据说是来自于早期出土的三千片。尽管我俩对此兴趣十足，但我们却没有能力去购买更多。1904年2月，我们将之以原价让与亚洲文会博物院，也就是大家十年来有机会在此研究的这批甲骨。随后我们又购买了更大的一批。接下来的几年，越来越多的甲骨从河南传过来，我们尽可能地收买，尽管此时甲骨的价格已远远超出我们的能力范围。我俩第一次的共同藏品（如果可以这么说的话），现在收藏于匹兹堡的卡内基博物馆，我们还以为这会是最后一批。可是后来我们又得了一些，卖与爱丁堡的苏格兰皇家博物院。我们合作收购的第三批甲骨也是最好的一批，包含一些最佳的标本。其中就有一枚雕刻很美的鹿角，先为我二人联合收藏，后归我个人研究，但 1911 年卖与不列颠博物院。——引者译

以上文字至少告诉我们如下两个重要信息：

第一，从 1900 年至 1903 年期间，库寿龄本人被迫离开山东。“It was also a bad year（引者按：1900 年）in Shantung for foreigners, all of whom, myself among them, were driven to the coast.”而且他也说明了其本人首次注意到甲骨是 1903 年返回山东后之事。“and it was not till after I had returned from a furlough that the bones came under my notice in 1903.”由此，可以推知库寿龄购藏甲骨的时间不会早于 1903 年。

第二，库方二人首次合作购藏的甲骨是卖给美国匹兹堡卡内基博物馆的那批。“Our first joint collection (if a such word may be allowed), being as we supposed final, was disposed of to the Carnegie Museum, Pittsburgh”。而“Then Dr. F. H. Chalfant who lived at Weihsien secured for himself and for me, who lived in a neighbouring city, some four hundred fragments out of a total said to number three thousand”，“and in February 1904 we passed them on at cost price to the Museum of this Society”明确说明后让与 Museum of this Society 的 400 余片甲骨是由方法敛一人购得，这与方法敛本人在 *Early Chinese Writing* 一书第 30—31 页所述相吻合。事实即是 1903 年方法敛为库方二人从潍县贾人手中购得甲骨 400 余片，后于 1904 年 2 月以原价转让给上海亚洲文会博物馆。

至此，认为西方人购藏甲骨始年为 1900 年的两种观点，即“观点一”、“观点二”，和认为最早于 1903 年由库方二氏一起购得甲骨的“观点四”就可以排除了。

上文在对西方人购藏甲骨始年五种观点的对比中，根据库寿龄本人 1914 年发表的《河南所出的卜骨》一文得知库寿龄本人自 1900 年至 1903 年返回山东前并未购藏甲骨，从而排除了“观点一：1900 年 · 库方二人”和“观点二：1900 年 · 库寿龄”。根据方法敛本人 1906 年发表的《中国原始文字考》以及库寿龄《河南所出的卜骨》得知方法敛 1903 年在潍县为自己和库寿龄购得一批甲骨，并于 1904 年 2 月以原价转让给上海亚洲学会博物馆 400 余片，而库方二氏联手购藏甲骨的时间当在方氏独购这批甲骨之后，从而排除了“观点四：1903 年 · 库方二人”和“观点五：1904 年 · 库方二人”。

这样，留下的西方人购藏甲骨始年说只有“观点四：1903 年 · 方法敛”了。我们最后将支持这一观点的材料罗列如下：

1906 年方法敛《中国原始文字考》"Meanwhile some four hundred fragments were purchased by the writer for the Museum of the Royal Asiatic Society, Shanghai."

1914 年库寿龄《河南所出土的甲骨》"……in 1903. Then Dr. F. H. Chalfant who lived at Weihsien secured for himself and for me, who lived in a neighbouring city, some four hundred fragments out of a total said to number three thousand."

1933 年明义士《甲骨讲义》"一九〇三年乱平，西人回内地。一九〇四年（甲辰光绪三十年）以后，美国长老会驻潍县宣教士方法敛（Rev. F.H. Chalfant）和英国浸礼会驻青州宣教士库寿龄（Rev. Samuel Couling）二氏又得了些甲骨，加以研究。"

这里需要着重指出的是本文推论所依据的材料主要是以购藏甲骨当事人本人发表的成果为主。之所以要强调这一点，是因为 1991 年《殷都学刊》第 2 期上曾经发表过一篇肖琴翻译的 W · P 叶兹的回忆录（原载《汉字的造字原则》），其中提到 1901 年方法敛就已经开始收买甲骨。但该处原文并没有注明出处，加之非传教士本人所写，所以本书对此观点暂不作评价。

综之，西方人购藏甲骨始年问题在以往的研究中重视不够，既有结论或对其推论来源避而不谈，或不加辩解沿袭旧说，致使研读者疑窦丛生。本节通过综合考察早期购藏甲骨者本人、同时人、后人留下的相关记录，尝试对西方人购藏甲骨始年的三个时间五种观点进行钩沉对比，重视当事人本人的早期记录，得出西方人购藏甲骨始于 1903 年，即方法敛在山东潍县购得，这批甲骨由库方二人共同拥有，后于 1904 年以原价转让给上海亚洲文会博物馆 400 余片。

附：库、方二人购藏甲骨大事记[①]：

1989 年秋潍县商人范估前往小屯搜购甲骨。1900 春，范估在北京卖给王懿荣甲骨 800 片。1900 年 8 月，他打算再次到北京将甲骨卖给愿意高价购买的王懿荣，不想遭遇庚子之变，王氏殉国，范估不得不把这批甲骨带回潍县。这批甲骨一部分保存在行友赵执斋处；其他部分被范估

① 需要指出的是，这里所谈的甲骨数目仅是根据现有材料所作的一个大概的统计，正如著名考古学家李济先生所言："因实际上买卖甲骨多在古董商手中进行，这些人像大部分博物馆馆长一样，善于秘密交易。"（李济：《安阳——殷商古都发现、发掘、复原记》，北京：中国社会科学出版社，1990 年，第 15 页）因此，这些绝不能代表当时二人购藏甲骨的全部。

带到上海等处以求善价，其中就包括卖给刘鹗的一批甲骨。

1900年，义和拳乱，山东传教士被迫离开，库寿龄亦于此时离鲁休假。

1903年，方法敛从赵执斋处得见甲骨，并开始购藏。

1903年，库寿龄回到潍县。方法敛在潍县为二人购得甲骨400多片。

1904年2月，库方二人以原价将400余片甲骨转让给上海亚洲文会博物馆。

1904—1905年，库方联合购得甲骨1800片。其中76片让与柏根氏。

1905年2月15日，方法敛离华返美。

1906年11月24日，方法敛由美返华。在潍县再得200片甲骨，该批甲骨后（1934年）归美国普林斯顿大学。

1908年2月至1912年7月，方法敛开始代金璋搜求甲骨，前后17次共得970片。

1909年，方法敛将二人首批联合购藏的甲骨让给美国匹兹堡卡内基博物馆438片。

库寿龄将二人第二批联合购得的甲骨让给爱丁堡皇家苏格兰博物院760片。

1911年，库寿龄将二人第三批联合购藏的甲骨让给不列颠博物院484片。

1913年，方法敛将四版大骨转让与美国飞尔德博物院。①②

第二节　中外甲骨购藏第一人——明义士与甲骨购藏

《甲骨年表》“中华民国三年1914癸丑—甲寅”条：

本年春，英国驻安阳长老会牧师坎拿大明义士子宜（James Mellon Menzies）乘白马游于洹水两岸，考察殷墟出土甲骨文字情形。自此以后，频往调查搜求，所获颇多。③

① 董作宾：《方法敛博士对于甲骨文字之贡献》：“是年（引者按：1906年）十一月廿日方氏由美返华，在潍县购得甲骨文字一一九片，今归美国普林司登大学保存，有摹本，见七集P1—119；（引者按：1909年）方氏以甲骨文字四三八版让与美国卡内基博物院收藏……同年，库寿龄亦以所藏甲骨文字七〇六版让与苏格兰全众博物院。”“（引者按：1913年）方氏以甲骨四版让与美国飞尔德博物院。有摹本，见《库》2175—2178。”

② 李学勤、齐文心、艾兰：《英国所藏甲骨集》前言，北京：中华书局，1985年。齐文心：《关于英国甲骨整理中的几个问题》，《史学月刊》1986年第3期，第12—22页。郅晓娜：《金璋甲骨的收藏始末》，《甲骨文与殷商史》（第三辑），上海：上海古籍出版社，2013年。

③ 董作宾、胡厚宣：《甲骨年表》，上海：商务印书馆，1937年，第19页。

孟世凯在《甲骨学一百年》第二章"百年出土甲骨文述要"中指出："欧美人在我国搜集甲骨文的诸多人中，加拿大人明义士（James Mellon Menzies），是收买最多的一个。"① 事实上，他不仅仅是欧美人中收买甲骨最多的一个，也是中外所有私人购藏者中收买甲骨最多的一个，还是中外学者中第一个前往甲骨出土地小屯村进行实地购藏的人。

一、"以学者身份造访小屯的第一人"

民国三年（1914）春，明义士骑白马游洹河之年，距王懿荣发现"龙骨"上有文字已过去了十几年，而京津一带好古之士千方百计地购求，也使甲骨的价格从最初的"一斤才得数钱"，蹿升至每字2两5钱白银。古董商为垄断甲骨的来源，牟取暴利，谎称甲骨文是在汤阴等地出土，"当时像刘鹗、罗振玉和日本人林泰辅、富冈谦藏、美国人方法敛等，都曾经上过他（潍县商人范维卿）的当。"光绪三十四年（1908），罗振玉才从贾人范维卿口中询知"洹滨之小屯"才是真正的甲骨出土地②，并于随后的两三年间派友人、妻弟等前往搜购。

小屯村，昔日殷都所在地，位于洹水之滨，距离安阳不远。当时明义士所驻的教会就设在彰德府（即今河南安阳）老城以北的铸钟街，教会北边不远就是洹河，而沿河向西约行2.5公里就可到达小屯。

明氏在其1917年出版的《殷虚卜辞》（*Oracle Records from the Waste of Yin*）自序中，详细记录了自己在村童的指引下与甲骨不期而遇的神奇经历。

> Early in the spring of the year Chia Yin 甲寅 (1914), the writer was riding his old white horse along the south bank of the Yüan 洹水 river north of Changte 彰德 city in the province of Honan. The ground had just been harrowed, for cotton planting, and the farmers had thrown the freshly ploughed up potsherds and rubble to the edge of the fields. A number of potsherds of a very early date attracted the rider's attention, and led him on from sherd to sherd to a bend in the river where the debris disappeared, either washed away into the river through the centuries or buried in the drift of sand. Along the low sandy banks the willows were just putting forth their first, tender leaves and a number of halfclothed dirty children with baskets on their arms were stripping the trees for willow tea leaves. At the sight of a foreigner they gathered about me as I

① 王宇信、杨升南：《甲骨学一百年》，北京：社会科学文献出版社，1999年，第39页。

② 胡厚宣：《五十年甲骨文发现的总结》，上海：商务印书馆，1951年，第15页。

> stood by a well examining a little pile of potsherds. "What are you doing?" said the leader. "Examining some broken potsherds." said I. "What for?" said he; "Because they please me." I replied. "Do bones please you?" he ventured. "Well, that depends. "I answered. "But I can show you some dragon bones with characters on them." Upon which I said that I was very much interested, and off we went around the bend and up over a barren, sandy waste to a little hollow on the western slope white with powdered particles of bones. ①

显然，明义士对这次沿河信游而偶遇小屯的经历印象深刻，对此次获悉“有字的龙骨”的存在亦十分珍视，他将这称之为“明义士牧师的发现”。在他1933年出版的《甲骨研究》课程讲义中，还有另一段记载这一次小屯之行经历的文字：

> 甲寅（一九一四，民国三年）岁孟春，著者乘着老白马游河南省彰德府城北洹水南岸。田已耕，备种棉，农人积破陶片碎石于田边。上古陶片之多，引起乘马者莫大注意。跟随陶片且行且视，至河湾，古陶片绝迹；或年代久远冲刷河中，或为沙土埋没。低沙岸上柳芽初发，赤体儿童臂篮漫游摘嫩叶为茶。见外国人围集于侧，观予审视井旁浍中陶片，一童问予曰：“你做什么？”予曰：“看破陶片。”再问：“看它做什么？”予曰：“我喜欢它。”又问：“你喜欢看骨头不喜欢？”予曰：“看是什么骨头！”童曰：“我能领你去看有字的龙骨。”予闻此言，立告以对此很有兴味。我们同行，绕过河湾，至一不毛沙墟，西坡凹处满布白粉碎骨。②

这段回忆言语间流露出闲适、自得之情，文字徐徐道来，令人生躬逢其事之感。从中可以看出，当时的小屯村人对甲骨文尚不太在意，在村童眼里，这些不过是“有字的龙骨”。但明义士是带着考古意识和学者的专业眼光来审视眼前这情境，那田边的“破陶片碎石”、“西坡凹处满布白粉碎骨”莫不引起他莫大的注意和持久的兴味。

明氏不仅将这段经历记入其著作序言中，印在课堂讲义上，还特意为此作了首七言《遇殷墟》：

> 柳树出芽骑白马，白马走时顺洹河。
> 拾破陶器寻先古，小孩引到出古处。
> 盘庚殷墟无痕迹，年前花根白地立。

---

① 此事最早见于罗氏1910年《殷商贞卜文字考》自序，罗氏记载：“又从估人来自中州者，博观龟甲兽骨数千枚，选其尤殊者七百。并询知发见之地，乃在安阳县西五里之小屯，而非汤阴。”

② 明义士：《殷虚卜辞》序，上海：别发洋行石印本，1917年。

余思盘庚它兹邑，商人作事问上帝。[①]

此诗作于 1930 年 2 月 10 日，当时明义士任教齐鲁大学。尽管从诗艺角度来看，这首《遇殷墟》充其量仅能算作是一首蹩脚的打油诗，但却真实地反映了明义士邂逅殷墟的兴奋之情。

可以说，明氏此次与殷墟的相遇，不仅改变了他的人生轨迹，也开启了他甲骨收集之路，成为其甲骨学术研究之始，故方辉称其为“以学者身份造访小屯的第一人”[②]。

二、中外私人购藏甲骨数量最多的人

自 1914 年起，明义士开始在甲骨出土地安阳小屯村搜购甲骨。

明义士之所以能够成为中外私人购藏甲骨第一人有两点重要原因：一方面，他因传教之需常年居住安阳，与小屯村民相距无几、往来频繁，结下友谊。“通过经常与小屯村民及彰德当地古董商的接触，及与沿街叫卖的小贩的交往，他收集了关于这些古代手工制品的出土地的许多消息。……这样，在 1914—1917 年他建立了一个关于河南北部考古艺术品发现的信息网。”[③]另一方面，他曾受过近代高等教育（多伦多大学应用科技学院土木工程专业），颇具考古意识和专业技术[④]。有此两方面，明氏搜集甲骨可谓占了天时、地利、人和之便，故其购藏最为丰富。明义士在 1917 年 3 月 31 日为《殷虚卜辞》写序时提到自己的购藏数量已接近五万片[⑤]：

> This selection was carefully made from a total collection of nearly fifty thousand.[⑥]

---

① 明义士：《甲骨研究》，济南：齐鲁书社，1996 年，第 18—19 页。

② 方辉称赞明义士为“以学者身份造访小屯的第一人”事，胡厚宣先生曾经提出过异议，这一点在方辉《明义士和他的藏品》第 45—54 页中有专门的论述，其间纠结的焦点，不过是“学者”一词，本书同意并沿用方书中的说法。

③ 明义士著，苏秀菊译：《詹姆斯·M·明义士传——他的兴趣在于中国的考古和艺术》，《殷都学刊》1992 年第 4 期，第 12—15 页。

④ 明义士曾经在 1929 年 6 月开始的巴勒斯坦两次考古发掘中被工程方聘为临时测量员。

⑤ 学界或认为是明氏浮夸虚列之数，根据胡厚宣《关于刘体智、罗振玉、明义士三家旧藏甲骨现状的说明》（《殷都学刊》1985 年第 1 期）、方辉《明义士和他的藏品》（第六章，山东大学出版社，2000 年）等考证，基本可信。作者按：明氏初收甲骨时喜欢大骨，不料所收甲骨皆为新骨仿制，后明氏以小骨多为真，故多收小骨。此亦为其收藏片数众多的原因之一。董作宾《甲骨年表》“中华民国三年 1914 癸丑—甲寅”条下记录：“惟明氏初得大胛骨，乃新牛骨仿制者，售者欺外人不识真伪，举以鬻之。未久，乃腐臭不可向迩。……以后乃知小者之不可忽，故所得甲骨以碎片为众。”

⑥ 明义士：《殷虚卜辞》序，上海：别发洋行石印本，1917 年。

此后，明氏又得几宗甲骨：

1924年，小屯村人筑墙发现甲骨一筐，其中有极大者，大部分为明义士购得。明氏记载："一九二四年……小屯人打墙，发现一坑甲骨，为余所得，其中有大的。一九二七、一九二八二年间拓本成，即《殷虚卜辞后编》。"①李学勤先生称："这一坑甲骨，是明氏藏品中最有价值的部分。"②

1926年，小屯村民在村中张家菜地发现大骨版处又挖得大批甲骨，亦为明义士购得。③

同年，明氏还收购了1925年间村中所出甲骨。

1927年，明氏又购得大批甲骨。

综上，明义士1917年自述所得甲骨50 000片，再加上后来的几宗，明氏购藏甲骨的总数当在52 819片以上④。除去1928年毁于战乱的大批甲骨数量无法计算外，仅就目前所能见到的明氏旧藏甲骨实物来看，其数额也高达31 431片⑤。此外，另有私人购藏甲骨数量较多者，罗振玉约30 000片，刘体智28 147片，分别为甲骨购藏数量排名第二、第三者。⑥

值得注意的是，明义士不仅是中外购藏甲骨数量最多的人，也是中外甲骨学者中第一个怀着纯粹学术目的到访殷墟小屯的人，更是少有的（甚至是唯一的）从不倒卖甲骨的专业收藏家。明氏购藏甲骨"只重收藏，从不倒卖牟利"，近年出版的加拿大学者董林夫和山东大学方辉的相关研究成果均可证明这一点。方辉曾在其书中评价明义士：

> 作为一个文物收藏者，明义士有自己的理念和行为准则。以他本人的说法，他是为了寻求真理而收藏，而不是为了买卖而收藏。相比之下，明义士更有资格享用"学者"这一称呼。⑦

故明义士是当之无愧的中外甲骨购藏第一人。

---

① 明义士：《甲骨研究》，济南：齐鲁书社，1996年，第20页。

② 方辉：《明义士和他的藏品》"李学勤序"，济南：山东大学出版社，2000年。

③ 王宇信、杨升南：《甲骨学一百年》，北京：社会科学文献出版社，1999年，第701页。

④ 明义士后几次所得甲骨片数虽无明确记录，但许进雄整理的明义士《殷虚卜辞后编》共收甲骨2819片。

⑤ 31 431片＝国内现存26 401片＋安大略博物馆藏5000片（有字）＋维多利亚艺术博物馆藏5片＋英国孟克廉夫妇、柯文藏25片，详见第三章第一节。另胡厚宣《关于刘体智、罗振玉、明义士三家旧藏甲骨现状的说明》认为明义士旧藏甲骨的现存数应为31 516片。

⑥ 胡厚宣：《关于刘体智、罗振玉、明义士三家旧藏甲骨现状的说明》，《殷都学刊》1985年第1期，第1—8页。

⑦ 方辉：《明义士和他的藏品》，济南：山东大学出版社，2000年，第57页。

明义士简介

明义士（James Mellon Menzies，1885—1957），字子宜，加拿大汉学家、著名甲骨学家和考古学家，加拿大长老会豫北差会牧师。1885 年 2 月 23 日出生于加拿大安大略省克林顿镇。1903 年，他考入多伦多大学应用科技学院学习土木工程专业，毕业后又进入多伦多大学诺克斯神学院（Knox College）学习神学专业。

受加拿大长老会海外传教协会的统一安排，1910 年明义士自神学院毕业后被派往位于河南北部的加拿大长老会豫北差会工作。豫北差会先是把明义士分配到武安传教总站工作，后调任安阳传教总站，并在安阳荣升为牧师。明义士在安阳传教期间，利用工作之便，进行中国文化研究，并于 1914 年实地探寻殷墟小屯村，是中外“第一个怀着单纯的科学兴趣的到殷虚考察的考古者”[①]。此后十多年间明氏陆续收集甲骨五万余片，并在此基础上完成了《殷虚卜辞》、《殷虚卜辞后编》、《柏根氏旧藏甲骨文字》三部甲骨著录书籍。1926 年军阀混战，吴佩孚军队进入安阳，安阳的加拿大传教士大部分于 1927 年撤离安阳，退避京津地区。1928 年，明义士受聘于北京华北联合语言学校（North China Union School Peking），并结识了容庚、商承祚等著名学者。1929 年起，明义士参与巴勒斯坦耶路撒冷地区的两次重大考古发掘，其中一次发掘地为泰勒恩纳思拜——《圣经》诞生地遗址。1932 年秋，明义士应齐鲁大学之邀，至齐鲁大学国学研究所担任考古学教授，并兼任齐大“哈燕”[②] 项目的负责人。明义士在齐鲁大学主要讲授近代考古学课程，并开设甲骨学研究等选修课，著名的甲骨学研究专书《甲骨研究》即为其授课讲义。明义士在齐鲁大学时还利用自己的私人藏品为学生开办博物馆，齐鲁大学古物博物馆是我国最早的大学博物馆之一。在齐鲁大学任教的近五年间，明义士一直坚持中国文化研究，成果斐然，完成学术论文近二十篇。1936 年明义士回国休假，原定一年后返回齐鲁大学继续教学研究，但 1937 年日本侵华战争全面爆发，打乱了明义士的原定计划。1936—1943 年间，明义士居于多伦多，并任职于皇家安大略博物馆。1942 年，明义士获得多伦多大学哲学博士学位，博士论文题目《商戈——公元前 1311—1039 年期间的特种武器研究》（*The Shang Ko :A study of the characteristic weapon of the Bronze Age in China during the period 1311—1039 B.C.*）。

1957 年 3 月 16 日，明义士于加拿大多伦多去世。

---

① 明义士著，苏秀菊译：《詹姆斯 · M · 明义士传——他的兴趣在于中国的考古和艺术》，《殷都学刊》1992 年第 4 期，第 12—15 页。

② 1930 年，齐鲁大学加入“哈燕”项目，受哈燕学社（1925 年由哈佛大学、北京大学联合发起，初名“哈佛—北京中国研究学社”，由美国“赫尔基金会”提供资金）资助。

第三节　其他传教士的甲骨购藏

除库寿龄、方法敛、明义士三人之外，购藏甲骨的西方传教士还有柏尔根、福开森、卫礼贤、怀履光等人。

1904年，美国驻潍县牧师、广文学堂（齐鲁大学前身）校长柏尔根（Pall D. Bergen，1860—1915）在潍县等地购买我国甲骨，其中有得自库方二氏的76片[①]，后赠予英美教会创办的济南广智院[②]，用于公开展览陈列。

齐鲁大学简介

齐鲁大学是1904—1952年在中国山东省创办的一所教会大学，由来自美、英、加三国的14个基督教教会组织共同筹款联合开办，其前身为山东基督教共合大学（Shantung Christian University），1904年由潍县广文学堂、青州共合神道学堂和济南共合医道学堂合并而成。

作为中国历史上最早的一所教会大学，齐鲁大学的渊源可上溯到19世纪60年代，最初是一个规模很小的教会学校，经过长期经营扩充，后逐渐发展成为中国历史最悠久的大学之一。19世纪60年代，来自美国北部的美国北长老会（American Presbyterian Missions，North）差会在山东登州府城（今山东省蓬莱市）建立了其在中国北方的第一个传教基地。1864年，美北长老会传教士狄考文（Calvin Wilson Matteer，1836—1908）在登州（今山东省蓬莱市）城内一所名叫“观音堂”的破庙里办起免费义塾，起名“蒙养学堂”。1872年取“以文会友”义，学堂正式定名为“文会馆”。登州文会馆（Tengchow College）是中国境内第一所现代高等教育机构，是齐鲁大学的重要萌芽和发端。

同时在山东省传教的另一个重要差会是英国浸礼会（English Baptist Missionary Society）。1875年，英国浸礼会将传教基地从烟台迁到青州，并于1884年在青州创办了广德书院（Tsingchow Boy’s Boarding School）。

义和团运动之后，英国浸礼会和美国北长老会决定合办大学。两会于1902年在青州通过了合办“山东基督教共合大学”的决议，将广德学堂与文会馆合并，新校取原两校名的头一个字，定名为“广文学堂”（Shantung Protestant University），后称广文大学，1904年改名为齐鲁大学。齐鲁大学最盛时号称“华北第一学府”，与燕京大学齐名，有“南齐北燕”之称。新中国成立后，原礼拜堂旧址建起来的医学院主楼逐渐并入山东大学，原校址即为今山东大学大西校区。

① 后明义士拓印《柏根氏旧藏甲骨文字》时，仅有拓片74片，另外2片不知何故佚失。

② 济南广智院曾一度为齐鲁大学的社会学系，是我国最早的博物院之一。1949年后，由政府接管，后改为自然博物馆。

柏尔根简介

柏尔根（Pall D. Bergen，1860—1915），美国基督教北长老会传教士。1893年到登州文会馆任教，1901年接替赫士出任监督，即校长一职，1904年随文会馆一起迁潍县，文会馆更名为广文学堂后继续担任监督之职。1915年病逝于潍县。现在山东大学西校区即趵突泉校区校园内，仍有保存完好的“柏尔根楼”（原齐鲁大学的化学楼），该楼是为纪念柏尔根的杰出贡献而命名的。①

卫礼贤简介

卫礼贤（Richard Wilhelm，1873—1930），德国人，汉名卫希圣，字礼贤，亦作尉礼贤。1873年10月10日出生于斯图加特。1897年德占胶澳后以魏玛差会传教士身份来华传教，转而将兴趣和精力投向兴教育、办医院上。

1900年5月，他开办了“德华神学”（Deutsch—chinesische Seminar），后来得到同善会资助，于1901年春建独立校舍，定名“礼贤书院”（Richard—Wilhelm—Schule）。1903年，学校迁址，规模扩大。由于师资雄厚，办学成绩优异，1906年清政府赏给卫礼贤四品顶戴。1912年，卫礼贤与著名教育家京师大学堂校长劳乃宣等人创建“尊孔文会”。1922—1930年，卫礼贤彻底放弃传教工作，潜心学术研究和文化交流，后受聘为北京大学教授，创办“东方学社”。卫礼贤回国后任职法兰克福大学。1925年11月，卫礼贤在法兰克福创建德国第一个“中国学社”，进入其汉学生涯的黄金时期。

卫礼贤是中西文化交流史上“中学西播”的功臣。他翻译过《老子》、《列子》、《庄子》等名著，还著有《老子与道教》、《实用中国常识》、《中国的精神》、《中国文化史》、《东方——中国文化的形成和变迁》、《中国哲学》等著作。

卫礼贤于1930年3月1日去世。

此外，加拿大圣公会河南主教怀履光（William Charles White，1873—1960）及美国“社会福音派”② 传教士福开森（John Calvin Ferguson，1866—1945）二人购藏我国甲骨的具体情况虽未见于文献，但从他们旧藏甲骨的著录（详见第八章第三节）及现藏情况（详见第三章第一、二、四节）可推知：

① 参见山东大学医学院院史展览 http://www.jpkc.sdu.edu.cn/yxjc/museum/1-2.htm.

② 社会福音（The Social Gospel），是西方19世纪末到20世纪30年代基督教思想运动的一种思潮，在美国发展尤为突出。其神学主张认为只讲个人得救的福音是不够的，还要宣传改造社会的福音，要将《圣经》所教导的“爱”和“公义”贯彻于社会生活中，提倡教育、社会服务和社会政治改革。

福开森购藏甲骨时间约在1910年刘鹗去世后不久，怀履光购藏甲骨时间大概在1924—1931年，数量分别约为3000片（现藏于加拿大安大略博物馆）[①]和37片（现藏于南京大学博物馆）[②]。

怀履光简介

怀履光（William Charles White，1873—1960），1873年8月出生在英格兰德文郡的埃韦布里奇，1881年随父母移民加拿大，后进入威克利夫神学院学习。1896年，怀履光在多伦多被授职为副牧师，并被派往中国传教，次年到达福建北部的建宁府城。在传教之余，怀履光渐对中国艺术品产生兴趣，开始研究中国文化。1910年他以河南主教的身份进入河南，在开封创建加拿大圣公会河南主教区。1924年，他开始为加拿大安大略省皇家博物馆搜集中国文物。1934年，怀履光从河南圣公会退休返回加拿大，回国后任多伦多大学中国考古学副教授兼安大略省皇家博物馆远东部主任。1960年病故。怀履光晚年致力于中国古文明的研究和宣传，对加拿大汉学传播产生了一定影响。

福开森简介

福开森（John Calvin Ferguson，1866—1945），加拿大安大略省人，1886年毕业于美国波士顿大学，获文学学士学位（1902年获哲学博士学位）。1886年来华，先在镇江学习华语，次年至南京，后成为著名社会活动家。

1888年，福开森受邀出任汇文书院（1910年与宏育书院合并为金陵大学，1952年并入南京大学）首任院长。1896年福氏辞去院长职务，出任南洋公学（即上海交通大学和西安交通大学前身）监院。他先后在上海创办《新闻报》、《英文时报》、《亚洲文荟》等报刊。1925年，福开森还曾受聘为北京故宫博物院的首个西方人顾问。福开森曾受邀在皇家亚洲文会华北支会举办系列讲座，如《王安石》系列演讲（1902—1903）、《上海的华人银行》（1906年2月22日）、《中国古代青铜器》（1916年1月13日）、《中国的山书画》（1920年4月1日）、《文化：中国艺术的基石》（1923年2月14日）、《宋代的杭州移民》（1924年3月9日）、《中国历史要览》（1926年3月）等。

---

① 许进雄：《怀特氏等收藏甲骨文集》，多伦多：加拿大皇家安大略博物馆，1979年。又见许进雄：《简介加拿大皇家安大略博物馆所藏甲骨文字》，《书目季刊》1971年第5卷3期，第66—70页。

② 商承祚：《福氏所藏甲骨文字》序，南京：金陵大学中国文化研究所，1933年。

此外，福开森还曾先后担任两江总督端方和张之洞等人的顾问，曾被聘请担任北洋政府顾问。1902 年参与修订中国对日对美条约。1908 年到北京担任邮传部顾问。福开森还曾出任华洋义赈会会长，1910 年中原大旱，为灾区募得赈灾金约 100 万美元，被清廷封赐为二品顶戴。1921 年作为中国代表团成员与顾问参加华盛顿会议。

1934 年，福开森将全部个人收藏捐赠给金陵大学，现保存于南京大学。

1945 年福开森于波士顿去世。上海法租界曾有一条马路以他的名字命名为福开森路（即今武康路）。①

尽管这几位传教士的甲骨购藏，或数量有限（如柏尔根、卫礼贤），或购藏时间不明（如怀履光、福开森），其事迹表现亦没有库寿龄、方法敛、明义士三人突出，但他们在中国甲骨学史上的地位，同样不可磨灭。关于这一点我们将在本书的第三、四、八章中继续讨论。

第四节 西方传教士甲骨购藏的阶段特征与客观历史作用

但凡历史研究，无不特别注重分期断代。“甲骨学草创期”或者说“非科学考古发掘期”的三十年，也可以分为两个阶段。即以 1910 年罗振玉在《殷商贞卜文字考》序中公布甲骨出土地实为洹滨小屯的时间为界②，分为前后两个时段（表 2-4）。

表 2-4 甲骨学前三十年两个阶段的甲骨购藏情况

特征 阶段	甲骨学研究相关背景			西方传教士的购藏活动		
	甲骨出土地	学界态度	甲骨著作	代表人物	购藏方式	购藏数量
1899—1909	不明	尚存怀疑	零星少见	库寿龄、方法敛、柏尔根	在潍县坐等商贾“千里之外”	约五千片③
1910—1928	明确（小屯）	普遍接受	大量涌现	明义士、卫礼贤、福开森、怀履光	赴小屯实地搜购“亲密接触”	多达五万多片

① 罗覃著，苗巍译：《两位中国艺术品收藏家的交汇：端方与福开森》“李铸晋前言”，济南：山东画报出版社，2013 年。

② 罗氏虽在 1916 年出版的《殷虚古器物图录》序言中称，光绪三十四年（1908）即已从贾人口中获知甲骨出土地为小屯的消息，但接下来的两年时间里，他对此消息秘而不发，仅派其挚友、亲属前往搜购甲骨。故其真正公开甲骨出土地的时间是 1910 年。

③ 王宇信《甲骨学研究一百年》统计库方所得约 5000 片（《殷都学刊》1999 年第 2 期，第 1—14 页）。

一、西方传教士甲骨购藏的阶段特征

前一阶段（1899—1909）：甲骨出土地不明，有汤阴、羑里、卫辉、朝歌等多种说法。著作较少，仅刘鹗《铁云藏龟》(1903，上海)、孙诒让《契文举例》（未出版）、方法敛 *Early Chinese Writing*（1906，美国）、林泰辅《清国河南汤阴发现之龟甲兽骨文字》(1909，日本)，国内实际出版的只有《铁云藏龟》一部。学界对甲骨价值尚存疑虑，如章太炎等人。就西方传教士的甲骨购藏而言，主要是库方二人在山东潍县从贾人手中搜求购得。

后一阶段（1910—1928）：甲骨出土地明确（小屯），著作丰富，有罗振玉《殷商贞卜文字考》(1910)、《殷虚书契》[①]（1911)、《殷虚书契菁华》(1914)、《殷虚书契考释》（一卷）(1915)、王国维《殷虚卜辞所见地名考》(1915)、罗振玉《铁云藏龟之余》(1915)、《殷虚书契后编》(1916)、《殷虚古器物图录》(1916)、明义士《殷虚卜辞》(1917)、姬佛佗《戬寿堂所藏殷虚文字》(1917)、林泰辅《龟甲兽骨文字》(1921)、王襄《簠室殷契征文》(1925)、叶玉森《铁云藏龟拾遗》(1925)、董作宾《新获卜辞写本》(1928) 等，学界普遍认可甲骨学术价值，甲骨学成为一时显学。就西方传教士的甲骨购藏而言，这一阶段明义士亲至小屯实地搜购，所得甲骨数量甚夥。

在第一阶段接触并购藏甲骨的西方传教士主要是库寿龄、方法敛、柏尔根三人。为窥测这一阶段西方传教士在甲骨购藏中所处的地位，我们尝试将其与国内购藏群体进行比较（表 2-5）。

表 2-5　第一阶段甲骨购藏情况[②]

第一阶段（1899—1909）	西方传教士	国内学者
代表人物	库寿龄、方法敛、柏尔根	王懿荣、王襄、孟定生、刘鹗、端方、黄心甫、罗振玉
购藏始年	1903 年	1899 年
购藏数量	约 5 千片	1 万余片

---

① 1911 年的《殷虚书契》仅收录甲骨拓片 292 片，1913 年影印本增收至 2229 片。另因罗振玉 1916 年发表有《殷虚书契后编》，故学术界均习称《殷虚书契》为《殷虚书契前编》，后文沿用习惯称谓。

② 说明：1. 数据主要依据《甲骨年表》、《五十年甲骨文发现的总结》以及相关论文等。2. 购藏用途是就总体而言，并不意味着这一阶段库方二人所购甲骨全部都转让给了博物馆，就没有转给私人收藏的。

续表

第一阶段（1899—1909）	西方传教士	国内学者
购藏方式	贾人贩来，坐地收购	贾人贩来，坐地收购
购藏用途	主要用于博物馆展览或教学使用	主要用为个人收藏

如表2-5所示，在“甲骨学草创期”的前一阶段，购藏甲骨的西方传教士以库寿龄和方法敛为代表，购藏甲骨约5000片。在此期间，以王懿荣、刘鹗、罗振玉为代表的中国士大夫，购得甲骨多达10 000多片。

第二阶段接触购藏甲骨的西方传教士主要是明义士、卫礼贤等人。与第一阶段不同的是，明义士是亲至甲骨出土地考察遗址，长期往来于小屯与安阳之间，了解每一批甲骨的发现情况，构建起一个关于河南北方考古艺术品发现的信息网，数年间购藏甲骨达五、六万片（表2-6）。

表2-6　第二阶段甲骨购藏情况②

第二阶段（1909—1928）	西方传教士	国内学者
代表人物	明义士、卫礼贤、福开森、怀履光	罗振玉、徐枋、叶玉森、商承祚、刘体智
首次到访甲骨出土地小屯的时间与人物	1914年·明义士	1915年·罗振玉
购藏数量	五万多片	三万多片
购藏方式	坐地收购； 亲赴出土地搜购； 建立了考古发现信息网	坐地收购
购藏用途	主要用于个人收藏、博物馆展览或教学使用	主要用为个人收藏

整体而言，参与甲骨购藏的西方传教士以库寿龄、方法敛、明义士三人为代表，购藏甲骨的时间主要在甲骨学史上的前三十年，即“甲骨学的草创期”（“殷墟甲骨的非科学发掘阶段”），以时间（1899—1909、1910—1928）为经、以群体（西方传教士、中国学者）为纬对西方传教士三十年间购藏甲骨情况进行总结，我们可以得出如下几点认识：

① 本表数据主要依据孙亚冰《百年来甲骨文材料统计》、赵彦昌《甲骨档案流失海外的原因、经过及具体分布》等材料。

第一，购藏数量上，西方传教士所购得的甲骨最多，高达 6 万多片，其现存实物数约为 3.9 万多片。①

第二，购藏时间上，西方传教士开始购藏甲骨的初年仅比中国学者晚 3 年。

第三，购藏方式上，明义士的甲骨搜购主要是本人亲至甲骨出土地实地考察并长期购买。

第四，购藏用途上，西方传教士购买甲骨主要用于公共目的，存于博物馆，供大众观摩、学习和研究。换言之，其购藏动机为公多过为私。

二、西方传教士甲骨购藏的客观历史作用

关于西方传教士该阶段内甲骨购藏所起到的客观历史作用，我们从两个方面来说明：第一是西方传教士购藏甲骨数约占整个私挖乱掘阶段出土甲骨总数的比例，第二是西方传教士该阶段甲骨购藏行为所起到的客观积极作用。

要弄清楚甲骨私挖乱掘阶段西方传教士购藏甲骨数约占该阶段出土甲骨总数的比例是多少，必须要先弄清楚 1899—1928 年间河南安阳小屯一共出土了多少片甲骨。

胡厚宣 1984 年的统计，自甲骨文被发现迄今，殷墟出土有字甲骨约达 15 万片之多，除去考古发掘以来出土的近 34 000 片，私人挖掘数约有 12 万片。②

而孟世凯在《甲骨学一百年》第二章“百年出土甲骨文述要”中认为“自清光绪二十五年（1899）始，甲骨文被国内外的学者收买，至民国十七年（1928），在小屯村被私挖乱掘出土的有字甲骨约 6 万片。”③

怎么看待这两个不同的数据？事实上，甲骨学中任何有关甲骨片数的统计往往众说纷纭，究其原因，一则因甲骨乃三千年古物，松脆易碎；二则早期出土是私挖乱掘，难免“出土之日，即澌灭之期”④；三则甲骨收藏

---

① 具体统计过程：库方二氏约 5000 片，柏尔根 76 片（现存实物约 74 片），卫礼贤约 72 片，明义士约 50 000+2819=52 819 片（现存实物约 31 431 片），怀履光约 3000 片，福开森约 37 片，合计约 61004 片（现存实物约少于 39 614 片），数据参考孙亚冰《百年来甲骨文材料统计》、赵彦昌《甲骨档案流失海外的原因、经过及具体分布》、严一萍《柏根氏旧藏甲骨文字考释》序、许进雄《怀特氏等收藏甲骨文集》序、胡厚宣《关于刘体智、罗振玉、明义士三家旧藏甲骨现状的说明》等材料。

② 朱凤瀚：《近百年来的殷墟甲骨文研究》，《历史研究》1997 年第 1 期，第 115—139 页。

③ 王宇信、杨升南：《甲骨学一百年》，北京：社会科学文献出版社，1999 年，第 42 页。

④ 罗振玉：《殷虚书契前编》自序，1913 年。又收入北京图书馆甲骨文研究资料编委会：《甲骨文研究资料汇编》，北京：北京图书馆出版社，2000 年。

分散，辗转易手频繁，难以统计。故以片计数，本不固定，要想精确，实在不易。[①]

不仅私挖乱掘数目难定，就目前甲骨出土总数来看，也同样莫衷一是。学界目前有四种说法：第一种认为有10万片左右，以董作宾、陈梦家、李学勤、王宇信为代表[②]；第二种种认为有15万多片，以胡厚宣为代表[③]；第三种认为是6万多片，以陈炜湛为代表[④]；第四种说法认为有13万片左右，以孙亚冰为代表[⑤]。

在此，本书选取孙亚冰2006年最新统计数据为基数进行对比，倘若殷墟出土有字甲骨总数约为13万片，去掉考古发掘以来出土的近34 000片[⑥]，那么在考古发掘以前出土的甲骨就有十万片左右。从这一阶段参与甲骨购藏的主要群体来看，西方传教士约得6万片，中国学者约得4万多片。即是说，西方传教士购藏甲骨的总数量，约占到科学考古发掘之前所出甲骨的半数以上。其实，就算是以统计数据中数量最丰的胡厚宣“15万多片”作为基数来计算，传教士的甲骨购藏数量依然是超过半数的。假如单单只从孟世凯甲骨现存数来计算比例，传教士现存甲骨实物数约3.9万多片，其比重亦过半数。

西方传教士购藏我国甲骨数量如此之巨，那么他们的购藏行为是否起到了一定程度上的客观积极的作用？本书认为，传教士在该阶段内的甲骨购藏

---

① 孟世凯曾言“甲骨文以‘片’来计算是不科学的，因甲骨出土时是一个完整、或较完整的龟甲、牛骨，几经转手而破碎为数块，加之过去著录出版重复不少，或经拼兑再著录，很难统计出一个确切数字”（参见孟世凯：《中华民族文化的凝聚力——汉字》，《中华文化论坛》1997年第1期，第33—37页）。此外，孟世凯还在《甲骨学一百年》中进一步指出学者统计甲骨数字出现前后不一情况的原因。“……大陆的一些收藏单位对自己的‘家底’不清。新中国成立初期经过‘土地改革’、‘三反’、‘五反’、‘镇反’、‘肃反’、‘反右’等多次政治运动，原收藏单位的实物和人员变动很大，对于原来收藏的甲骨文也不很重视。在《甲骨文合集》蒐集资料过程中，有的单位或是说曾经藏有，但就是找不出实物；或说要问了解情况的人，但有的已去世，有的被判了刑不好去问；有的只回忆一个约数，但与实物不符；也有找出一包甲骨，其中真假都有，已粉碎成黄豆粒大小的亦在其中。总之，各种情况都会出现，这就给调查实物带来很大的困难。”（参见王宇信、杨升南主编：《甲骨学一百年》，北京：社会科学文献出版社，1999年，第55页）

② 参见董作宾《回顾甲骨学的六十年》、陈梦家《殷虚卜辞综述》、王宇信《甲骨学研究一百年》等文。

③ 胡厚宣：《八十五年来甲骨文材料之再统计》，《史学月刊》1984年第5期，第15—22页。

④ 陈炜湛：《关于殷墟甲骨文的两个基本数字》，《中国文物报》2003年1月3日。

⑤ 孙亚冰：《百年来甲骨文材料统计》，《故宫博物院院刊》2006年第1期，第24—47页；又《百年来甲骨文材料再统计》，《中国文物报》2003年5月9日。

⑥ 朱凤瀚：《近百年来的殷墟甲骨文研究》，《历史研究》1997年第1期，第115—139页。

客观上起到了保护、保存我国甲骨文物的作用。

1899—1928 年，中国社会新旧更替，政治时局瞬息万变，出土甲骨文物命运多舛。

首先，政府、民众无暇亦无意识保护出土文物。罗振玉弟罗振常在实地考察小屯后，以日记的形式记录了当时安阳小屯村的情形。其中“宣统三年二月二十三日”条言：

> 此地埋藏龟骨前三十余年已发现，不自今日始也。……土人因目之为龙骨，携以视药铺……药铺购之，一斤才得数钱。……购者或不取刻文，则以铲削之而售。其小块及字多不易去者，悉以填枯井。①

尽管这份调查记录的是甲骨文被认识以前遭到破坏的情景，但是根据罗振玉 1913 年《殷虚书契前编》自序中的感叹“今出世逾十年，世人尚未知贵重，不汲汲蒐求，则出土之日，即澌灭之期”②，我们仍可以推测，即使在甲骨已每字值银“二两五钱”时，小屯村民对甲骨的价值认识仍然不会太深。因为为谋求钱财而来到小屯的古董商贩既能对甲骨购藏者隐瞒甲骨来源，亦必不会对小屯村人坦言甲骨价值，“古董商欺小屯村一带的农民无文化，以低价收购古器物（引者按：甲骨自然也在其中），贩至京、津、沪等城市高价出售”③。再加上当时信息、交通甚不发达，甲骨被小屯村人用之如药材、弃之如瓦砾之事很可能不仅仅只存在于甲骨文字发现之前。

另如《甲骨学一百年》中记载了一段王襄甲骨失而复得的旧事，亦反映出当时部分国人对甲骨价值的无知：

> 1934 年王襄由湖北回天津，将甲骨和其他什物交铁路局装箱托运津门，但在天津站提取物品时，发现其他箱物均在，唯装甲骨的箱子不知所之。这些凝聚多年心血的“宝贝”不翼而飞，使王襄焦急万分。后来经过辗转查寻了 50 多天，才在张家口站找到了这箱甲骨。但箱子已经是破损严重，所装甲骨也被翻动得狼藉不堪。原来，铁路上负责托运行李的人以为箱内存无算珍宝，但打开见是枯龟断骨，复被弃置。④

其次，国内士大夫收藏阶层自身运数多艰、颠沛流离，致使其收藏之甲

① 罗振常：《洹洛访古游记》，郑州：河南人民出版社，1987 年，第 20—21 页。

② 罗振玉：《殷虚书契前编》自序，1913 年。又收入北京图书馆甲骨文研究资料编委会：《甲骨文研究资料汇编》，北京：北京图书馆出版社，2000 年。

③ 王宇信、杨升南：《甲骨学一百年》，北京：社会科学文献出版社，1999 年，第 29 页。

④ 王宇信、杨升南：《甲骨学一百年》，北京：社会科学文献出版社，1999 年，第 342 页。

骨亦屡次辗转、破损散佚。罗振玉就曾经在《殷虚书契前编》自序中记载：

逾年冬而国难作。避地浮海，将辛苦累畜之三千年骨与甲者，郑重载入行笈。而辗转运输，及税吏检察，损毁者十已五六。幸其尤殊者，墨本尚存。[①]

因此，此时生存、生活状态相对稳定的传教士阶层的甲骨收藏活动就在客观上起到了保护、保存我国甲骨文物的作用。[②]

此外，从传教士甲骨购藏用途来看，其多数均及时收藏于各大公私博物馆，用于教学研究，这也在客观上起到了保护甲骨的作用（详见第三章）。

① 罗振玉：《殷虚书契前编》自序，1913年。又收入北京图书馆甲骨文研究资料编委会：《甲骨文研究资料汇编》，北京：北京图书馆出版社，2000年。

② 国家罹难、国宝遭殃，安阳军阀混战之际，即使是驻华传教士亦无力保存所藏之物。1927年，吴佩孚的军队进驻安阳，传教士们撤退天津。因时间紧迫，明氏收藏的大量小件文物都未及带走，后皆毁于战火。

第三章　西方传教士与甲骨流布

> 国内外收藏甲骨的情况是：国内（大陆>80 901片、台湾>30 343片、香港90片）共藏>111 334片；国外日本约7999片、加拿大7407片、英国3141片、美国1860片、德国851片、俄罗斯199片、瑞典111片、瑞士69片、法国59片、新加坡28片、荷兰10片、新西兰10片、比利时7片、韩国7片，计14个国家共藏约21 758片，国内外总共藏>133 092片。[1]

“甲骨档案是我国历史档案的重要组成部分，真实地记录着中华民族的早期历史进程，是我们伟大祖国数不尽的文化宝藏中一颗光彩夺目的明珠。甲骨档案作为珍贵的历史资料，真实地记录了中华民族的早期历史进程，在世界文明发展史上占据着极其重要的地位，放射着绚丽的光辉。”[2] 如果说以往学界习惯性使用“流失”、“流散”等词来形容我国甲骨流出国门，散于异邦，失去踪迹，蕴含着痛惜甚至痛恨的感情在其中的话，本书在第一章重新定位传教士群体在甲骨学史上的地位和第二章客观回顾传教士甲骨购藏活动的地位与动机后，我们更愿意使用一个比较中性的词——“流布”来作为本章的标题。

本章梳理的传教士旧藏甲骨的流布问题，主要包括两个方面的内容，一，从流布方向来说，西方传教士的旧藏甲骨不单单是流出国门，走向国际学术界，

---

① 孙亚冰：《百年来甲骨文材料统计》，《故宫博物院院刊》2006年第1期，第24—47页。此外胡厚宣先生亦有过多次统计，以著录为主兼个人调查、托人代办，得知台湾地区有5个单位、3个私人收藏家，共藏甲骨30 204片；香港地区收藏甲骨的有4个单位，共藏甲骨89片；国外收藏甲骨的，日本有12 443片，加拿大有7802片，英国有3355片，美国有1882片，联邦德国有715片，苏联有199片，瑞典有100片，瑞士有99片，法国有64片，新加坡有28片，比利时有7片，韩国有6片，共12个国家合计26 700片甲骨。国内外共藏甲骨154 604片。参见《八十五年来甲骨文材料之再统计》一文。

② 赵彦昌：《甲骨档案流失海外的原因、经过及具体分布》，《山西档案》2011年第6期，第35—40页。

其更大的一部分是在传教士离开前被主动地留在了中国；二，从数量上来看，后者远大于前者。

第一节　流布海外的西方传教士旧藏甲骨

从早期参与甲骨购藏流布活动的传教士国籍来看，主要有英、美、德、加四国，而其甲骨旧藏现也大多存放于这四国的博物馆内。[①]下面分国别依次介绍西方传教士旧藏甲骨的海外流布情况。

一、加拿大现藏甲骨与传教士旧藏流布

整体而言，加拿大现藏甲骨数量在海外收藏国中位居第二，仅次于日本。[②]目前加拿大所藏甲骨总数为7877片，全部为公家单位所藏。其中位于多伦多市的皇家安大略博物馆藏甲骨7872片，维多利亚艺术博物馆藏5片。[③]

皇家安大略博物馆所藏甲骨有两大宗均来源于当时在华的加拿大传教士旧藏。一宗是明义士旧藏的5170片，其中5000片有字[④]；另一宗则是怀特氏等人的旧藏2686片（包括1920年入藏的乔治·克罗夫茨（George Crofts）藏品和1967年斯波尔丁（Spaulding）夫妇捐赠的塞缪尔·梅塞（Samuel Mercer）教授藏品）；还有1971年许进雄从安大略博物馆中新清理出来16片甲骨，这批甲骨应是从明义士、怀特、Crofts等旧藏中挑选所得，至于挑出的缘由、时间以

① 卫礼贤本为德国人，却将自己的大部分的甲骨收藏转售与瑞士的博物馆。

② 日本人林泰辅自1905年开始收集甲骨。1909年著《清国河南汤阴县发现之龟甲兽骨》（《史学杂志》第二十卷第八、九、十期），并于1918年亲临安阳殷墟调查了解甲骨及其他古物出土情况，并购买甲骨和古器若干。此外，三井源右卫门、河井荃庐、堂野前种松等也通过多方渠道购藏甲骨。关于日本所藏甲骨情况，东京大学松丸道雄教授曾做过专门调查，并著有《日本收藏的殷墟出土甲骨》（简称《日藏》），日本公私所藏甲骨，证实部分7311片，未证实部分约670片，去向不明约230片，总计大约8200片。国内学者也有人做过专门讨论，如胡厚宣《八十五年来甲骨文材料之再统计》（《史学月刊》1984年第5期）、孙亚冰《百年来甲骨文材料再统计》（《中国文物报》2003年5月9日）、《百年来甲骨文材料统计》（故宫博物院院刊》2006年第1期）、赵彦昌《甲骨档案流失海外的原因、经过及具体分布》（《山西档案》2011年第6期）、骆阿雪云自在《甲骨文收藏正处于洗牌期》（《艺术市场》2009年第12期）等可参考。

③ 一说加拿大所藏甲骨总数为7407片，其中皇家安大略博物馆藏甲骨7402片。参见孙亚冰：《百年来甲骨文材料统计》，《故宫博物院院刊》2006年第1期；赵彦昌：《甲骨档案流失海外的原因、经过及具体分布》，《山西档案》2011年第6期。

④ 方辉：《明义士和他的藏品》，济南：山东大学出版社，2000年，第191页。一说4700片，参见孙亚冰：《百年来甲骨文材料统计》，《故宫博物院院刊》2006年第1期；赵彦昌：《甲骨档案流失海外的原因、经过及具体分布》，《山西档案》2011年第6期。

及为何分别库藏，已无人知晓。[①]

至于维多利亚艺术博物馆所藏的5片甲骨，则为1989年明义士子女所赠[②]，均为明义士旧藏。

综上，加拿大现藏甲骨几乎全部来自传教士旧藏。

二、英国现藏甲骨与传教士旧藏流布

英国是海外现藏甲骨数量位居第三的国家，仅次于日本、加拿大两国。公私所藏甲骨共有3141片，主要集中在8家公共单位，分别是皇家苏格兰博物馆（爱丁堡）1777片、剑桥大学图书馆（剑桥）622片、不列颠图书馆（伦敦）484片、不列颠博物院（伦敦）114片、牛津大学亚士摩兰博物馆（牛津）37片、维多利亚与阿尔伯特博物馆（伦敦）20片、伦敦大学亚非学院珀西沃·大卫中国艺术基金会（伦敦）11片（一说7片）、剑桥大学考古与古人类学博物馆（剑桥）2片，合计3067片。另有私人收藏74片，除维多利亚与阿尔伯特博物馆私人藏品外，个人收藏中孟克廉夫妇（汉普夏）21片，柯文4片，库克1片。[③]

其中属于传教士旧藏的甲骨有如下几宗[④]：

(1) 不列颠图书馆藏的483片，1911年入藏，就是库寿龄赠与不列颠博物院的那批甲骨。1973年不列颠图书馆自不列颠博物院中分出，其中甲骨归不列颠图书馆。不列颠博物院仅留《库方》1989雕花鹿角伪刻。

(2) 皇家苏格兰博物馆1777片，入藏时间为1909年，由库寿龄转让给该馆。

(3) 剑桥大学图书馆所藏甲骨622片，全部为金璋1952年去世时捐赠的旧藏，这些甲骨来自方法敛1908年开始为其收购的旧藏，也可归入传教士所购藏甲骨的一部分。

(4) 伦敦大学亚非学院所藏11片甲骨中除7片为叶慈旧藏，另有4片原属剑桥大学图书馆，也为金璋旧藏。至于这部分是否可归入方法敛1908年开

① 孙亚冰：《百年来甲骨文材料统计》，《故宫博物院院刊》2006年第1期，第24—47页。另许进雄在《怀特氏等收藏甲骨文集》序中称1931年入藏安大略博物馆的怀履光旧藏有近3000片。

② 孙亚冰：《百年来甲骨文材料统计》，《故宫博物院院刊》2006年第1期。朱彦民：《〈明义士牧师家藏中国文物展〉中两片甲骨的考释》，“明义士学术研讨会”论文，山东大学，2000年9月4—5日。

③ 该统计主要根据李学勤、齐文心、艾兰：《英国所藏甲骨集》前言，北京：中华书局，1985年。另有孙亚冰《百年来甲骨文材料统计》（《故宫博物院院刊》2006年第1期）一文“孟克廉夫妇（汉普夏）为69片”；齐文心《关于英藏甲骨整理中的几个问题》（《史学月刊》1986年第3期）一文“孟克廉夫妇（汉普夏）为22片”，英国公私机构共11家，所藏甲骨3088片。

④ 数据参考李学勤、齐文心、艾兰：《英国所藏甲骨集》前言，北京：中华书局，1985年；骆阿雪、云自在：《甲骨文收藏正处于洗牌期》，《艺术市场》2009年第12期，第57—65页。

始为其购买的那 800 片，还不得而知。

以上皆为库方旧藏。

另外私人所藏的两宗，即孟克廉夫妇 21 片、柯文 4 片，皆为明义士旧藏。

这样，经传教士之手流入英国的甲骨总数约为 2908 片，约占英国现藏甲骨总数的 90%。

三、美国现藏甲骨与传教士旧藏流布

根据孙亚冰 2006 年《百年来甲骨文资料统计》统计，美国现共有 23 个单位收藏有甲骨，总数 1832 片，8 个私人收藏（发纳 15 片，福斯特 4 片，沙克乐 3 片，本奈 1 片，吉德炜 1 片，刘先 1 片，麦克福森 1 片，某妇人 2 片），总数 28 片（王宇信认为顾立雅还收藏有 50 片[①]）。公私所藏合计 1860 片，仅次于日本、加拿大和英国。[②]

其中传教士旧藏约有 557 片，约占美国现藏甲骨数的三分之一。卡内基博物馆藏甲骨 438 片，为方法敛 1903—1908 年在华所得。[③] 普林斯顿大学图书馆现藏 115 片甲骨，为方氏 1906 年 11 月由美返华后在潍县购得的 200 片甲骨中的一部分。

周鸿翔《美藏所藏甲骨录》（*Oracle Bone Collections in the United States*）的英文序中记载有普林斯顿大学图书馆方氏旧藏甲骨的入藏经过[④]。

> According to Shirley H. Weber, the original number of pieces in this collection was 200. It was part of the Couling-Chalfant collection. Chalfant probably purchased them at Wei-hsien, Shantung Province, soon after his return to China from the United States on November 20, 1906. For many years these pieces had been the property of an English Baptist missionary, Harold Witcher, who was a teacher in the Union Christian College at Wei-hsien. In1927, Mr.Witcher sold his collection to Frederick J. Tooker. In the following year, Tooker placed it. together with 2,500 ancient Chinese coins, on loan to Princeton University. Six years later, in 1934. he made a gift of both. [⑤]

---

① 王宇信：《中国甲骨学》，上海：上海人民出版社，2009 年版，第 252 页。

② 孙亚冰：《百年来甲骨文材料统计》，《故宫博物院院刊》2006 年第 1 期，第 24—47 页。

③ 方法敛摹，白瑞华校：《库方二氏藏甲骨卜辞》序，上海：商务印书馆，1935 年。

④ 王勇则在《痴心敏求汉学情——英国驻天津总领事金璋的甲骨缘》中认为：“早在 1906 年春天，方法敛就从他所买到的甲骨中选取了 119 片转卖给美国普林斯顿大学，这成为最早批量流失国外的甲骨之一。”（《北京档案史料》2007 年第 3 期，第 297—305 页）

⑤ 周鸿翔：《美藏所藏甲骨录》序，伯克利：美国加利福尼亚大学出版，1976 年。

从这段文字中可以获知：1906 年 11 月 20 日，方法敛由美返华后不久在山东潍县购得一批甲骨。后来这批甲骨又转让给当时在潍县宏育书院（Union Christian College）任教的哈罗德·维奇（Harold Witcher）牧师。1927 年维奇牧师将这批甲骨卖给弗雷德里克·J·图克（Frederick J. Tooker）。1928 年，图克将这些甲骨连同 2500 枚中国古币一起借给普林斯顿大学展览研究。6 年后，即 1934 年，他将这两批古物一起捐赠给了普林斯顿大学。

四、德国及瑞士现藏甲骨与传教士旧藏流布

德国收藏甲骨的公共单位有 3 个，其中东亚艺术博物馆 140 片（库恩），柏林人种学博物馆（即西柏林民俗博物院）所藏威尔茨（Wirtz）旧藏 711 片，法兰克福中国学院原藏有 1 片，后毁于战火。此外私人收藏 3 片，共 854 片。[①]

瑞士收藏甲骨主要在巴塞尔民俗博物馆，共 70 片，全部是德国传教士卫礼贤旧藏。1910 年卫氏在山东青岛购得甲骨 72 片，1913 年经过白斯威·萨拉辛（S. Preiswerk-Sarasin）将其中 70 块甲骨出售给瑞士巴塞尔民族艺术博物馆；剩下的两片，一片转售给德国法兰克福中国学院，另一片（即《七集》S71），"白瑞华原认为已遗失，其实庄慕陵不知何时透过何许人获得了这片甲骨，其摹本曾刊于《南友》1—107，而拓本亦曾于《外编》190 及《合集》23363 发表"。[②]

海外传教士所藏甲骨大多保存在世界先进的博物馆内，一方面避免了中国国内持续的战乱破坏，客观上保存了这批文物；另一方面也吸引更多外国人士参观、研究，这对中国古史文化走向世界，以及整个人类历史文明的探索均起到了极大的推动作用。不少外国学者，如吉卜生、白瑞华、吉德炜、艾兰、罗端等就是通过研究这些博物馆内所藏中国甲骨文物而渐成为国际知名汉学家的。

第二节　留于国内的西方传教士旧藏甲骨

如前所述，西方传教士群体的旧藏甲骨除了一部分流出国门、保存于欧美各大博物馆外，还有大批留藏在我国国内的公私机构。这对我国国内甲骨学的发展，无疑是一笔宝贵的财富。

---

① 赵彦昌：《甲骨档案流失海外的原因、经过及具体分布》，《山西档案》2011 年第 6 期。

② 参见雷焕章：《德瑞荷比所藏一些甲骨录》，台北：光启出版社，1997 年，第 241 页。

一、上海亚洲文会博物馆藏甲骨——世界上最早公开展览的甲骨

上海亚洲文会博物馆是中国大陆最早的公共博物馆。其馆藏甲骨不仅仅是外国人购得的最早的一批甲骨，也是世界上最早在公共博物馆展览的甲骨。

早在20世纪之初，当甲骨的学术价值还只是被少数几个人知道，最早的甲骨著录书《铁云藏龟》才刚刚问世时，位于上海的英国皇家亚洲华北支会（The North China Branch of the Royal Asiatic Society）就得到了一批数额不小的甲骨。这就是1904年由方法敛以原价让给该会的400片甲骨。自此以后，这批甲骨就一直存于亚洲文会博物馆，以供展览研究使用。

需要指出的是，由于上海皇家亚洲文会博物馆在近代国际汉学史上的重要地位[①]，我们可以把上海皇家亚洲文会博物馆看作是甲骨学国际化的最早根据地。

英国皇家亚洲文会北中国支会简介

英国皇家亚洲文会北中国支会（The North China Branch of the Royal Asiatic Society）是英国侨民在上海建立的一个重要文化机构，主要针对中国自然、社会情况进行广泛调查和深入研究。该会成立于1857年10月16日（晚于1847年在香港成立的亚洲文会中国支会），最初名为上海文理学会（Shanghai Literary and Scientific Society），1858年7月20日被批准加入香港亚洲文会，为区别于香港的中国支会，故名为亚洲文会北中国支会。第一任会长为美国传教士裨治文。

建会初期，会址均系租用，曾经在宁波路、外滩新规矩堂、南京路金沙银行等处设馆。1871年花费3000两白银在上圆明园路建造了会所。1874年2月13日，开设博物馆，有两间陈列室，陈列兽类、贝介类、蛇类、鱼类、鸟类、昆虫类等动物标本，免费开放，是中国最早的公共博物馆。

1931年，亚洲文会北中国支会筹集到16万两白银，拆屋重建，到1932年建成五层的新会所大厦，1933年11月15日，陈列布置完毕，正式开放。其中底层为伍连德讲堂（演讲厅），二楼、三楼开设图书馆，有7万余册书刊。四楼、五楼为博物院陈列室，四楼陈列自然标本，五楼陈列中国历史文物，有陶瓷器、青铜器、碑刻等，参观者月均7000余人。1952年6月27日，亚洲文会北中国支会由于经费来源断绝，被上海市人民政府接管。[②]

---

① 有关上海皇家亚洲文会博物馆的相关研究可以参见王毅：《皇家亚洲文会北中国支会研究》，上海：上海书店出版社，2005年。

② 参见维基百科“亚洲文会北中国支会”词条，http://zh.wikipedia.org/zh-tw.

二、故宫博物院藏甲骨——传教士留于国内最集中的一批甲骨

故宫博物院所藏甲骨总数，根据胡厚宣1984年《八十五年来甲骨文材料之再统计》调查统计约有22 463片，仅次于国家图书馆（34 512片）和台湾历史语言研究所（25 700片），为世界第三大甲骨收藏单位。[①] 其甲骨藏品绝大多数来自明义士旧藏。

早在1924年，明氏就将所藏部分甲骨870片自天津寄至北京的华北联合语言学校。[②] 1927—1928年，明义士在躲避战乱中到华北联合语言学校任教，完成《殷虚卜辞后编》的编拓工作，后来这批甲骨就存放在该校，解放后转入故宫博物院。1974年，文化部文物局又从故宫博物院仓库中清出甲骨10匣25屉又167包共19 494片。箱子上边都有明义士亲笔写的封条。这两部分甲骨，原来都存放在华语学校，经胡厚宣鉴定应该是同一批东西。二者合计：870+19 494=20 364片。

这批甲骨中包含有明氏1928年《殷虚卜辞后编》的原2819片甲骨实物。据许进雄说，这批甲骨经过缀合后还有2812片，而原来的甲骨也并没有全部收入《殷虚卜辞后编》之内，譬如这批甲骨中有两片极重要的人头骨刻辞[③]，就没有收进书中。

明义士旧藏甲骨占故宫博物院现藏甲骨总数的比重极高，其重要性显而易见。该批甲骨也是明义士旧藏甲骨留于我国国内的最大一批。

三、南京博物院藏甲骨与西方传教士旧藏

南京博物院现藏有甲骨2461片[④]，是明义士旧藏甲骨留于我国的第二批，1950年入藏南京博物院。

1948年济南战役爆发，为保全藏品不毁于战乱，远在加拿大的明义士委托齐鲁大学同事将其藏品托运至上海或南京的大使馆，以便返华后继续研究。这样，原存放在齐鲁大学明氏别墅的宝贵甲骨（即1917年著录《殷虚卜辞》一书的甲骨实物）就在位于南京的加拿大大使馆躲过了内战浩劫。1951年，由前加拿大使馆代办郎世宁托友人杨宪益转交给南京博物院。

---

① 胡厚宣：《八十五年来甲骨文材料之再统计》，《史学月刊》1984年第5期，第15—22页。

② 胡厚宣：《关于刘体智、罗振玉、明义士三家旧藏甲骨现状的说明》，《殷都学刊》1985年第1期，第1—8页。

③ 胡厚宣：《中国奴隶社会的人殉和人祭》（下篇），《文物》1974年8期，第56—68页。

④ 该数字与胡厚宣先生20世纪80年代的统计（2921片）略有出入。这里依据的是江苏省档案馆葛霞女士新的统计数字。（葛霞：《南京博物院珍藏的甲骨档案》，《档案与建设》2002年8期，第33—34页）

四、山东博物馆藏甲骨与西方传教士旧藏

山东博物馆现藏甲骨 10 588 片[①]，仅次于国家图书馆、台湾历史语言研究所、故宫博物院。这批甲骨主要是 1954 年山东省博物馆成立之初由山东省文物管理委员会拨交的，主要来源于罗振玉、王惠堂、孙文澜等旧藏，以及广智院和齐鲁大学等著名收藏单位。其中来自广智院和齐鲁大学的两宗，涉及西方传教士柏尔根和明义士的旧藏。

1904 年，美国驻潍县牧师柏尔根将其在潍县等地购藏的 76 片（实物数 74 片）甲骨全部赠予济南广智院做公开展品，后广智院成为山东省博物馆东院，这批甲骨也就随之入藏山东省博物馆。

山东博物馆中数量最大的一批甲骨则是明义士的旧藏，也是明义士旧藏甲骨现留国内的第三批。1932 年底，明氏前往齐鲁大学任教，为便于教学研究也为了传播甲骨文化，他将历年所藏选出一部分从安阳运往济南创办齐鲁大学博物馆。1936 年明氏回国度假，不想 1937 年抗日战争全面爆发，从此再也没能返回中国。1942 年，明氏委托齐大同事英国人林森（字仰山）将其齐大古物埋藏在校内一个教师住宅的地下室。[②] 1952 年“三反”运动时，由林仰山“交代”，从地下室挖出明义士旧藏古物 140 多箱，其中有甲骨 8080 片[③]，后归山东博物馆收藏。根据胡厚宣 1985 年《关于刘体智、罗振玉、明义士三家旧藏甲骨现状的说明》一文，藏于山东博物馆的明义士旧藏甲骨 8080 片，其中有字者共 3668 片，很重要和比较重要的约 300 余片，全部都未经著录。

济南广智院简介

济南广智院始建于光绪三十年（1904），作为山东第一座博物馆，其前身为英国浸礼会传教士怀恩光创办的青州博物堂。其门楼造型别具一格，是一座既像中国的庙宇又像西方古城堡的建筑。

1904 年，山东巡抚杨士骧等主持落成典礼，取“广其智识”之义，定名济南广智院。该院是一所综合性博物馆，采用展橱、镜框、挂图等布展方式展示西方近代科学文明，展品万余件，包括动物、植物、矿物、天文、地理、机工、卫生、生理、农产、文教、艺术、历史、古物等 13 个门类。1917 年，该院作为齐鲁大学的社会教育科，纳入大学机构，与文理、神、医科并列。

① 根据 2014 年 5 月 15 日在山东博物馆召开的“山东博物馆藏甲骨保护整理与研究座谈会”上山东博物馆常务副馆长郭思克的介绍，目前出版的甲骨著录著作仅收录了部分馆藏精品甲骨，而多达 8500 余片甲骨尚未公布。该馆正与中国社会科学院甲骨学殷商史研究中心合作开展“山东博物馆藏甲骨保护整理与研究”项目。20 世纪 80 年代胡厚宣对该馆甲骨数量的统计为 5469 片。

② 王神荫：《齐晋大学校史简介》，《文史资料选辑》91 期，1983 年，第 94—129 页。

③ 根据 1959 年 12 月山东省博物馆的《明义士收集我国文物目录》记载，甲骨数目为 8168 片。

五、南京大学博物馆与西方传教士旧藏

南京大学博物馆藏甲骨500余片[①]，其中包括原金陵大学创建者、著名汉学家福开森的旧藏。

1934年，福开森将其毕生所藏全部捐赠给自己早年创办的金陵大学，其中就包括有得自刘鹗的甲骨珍品。1909年，刘鹗因罪流放新疆[②]郁郁而终，他多年搜集的甲骨分散到不同藏家手中[③]，其中一部分被福开森购得，金陵大学商承祚教授曾对这批甲骨进行过研究，并于1933年发表《福氏所藏甲骨文字》一书（详见第八章第三节）。1952年金陵大学并入南京大学，这批甲骨亦随之入藏。

综上，西方传教士旧藏甲骨留存我国情况列表如下（表3-1）：

表3-1　西方传教士旧藏甲骨留存我国情况总表

现藏地	旧藏来源	入藏时间	数量/片	备注
上海博物馆[④]	方法敛	1904	400	西方人购得的最早的一批甲骨，亦是世界上最早展览在公共博物馆的甲骨
山东省博物馆	柏尔根	1904—1954	76	前身济南广智院为山东最早的博物馆
故宫博物院	明义士	1949—1974	20 364	包括明氏1928年选拓《殷虚卜辞后编》的甲骨实物，明义士旧藏甲骨留于我国国内的最大的一批
南京博物院	明义士	1950	2 461	1917年《殷虚卜辞》一书的甲骨实物
山东博物馆	明义士	1952	8 080，有字者3 668	该馆明氏旧藏古物140多箱
南京大学博物馆	福开森	1934—1952	37	福开森毕生所藏全部捐赠给自己早年创办的金陵大学

留存于国内的传教士旧藏甲骨构成了目前我国所藏早期甲骨的重要组成部分。[⑤]许多著名学者，如胡厚宣、商承祚、容庚、李学勤、王宇信等均是在

① 其来源包括南京大学前身中央大学文学院与史学系的征集（400片），后并入南京大学的原金陵大学中国文化研究所旧藏以及福开森，翁方纲和刘鹗亲属的捐赠。

② 刘鹗1900年因向当时八国联军之一的俄军所占领的太仓购买储粱米救赈北京饥民而遭人诬陷，被清政府以“私售仓粟”的罪名流放。

③ 据胡厚宣《五十年甲骨文发现的总结》第22页文，刘鹗旧藏有1000片左右先归其表兄弟卞子休，后由卞转卖给上海英籍犹太人哈同的妻子，解放后又归上海市文物管理委员会，现藏上海博物馆；另一部分约有1300多片，先归同乡叶玉森收藏，后又转售给周连宽，现也收藏在上海博物馆；另有一部分约几十片，由福开森买去。商承祚、束世澄等学者，也都曾先后买到一些刘鹗原来的藏品。

④ 其前身为上海皇家亚洲文会博物馆。

⑤ 这里的“早期”是指1928年科学发掘之前出土的甲骨。现藏甲骨约80 901片，这一数字包含了全国各地不同时期所出土的甲骨。

刻苦钻研这些甲骨材料的基础上成长为卓越的甲骨学大家的。

第三节　西方传教士旧藏甲骨流布始末

如果说前两节对西方传教士旧藏甲骨的海内外分布情况的梳理只是一种静态描述的话，接下来，我们将尝试从动态的角度观察传教士旧藏甲骨是如何流向这些机构的。这一部分也分为两个阶段：阶段一（1901—1914），以库方二氏为主；阶段二（1914—1927），以明义士等为代表。下面分别以流程表的形式一一介绍。

一、库方二氏旧藏甲骨流布表解

1. 西方传教士最早购藏的一批甲骨

如表3-2所示，1900年，潍县贾人范维清[①]从安阳小屯村收购大批甲骨→范维清将甲骨携至北京欲卖与王懿荣，遭庚子之乱未遂→范维清将甲骨运回山东潍县，一部分留于行友古董商赵执斋处，另一部分南下卖与上海刘鹗，时间当在1901年。

表3-2　西方传教士购藏最早的一批甲骨流向表

<table>
<tr><td>时间</td><td>1900</td><td>1900</td><td>1900</td><td>1901</td><td>1903</td><td colspan="2">1917</td><td>1917</td><td>1954</td><td></td></tr>
<tr><td rowspan="2">所有者</td><td rowspan="2">小屯范维清</td><td rowspan="2">北京范维清</td><td rowspan="2">潍县赵执斋</td><td rowspan="2">潍县方法敛</td><td rowspan="2">潍县方法敛</td><td colspan="4">上海亚洲文会博物馆400片（原价）[②]</td><td>最早入藏博物馆的甲骨</td></tr>
<tr><td>柏尔根76片</td><td>济南广智院（捐赠）</td><td>齐鲁大学</td><td>山东省博物馆</td><td>1952年山东省自然科学研究所接管广智院</td></tr>
<tr><td></td><td colspan="5">个人</td><td colspan="4">机构</td><td>备注</td></tr>
</table>

1901年，义和团运动平息，美国长老会牧师方法敛回到潍县（1900年因避义和团运动离华），于好友赵执斋处得知甲骨消息，并得以亲见。这是外国人第一次知晓并接触到甲骨。至于当时是否购买，不能确定。

---

① 据邓华《甲骨文发现史上的另一桩公案》（《寻根》2002年第4期，第44—47页）考察，“范维卿”应是“范维清”之误。

② 这批甲骨如今尚存192片。1934年，英国人吉卜生曾摹写其中的189片，发表于《中国杂志》第21卷6期。

1902 年，为增加财力以购买甲骨，方法敛在英国浸礼会牧师库寿龄引荐下加入财力雄厚的英国浸礼会。

1903 年，方法敛在潍县古董商人赵执斋等处为自己和库寿龄购买大批甲骨。

1904 年 2 月，方法敛为获得更多的甲骨材料，将手上的甲骨以原价转让给上海亚洲文会博物馆 400 片以换取经费。

1904 年，柏尔根从方法敛手上购得甲骨 76 片，赠与济南广智院展览使用。后广智院纳入齐鲁大学编制，1954 年成为山东省博物馆东馆。

2. 最早入藏美国的一批甲骨

如表 3-3 所示，1904 年冬，小屯村地主朱坤家田中掘得甲骨数车，流转北京、天津、山东潍县、上海等几个重要的甲骨集散地。其中运到潍县的一批甲骨全部为库方联合购得，约计 1800 余片，此为库方二人首批联合购买的甲骨。1909 年方法敛将二人联合购买的首批甲骨卖给美国匹兹堡卡内基博物馆 438 片。

表 3-3　最早入藏美国的一批甲骨流向表

时间	1904	1904	1909	
所有者	小屯—潍县贾人	潍县库方二氏约 1800 片	美国匹兹堡卡内基博物馆 438 片	最早入藏美国的甲骨
	个人		机构	备注

3. 方法敛流出的第二批甲骨购藏

如表 3-4 所示，1906 年 11 月，方法敛由美返华。在潍县再得 200 片甲骨，后转让给当时在潍县任教的维奇牧师，1927 年维奇牧师将这批甲骨卖给图克。1928 年图克将这些甲骨连同 2500 枚中国古币一起借给普林斯顿大学展览研究。6 年后，即 1934 年，他将这两批古物一起捐赠给了普林斯顿大学。

表 3-4　方法敛第二批甲骨流向表

时间	1906	1906	?	1927	1928	1934
所有者	小屯—潍县贾人	潍县方法敛	潍县哈罗德 · 维奇	弗雷德里克 · J · 图克	借给美国普林斯顿大学	美国普林斯顿大学
	个人					机构

4. 最早入藏英国的甲骨

如表 3-5 所示，1906—1908 年，库方二人陆续收购到几批甲骨。具体收购的时间和所收甲骨的数量不详，暂阙如。其流布情况如下：

表 3-5　最早入藏英国的一批甲骨流向表

<table>
<tr><td>时间</td><td>1906—1908</td><td>1906—1908</td><td>1909</td><td>1911</td><td>1973</td><td></td></tr>
<tr><td rowspan="4">所有者</td><td rowspan="3">小屯—潍县贾人</td><td rowspan="3">潍县库方二人</td><td colspan="3">英国爱丁堡皇家苏格兰博物院 760 片</td><td>最早入藏英国博物馆的甲骨</td></tr>
<tr><td rowspan="2"></td><td rowspan="2">英国不列颠博物院 484 片</td><td>不列颠图书馆 483 片</td><td rowspan="2"></td></tr>
<tr><td>不列颠博物院 1 片</td></tr>
<tr><td colspan="2">个人</td><td colspan="3">机构</td><td>备注</td></tr>
</table>

1909 年，库寿龄将二人联合购得的第二批甲骨，卖给爱丁堡皇家苏格兰博物院 760 片。1911 年方法敛在潍县不幸瘫痪，库寿龄将二人联合购藏的第三批甲骨卖给不列颠博物院 484 片。1973 年不列颠图书馆自不列颠博物院中分出，其中甲骨 483 片（“鹿角刻碎”仍留在不列颠博物院）归不列颠图书馆。

5. 库方为金璋购买的甲骨

如表 3-6 所示，1908 年 2 月，方法敛开始为英国驻华使臣金璋（Lionel Charles Hopkins，1854—1952）在潍县搜购甲骨，至 1912 年 7 月，方氏为金璋购得甲骨 970 余片。[①]1952 年，金璋去世后将其藏品捐赠剑桥大学图书馆。

表 3-6　库方为金璋购买的甲骨流向表

<table>
<tr><td>时间</td><td>1908—1914</td><td>1908—1912</td><td>1908—1912</td><td>1952</td><td></td></tr>
<tr><td rowspan="2">所有者</td><td>小屯—潍县贾人</td><td>潍县库方二人</td><td>英国金璋 970 片</td><td>剑桥大学图书馆</td><td>捐赠</td></tr>
<tr><td colspan="3">个人</td><td>机构</td><td>备注</td></tr>
</table>

① 该数字尚不能确定：1. 董作宾《方法敛博士对于甲骨文字之贡献》一文中说，《金璋所藏甲骨卜辞》一书缺号 266，实际只著录甲骨 477 版，数量总计为 266+477=743。2. 李学勤《英藏》前言中说金璋去世后将所藏甲骨 622 片捐赠剑桥大学图书馆。3. 库寿龄《河南出土之卜骨》中所说的数字为 800 片。其原文如下：“Besides these collections in four Museums, we helped Mr. Lionel C. Hopkins to obtain his collection of eight hundred good specimens.”这里姑且依据当事人的最早记载。

6. 方法敛处流出的最后 4 版大骨

如表 3-7 所示，1913 年，方法敛将 4 版大骨转让与美国菲尔德博物院。[1]

综上，库方二人所藏甲骨流布共五宗。其中留于国内者两宗，分别为上海博物馆（即原上海皇家亚洲文会博物馆）、山东省博物馆（即原济南广智院）。流布国外者共六宗，分别为英国三宗：爱丁堡皇家苏格兰博物院、不列颠图书馆、剑桥大学图书馆，美国三宗：飞尔德博物院、美国普林斯顿大学、美国匹兹堡卡内基博物馆。

表 3-7 方法敛藏 4 版大骨流向表

时间	?	?	1913	
所有者	小屯—潍县贾人	潍县方法敛	美国飞尔德博物院	最后的 4 版大骨
	个人		机构	备注

二、明义士旧藏甲骨流布表解

以下是明义士旧藏甲骨的流布情况。

1. 故宫博物院藏明义士甲骨

如表 3-8 所示，1914—1917、1921—1927 两个时期是明义士在安阳居住时间比较集中的阶段。明义士购藏甲骨也主要是在这两个时期。根据与这批甲骨伴藏的一个注明发件人、收件人、发信日期的信封（1924 年 2 月 18 日发自天津寄往北京明义士）[2]，可以推知这批甲骨应是在这一时期进入华北联合语言学校的。1927—1928 年明义士任教华北联合语言学校期间，将其在安阳第二个时期内购得的甲骨精选 2819 片著录为《殷虚卜辞后编》拓片，分赠给马衡、容庚、商承祚等著名学者。这批甲骨随后一直保存在华北联合语言学校图书馆。1949 年由中央文化部文物局清出，交给故宫博物院保存。这批甲骨一部分被故宫博物院收藏（3 匣 17 屉，除一屉为陶丸、陶饼、小螺贝壳等 164 件外，甲骨共计 870 片），另一部分则封存在故宫仓库，直到 1974 年，才在故宫仓库中再次清出（计 10 匣 25 屉又 167 包，共 19 494 片。箱子上边都有

---

① 参见董作宾：《方法敛博士对于甲骨文字之贡献》“（引者按：1913 年）方氏以甲骨四版让与美国飞尔德博物院。”

② 胡厚宣：《关于刘体智、罗振玉、明义士三家旧藏甲骨现状的说明》，《殷都学刊》1985 年第 1 期，第 1—8 页。

明义士亲笔写的封条[①]）。因此，入藏故宫博物院的明氏旧藏合计 20 364 片。

表 3-8　故宫博物院藏明义士甲骨流向表

<table>
<tr><td>时间</td><td>1914—1917
1921—1927</td><td>1924</td><td>1927—1928</td><td>1949</td><td rowspan="3">1974
重新清出，明氏现藏最多的一批</td></tr>
<tr><td rowspan="3">所有者</td><td rowspan="2">安阳
明义士</td><td rowspan="2">北京华北联合语言学校明义士</td><td>明义士从中精选 2 819 片著录《殷虚卜辞后编》[②]</td><td rowspan="2">故宫博物院仓库
20 364 片</td></tr>
<tr><td>北京华语学校图书馆</td></tr>
<tr><td colspan="3">个人</td><td>机构</td><td>备注</td></tr>
</table>

2. 大使馆中捐出的明义士甲骨

如表 3-9 所示，1914—1917 年，是明义士在安阳的第一段时间，他于 1917 年著录出版《殷虚卜辞》一书，选拓该书所用甲骨单独装为一箱，后几经辗转，1932 年随明义士任教齐鲁大学而进入该校。1948 年明义士委托齐鲁大学同事将这部分甲骨交加拿大大使馆暂存。解放初，郎世宁（原加拿大大使）在杨宪益的规劝下，将甲骨交南京博物院馆藏。

表 3-9　大使馆捐赠明义士甲骨流向表

<table>
<tr><td>时间</td><td>1914—1917</td><td>1932</td><td>1948</td><td>1950</td><td rowspan="2">含《殷虚卜辞》实物</td></tr>
<tr><td rowspan="2">所有者</td><td>安阳明义士</td><td>齐鲁大学明义士</td><td>南京加拿大大使馆</td><td>南京博物院</td></tr>
<tr><td colspan="3">个人</td><td>机构</td><td>备注</td></tr>
</table>

3. 埋在地下的明义士甲骨

如表 3-10 所示，1932—1936 年，明义士被齐鲁大学聘为考古学教授，教授《考古学通论》和《甲骨研究》等课程。1936 年夏明义士告假回国，后因战事一直未能如愿返回。1942 年，日军占领齐鲁大学，明义士的朋友将其藏品分别存放，其中一箱甲骨藏在学校仓库里，其他埋于校园各处，同时绘制两张方位图，正本转交明义士，另一份由外籍传教士安德鲁保存。与国内其他被日军盗掘的历史文物相比，这批甲骨因秘密埋藏而得免日军劫掠。

① 胡厚宣：《关于刘体智、罗振玉、明义士三家旧藏甲骨现状的说明》，《殷都学刊》1985 年第 1 期，第 1—8 页。

② 明义士 1927—1928 年曾在华北联合语言学校任教一年，其间曾从 1921—1927 年间所得甲骨中精选 2819 片，著录《殷虚卜辞后编》。这部分甲骨极为重要，尤其是对 1924 年整坑甲骨的研究，是明氏利用考古和字体进行断代的依据。

1952 年，将要离开中国的原齐鲁大学英籍校长林仰山向学校交出这份绘制于 1942 年、标有明义士甲骨埋藏位置的“藏宝图”副本。按照图中指示，发现古物 140 箱 29 457 件，其中甲骨 8080 片（有文字的 3668 片）。这批甲骨大多都是小片、碎片，可能是明氏早期（1914—1917）购得 5 万片藏品中的一部分。

表 3-10　山东博物馆藏明义士甲骨流向表

时间	1914—1917	1932	1937	1952	1952
所有者	安阳 明义士	齐鲁大学明义士	齐大教师住宅的地下室 林仰山	济南文上新街物管理委员会	山东博物馆
	个人			机构	

4. 漂泊海外的明义士甲骨

如表 3-11 所示，“1927 年春天，军阀混战波及豫北，传教士们纷纷撤退到天津，明义士选出带有长篇刻辞和他感兴趣的甲骨先期运往天津，但大量的小片甲骨和陶器、铜器残件以及中文古籍等都在这次战乱中惨遭摧毁。”[①] 1947 年，随着解放军南下，传教士纷纷撤离，并于 6 月决定解散豫北差会。明义士部分行李被运至天津。是年 7 月 11 日，明义士写信请求将存有自家多年往来书信的红漆木盒托运回加拿大，因其“寄托着我们一家的感情”，并告知原藏在天津麦克尼士先生阁楼上的甲骨和其他文物的下落（即为明明德所说的 1927 年运往天津的那批甲骨），明氏在信中交代“这些东西应该留在中国”。可是后来这六大箱古物被明义士同事从天津码头运送至加拿大多伦多，抵达时间为 1948 年 9 月。当时的明义士对重返中国抱有很大的希望，因此他便将这六大箱古物寄存在多伦多路灵森（Rawlinsons）出租货舱里，准备随时启程运往中国。直到 1957 年 3 月 16 日明氏病逝，这六大箱古物都始终存放在出租货舱内。1957 年 12 月，明明德写信给明氏生前友好休姆尔（A. W. Hummel）和富善（L.G. Goodrich），询问对这些文物藏品的处理意见。1958 年 1 月 18 日，明氏家人就捐赠明义士藏品之事与皇家安大略博物馆考古部主任图圣汉（A. D. Tushingham）博士接洽。1958 年 6 月 23 日，图圣汉代表博物馆正式回函，表示皇家安大略博物馆愿意出资 4 万加元帮助整理明氏旧藏和出版明氏博士论文《商戈》，作为接受明义士藏品和图书的代价。1960 年 3

① 明明德著，杨洞译：《甲骨研究》序二，济南：齐鲁书社，1995 年。

月这批古物由明义士夫人和儿子明明德捐赠给皇家安大略博物馆。

表 3-11　安大略藏明义士甲骨流向表

<table>
<tr><td>时间</td><td>1914—1917
1921—1927</td><td>1927</td><td>1947.6</td><td>1948</td><td>1948.9</td><td>1957.3.16</td><td>1960.3</td></tr>
<tr><td rowspan="3">所有者</td><td rowspan="2">安阳
明义士</td><td rowspan="2">天津阁楼
明义士</td><td rowspan="2">天津阁楼
麦克尼士</td><td rowspan="2">天津码头
差会同事</td><td colspan="2">多伦多出租货舱</td><td rowspan="2">皇家安大略博物馆</td></tr>
<tr><td></td><td>明义士逝世</td></tr>
<tr><td colspan="6">个人</td><td>机构</td></tr>
</table>

此外，加拿大维多利亚艺术博物馆的 5 片明氏甲骨旧藏为明氏子女捐赠给该馆。

流于英国的一部分明氏旧藏，包括孟克廉夫妇（Drs.Kenneth A. & Franees McAll）所藏的 21 片，柯文（E. O. B. Cowen）所藏的 4 片（全是龟甲），得自明义士。根据齐文心 1986 年《关于英藏甲骨整理中的几个问题》研究，这部分甲骨流布多是明义士在齐鲁大学任教期间赠送同事朋友的物品，在他们回国时带出我国的。[①][②]

综上，明氏旧藏留于国内者三宗，即故宫博物院藏甲骨、山东省博物馆藏甲骨、南京博物院藏甲骨。流布国外者三宗，即加拿大安大略博物馆藏甲骨、维多利亚艺术博物馆藏甲骨、英国私人所藏甲骨。

需要指出的是，明氏一生不仅积极收集购藏甲骨，还愿意把自己挚爱的甲骨文物无偿地赠给有关部门，表现出一名传教士对中国文化的热爱和对中国人民的友谊。在明义士家中有一封加拿大联合教会驻上海传教士乔治·金写的信，信中转述了明义士女儿明义士·玛丽的一段话，从中可见明氏这一鲜明态度：

> 明义士博士在信中说过，除了那箱甲骨以外[③]，他不打算再过问他的那些博物馆藏品，也没有兴趣将它们运出中国，并希望最终把它们捐赠给齐鲁科美学校（Cheeloo School of Arts and Sience）。就是说，对于这些

① 这里根据李学勤、齐文心、艾兰：《英国所藏甲骨集》前言所列 21 片，齐文心在《关于英藏甲骨整理中的几个问题》中又写作 22 片。（《史学月刊》1986 年第 3 期）

② 李学勤在《英藏》前言中提及书中来源中的孟克廉夫妇藏甲骨时描绘道：孟克廉夫妇和孟克廉之父孟合理（1869—1937）一样，是传教士医生。孟合理曾在齐鲁大学任教，并把不少医学书译为中文。明义士 1932 至 1937 年也在齐鲁大学任教，和孟合理同住，房子后归孟克廉夫妇。这些甲骨是明义士留在房子里的。第二次世界大战结束时，孟克廉夫妇自日人拘禁中获释，将甲骨携回英国。

③ 这箱甲骨 1951 年入藏南京博物馆。

物品的归属，他现在完全听任齐大校方的安排。[①]

三、福开森旧藏甲骨流布表解

如表 3-12 所示，1910 年刘鹗死后所藏甲骨被其家属散出，福开森购得其中一部分，后用作金陵大学研究之用，存放在该校中国文化研究所古物陈列室。这批甲骨后由该研究所商承祚教授整理著录。1934 年，福开森无私地将自己多年来收藏的近千件文物珍品（市值约四五百万银元）捐赠给了自己一手创办起来的金陵大学。因捐赠时福氏提出这批文物需专门建馆存储、陈列，并对外开放，故在该校建馆期间 (1935—1949)，这批文物一直暂存于故宫博物院。1952 年金陵大学并入南京大学，这批甲骨随其他文物一起入藏该校文学院博物馆。1970 年，院系调整，这批甲骨又随着其他文物一起移入该校历史系文物收藏室。2002 年 5 月南京大学考古与艺术博物馆开馆，这批甲骨亦随之入藏新馆。

表 3-12　南京大学藏福开森甲骨流向表

时间	1910	1910	1910—1935	1935—1949	1952—1970	1970—2002	2002
所有者	刘鹗家属	福开森	金陵大学中国文化研究所	寄存北平故宫博物院	南京大学文学院博物馆	南京大学历史系文物收藏室	南京大学考古与艺术博物馆
	个人			机构			

四、柏尔根旧藏甲骨流布表解

如表 3-13 所示，1904 年，方法敛将得自潍县贾人甲骨中的 76 片转让给柏尔根，柏尔根则将其全部赠与济南广智院做公开展品，后为齐鲁大学所有。1954 年藏入山东省博物馆。

表 3-13　山东博物馆藏柏根氏甲骨流向表

时间	1900	1900	1903	1904	1904	1904	1917	1954
所有者	小屯—潍县贾人	潍县赵执斋	潍县方法敛	潍县方法敛	潍县柏尔根	济南广智院	齐鲁大学	山东省博物馆
	个人					机构		

① 转引自方辉：《有关明义士藏品的一封信》，《殷都学刊》1996 年第 3 期，第 8—9 页。

至于其他传教士，如怀履光、卫礼贤等购藏甲骨的流布详情，由于资料欠缺，在此只得阙如。

第四节　特定历史坐标下对西方传教士甲骨流布的价值评判

《甲骨学一百年》中有一段话评价传教士对甲骨的购藏：

> 自从王懿荣、王襄、刘铁云、端方等人，于光绪二十五年（1899）先后开始蒐购甲骨文后，不仅引起国内学者的重视和加入蒐求的行列，也引起了外国一些驻华机构、商人和学者的重视。这些外国人乘清朝末年中央王朝内外交困、腐败无能、不重视祖国历史文化之机会，也开始采用各种手段包括用金钱获取殷墟出土的甲骨文。从而造成大量的甲骨档案在清末民初流失海外。[①]

孙心一在《访甲骨学专家胡厚宣教授》一文中曾言：

> 在腐败的旧社会，“国宝”成了帝国主义来华的探险家、学者、牧师、巨商大贾猎获的对象，他们到处搜罗，或盗运国外，或弄得下落不明，酿成一桩桩甲骨之谜的公案。[②]

陈梦家曾把西方传教士斥为“帝国主义国家所派遣来的文化侵略者”；《大众日报》曾将明义士等人称为“披着‘牧师’外衣的帝国主义分子”……无论是学界还是民众，提起西方传教士对我国甲骨的购藏行为，无不深恶痛绝、张口呵斥。那么这种长期习惯性的评价是否客观真实呢？本节中我们首先列出三个方面的数据信息供读者参考。

（1）据孙亚冰2006年《百年来甲骨文材料统计》统计，目前殷墟出土的有字甲骨约为13万片，去掉考古发掘以来出土的近34 000片[③]，那么在考古发掘以前出土的甲骨就有10万片左右。其中传教士购藏甲骨数量，约占到科学考古发掘之前所出甲骨的半数以上，约6万多片。

从这6万多片甲骨的流布情况来看，国内的现存甲骨约2.7万片，经西方传教士之手流到海外的现存甲骨近1.1万片[④]，几乎全部收藏于海外公共

---

① 王宇信、杨升南：《甲骨学一百年》，北京：社会科学文献出版社，1999年，第38页。

② 孙心一：《访甲骨学专家胡厚宣教授》，《中州学刊》1985年第1期，第114—116页。

③ 朱凤瀚：《近百年来的殷墟甲骨文研究》，《历史研究》1997年第1期，第115—139页。

④ 详见本章第一节内容。

机构，基本保存完好。而留在国内的部分有近2万片毁于战乱。[①] 从保存甲骨的角度来看，传教士甲骨的流布出国客观上起到了保存甲骨实物的作用。

(2) 在收集甲骨最多的三位学者罗振玉、明义士、刘体智中[②]，明义士收藏数量最多，仅实物现存就有31 431片。三人中，刘氏购藏时间较晚，又与罗、明二人保存时代背景不同，暂不多言。

若以罗、明二人相比较，罗氏收购的时间相对较早，财力雄厚；明氏开始较晚，财力有限。但明氏近水楼台且用力至勤，所得远超过罗氏。从受损程度而言，罗氏毁坏比例“十之五六”[③]，远大于明氏（明氏所损六万之二万，即三分之一）。从现存实物所在地而言，罗氏收藏许多流于日本，据胡厚宣1985年《关于刘体智、罗振玉、明义士三家旧藏甲骨现状的说明》考证，仅罗振玉避居日本时收藏的甲骨就散失许多，其有记录说明的，归京都大学人文科学研究所的有3599片，天理大学参考馆有809片，东京国立博物馆有225片，东京大学考古研究室有113片，富冈谦藏有800片……总计达5745片，精品甚多。[④] 而明氏收藏则大多留在中国。

(3) 传教士甲骨收藏初衷。明义士曾在《柏根氏旧藏甲骨文字》序中谈到了柏尔根购藏甲骨展览的事情：

> （引者按：柏根氏）所收藏诸甲骨，现陈列于济南南关广智院，当日以防损折，皆用面糊粘贴于涂墨之厚纸上，而密封于玻璃框内，于是此三千余年贵重之史料，陈列院中，为多数人所忽视者，盖已历三十载矣。[⑤]

如前文所叙，柏尔根从方法敛处得到这批甲骨的时间是1904年，而明氏在1933年春见到这批甲骨时说该批甲骨已经存放于广智院“三十载矣”，且已残损破败，有蜘蛛侵袭，可见这批甲骨三十年来从未挪动过。也就是说柏根氏当初得到这批甲骨后就立时将其置放于广智院的展柜内，且三十年来

① 毁坏部分主要是明义士的旧藏，即1927年未及带到天津而留在安阳家中的甲骨。按明氏共购得甲骨近6万片，现存实物31 431片。毁于战乱的估计有2万片。胡厚宣在《关于刘体智、罗振玉、明义士三家旧藏甲骨现状的说明》中说“明义士旧藏甲骨，早年已有50 000片，后来又得了一坑，那就决不只这31 516片之数（胡厚宣统计数据）。此外如果还有，不知道收藏在什么地方。据早期在安阳发掘的吴金鼎先生说，明义士所藏甲骨，在军阀混战时期，曾经被毁掉一部分，究竟毁掉多少，明氏久已故去，那就不得而知了。”

② 胡厚宣：《关于刘体智、罗振玉、明义士三家旧藏甲骨现状的说明》，《殷都学刊》1985年第1期，第1—8页。

③ 罗振玉：《殷虚书契前编》自序，1913年。

④ 胡厚宣：《关于刘体智、罗振玉、明义士三家旧藏甲骨现状的说明》，《殷都学刊》1985年第1期，第1—8页。

⑤ 明义士：《柏根氏旧藏甲骨文字》序，济南：齐鲁大学国学研究所，1935年。

从未取出，那么对于柏根氏当初收购这笔甲骨的目的究竟是为了文物展览教育需要，还是如以往认识的“文物盗窃”，就很值得我们重新思考了。

而福开森将其全部收藏悉数捐予金陵大学时曾经与金陵大学古物陈列所签署一份《赠予及寄托草约》，《条约》中明确表示将这批文物赠与金大“永远保守”，但前提条件是学校要专门建馆存储并陈列它们，并且要对外开放，按时展览。此外，《草约》中还特别注明，如果学校解散，赠与物即属于邻近从事同一目的之学术团体所有，可见福氏此举目的是保证这些文物能够公之于众，为学术研究所用。当时《大公报》曾对福开森的这一举动予以高度评价，称“在我国堪称空前之举”且“对中外人士均可做一个好榜样”。其社评说：“我国人除极少数之知名学者如梁任公（梁启超）等曾以图书捐赠社会外，依惯例概均将收藏悉数遗诸后人。此种方法实最坏。子弟本不必为不肖，而过丰之收藏反足以诱之使然。子弟既落败，则多年之收藏可以沦于一旦。”此外，“因古物无定价，每有买卖，辄必容奸商渔利，且每因转移搬弄或收藏不当，使原物受损碰污毁”。该报呼吁：“甚望国人对于有价值的古物，万勿私有，惟有捐献给公共机构，才能永久保存。福开森此举，非常值得效法。”①

当然，上述三点绝不是说本书赞同传教士购藏我国甲骨的行为，只是客观地指出，长期以来人们从感情上给予西方传教士这个曾在甲骨学早期扮演着重要角色的群体太多的批评和指责，甚至强加给他们莫须有的罪名，多少有些不够客观。以往的某些看法不仅带有以意识形态作为价值评判标准的味道，而且对学术史的研究亦是不利的。诚然，甲骨是中国近代最为重要的文物之一，是中华民族的优秀历史文化遗产，其蕴含的历史文化价值难以估量，但这绝不是我们可以草率评价西方传教士行为，尤其是其购藏行为的理由。

那么，该如何对西方传教士的甲骨购藏、流布做出比较客观、公允的评价？这成为一个我们无法回避的问题。我们认为绝不能简单地以后期之

① 本部分内容参考了张科生：《福开森捐赠文物始末》，《纵横》2006 年 04 期；《南报网》：《上世纪一个美国人捐赠中国文物给金陵大学》的报道 http://collection.sina.com.cn/cqyw/20121128/120894127.shtml。

法律[①] 绳当时之西方传教士，我们必须将其还原于当时的历史背景下进行评判，衡量其所作所为在19世纪末20世纪初的中国社会环境下是否符合道义、道德——这一人类社会最为普遍、最为基本的行为准则。正如方辉所言：

> 虽然世界各国对于文物收藏者没有统一的评判标准，但作为人类最基本的行为准则——道德，无疑也适用于对文物收藏者的评判。那些不惜以牺牲本民族的文化遗产为代价，换取外人的不义钱财，或借着“文化遗产世界共享”的幌子盗取别国文物的所谓收藏家，无论到哪里，都不能说是一个讲道德的人。[②]

具体到明义士、方法敛、福开森、怀履光等人，我们应该一分为二，区别对待。如明义士、福开森等，从已有的资料来看，我们不但不能找到其“盗窃、盗掘、非法经营和走私”的确凿证据，相反，我们应该看到他们在保存我国甲骨实物上的巨大贡献。而如怀履光等人，我们也绝不会因其曾为汉学传播用功之深，而忘记其盗掘我国文物的可耻行径。

① 谈到20世纪初西方传教士的甲骨购藏活动，人们很容易将其和走私文物、文物盗窃联系在一起。那么西方传教士早期的甲骨购藏流布行为是否属于“文物盗窃”、“文物走私”呢？我们的答案是否定的。我国第一部文物保护法案《古物保护法》颁布于1930年6月（1929年，傅斯年、李济、董作宾等考古学家和其他学者上书呼吁，要求成立一部《古物保护法》；1930年6月，第一部文物保护法案《古物保护法》通过，并颁布实施，规定任何没有内务部和教育部联合正式批准授权的发掘都属于违法行为），而西方传教士购藏、流布甲骨在时间上主要是1928年以前，此时尚无法可依，自然不能依法论罪。当其时，我国尚无“文物国有”之概念，更无“文物保护”之法规。而且这些西方传教士们的甲骨购藏也绝非偷窃、抢夺、欺骗，而是货币购买。除身份外，其行为与国内人士并无太大区别。唯物主义史观认为对任何历史人物和历史事件的评价均应将其置于特定的历史背景下进行考量。若在无文物保护法的背景下对传教士加以“文物盗窃”、“文物走私”之罪名，实为草率地以今律古的表现。就像我们不能因为古代帝王拥有多位后妃就说他们犯了重婚罪一样，我们也不能因为传教士是外国人就不允其购买甲骨。

② 方辉：《明义士和他的藏品》，济南：山东大学出版社，2000年，第55页。

第四章　西方传教士与甲骨著录

治学之道，赖乎新资；考古之学，材料为尚。况甲骨古脆，出土易损，迁移辗转，动辄破碎，灾祸战乱，每致散失。故罗振玉谓材料之蒐集，尤重于研究；郭沫若谓秘而不宣，与藏之地下何异。俱以见蒐集材料与流传材料实为学者当务之急也。①

甲骨文自清光绪二十五年（1899）被发现，很长一段时间内都只是处于古董阶段，并未成为一门真正的学问。一方面古董商人为垄断财源，对甲骨来源秘而不宣；另一方面甲骨松脆易碎，难以保存。这无不令学者们忧心如焚。胡厚宣先生在《甲骨六录》自序中明确指出："蒐集材料与流传材料实为学者当务之急。"

"蒐集材料与流传材料"即"材料的社会化"②。如果没有甲骨材料的社会化，就不可能有甲骨学的诞生，更毋庸言其发展、成熟为一门国际性显学。所谓甲骨材料的社会化，其要义在甲骨材料的收集与公布。对于甲骨文研究或者说甲骨学研究而言，材料收集与公布是基础，至为重要，具体又可分为两个方面：一为甲骨实物的收集与公布；二为甲骨文献的收集与公布。前者指收集甲骨并展览，后者指著录甲骨并发行；前者供大众参观学习，后者备学者交流研究。简言之，前者主要工作在于收集甲骨，后者主要工作在于著录甲骨。而西方传教士在这两个方面都曾作出过突出贡献。③

本章主要梳理西方传教士甲骨著录之贡献。第一节简要概述甲骨学草创之初学界在甲骨著录方面的一些基本情况，以作背景参照。第二、三节分别叙述以方法敛为代表的第一批西方传教士以及以明义士为代表的第二批西方传教士在甲骨著录方面的具体情况。第四节是对西方传教士甲骨著录特点和

---

① 胡厚宣：《甲骨六录》自序，齐鲁大学国学研究所，1945年。

② 王宇信、杨升南：《甲骨学一百年》，北京：社会科学文献出版社，1999年，第76页。

③ 王宇信、杨升南：《甲骨学一百年》第76页言"欧美学者在甲骨学发展史中也作出了重要贡献。早期主要是收集、著录甲骨。"

意义的小结。

第一节 甲骨学初期的甲骨著录

甲骨文早期名称众多，如“契文”、“龟甲文字”、“甲骨刻文”、“贞卜文字”、“殷虚卜辞”、“殷虚书契”、“殷虚遗文”等，无论哪种称呼，均反映出其文字载体性质，即甲骨的社会价值重在其上的文字史料，从某种程度上说，脱离了文字，甲骨便与一般古董无二，其学术价值也会大打折扣。

众所周知，甲骨出土之初不过是药贩掮客手中的“龙骨刀尖药”，直到王懿荣辨识出其上文字，才成为名人雅士争相购买的“古董”。可惜“每字值银二两五钱”的高昂身价让许多有志于甲骨文字研究的学者望而却步，王襄曾记录自己的购买经历说：

> 甲骨之大者，字酬一金。孟氏与余皆困于力，未博收。有全甲之上半，珍贵逾他品，闻售诸福山王文敏公。①

而以王懿荣为代表的早期购买者多将甲骨藏之珍室，仅供个人休闲把玩，此时的甲骨并未发挥出其文献材料的重要作用。在甲骨学发展早期，这种现象亦十分普遍。据说唐兰在昆明甚至因此而停止研究甲骨。② 事实上，这种情形一直持续到解放前，胡厚宣曾撰文指出：

> 甲骨文发现以后的50年，还正是在解放以前，那时候研究甲骨真不容易，最大的问题是蒐集材料困难。著录甲骨的书，印数少，售价贵。分散零碎，更不容易蒐集齐全。尤其困难的是一些甲骨实物收藏在各个单位的往往列为珍品，收藏在私家手里的，又常常是秘不示人，在公开发表以前，就很难看到这些资料。③

这种情况一方面反映了早期著录的不及时，另一方面也说明著录的重要性。可以说，没有甲骨著录，就不可能有甲骨学。换言之，甲骨真正从“古董”转变为甲骨学科的基础材料，始于刘鹗《铁云藏龟》的出版（图4-1）。

刘鹗，原名孟鹏，字铁云，号老残，别署鸿都百炼生。其人一生博学多才，嗜古成痴，喜好收集金石、字画、古籍善本等。1901年刘鹗开始收集甲骨，两三年间，约得有五千片。1903年，刘鹗选拓精品甲骨1058片，编为《铁

① 王襄：《题易檐园殷契拓册》（《簠室题跋》），《河北博物院半月刊》第85期，1935年。

② 胡厚宣：《详细占有甲骨文资料的大好时机》中说唐兰曾经愤道：“发现了那么多材料，迟不公布，我若写出文章，等新材料一发表，有可能就被推翻，这样我还怎能再写文章呢？”详见《汉字文化》1991年第1期。

③ 胡厚宣：《详细占有甲骨文资料的大好时机》，《汉字文化》1991年第1期。

云藏龟》。刘氏在序中言及自己拓印《铁云藏龟》一书的原因：

> 龟版文字极浅细，又脆薄易碎，拓墨极难……然斯实三代真古文，亟当广谋其传，故竭半载之力，精拓千片，付诸石印，以公同好。[①]

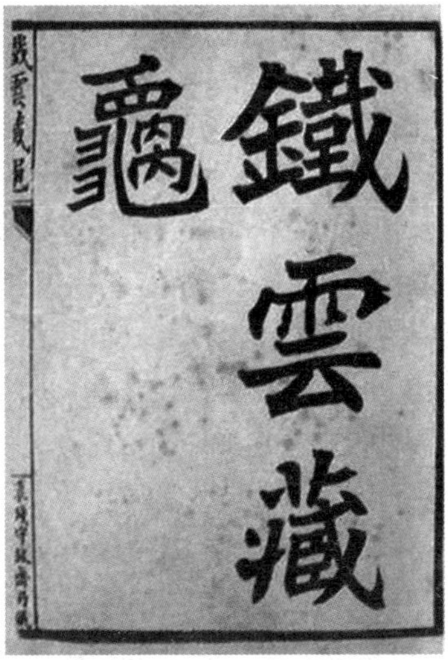

图 4-1　《铁云藏龟》书影

资料来源：刘鹗：《铁云藏龟》，抱残守缺斋石印本，1903 年

《铁云藏龟》作为第一部甲骨著录书，它的出版有着开山辟路之功，标志着“甲骨文从少数学者书斋里秘不示人的‘古董’，变成了可资学术研究的‘金石资料’”[②]，给广大有志于古史研究，却又囿于种种原因无法接触甲骨实物的学者带来了福音。《铁云藏龟》的出版使得殷商史的研究开始逐渐走出“文献不足”的尴尬，中华文化绵延三千年的事实也渐得以被世界史学界所承认。吴昌绶在《铁云藏龟》序中称赞该书的出版道：“一旦披豁呈露，以供好古耆奇者之探索，文敏导其先马，先生备其大观。”胡适则评价刘鹗为甲骨文字研究的“开路先锋”。[③]

早期甲骨著录的重要意义在于甲骨实物本身埋于地下三千多年，多“骨质至脆”[④]，不敢轻易把玩研摹，难以满足众多学者的研究需要，故甲骨著

① 刘鹗：《铁云藏龟》序，抱残守缺斋石印本，1903 年。

② 王宇信：《近百年来的甲骨学研究》，《炎黄文化研究》第 3 辑，1996 年。

③ 胡适：《〈老残游记〉序》，见《胡适文存》（三），合肥：黄山书社，1996 年，第 396 页。

④ 罗振玉：《殷虚书契菁华》序，1914 年。又收入北京图书馆甲骨文研究资料编委会：《甲骨文研究资料汇编》，北京：北京图书馆出版社，2000 年。

录书就承担起了广泛传播史料的重要任务。再加上1949年前我国局势动荡不安、战乱频仍，许多甲骨实物毁于兵燹，而甲骨著录书籍因为流传相对较广，使得部分珍贵资料得以保存，这可以说是不幸中的万幸。

刘鹗之后，其他的甲骨著录书籍相继问世。除《铁云藏龟》外，另有罗振玉《殷虚书契前编》(1913年，2229片)、《殷虚书契菁华》(1914年，68片)、《铁云藏龟之余》(1915年，40片)、《殷虚书契后编》(1916年，1104片)、《殷虚书契续编》(1933年，2016片)、姬佛佗《戬寿堂所藏殷虚文字》(1917年，655片)、(日)林泰辅《龟甲兽骨文字》(1921年，1023片)、王襄《簠室殷契征文》(1925年，1125片)、董作宾《新获卜辞写本》(1928年，381片)、商承祚《福氏所藏甲骨文字》(1933年，44片)、《殷契佚存》(1933年，1000片)、容庚等《殷契卜辞》(1933年，874片)、郭沫若《卜辞通纂》(1933年，921片)、王子玉《甲骨文》(1933，172片)等。可以说在1928年前后出现了甲骨著录的一个高潮时期。[①]

与此同时，一批来华传教士亦在甲骨著录上创获良多。如在著录时间上，方法敛1906年发表的《中国原始文字考》不仅是第一部西方人甲骨著录书籍(发表甲骨11片)，也是第一部向西方介绍我国甲骨文字的研究论作；在著录数量上，仅方法敛、明义士二人就著录甲骨多达7953片，保存了大量的文字资料；在著录方式上，传教士首次使用了摹本著录的方式著录甲骨。

如果说“早期著录将甲骨文推向学术界”的话[②]，那么西方传教士的甲骨著录可以说将甲骨和甲骨学推向了世界学术界。

第二节　方法敛与甲骨著录

在本书第二章中，我们论述了西方人中最早购藏我国甲骨文字者，为美国长老会驻山东潍县传教士方法敛，不仅如此，方法敛还是外国人中最早著录甲骨文字者，库、方二人所购甲骨皆由方法敛亲手摹写。根据董作宾1940年《方法敛博士对于甲骨文字之贡献》记载，方氏自购藏甲骨之初就特别注意对甲骨文字的著录：

> 本年(引者按：1903年)，方氏为美国长老会驻潍县宣教士，开始收买甲骨文字。曾以第一批之一部分四百片让与上海博物院皇家亚细亚

① 胡厚宣在《殷墟发掘》第39页中统计，1928年殷墟科学发掘之前，公开发表的甲骨材料“虽然只占到全部出土甲骨文字的十分之一，但重要的材料，已经公布不少，这对开展甲骨文的研究，有很大作用。”

② 王宇信、杨升南：《甲骨学一百年》，北京：社会科学文献出版社，1999年，第60—64页。

学会华北支会。有摹本一九五片，见七集 S1-195。……自本年始，凡方氏经手购得之甲骨文字，必摹其文字，图其形状，诚恳勤慎，始终如一。

是年（引者按：1914 年）一月廿三日，方氏卒。方氏卒以前，已完成其《甲骨卜辞》一书。此书为一部用打字机和手写的很大的著作。……原书有四二三满页的摹写本，内包含《铁云藏龟》的全部。有六〇页引论在摹写片之前，更有一个序文在字汇之前。[①]

类似的记述还见于胡厚宣《临淄孙氏旧藏甲骨文字考辨》一文：

方氏凡购得甲骨一批，必先画其图形，摹其文字。后来见到别人收藏的甲骨，也都设法摹写下来。十年之间，以所摹甲骨，编为《甲骨卜辞》（*Bone Inscriptions*）一书。书中包括摹本甲骨文字四二三页及其他附件数种。1914 年方氏死，遗稿后归美国纽约大学教授白瑞华（Roswell S. Britton）保存。[②]

董、胡二人所提到的 423 页的甲骨手本，均为方法敛钢笔手摹而成，后经白瑞华校订，现已出版 229 页，分印为《库方二氏藏甲骨卜辞》、《甲骨卜辞七集》、《金璋所藏甲骨卜辞》三书。1966 年，三书又由台湾学者严一萍辑为《方法敛摹甲骨卜辞三种》出版。

下面分别对三书进行简要评介。

一、《库方二氏藏甲骨卜辞》

《库方二氏藏甲骨卜辞》（*The Couling-Chalfant Collection of Inscribed Oracle Bone*），以下简称《库方》。

1914 年方氏逝世后，其 *Bone Inscriptions* 稿本藏于美国飞尔德博物院（Field Museum of Natural History）二十余年，后交由美国学者白瑞华[③]保管，白氏对其重新编校后于 1935 年 12 月由商务印书馆石印出版。[④]

① 董作宾：《方法敛博士对于甲骨文字之贡献》，《图书季刊》新 2 卷第 3 期，1940 年，第 297—324 页。

② 胡厚宣：《临淄孙氏旧藏甲骨文字考辨》，《文物》1973 年第 9 期，第 52—60 页。

③ 白瑞华（Roswell Sessoms Britton，1897—1951），美国汉学家。白瑞华作为 1924 年成立的燕京大学新闻系的第一任系主任，对中国的新闻学发展作出了重要贡献。除此之外，白氏对我国甲骨文研究亦颇有所得，除《库方》、《金璋》、《七集》外，另有方法敛摹、白瑞华校：《天理大学附属天理参考馆藏品甲骨文字》，奈良：奈良天理教道友社，1987 年；Oracle-Bone Color Pigments, *Harvard Journal of Asiatic Studies*, 1937, Vol.2, No.1 等。

④ 该书出版后，裘毕胜先生曾予以高度评价：“对于那些热衷于中国文字和古代文化、文明的学者来说，该书给以他们的是无比珍贵的商代甲骨文献。”（Gibson, H. E.Review of Recent Books, *JNCBRAS*, Vol. LXVII, p193.）

白瑞华在《库方》一书正文前附了一篇英文序言，详细交代了这批拓片的来源，该序由苏秀菊[①]翻译，刊登于《殷都学刊》1992年第1期上。因其文有利于我们了解把握方氏的甲骨贡献，现全文抄录于下。

> 这本书中收录的甲骨是库寿龄、方法敛收集的。他们于1904—1908年在山东潍县从古董商手中购买，方法敛曾简略的用数字予以编排。当时他们并不知道这些甲骨出自商朝后期都城遗址，河南安阳小屯附近的殷墟。方法敛的器物图附于此，还有他的670块哺乳动物骨片摹拟图，1016片甲骨及一个鹿角，共1687片。这些甲骨分藏于在4个博物院：英国两个，美国两个，书中逐条列记此事。不论藏在哪个博物院，全部收集均用C表示。
>
> 此外，库、方二人还宣称以同样的渠道从商贩手中购买了许多有字甲骨，但现在得知其中不少是赝品。所以，这些所谓“护身符”此书未收录，因此在数字上留下空缺。这里刊载的是安阳殷墟出土的甲骨文的典型代表。这些刻字的，特别是大块的刻字甲骨和鹿角，是他们从古董商那里购买的全部甲骨，经谨慎的选取。对每片甲骨我不能逐一详述。我亦没有看到科亚尔斯科蒂什和卡内基的收集，仅在3年前粗略的看了看其他部分，当时根本没有想到后来有机会编辑出版。这样审慎分辨编辑需用几年的时间，而方法敛的图等待多年未出版。
>
> 方法敛为西方人士中辨认与利用甲骨文研究中国古文字之第一人，他在专著《中国原始文字》中向西方介绍研究成果，书中第4部分即在殷墟发现的甲骨文。此文作为卡内基博物院研究的一项目，于1906年在匹兹堡发表，比1903年在上海出版的中国第一部甲骨文著作《铁云藏龟》晚3年。
>
> 此后，方法敛开始研究甲骨文，在他任牧师时，只要时间允许，他就倾心研究甲骨文。1911年在青岛遭不幸事故，遂半身瘫痪。直到1914年1月23日去世仍未中断对甲骨文的研究。撰写了大部头的著作《甲骨文》[②]。

① 苏秀菊一直致力于商代甲骨学以及与之相关的考古学著作的译介工作，为国内了解西方学界的相关研究提供了大量材料。其代表性译作有：李济著，苏秀菊、聂玉海译：《安阳》，北京：中国社会科学出版社，1990年；格勒斯派著，苏秀菊译：《商代甲骨年代的测定》，《中原文物》1990年第3期；白瑞华著，苏秀菊译：《〈甲骨卜辞〉序言》，《殷都学刊》1992年第1期；胡博著，苏秀菊译：《由郑州至安阳过渡期间商代青铜器的风格》，《殷都学刊》1992年第3期；阿瑟·明义士著，苏秀菊译：《詹姆斯·M·明义士传——他的兴趣在于中国的考古和艺术》，《殷都学刊》1992年第4期；张光直著，苏秀菊译：《周文明的起源》，《殷都学刊》1993年第3期等。

② 即《甲骨卜辞》。

他的朋友贝托尔德·劳弗（Berthold Laufer）积极周旋此书的出版，而卡内基博物院的主任 WJ. 霍兰（W J. Holland）拟定了在英国出版此书的计划。在 8 年的准备工作中一直与他通信的金璋（一译霍布金斯，Lionel C. Hopkins），也多方鼓励他。此计划因 1914 年欧洲战争（指第一次世界大战）的爆发被迫搁置。书稿在菲尔德博物院放置 20 年，一直由劳弗保管到 1934 年去世。尔后由我保管。直到现在书稿的大部分并不过时，我先选库、方二氏收集的 132 件器物图出版。

我感谢方法敛和爱德华·方法敛（Edward N. Chalfant）把书稿委托于我出版，承蒙使中国古文字在西方汉学界传播的金璋的鼓励。卡内基博物院继续支持这一工作，阿维尼奥弗（A. Avinoff）主任和尤金尼亚·姆斯卡拉（Eugenia McCalla）先生大力帮助。罗杰·豪森（Roger Howson）和珍妮特·博加斯德（Janet Bogardus）协助妥善保管此文稿。王云五为适应其主要目的，从事这集子的出版，使这些国外的收集有益于从事殷商史研究的中国学者。

1935 年 11 月 4 日于上海①

从白瑞华的序中我们可以看到方法敛不仅“只要时间允许，他就倾心研究甲骨文”，更在“1911 年在青岛遭不幸事故，半身瘫痪”时仍然坚持对甲骨文的研究，“直到 1914 年 1 月 23 日去世仍未中断……撰写了大部头的著作《甲骨文》。”其对于中国甲骨研究的热忱让人钦佩。

此外，该序中详细说明了《库方》一书中共收甲骨 1687 片，包括甲 1016 片，骨 670 片，鹿角 1 个。这些甲骨，后来分别收藏于苏格兰博物院、美国卡内基博物院、伦敦不列颠博物院、芝加哥飞尔德博物院。即：

(1) 苏格兰博物院 760 片，即《库方》1—760 号。

(2) 英国伦敦不列颠博物院 485 片，即《库方》67—131，1506—1988 号。(1973 年不列颠图书馆自不列颠博物院中分出，甲骨划归图书馆。不列颠博物院中仅保存有《库方》1989 号著名的鹿角伪刻。见附图 1)

(3) 美国卡内基博物院 438 片，即《库方》971—1408 号。

(4) 美国芝加哥飞尔德博物院 4 片，即《库方》2175—2178 号。

《库方》中摹录的甲骨，虽经方氏“谨慎的选取”，却仍存有不少赝品，“特别是大块的刻字甲骨和鹿角”，此部分伪刻，出于学术责任，白瑞华氏并未将其收录（库方旧藏甲骨辨伪部分详见本书第六章第二节）。但纵观其全书，瑕不掩瑜、精品众多。以《库方》985、996、1106 三片牛肋骨刻辞为例（《库

① 白瑞华著，苏秀菊译：《〈甲骨卜辞〉序言》，《殷都学刊》1992 年第 1 期，第 15 页。

方》985、1106 为同片碎骨），众所周知，商代贞卜用骨以牛胛骨为众，肋骨刻辞十分少见，目前所见的牛肋骨刻辞仅有安阳小屯第五次发掘所得的一根①、《京津》3922②、《善斋藏契萃编》4551 和 12517，另郑州二里岗出土一片，总共五片。而这 5 片牛肋骨刻辞中除小屯第五次发掘所得片外，其余均为习刻。而《库方》985、1106 两片不仅为牛肋骨刻辞，且“不像是习刻”。李学勤于 1957 年曾经缀合过这两片碎骨，并将其运用于商王日名研究③，后又于 1979 年亲见实物后再次发文论证这两片久为学界争论的肋骨刻辞：

> 现在我们直接观察原骨，刻辞刀法精熟，决非伪作。两个碎片密切接合，现已用粘合剂拼复在一起。周鸿翔氏的《美国所藏甲骨集》10、11 两号就是缀合后肋骨的拓本（图 4-2）。看来这一问题已经得到解决了。

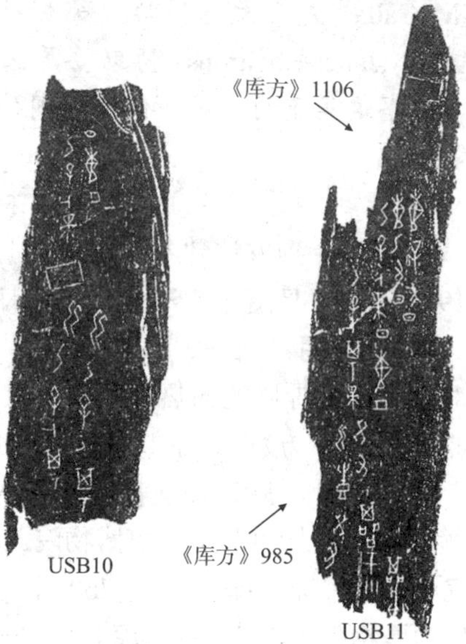

图 4-2　周鸿翔《美藏》10、11 缀合图

资料来源：周鸿翔：《美国所藏甲骨录》，伯克利：加利福尼亚大学出版社，1976 年，第 5 页

> 这条肋骨未见钻灼，但字迹毫无倒错紊乱，又不像是习刻。我们知道，肋骨是可以有卜辞的，郑州二里岗采集的一片即是实例。一般以为商代

① 《安阳发掘报告》第 4 期中，李济曾说该刻字肋骨，是“先前没有见过的”。

② 胡厚宣《战后京津新获甲骨集》自序中说：“又若 3922，系一牛肋骨，殷王卜用甲骨，甲为龟甲，兼用腹背；骨为牛骨，每用肩胛。其用牛肋骨者，据以往所知，仅中央研究院发掘，获有一片，收入《殷虚文字甲编》。今合此共有二版。”

③ 李学勤：《论殷代亲族制度》，《文史哲》1957 年第 11 期，第 31—37 页。

占卜用骨限于胛骨，肋骨怎样用于占卜，是值得探讨的课题。①

李学勤拼合后的这件肋骨刻辞共有13句，其中的9句都可以帮助我们研究商代日名制度，分别是：

乙巳卜，其示帝？

乙巳卜，帝日叀丁？

叀乙？又日。

叀辛？又日。

乙巳卜，其示？

弜？

乙巳卜，其示？

弜？

乙巳卜，帝日叀丁？

李学勤说：

这是给刚死去的王选择日名的卜辞。商人常以甲、乙、丙等日干为名，如汤日名为大乙，纣日名为帝辛。日名只在死后应用，且与祭日有关，但它是如何确定的，某一人为什么名为甲而不名为乙、丙……等，自汉代以来即有种种推测。有人主张按生日决定，有人认为按死日决定，也有人提出依兄弟次序，议论纷纭，莫衷一是。《库方》985+1106依次卜问丁、乙、辛三个日名，在乙、辛两辞下附记“又（有）日”，应该是确定日名为丁。这说明日名不是依生日、死日、次序等固定不变，而是在死后选定，为我们理解日名的习俗提供了新的线索。②

此外，《库方》996即《合集》30934，同为牛肋骨刻辞，其形狭小，上刻“丁卯，膚步三”五字，虽非贞卜刻辞，却与祭祀有关，亦十分珍稀。

需要说明的是，虽然《库方》一书的出版发行较之方氏著录要晚得多（成稿时间不晚于1914年方氏逝世前，1935年发行，相隔20余载），却并不代表这批甲骨不为人知，1906年方法敛《中国原始文字考》（发表在《卡内基博物院报告》第四卷）中就曾经发表过其中部分甲骨。

其间FIG.12是一版比较珍贵的龟腹甲片，这片腹甲属武丁时期，是欧洲所藏最完好的腹甲。方氏《中国原始文字考》中描绘该片甲骨：

Inscribed tortoise-shell (almost complete). The part missing is indicated by dotted lines. This was pieced together from several fragments. The four

① 李学勤：《论美澳收藏的几件商周文物》，《文物》1979年第12期，第72—77页。

② 李学勤：《论美澳收藏的几件商周文物》，《文物》1979年第12期，第72—77页。

sentences are alike in tenor. Upper right reads: 己亥卜厌问唯多子二, Date（己亥）and enquiry as to extent of progeny. The two left-side sentences contain 不 "not," and 吉 "lucky." (Actual size.) [①]

此外《库方》1506 片家谱刻辞亦极为重要，学界针对此片真伪问题的讨论最为持久激烈，具体内容详见本书第六章二节。

二、《甲骨卜辞七集》

《甲骨卜辞七集》(*Seven Collection of lnscribed Oracle Bone*，以下简称《七集》）稿本同样见于方氏遗稿，后由白瑞华整理并重新编校，1938 年美国纽约影印出版。

《七集》所收甲骨共 527 片，原物分藏七处[②]：

(1) SV.T 天津新学书院，25 片，本为王懿荣旧藏，1902 年由其子翰甫所赠。

(2) SV.SM 上海皇家亚洲文会博物馆，195 片，为 1904 年方法敛出让的 400 片甲骨中精选的一部分。这批甲骨已为《殷契拾缀》所著录。

(3) SV.B 柏根氏，79 片，1904 年由方氏出让，后陈列于济南广智院，明义士 1933 年借以影拓并重加摹写，编录为《柏根氏旧藏甲骨文字》。

(4) SV.P 普仁斯顿大学，119 片，由方氏出让。拓本著录于 1976 年出版的《美国所藏甲骨录》中。

(5) SV.W 卫礼贤，72 片，后于 1910 年归瑞士巴塞尔民俗博物馆 70 片，实物照片著录于饶宗颐 1961 年《海外甲骨录遗》中（发表 68 片），刊香港大学《东方文化》第四卷第一、二期。

(6) SV.S 临淄孙氏，31 片，其中 14 片的拓本发表在胡厚宣的《临淄孙氏旧藏甲骨文字考辨》一文中，刊《文物》1973 年第 9 期。

(7) SV.R 皇家亚细亚学会，6 片。

虽然文献中没有记载《七集》中甲骨材料的最早著录时间，但我们可从其中所收甲骨的来源时间及库方二氏转让经手时间推晓大概。首先原物所藏第 2 处的上海皇家亚细亚学会博物院 195 片，为方法敛 1903 年购得，根据董作宾记载“自本年始，凡方氏经手购得之甲骨文字，必摹其文字”[③]，那么《七

① Chalfant F H. *Early Chinese Writing*. Pittsburgh：Carnegie Museum, 1906, p32. 译文见第五章第一节。

② 数据参见刘一曼等：《北京图书馆藏甲骨文书籍提要》，北京：书目文献出版社，1988 年，第 24 页。

③ 董作宾：《方法敛博士对于甲骨文字之贡献》，《图书季刊》新 2 卷第 3 期，1940 年，第 297—324 页。

集》中最早的一批甲骨著录时间应在1903年。

众所周知，甲骨著录开山之作《铁云藏龟》出版于1903年10月，据刘鹗自序中言及其拓印甲骨“竭半载之力”，可推刘氏开始拓印甲骨的时间约在1903年初。比较二人著录甲骨的时间，可知以方法敛为代表的西方传教士在开始著录甲骨的时间上并不晚于我国本土学者，只是这一点始终未曾得到学界的重视。

《七集》七处藏品中以天津新学书院及临淄孙氏[①]旧藏两部分，最为片大字多，尤其是临淄孙氏旧藏部分，内容较精。胡厚宣曾给予极高的评价：

> 这些甲骨，不但不是伪品，而且内容较精。一四片甲骨中，自武丁以迄文丁，各时代都有。贞人有武丁时的㱿，祖庚祖甲时的旅、尹、⿱羊，廪辛康丁时的宁。还有武丁时和祖庚祖甲时殷王亲贞之辞。有龟腹甲，有龟背甲，有牛左胛骨，有牛右胛骨。特别应该注意的是还有一片牛肋骨，正反两面都刻有卜辞，用牛肋骨刻卜辞的例子，在过去一般很少见。有记载入龟的“甲桥刻辞”。有一条卜辞分开两段记载之例。在卜辞中或记载其用丝卜，叀丝卜用。又有连续卜旬之辞，有卜旬而兼记週翌之祭。有连续田猎记载着不同的地名，因此可以考证殷代的地理。有人名、儹、㚇、派。有地名陨、宰、䇂。有祭名福、祄、俎、酒、衣、叙、嫔、伐、翊、砉、岁、宾。更重要的是还有用羌奴祭祀之辞，或十人、或十五人、或卅人。对于研究殷代的阶级关系，是很好的文字史料。[②]

董作宾《方法敛博士对于甲骨文字之贡献》1907年条下记载：“方氏在临淄人孙文澜处见所藏甲骨文字百版，选摹其中三十一版。见《七集》X1—X31，其中1—8附有拓本。”方氏的该部分摹本质量不精，1973年胡厚宣在《临淄孙氏旧藏甲骨文字考辨》中指出方氏摹写过程中的遗漏和错误。

如X1(图4-3)，其正反皆有字，正面：

乙丑卜……

弜又。

又匕辛福。

弜又。

其用丝卜。

---

① 临淄孙氏名文澜，字观亭，山东临淄人，喜爱金石收藏。

② 胡厚宣：《临淄孙氏旧藏甲骨文字考辨》，《文物》1973年第9期。

1　2

图 4-3 《七集》X1 拓片（即《合集》31678 正反）

资料来源：郭沫若主编：《甲骨文合集》，北京：中华书局，1978—1982，第 3856 页

叀丝卜用。

乙丑卜叀。

丁亥卜，宁，……

叀派令。

反面：

□公岁小宰。

因为出现了贞人宁，可知该片为廪辛康丁时卜辞。方氏摹本只有正面，漏掉了反面刻辞的全部刻辞“□公岁小宰”。宰即羊牢，甲骨文中一般相对于牢，而特指羊牲祭。“岁”为祭名，“公”意义类同于“祖”，卜辞多见有“多公”说，故“□公岁小宰”意为：用羊牲岁祭祖先。该骨反面卜辞并无十分特殊之处，但因为 X1 为牛肋骨刻辞，本身较为少见，故十分珍贵。

另如龟背甲刻辞 X3（图 4-4），其辞曰：

丁未卜，王，祔亩父乙。

侑父乙牛。

弜佣。

方氏摹本遗漏了亩下“父乙”两字，第二行“侑父乙”辞中误将“父”摹写作“丑”。该龟背甲刻辞为武丁时卜辞，卜辞中的“父乙”即小乙。“祔”为祭名，第一行卜辞意为：丁未日卜，武丁以祔祭祭父乙。“侑”同为祭名，“弜”

图 4-4 《七集》X3 拓片（即《合集》19929）

资料来源：郭沫若主编：《甲骨文合集》，北京：中华书局，1978—1982，第 2591 页

为卜辞习见否定词，“弜佣”即不用。

此外，关于临淄孙氏旧藏甲骨的真伪，学术界一直存在不同看法。明义士 1937 年认为其中有三片可疑。后董作宾、陈梦家[①]、严一萍[②]、胡厚宣[③] 等又各有阐述（详见本书第六章第二节）。

三、《金璋所藏甲骨卜辞》

《金璋所藏甲骨卜辞》(*Hopkins Collection of the Inscribed Oracle Bone*，以下简称《金璋》）为方法敛《甲骨卜辞》旧稿的第三种，白瑞华校，1939 年美国纽约影印出版。

金璋，英文名作 Lionel Charles Hopkins，曾为英驻华外交官，1901 年任天津总领事，1908 年退休回英国。1908 年起方氏代为收购我国甲骨，后直至 1914 年方氏去世，金氏所得甲骨多为方氏代其搜购。[④] 金方二氏终生未曾相见，却“鱼雁往还，友谊甚笃”[⑤]，金氏一直在通信中对方氏完成《甲骨卜辞》寄予鼓励，甚至在 1911 年方氏瘫痪在床后仍未间断。金璋本人亦是出色的汉学家，一直致力于向西方介绍我国古代文字。他在精研方氏代其收购的甲骨材料的基础上发表了大量论作，其研究我国甲骨文字及商文化的热情让人赞叹。

兹简列金璋甲骨研究论著如下：[⑥]

(1) Chinese Writing in the Chou Dynasty in the Light of Recent Discoveries（《最近发现之周朝文字》），*The Journal of the Royal Asiatic Society of Great Britain and Ireland*（《英国皇家亚洲文会会刊》）[⑦]，1911 年 10 月号。

(2) Royal Relic of Ancient China（《中国古代之皇室遗物》），*Man*（《人

① 陈梦家：《殷虚卜辞综述》，北京：中华书局，1988 年，第 672 页。

② 严一萍：《〈甲骨卜辞七集〉中孙氏藏甲骨的真伪问题》，见《中国文字》第五十二册，1974 年，第 5729—5737 页。

③ 胡厚宣：《临淄孙氏旧藏甲骨文字考辨》，《文物》1973 年 9 期，第 52—60 页。

④ 方氏为金璋代收甲骨的详细经过，参见郅晓娜《金璋甲骨的收藏始末》（见宋镇豪主编：《甲骨文与殷商史》（新三辑），上海：上海古籍出版社，2013 年，第 363—384 页）。

⑤ 董作宾：《方法敛博士对于甲骨文字之贡献》，《图书季刊》新 2 卷第 3 期，1940 年，第 297—324 页。

⑥ 宋镇豪、常耀华：《百年甲骨学论著目》，北京：语文出版社，1999 年。

⑦ *The Journal of the Royal Asiatic Society* 是 1834 年由英国皇家亚洲文会资助出版的学术杂志，主要刊登历史学、考古学、文学、语言学、宗教学以及南亚、中东（包括北非和埃及）、中亚、东亚和东南亚艺术类文章。其 1824—1834 年名为 *Transactions of the Royal Asiatic Society of Great Britain and Ireland*，1835—1990 年名为 *The Journal of the Royal Asiatic Society of Great Britain and Ireland*，1991—2004 年名为 *Journal of the Royal Asiatic Society*.

类杂志》）No.27，1912 年 4 月。

(3) A Funeral Elegy and A Family Tree Inscribed on Bones（《骨上所刻之哀文与家谱》），*The Journal of the Royal Asiatic Society of Great Britain and Ireland*，1912 年 10 月号。

(4) Dragon and Alligator Being Notes on Some Ancient Inscribed Bone Carvings（《古代骨刻文中龙龟之研究》），*The Journal of the Royal Asiatic Society of Great Britain and Ireland*，1913 年 7 月号。

(5) The Archives of An Oracle Notes on the Text（《占卜档案记录》），*The Journal of the Royal Asiatic Society of Great Britain and Ireland*，1915 年 1、4 月号。

(6) Sovereign of Shang Dynasty（《商代之帝王》），*The Journal of the Royal Asiatic Society of Great Britain and Ireland*，1917 年 1 月号。

(7) The Wind,the Phoenix, and A String of Shells（《风凤朋贝考》），*The Journal of the Royal Asiatic Society of Great Britain and Ireland*，1917 年 4 月号。

(8) Pictographic Reconnaissances（《象形文字研究》），*The Journal of the Royal Asiatic Society of Great Britain and Ireland*，1917 年 10 月、1918 年 10 月、1919 年 4 月、1922 年 1 月、1923 年 7 月、1924 年 7 月、1926 年 7 月、1927 年 10 月、1928 年 4 月。

(9) Working the Oracle（《占卜方法》），*The New China Review*（《新中国评论》）[①]，5 至 7 月号，1919 年。又单行本，由台北艺文印书馆翻印。

(10) The Honan Relic a New Investigator and Some Results（《河南遗物的新研究者及其成绩》），*The Journal of the Royal Asiatic Society of Great Britain and Ireland*，1921 年 1 月号。

(11) The Royal Genealogies on the Honan Relics and the Record of the Shang Dynasty（《河南遗物所载王室谱系和商朝的记录》），*Asia Major,Hirth Anniversary Volume*（《大亚洲杂志・夏德纪念号》），1922 年。

(12) A Study in Ancient and Modern Chinese Writing（《中国古今文字考》），*The Journal of the Royal Asiatic Society of Great Britain and Ireland*，1925 年 7 月号。

① 《新中国评论》(1919—1922)(全四册)，该书由英国汉学家库寿龄于 1919 年创办于上海，由别发印书馆刊行，前后共出版 4 卷，旨在继承 1901 年停刊的汉学刊物《中国评论》(*The China Review*)，撰稿人包括翟里斯、庄延龄等知名汉学家，具有较高的学术文献价值。

(13) The Human Figure in Archaic Writing（《古文字中之人形》），*The Journal of the Royal Asiatic Society of Great Britain and Ireland*，1930 年。又王师韫译《中山大学语言历史学研究所周刊》第 11 辑第 125 至 128 期合，1930 年 4 月。

(14) Where the Rainbow Ends（《虹尾所在》），*Journal of the Royal Society of Arts*（《英国皇家艺术协会杂志》），1931 年。

(15) The Dragon Terrestrial and the Dragon Celestial,A Study of the Lung 龙 and the Chen 辰（《释龙辰》），*The Journal of the Royal Asiatic Society of Great Britain and Ireland*，1931 年 10 月号、1932 年 1 月号。

(16) The Cas-Chrom V,The Lei-Su,A Study of the Primitive Forms of Plough in Scotland and Ancient China（《苏格兰与中国古代之刍形耕作考》），*The Journal of the Royal Asiatic Society of Great Britain and Ireland*,1935 年 10 月、1936 年 1 月号。

(17) Archaic Chinese Characters Being Some Intensive Studies in Them（《中国古文字专题研究》），*The Journal of the Royal Asiatic Society of Great Britain and Ireland*，1937 年第 1、4、7 月号。

(18) The Ancestral Message（《祖先的神示》），*The Journal of the Royal Asiatic Society of Great Britain and Ireland* 英国皇家亚洲文会会刊，1938 年 7 月号。

(19) The Rescue of the Chinese Rhinoceros（《中国兕之服用》），*The Journal of the Royal Asiatic Society of Great Britain and Ireland*，1939 年 4 月号。

(20) Records of David's Deer as Hunted by Shang-Yin Sovereigns（《商王猎鹿之记录》），*The Journal of the Royal Asiatic Society of Great Britain and Ireland*，1939 年 7 月号。

(21) Sunlight and Moonshine（《日光和月光》），*Journal of the Royal Society of Arts*，1942 年。

(22) The Shaman or Chinese Wu: His Inspired dancing and Versatile Character（《萨满或中国巫——性之舞及其多变字符》），*The Journal of the Royal Asiatic Society of Great Britain and Ireland*，1945 年 1 月号。

(23) A Cryptic Message and a New Solution（《一个神秘的兆辞之新解释》），*The Journal of the Royal Asiatic Society of Great Britain and Ireland*，第 3、4 分册，1947 年。

《金璋》摹录甲骨编号为1—743号。但此书空号很多[①]，董作宾在《方法敛博士对于甲骨文字之贡献》中指出其缺号266号，全书实际只摹录甲骨477版。该书所收甲骨，有少量如123、457等为伪刻的。[②]后胡厚宣等编著《甲骨文合集》时认为方氏为金璋所收甲骨，内容极精，方氏摹写大体无误，又因该部分许多年来除白氏版本外再无它书著录，学术价值极高，故将其全部收入《合集》13册。[③]

因《金璋》一书经过明义士等人的辨伪，故其伪片较《库方》、《七集》两书为少，且书中注明“伪”、部分“伪”和“疑伪”等三种情况。而李学勤、齐文心等学者在编著《英藏》时又对《金璋》一书进行了辨伪，发现原书注明为“伪”的7片中，实际有3片全伪，4片为部分“伪”；原书注为“疑伪”的4片，1片全伪，其余为真品或部分伪刻。[④]此外，对照摹本校勘，发现方氏摹本基本忠实原刻，难能可贵。虽偶有漏字现象，但整体上瑕不掩瑜。在金璋所藏甲骨被重新整理之前的数十年里，方氏摹本无疑为学界了解这部分甲骨材料起到了重要作用。

综之，方氏本人甲骨著录情况简表如下（表4-1）：

表4-1　方法敛甲骨著录书籍三种

名称	《库方二氏藏甲骨卜辞》	《甲骨卜辞七集》	《金璋所藏甲骨卜辞》
片数	1687片	527片	477片
形式	手摹	手摹	手摹

① 其实方氏三书中除了《甲骨卜辞七集》外，均有空号。董作宾在《方法敛博士对于甲骨文字之贡献》中指出：“原自一至七四三号，实只四七七号，……所缺之号共为二六六，故七四三版之中，所收者仅为四七七版。”董作宾还在文中列出了《金璋》一书中的具体空号目，现抄录如下：

空号	缺片	空号	缺片	空号	缺片
102—117	16	127—173	47	175	1
178—181	4	185	1	190	1
193—199	7	203—204	2	206—207	2
210	1	214—333	120	336	1
338—340	3	342—347	6	352	1
358—359	2	419—447	29	561	1
564	1	566	1	568	1
671—672	2	680	1	683—684	2
688	1	693	1	697—698	2
700	1	704—707	4	712	1
714	1	719—720	2		

② 刘一曼等：《北京图书馆藏甲骨文书籍提要》，北京：书目文献出版社，1988年，第28页。

③ 李学勤、齐文心、艾兰：《英国所藏甲骨集》胡厚宣序，北京：中华书局，1985年。

④ 齐文心：《关于英藏甲骨整理中的几个问题》，《史学月刊》1986年第3期，第12—22页。

续表

名称	《库方二氏藏甲骨卜辞》	《甲骨卜辞七集》	《金璋所藏甲骨卜辞》
出版时间	1935年	1938年	1939年
出版者	商务印书馆	美国纽约	美国纽约
出版形式	石印	影印	影印
著录总计	2691片		

据白瑞华整理，除了以上三种外，方氏还手摹著录有《天理大学附属天理参考馆藏品甲骨文字》一书，该书同为白瑞华校，1987年由天理大学天理教道友社出版，共著录甲骨692片，后该部分甲骨的拓片收入《甲骨文合集补编》。

此处需要特别指出的是，方法敛著录甲骨文创造性地采用了钢笔摹录的方式，这点既不同于传统金石著录的毛笔摹写，也不同于拓印。顾颉刚在《当代中国史学》一书中赞扬这种钢笔摹写方式“很能表现出契刻的味道”①。这于当时甲骨墨拓殊不容易，照相技术很不理想的情况下，可能确实不失为一种保留“真迹”的好办法。

第三节　明义士与甲骨著录

明义士不仅收集甲骨实物数量堪称中外第一，还是第一个公开出版甲骨文字著录专书的西方人。明氏生前著录甲骨书籍三种：《殷虚卜辞》、《殷虚卜辞后编》、《柏根氏旧藏甲骨文字》，现简介如下。

一、《殷虚卜辞》

《殷虚卜辞》(*Oracle Records from the Waste of Yin*)，以下简称《明》，1917年由上海别发洋行石印发行（图4-5)，初印190册，1972年台湾艺文印书馆依样重印，为明义士第一本甲骨著录书。在此之前公开出版的甲骨著录书籍仅有刘鹗《铁云藏龟》(1903)，罗振玉《殷虚书契前编》(1911)、《殷虚书契菁华》(1915)、《铁云藏龟之余》(1915)、《殷虚书契后编》(1916)等。明氏曾在《甲骨研究》中称赞刘鹗等人“甲骨发现不久就有这样的著作，这几位的殷勤真可钦佩”②，而《明》的出版问世距他1914年接触甲骨也不过三年时间，明氏自己的殷勤又何尝不是值得后学景仰。

① 顾颉刚：《当代中国史学》，上海：上海古籍出版社，2002年，第49页。

② 明义士：《甲骨研究》，济南：齐鲁书社，1996年，第26页。

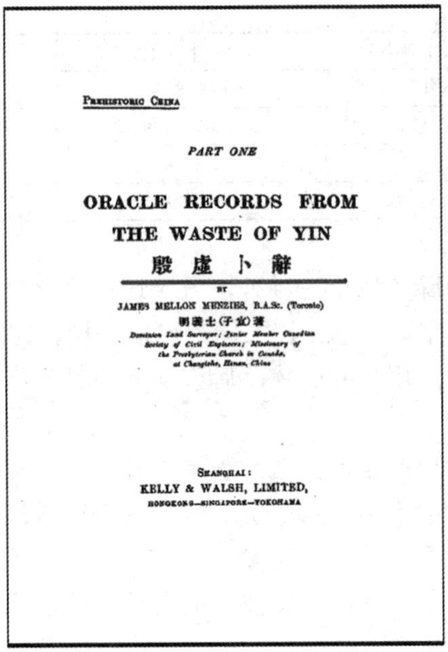

PREHISTORIC CHINA

PART ONE

ORACLE RECORDS FROM THE WASTE OF YIN

殷虛卜辭

BY

JAMES MELLON MENZIES, B.A.Sc. (Toronto)

明義士(子宜)著

Dominion Land Surveyor; Junior Member Canadian Society of Civil Engineers; Missionary of the Presbyterian Church in Canada, at Changteho, Honan, China

SHANGHAI:

KELLY & WALSH, LIMITED,

HONGKONG—SINGAPORE—YOKOHAMA

图 4-5 《殷虚卜辞》书影

资料来源：明义士：《殷虚卜辞》，上海：上海别发洋行，1917 年

《明》全书共著录甲骨 2369 片，为明氏从已藏五万片甲骨中精选手摹而成，明氏回忆说：“初甲骨到手，著者随到随描。时新见甲骨，所摹未免上下左右颠倒，或误刮痕为笔画。年半后，所见既多，乃纳藏箱中，以新得碎片另始起源。又屡次比较原物重新修正印稿。三易手稿，此书始克问世。”可见明氏也同方法敛一样，从接触甲骨后很早就开始注意著录甲骨。与前文所介绍的方法敛的钢笔摹写著录不同，明义士在《明》书中使用了一种新的甲骨著录方式——毛笔摹写著录法。[①] 明氏之所以选择摹写而不是拓印的方法记录甲骨，除西方人初时不善椎拓外，推其原因大致有三：

第一，明义士因为财力限制，所收大部分为小片甲骨，明义士之子明明德曾说：“他买不起那些在北京或上海能卖大价钱的青铜礼器和大片甲骨。因为他只重收藏，从不倒卖牟利。但他能用少量的钱收藏一些甲骨残片和小件青铜器、陶器等，并可获得甲骨出土与流传的最新信息。”[②] 小块甲骨

① 此前国内学者著录甲骨多为拓印法。而方法敛的钢笔摹写既不同于明氏的毛笔摹写，此时也尚未公开发表。

② 明义士：《甲骨研究》序二，济南：齐鲁书社，1996 年。

便于摹写而不便于拓印，再加上无论多么细致的拓印工序也会对原本已经碎小的甲骨造成进一步的损害，所以明氏选择摹写的方式就很容易理解了。

第二是明义士特殊的教育背景。明氏在来中国传教前曾就读于多伦多大学应用科技学院土木工程专业，素描是该专业的基本功，作为土木工程专业的优秀毕业生，明义士在接触甲骨时提笔描摹自己的心爱之物就成为自然而然的事情。明明德回忆道："直到今天，我仍能清楚地回忆起父亲当年坐在小书房那盏明亮的灯光下，伏案研读细小的甲骨文字的情景。"[①]

第三，摹写比之拓印，虽然有时难免失真，却可以更为清楚地再现卜辞文字，展示出甲骨的形状、钻灼痕迹和边缘磨损情况。这不仅方便学者对甲骨片做整体性把握，同时也给甲骨缀合和校重带来一定启发，我们可从明氏早于大多数甲骨学者关注甲骨缀合和校重一事上看出些端倪。

《明》全书包括序言和正文两部分。其中序言共9页，为英文写成[②]，详细记述了明氏探访殷墟的经过，兼及明氏的学术思想，内容丰富，向为学界重视，今择其要点简述如下。

(1) 明氏1914年初探访考察小屯之经过。其中明氏讲述了自己骑白马沿洹河信游而偶遇殷墟的经历，该部分内容可参见本书第二章。

> Early in the spring of the year Chia Yin 甲寅 (1914), the writer was riding his old white horse along the south bank of the Yüan 洹水 river north of Changte 彰德 city in the province of Honan. The ground had just been harrowed, for cotton planting, and the farmers had thrown the freshly ploughed up potsherds and rubble to the edge of the fields. A number of potsherds of a very early date attracted the rider's attention, and led him on from sherd to sherd to a bend in the river where the debris disappeared, either washed away into the river through the centuries or buried in the drift of sand. Along the low sandy banks the willows were just putting forth their first, tender leaves and a number of halfclothed dirty children with baskets on their arms were stripping the trees for willow tea leaves. At the sight of a foreigner they gathered about me as I stood by a well examining a little pile of potsherds. "What are you doing?" said the leader, "Examining some broken potsherds," said I. "What for?" said he; "Because they please me;" I replied. "Do bones please you?" he ventured.

① 明义士：《甲骨研究》序二，济南：齐鲁书社，1996年。

② 1928年由陈柱翻译并发表在《东方杂志》第二十五卷第三号上，题为明义士《殷虚龟甲文字发掘的经过》，本节所引相关译文大部分出自该文。

"Well, that depends." I answered. "But I can show you some dragon bones with characters on them." Upon which I said that I was very much interested, and off we went around the bend and up over a barren, sandy waste to a little hollow on the western slope white with powdered particles of bones. This was the Waste of Yin 殷 the ancient capital of Wu I 武乙 of the Yin Dynasty 殷朝, lost in the centuries before CONFCCIUS and only known to have been "North of the River" —武乙迁河北; (Bamboo Ann, Wu I 3rd Year: 竹书武乙三年)[①]

关于这段经历，明氏印象深刻，还曾用汉语将其写入《甲骨研究》第二章"甲骨发现小史"中。

(2) 王懿荣发现甲骨情况。

About fifteen years ago a Chinese archaeologist named WANG went into a Chinese drug store in Peking to buy some dragon bones for medicine. Among the fragments was a small piece on which were engraved small, delicate characters, which in some cases closely resembled the characters on the earliest bronzes in his collection. He inquired diligently for more and as to the district from which they came, but no immediate information was forthcoming and he went away with his treasure wrapped in his bosom, only examining it in secret. He was the first discoverer of the bone fragments that have now become known as the Oracle Bones.

十五年前，有中国考古家王姓者，在北京杂货店买龙骨以为医药之用，于此等龙骨碎片中，其一刻有极精小之文字，其文字与向所藏之古钟鼎文字甚相类，因问其所由来，商人亦不知所以对，王乃独携其宝物以去，秘密察验焉。此可谓发明殷虚骨甲卜辞之第一人也。——陈柱译

明氏在此肯定了王懿荣作为甲骨发现第一人的贡献，同时也批评了王氏对甲骨秘而不宣的态度，反映了明氏以甲骨为"学术公器"之思想。

(3) 明氏指出库方等人于庚子后开始收购甲骨，并着重指出正是库方二人使得甲骨为西方世界所知。

Just after the Boxer year 庚子 Revs. SAMUEL COULING and F・H・CHALFANT of Ch'ing Chou fu 青州府 and Weihsien 潍县 in Shantung secured a number of fragments in Weihsien, It was through the good offices of these two gentlemen that the collections were formed in the British Museum,

① 本节引用英文出自明义士《殷虚卜辞》序，上海：别发洋行石印本，1917 年。

the Royal Scottish Museum, the Field Museum, Chicago,as well as the private collection of L · C · HOPKINS, Esq., I.S.O. who has written much on the subject in articles in the Royal Asiatic Journal. It was they who introduced these objects to the Scientific world.

庚子岁[①]，有洋人 SAMUEL COULING 和 F · H · CHALFANT，于山东潍县复收藏碎片甚众，献之于英国博物院及苏格兰博物院，芝加哥之 Field 博物院。又有 L · C · HOPKINS 者，亦收藏甚富，且在 Royal Asiatic 月刊，时有讨论此项之文字发表。凡以上数人，皆于甲骨文字大有贡献者，且为首次介绍此项文体至科学界者。——陈柱译

同时，作者还指出方氏对甲骨出土地朝歌城的错误解读：

But the place where they were excavated was not then known to them. Indeed, Mr CHALFANT thought that they either came from Chao Ko ch'eng 朝歌城 , the famous city of the notorious CHOU HSIN 纣辛，the last of the Emperors of Yin, or from the Tomb of PI KAN 比干 whom he murdered at the instigation of his consort 妲己 to see if there were really seven orifices in the heart of a righteous man.

然而彼辈所收藏之骨甲，究从何来，皆未尝知之，而 Chalfant 则以为从殷末纣辛时名城朝歌或比干墓中掘出者。比干者殷之忠臣，为纣之宠妃妲己所害者也。——陈柱译

(4) 叙述自己经常在殷墟亲身考察甲骨等文物出土情况，用力至勤，故比他人要更了解甲骨的造假情况，言语中不无自得之意。

Many a subsequent day has he stolen away on his old white horse to tread the ruins of this old adobe city. Even Lo CHEN YU 罗振玉，the collector and publisher of the most famous Chinese collection 殷虚书契，who was in Changte once or twice in recent years lias only once visited the site of this ancient capital of China……

The writer, then, can claim to have that intimate knowledge of these objects which is impossible for others. Many spurious specimens purporting to come from this site are on the market. Many of these are actual bones and objects exhumed, or manufactured from exhumed bones which are afterwards skilfully engraved with copies of other inscriptions. These are to be found in abundance in

① 此处陈柱翻译有些问题，原文是指庚子岁后不久，并不是指庚子岁当年，参见本书第二章第一节。

Changtefu, and even in the village of Hsiao T'un near the Waste of Yin.

余以一人独乘老白马，徘徊于此故虚者久矣，虽《殷虚书契》之著名作者罗振玉亦始于近年至故虚一二次而已……[1]

余于甲骨既加讨究，而市上之赝品亦已日多，在常德（引者注：应为彰德）及附近殷虚之小屯村伪品尤众。——陈柱译

(5) 回忆了自己购买大块甲骨被骗的经历，指出小片甲骨的重要性。

The first large objects the writer secured were all false. It was then that he learned not to despise the little things.

余第一次所得之大者，乃全为伪物，于是始知小者之不可忽也。——陈柱译

更进一步指出甲骨重要之处不在于大小而在于文字和辞句，其本人特别注重选取文字新见和辞句完好的卜辞予以摹写著录。

It is, therefore, not the size of the fragments that is important, but the characters on them, and these the writer claims to have selected with the greatest care, having regard to new characters and complete sentences.

故吾人之讨究者，不宜以其物之大小定贵贱，而当视乎文字也。是故余于龟甲上之文字，甚为注视，凡异形之文字，及其句读可通者，尤为留意。——陈柱译

关于这点，明氏后在其《甲骨研究》中亦有所阐发：

一个全龟甲能刻到七十二句卜辞，背面火号一满多，或者还可以到一百。一个火号贞卜一次，就知道用了七十二次，或一百次。但一块骨头上有时只刻一件事，背面只有一个火号，表明用过一次就弃而不再用了。这样的骨头若是字多，就很有价值。因为所论的既是一件事，又不同龟甲多用代名词，而简单[2]。

(6) 简述自己三易其稿的摹写经过。

The drawing's were made as the pieces were secured, and in his ignorance some were drawn upside down and some sideways, while scratches not belonging to the characters were also reproduced. As gradual increase in accuracy came, disgust with former blunders caused him after a year and a half to place the whole collection in his chests and begin anew, with the result that after three entire corrections of the manuscript and many corrections of the

① 该处译为“虽著名《殷虚书契》之作者罗振玉亦始于近年至故虚一二次而已”更为恰当。

② 明义士：《甲骨研究》，济南：齐鲁书社，1996 年，第 4 页。

proof from a fresh comparison with the objects themselves, the present volume is presented to the public.

往者余得此物，即按物图形或上或下，多不准确，速写之间，或有不免于误增者，其后经验稍深，始觉以前多有未妥，乃将所有之物，重新讨究，改正错误，搜求材料，凡三次于兹，始成今本，得以贡献于世。——陈柱译

(7) 叙述了自己《史前中国》系列学术写作计划：首先，指出《殷虚卜辞》一书为《史前中国》系列的第一部分。其次，介绍第二卷的写作计划：编写由五种字体构成的《殷虚卜辞字典》。第三，介绍《史前中国》系列的第三部分以及今后各卷的写作计划。明氏所言的写作计划充分体现其高屋建瓴式的学术视野。

It is the first part of an extended work on the dawn of history and the development of civilization in China. *Prehistoric China* has been chosen as the title of the series notwithstanding the fact that the first volume concerns itself with written characters.

……

The second volume which is to follow will contain a dictionary of the characters appearing in the plates. The life-history of each character through the five most distinct forms of it will be shown, with excerpts from actual inscriptions in each case. The five forms are (1) the tortoise shell form 龟板文 as engraved on this collection of Oracle Bones of the Shang Dynasty 商朝 B.C. 1766-1122. (2) Bronze forms 钟鼎文 as engraved on the bronze bells and tripods of the Chou Dynasty, 周朝 B.C. 1122—255. These forms differ from the above, partly because of the difference of materials and implements used and partly from a conventionalizing of the character. They include Ku Wen, 古文 or ancient forms, the Greater Seal, 大篆 and such Lesser Seal 小篆 characters appearing on bronzes of the Chou Dynasty 周朝 as indicate a less developed form than appear in the Shuo Wen Dictionary 说文解字 .Only characters taken from actual rubbings will be included.

(3) The Lesser Seal Form 小篆 as given in the Shuo Wen Dictionary. These characters assumed their form during the Ch'in Dynasty, 秦朝 255-206 B.C.

(4) Early Brush Forms or Li Wen 隶　文 , sometimes spoken of as the Official Script. This will be drawn where possible from inscriptions on Monu-

ments of the Han Dynasty 汉朝，206 B.C.—220 A.D.

(5) Present form as given in KANGHSI'S Dictionary 康熙字典. Where the introduction of Buddhism has been responsible for the alteration either of the form or common meaning of the present characters this will be noted by excerpts from Buddhist monuments of the Six Dynasty 六朝 period, but otherwise the vagaries of meaning and form introduced at this time will not be mentioned.

……

The third and following volumes will contain a dissertation on the early religion of the Chinese race as shown on these fragments and by other objects that the author has collected. A dissertation on the earliest culture period in China with corroborative evidence from stone, bone and pottery objects, both of the chase and of the hearth, will follow.

是编于中国文化及古代历史，实为重大工作之初步。此一类之书，余定名为《史前之中国》。其首册虽为讨论文字之书，要不害其史前之名也。

……

余将出之第二部，或为此等文字之字典。中国文字，每一字之字形，至今可谓已经五次之变迁。第一次为龟甲文，如此本所载之殷朝龟甲文是。第二为钟鼎文，如周朝钟鼎所雕刻者是。此类钟鼎文字，与龟甲文字，实有不同，大都盖因材料不同，与雕法不同故也。钟鼎文字，有古文、大篆、小篆之别，凡刻于周朝钟鼎者，其形体尚未及《说文解字》所载者之进化也。

第三为小篆，如《说文解字》所载者是。盖起于秦代。

第四为隶字，或名为“官书”，今见于汉朝之碑文者是。

第五为今体，如《康熙字典》所载者是。此等文字形义之变迁，与佛教之侵入，极有关系。吾辈可于六朝佛教之碑见之。

……

余所拟出之第三或第三以后诸书，则将根据此等甲骨之碎片，及别项之证据，以阐发中华民族之古代宗教。并将根据于各种古石、古骨、古瓦器以讨论中国最古时代之文化焉。——陈柱译

需要提出的是，明氏的这一计划与董作宾在1930年《甲骨文研究之扩大》中所拟的“整理”计划有着异曲同工之妙。为便于对比，现将董氏所拟大纲抄录于下：

专就文字方面说，我们也在想：应该作一个大规模的整理。大整理可分三个步骤来讲：第一步，是作“甲骨文字汇编”，打算这样，把汇

编分作三栏，上栏，采“三位一体”的办法，把影片、拓本、摹写本并用，以存其真。中栏，把每一版中的各条分裂，录其释文，原有的照钞，没有的补入。下栏，专录考证的文字。而每版给他一个总号，每条给他一个分号，这样，把私人所藏、公家所有，统统搜求出来。第二步，是作“索引”。索引可分三大“典”：甲部是“字典”，把每一个字所见的号数，录在下面。乙部是“辞典”，所收的是复词，作法同甲部。丙部是“类典”，把每一类（如田猎，征伐，祭祀等）的卜辞号数统编在一起。这些都是研究的工具。第三步，才可以分工合作的从事整理。你考祀典，我考文字，他们考田猎，征伐等等，这样的才可以把甲骨文字一举研究成功，才可以把“契学”作了基础，把殷商一代的文化史，分门别类，从废墟中一砖一石的建设起来。①

此外，在论述第二部分“中国文字之字典”时，明氏概括出中国文字演变中的三种变化和三个阶段：

It is to be noted that the three main developments in the characters occur through a complete change in writing materials. First the instrument was a knife and the material written upon was tortoise shell. Then came the chisel and bronze vessels, and later the brush and bamboo slips. The other two forms are the standard forms found in two dictionaries, Shuo Wen and KANGHSI Tzŭ Tien being the completed development of the second and third stages.

一言以蔽之，古来文字之变迁，依其材料之不同，可分为三部：第一、其雕器为刀，其物为龟甲；第二、其雕器为凿，其物为铜器；第三、其写器为毛笔，其物为竹帛。凡《说文解字》及《康熙字典》所载，则属第二与第三时期所发达者也。——陈柱译

(8) 指出甲骨文字之于中国古文字学、古史研究之重要性。

The derivation of the mysterious characters of the written language has long exercised the ingenuity of sinologues, but until the discovery of these bones, satisfactory evidence failed the investigators, who were soon in wandering mazes lost. The author believes that his researches will place the subject on a sure foundation, besides adding much to our knowledge of Prehistoric Man in China.

① 董作宾：《甲骨文研究之扩大》，《安阳发掘报告》（第二册），中央研究院历史语言研究所，1930 年，第 411—422 页。

凡奇形文字之发见，已屡足使国学家寻究，然至甲骨之出土，始于文字之研究，得有实证，足以使以前之考古学家惊叹。余深信余此编之作，于增进中国有史以前之智识外，必可以使文字学立有坚固之基础。——陈柱译

(9) 交代《殷虚卜辞》一书片号、序言写作背景等相关细节。

An apology is necessary for the numerals on the plates. They were printed in the interior in Honan, where the author resided for a number of years. He has used the spare moments of a busy missionary life in bending over the lithographic stones with brush and erasing knife in hand, and correcting proofs. Whatever the plates have lost in typographical appearance, they have gained in accuracy of reproduction. Three years of almost daily study of these inscriptions with a lover's eye has taught that it would have been impossible to publish the plates without constant supervision and personally making the corrections on the lithographic stones.

This Preface has been written in a few hours in Shanghai in the midst of hurried preparations for his family's leaving for Canada and his own departure to Europe on War service. It cannot in any way be considered an adequate introduction to the plates which follow.

余于此等甲骨之号数，尚需缀以数言者：此等号数，系在河南时所定。余在河南有数载之久，于传教之外，光阴多费于此，常手携刀刷，徘徊检验于丛石之间，以搜集证据，其始或不免有误，后来已悉加更正，盖苟非余之珍视而朝夕研究，三年于此，则吾敢断言兹编亦不能出世也。

余此序文，乃当余奉国家之命，回加拿大，将参与战事，在上海数时内所作，言语简陋，固不得目为兹编适当之序文也。——陈柱译

《明》一书正文共224页，著录甲骨2369版，逐一编号。从《明》每页著录甲骨的数量来看，多则20片，少则1片。仅就大骨所见，如198页仅录2319一片（图4-6），199页则摹写2320—2323四片（图4-7）。小片亦如此，或20片分五行四列整齐排列，如147页（图4-8），或四行三列同样排列整齐，如146页（图4-9），或三行两列，如99页（图4-10）。从中可以看出，明氏所摹甲骨大致也是依据甲骨实物大小同比例摹写的。十六年后，明氏曾在《甲骨研究》中自评《明》一书说：

共收甲骨二三六九片。甲十之六七，骨十之三四，小片十之八九，大片十之一二，只有一块假的，即明758。[①]

① 明义士：《甲骨研究》，济南：齐鲁书社，1996年，第37页。

一个外国人，一个曾经被小屯村民以新骨欺骗的外国人，能在接触甲骨后不过三年的时间内达到如此精准的辨识能力，着实让人敬佩。王宇信就曾经在《明义士殷商文化研究的成功及对我们研究的启示》一文中高度赞扬明义士：

> 他在 1917 年出版《殷墟卜辞》一书，标志他已经步入了甲骨学研究的“草创时期”。①

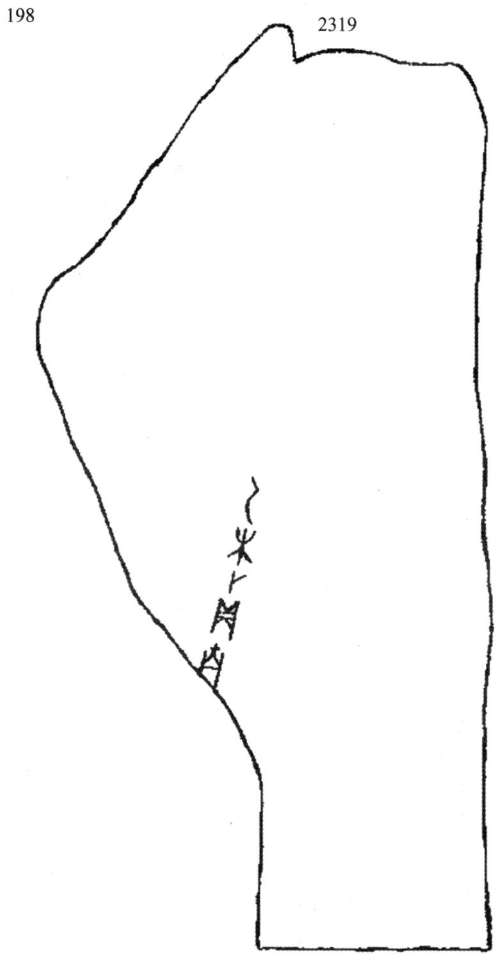

图 4-6 《明》2319

资料来源：明义士：《殷虚卜辞》，上海：上海别发洋行，1917 年，第 198 页

① 王宇信：《明义士殷商文化研究的成功及对我们研究的启示》，《文物天地》2001 年第 6 期，第 48—49 页。

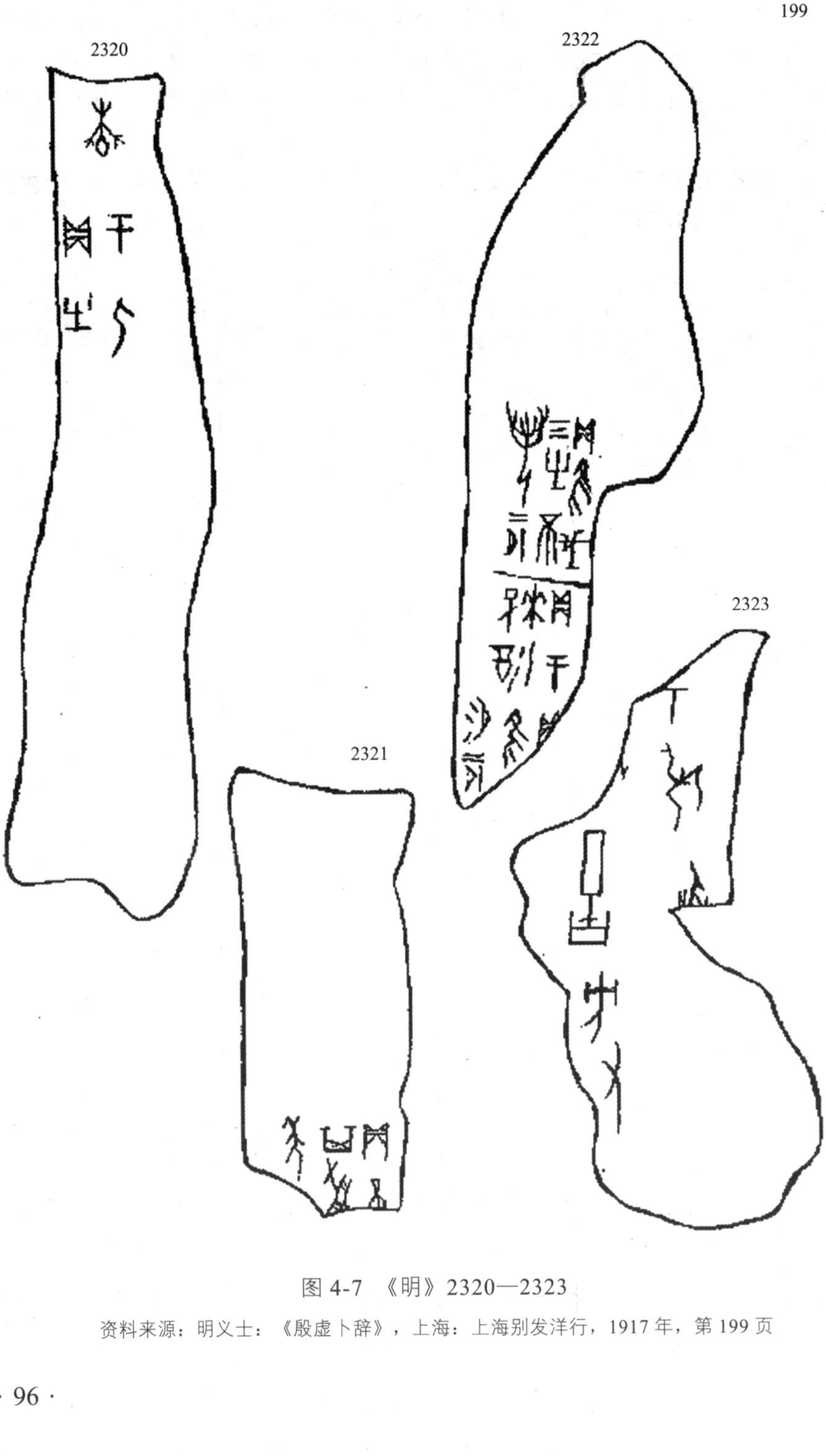

图 4-7 《明》2320—2323

资料来源：明义士：《殷虚卜辞》，上海：上海别发洋行，1917 年，第 199 页

图 4-8 《明》1312—1331

资料来源：明义士：《殷虚卜辞》，上海：上海别发洋行，1917 年，第 147 页

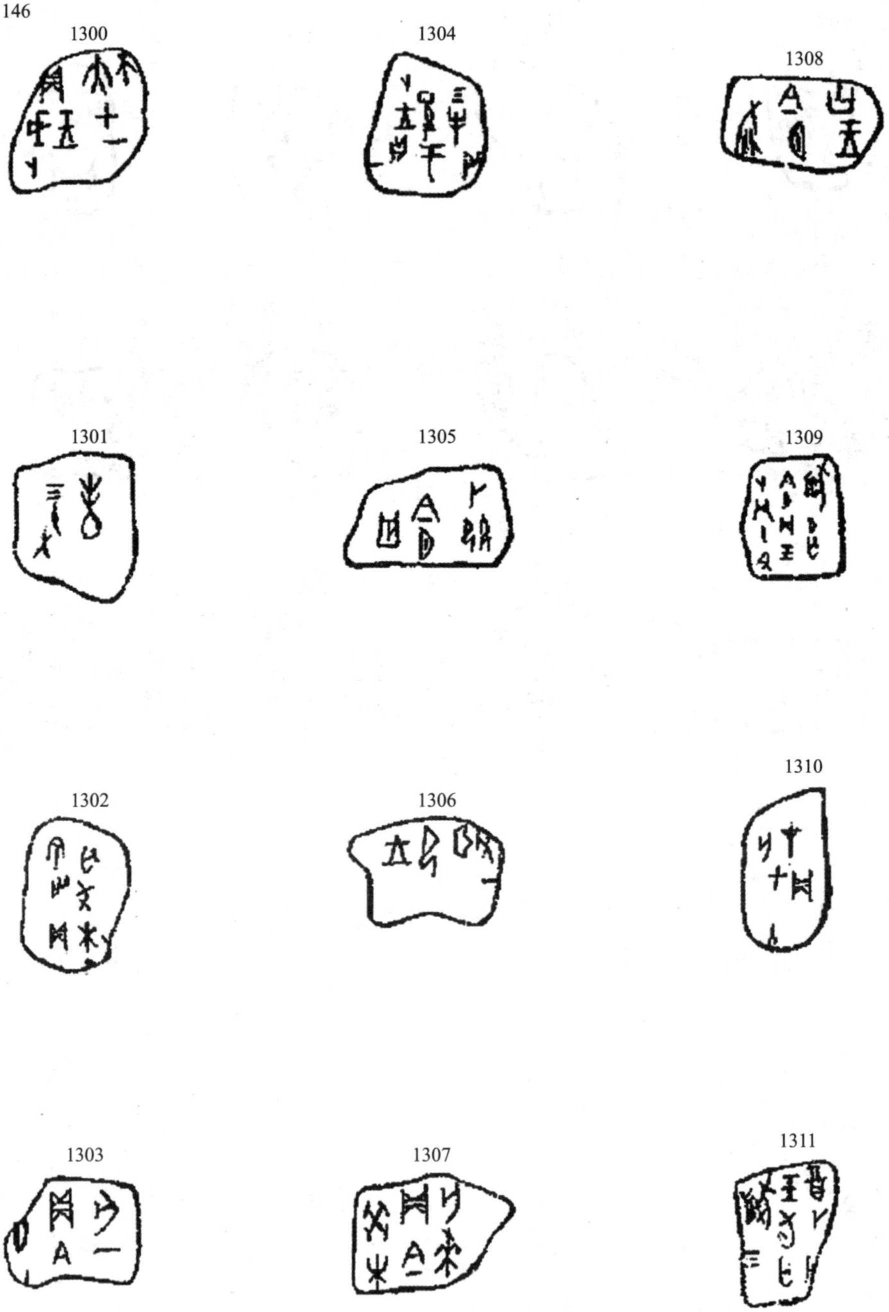

图 4-9 《明》1300—1311

资料来源：明义士：《殷虚卜辞》，上海：上海别发洋行，1917 年，第 146 页

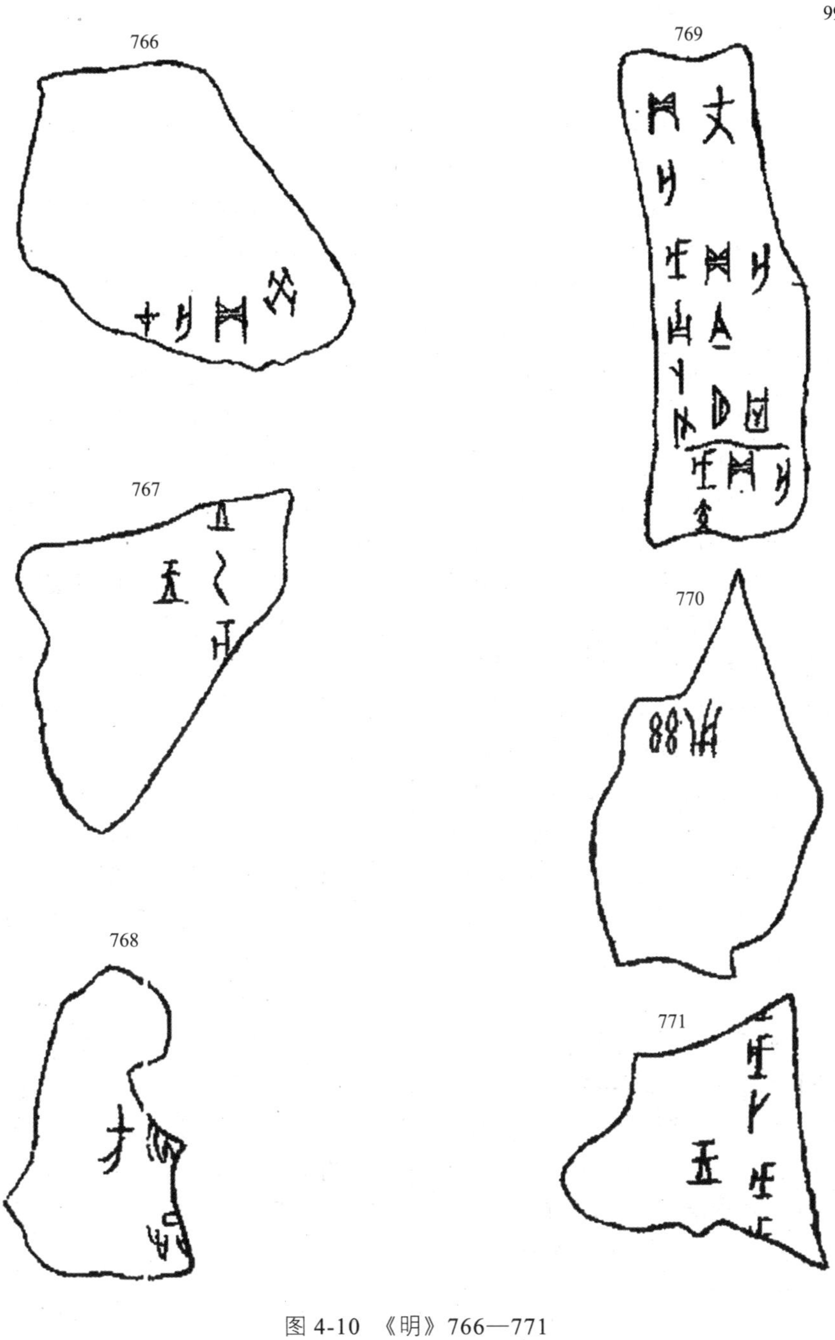

图 4-10　《明》766—771

资料来源：明义士：《殷虚卜辞》，上海：上海别发洋行，1917 年，第 99 页

二、《殷虚卜辞后编》

1927—1928 年，明义士将自己在 1923—1926 年从小屯村民手中购得的几批甲骨选拓、编录成《殷虚卜辞后编》一书，共收录甲骨 2819 片，拓印 5 份，除自留一份外，其余分赠给好友马衡、商承祚和容庚等。

1926 年，吴佩孚的军队进驻安阳，1927 年，军阀混战波及豫北，传教士们纷纷撤退至天津。在离开安阳前，明义士选出带有长篇刻辞的甲骨精品先运往天津保存，但因时间紧迫，明氏收藏的大量小片甲骨、陶器、铜器残件以及中文古籍都未能带走。战火荼毒下的安阳一片狼藉。“教会的房子都被洗劫一空。从阁楼到地下室，从衣服到木床、家具、缝纫机……一切士兵所喜欢的东西无一幸免……钢琴和风琴被砸碎，书籍全部被撕毁，就连外国人的墓地也未能幸免于难。”① 1928 年 10 月，当明氏返回安阳发现自己大量藏品毁于战火时，不禁放声痛哭。此刻，明氏感觉保存甲骨文物刻不容缓，《殷虚卜辞后编》就是在这样的背景下紧急完成拓印的。

因原版《殷虚卜辞后编》仅拓印五份，学界长期以来都只闻其名，未能得见其书。20 世纪 60 年代末，明氏逝世后，安大略皇家博物馆邀请台湾学者许进雄继续对明氏旧藏进行整理，1972 年 3 月台湾艺文印书馆出版了许进雄先生重新整理版的《殷虚卜辞后编》（以下简称《明后》），这本珍贵的甲骨著录书籍才得以与广大学者见面。

《明后》是在安大略皇家博物馆藏明义士《殷虚卜辞后编》原稿的基础上修订的，分上下两册，著录甲骨 2805 片，其中 1—1554 为龟甲，1555—2805 为兽骨。许进雄在序中解释说，此书原来分装为九大册，每页 1 片，前六册为藏甲，后三册为藏骨。两者的拓本共是 2819 片，其中有 7 片可与他片缀合，故为 2812 片。其中 2 片被撕去，以及确定伪刻的 2 片，模糊无法辨读的 3 片，实数则变成了 2805 片。②

《明后》一书采用先分期，分甲、骨，再分类的体例进行编排。分期沿用董作宾五期法，需要指出的是，该书中，许氏从董氏“复古”之说，将𠂤组、午组、子组卜辞划归武乙、文丁时期。该书的精华部分是第三和第四期卜辞，其间有许多卜问上一世的祭祀，是称谓断代的重要材料。书中与商承祚《殷契佚存》重见甲骨 17 片，而与胡厚宣《战后南北所见甲骨录》的第六部分明义士旧藏文字重见更多，许氏在书中均附有对照表。

---

① Austin A I. *Saving China*. Toronto :University of Toronto Press, 1986, P222. 转引自方辉：《明义士和他的藏品》，济南：山东大学出版社，2000 年，第 14 页。

② 许进雄：《殷虚卜辞后编》“编者的话”，台北：艺文印书馆，1972 年。

1973 年小屯南地甲骨出土，其内容多与《明后》接近，故学者推测，明氏该部分旧藏可能出于小屯村南一带。

明义士《殷虚卜辞后编》被学界广为关注的另一个原因是明氏为该书写的一篇序，序中记叙了他对 1924 年小屯村人筑墙时发现的一筐甲骨的研究，明义士正是利用这批 300 多片的甲骨卜辞，创造性地把近代考古类型学引入甲骨书体研究，给甲骨分期断代开辟了新途径。但因该篇序言当年并未公布，所以知者不多，直到 1981 年李学勤将之附于自己《小屯南地甲骨与甲骨分期》一文后发表，才引起学界的赞叹。关于这一点将在本书第六章第四节中详细说明。

三、《柏根氏旧藏甲骨文字》

明义士受聘于齐鲁大学期间，曾将济南广智院内柏尔根旧藏甲骨展品拓印成册，编为《柏根氏旧藏甲骨文字》（*Bergen Collection of the Inscribed Oracle Bone*，以下简称《柏》）。该文最初刊于 1935 年《齐大季刊》[①] 第六期和第七期，后由齐鲁大学国学研究所单行出版。全书包括著者序、拓本图版（每片拓本旁附摹本）、考释三部分，其中图版部分依次为原骨拓片、摹本、释文，同行并列（如图 4-11 所示，该书第 4 页照片缩小）。共著录甲骨 74 片。

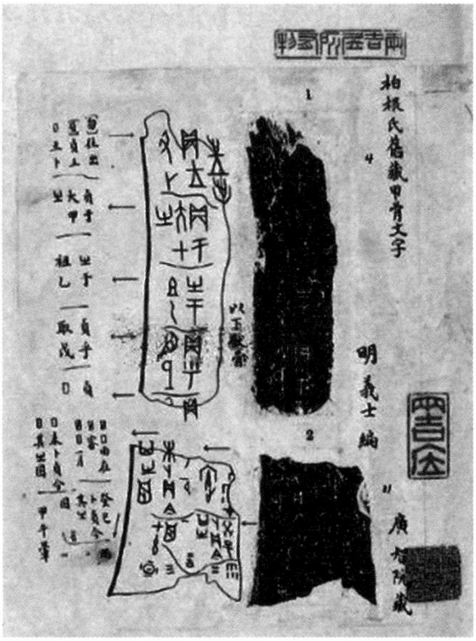

图 4-11　《柏根氏旧藏甲骨文字》书影

资料来源：明义士：《柏根氏旧藏甲骨文字》，济南：齐鲁大学国学研究所，1935 年

① 齐鲁大学学术性校刊，老舍、钱穆、顾颉刚等人均在其上发表过文章。

明氏在序中详细交代了该书的拓印经过：

（引者按：柏根氏）所收藏诸甲骨，现陈列于济南南关广智院 THE WHITEWRIGHT INSTITUTE TSINAN，当日以防损折，皆用面糊粘贴于涂墨之厚纸上，而密封于玻璃框内，于是此三千余年贵重之史料，陈列院中，为多数人所忽视者，盖已历三十载矣。

一九三三年春，予至院中参观，偶见有红色细小之蜘蛛，潜入玻璃框内，蛀蚀粘贴甲骨之面糊，势将危及甲骨。因商之院长魏礼模博士 DR.H, R.WILLIAMSON，谋为改善保存之方法。经院长魏君之许可，遂取出诸片，浸之西洋白漆皮 BLEACHED SHELLAC 中，片之折者重为整理接合。并携往北平，觅工拓墨，稍加类次。惟诸片磁面，不无损毁，致令榻本不甚晰。乃就榻本之后，附以摹写，并为释文一卷于后。念氏于三十年前，已注意收藏，且以公于世。今以此卷付印出版，庶不负氏收藏陈列之意也。①

从这段话中，我们亦可以间接了解到柏尔根的“学术公器”之心，“氏于三十年前，已注意收藏，且以公于世”。

需要说明的是，该批甲骨本是方法敛 1904 年出让与柏根氏的 76 片旧物，故其陈列于广智院之前，就曾由方法敛摹写过，后方法敛摹本编入《七集》。而柏根氏将这批甲骨陈列于广智院后，不知何种原因，佚失了 2 片，对此严一萍在《柏根氏旧藏甲骨文字考释》一书的序中介绍说：

柏根氏之甲骨早为方法敛博士所摹写，其时约在一九〇五年陈列广智院以前，手稿封存于美国飞尔德博物院者二十余年，后经白瑞华先生于一九三八年连同其他收藏者六家，题名《甲骨卜辞七集》刊行于纽约。方法敛之摹本，背文间有失摹，然极为忠实。明义士刊布柏根氏之甲骨，系就原实物重加拓墨，共得七十四版，以校方氏当日之摹本，已佚去两版，故白瑞华刊布《七集》时，于此佚去之两版注明“missing”（图 4-12）。两片失去之时间，当在陈列于济南南关广智院之三十年前，方法敛摹写之后。一为二十二号，一为三十六号。②

① 明义士：《柏根氏旧藏甲骨文字》序，济南：齐鲁大学国学研究所，1935 年。

② 严一萍：《柏根氏旧藏甲骨文字考释》序，台北：艺文印书馆，1991 年。

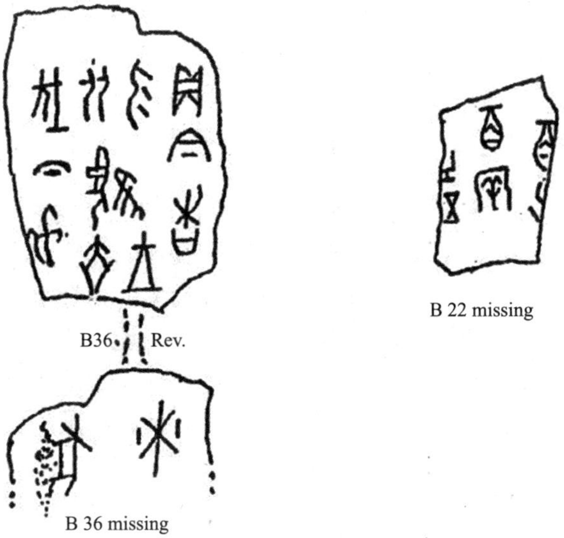

图 4-12　佚失的 B22、B36

资料来源：严一萍：《〈柏根氏旧藏甲骨文字考释〉序》，台北：艺文印书馆，1991 年

《柏》中著录大多数为小片甲骨，时代多属一期武丁之物，明氏在其书中的考释结论大多数都得到学界的认可。①

综上，明氏本人甲骨著录情况简表如下（表 4-2）：

表 4-2　明义士甲骨著录书籍三种

名称	《殷虚卜辞》	《殷虚卜辞后编》	《柏根氏旧藏甲骨文字》
片数	2369 片	2819 片	74 片
形式	手摹	墨拓	墨拓 + 摹本 + 考释
完成时间	1917 年	1928 年	1935 年
出版时间	1917 年	1972 年	1935 年
出版者	上海别发洋行	台湾艺文印书馆	齐鲁大学
出版形式	石印		期刊连载，线装单行
著录总计	5262 片		

① 刘一曼等编《北京图书馆藏甲骨文书籍提要》认为明义士将贞人宾、㱿、争等判断为“表示龟卜一部分事类之专门名词”，将“帚妌”的“帚”解释为“归”的观点是不妥的。参见《北京图书馆藏甲骨文书籍提要》，北京：书目文献出版社，1988 年，第 21—22 页。

值得注意的是，随着时间的推进，明氏甲骨著录三书的形式也由手摹到墨拓，再到墨拓加摹本，著录方式不断改进，愈加科学。

第四节　传教士甲骨著录的意义

众所周知，没有甲骨著录，就不可能诞生出甲骨学这样一门学问，甲骨著录是甲骨学的基础。今天我们研究甲骨学不必再亲自去收集甲骨、著录甲骨，前辈学者们已为我们搜集整理了大量可供研究的甲骨文文献资料。为此，我们除了应感谢刘鹗、罗振玉、郭沫若、董作宾、商承祚等大批国内甲骨学家，也应该感谢方法敛、明义士等西方传教士甲骨学家，正是他们的及时保存、积极传播，才使得甲骨学在今天成为一门成熟、活跃的国际性显学。

传教士甲骨著录的意义主要体现在以下三点：

(1) 传教士的甲骨著录保存了大量珍贵的甲骨资料。我们选取 1903—1935 年间完稿的甲骨著录专书列表如下[①]（表 4-3）：

表 4-3　甲骨学早期著录情况表

著录者	名称	片数	形式	完稿时间	出版时间	出版者	出版形式	总计
（加）明义士	殷虚卜辞	2 369	手摹	1917 年	1917 年	上海别发洋行	石印	5 262
	殷虚卜辞后编	2 819	墨拓	1928 年	1972 年	台湾艺文印书馆	影印	
	柏根氏旧藏甲骨文字	74	墨拓 + 摹本 + 考释	1935 年	1935 年	齐鲁大学国学研究所	期刊连载、石印单行	
（美）方法敛	库方二氏藏甲骨卜辞	1 687	手摹	1914 年前	1935 年	上海商务印书馆	石印	2 691
	甲骨卜辞七集	527	手摹	1914 年前	1938 年	美国纽约	影印	
	金璋所藏甲骨卜辞	477	手摹	1914 年前	1939 年	美国纽约	影印	
西方传教士人数 2 位，著作数 6 部，著录甲骨总数 7953 片								
刘鹗	铁云藏龟	1 051	墨拓	1903 年	1903 年	抱残守缺斋	石印	1 051
罗振玉	殷虚书契	2 229	墨拓		1913 年		影印	5 457
	殷虚书契菁华	68	墨拓	1914 年	1914 年	日本书学院出版部	珂罗版影印	

① 本表书籍信息参见刘一曼等：《北京图书馆藏甲骨文书籍提要》（北京：书目文献出版社，1988年），本表仅列甲骨著录书，书中凡除甲骨尚列其他器物的，如罗振玉《殷虚古器物图录》、黄濬《邺中片羽》（初集）等不在统计之列。

续表

著录者	名称	片数	形式	完稿时间	出版时间	出版者	出版形式	总计
罗振玉	铁云藏龟之余	40	墨拓	1915 年	1915 年		珂罗版影印	
	殷虚书契后编	1 104	墨拓	1916	1916	《艺术丛编》第一集本	珂罗版影印	
	殷虚书契续编	2 016	墨拓	1933 年	1933 年		珂罗版影印	
姬佛佗	戬寿堂所藏殷虚文字	655	墨拓＋考释	1917 年			石印	655
叶玉森	铁云藏龟拾遗	245	墨拓＋考释	1925 年	1925 年		石印	245
王襄	簠室殷契征文	1 125	墨拓＋考释	1925 年			石印	1 125
董作宾	新获卜辞写本	381	摹录＋考释	1928 年			石印	381
关百益	殷虚文字存真	600[①]	墨拓	1931 年（第一集）	1931 年	河南省博物馆拓本		600
商承祚	福氏所藏甲骨文字	44	墨拓＋考释	1933 年	1933 年	金陵大学中国文化研究所	珂罗版影印	1044
	殷契佚存	1 000	墨拓＋考释	1933 年	1933 年	金陵大学中国文化研究所	珂罗版影印	
郭沫若	卜辞通纂	921	墨拓＋照片＋考释	1933 年	1933 年	日本东京文求堂	石印	921
王子玉	甲骨文	172	手摹	1933 年				172
容庚等	殷契卜辞	874	墨拓＋考释	1933 年			石印	874
中国学者人数 11 位，著作数 16 部，著录甲骨总数为 12 525 片								
（日）林泰辅	龟甲兽骨文字	1 023	摹录	1921 年			影印	1 023
日本汉学家人数 1 位，著作数 1 部，著录甲骨总数为 1023 片								

从表4-3可以看出，著录甲骨数超过两千片的仅有明义士《殷虚卜辞》、《殷虚卜辞后编》以及罗振玉《殷虚书契》、《殷虚书契续编》。而在著录书籍数量上，西方传教士以 2 人之力完成甲骨著录专书 6 部 7953 片，就个人而言，明义士著录的甲骨总量在同期甲骨学者中亦排前列，仅次于罗振玉一人，其用力之勤让人敬佩。著录形式最为全面的除郭沫若《卜辞通纂》兼有拓片、照片和考释外，就是明义士《柏根氏旧藏甲骨文字》一书同时使用了墨拓、

① 本书只发行了第一至五、八集，缺六、七集，每百品为一集。

摹本和释文三者并行的著录方式。

(2) 传教士的甲骨著录有利于甲骨文化的海外传播。方法敛于 1906 年发表的《中国原始文字考》成为第一部向西方介绍我国甲骨文的文字学专著。在其影响下，金璋、库寿龄等纷纷加入甲骨学研究的行列，并发表一系列论作。方氏之于中国甲骨学西方传播史的首创之功应得到我们的足够重视，其一系列的文字学论著也应该得到学界的重视。

(3) 传教士的甲骨著录为甲骨学的发展提供了研究资料。董作宾在 1940 年发表的《方法敛博士对于甲骨文字之贡献》一文中说道："在这里，我不能不把近几年研究《殷历谱》的结果和其中的重要部分宣布出来，郑重的表彰方法敛博士。因为这一部分材料采自方氏的摹本，我不能得鱼而忘筌。……这里所举的四个例子，皆与方氏的摹写本有关。"[①] 如据《库方》1595 考证"庚申月有食"。据《金璋》260、340 两版辞例相接考察"报乙报丙的彡祭"。据《库方》1661 与 1928 年考古发掘新获卜辞"隹（唯）王八祀"揭示帝乙八祀二月三月卜旬的祀典。据《库方》1672《金璋》544、574 三版与其他著录书相关甲骨共 10 版，拼合而得到四块牛胛骨推知"原来殷代占卜，一事在两贞以上，则多刻卜辞于各别之版，地位、行款是各各对称的"，这对于把握刻辞辞例和对卜辞释读都具有极大的贡献，通过四版牛胛骨的连接，可以推知正人方的两个月的行程。故董先生言道："地名日月的衔接，方氏摹本占最多数，由此不但可以考证年历、事实、卜法、文例等，在地理的研究上，尤其是重要材料之一。"[②]

此外，李学勤通过库方旧藏甲骨《库方》985、1106 两片牛肋骨考证商代日名制度；金祥恒利用明义士旧藏甲骨《安明》B11236 与史书互证，推求"东夷"之名；商承祚根据福开森所藏甲骨文字与其《帚矛说》互相发明，"以订旧义增新知"等，均体现出传教士甲骨著录的考史证史之用。

综合以上三点，我们可以毫不夸张地说，以方法敛、明义士为代表的西方传教士在我国甲骨著录史上地位显著，他们的成果意义重大。

---

① 董作宾：《方法敛博士对于甲骨文字之贡献》，《图书季刊》新 2 卷第 3 期，1940 年，第 297—324 页。

② 董作宾：《方法敛博士对于甲骨文字之贡献》，《图书季刊》新 2 卷第 3 期，1940 年，第 297—324 页。

第五章　西方传教士与甲骨学论著

> “科学无国界”。从甲骨学一百年发展史的实践，也证明了这一真理。自从殷墟出土的甲骨文被辨认出是商代的遗文以后，当国内还有少数权威在怀疑其真实性时，外国人就写出研究文章。①

王宇信在《甲骨学通论》中曾把中国甲骨学的发展分为三个阶段：1899—1928年，甲骨学草创阶段；1928—1937年，甲骨文的科学发掘和甲骨学的发展时期；1949年至今，甲骨学的深入研究时期。②甲骨学从传统的金石古物学，发展到现在名家辈出、硕果累累的独立学科，离不开早期阶段的沉淀与积累。我们在回顾和研究国内前辈学者筚路蓝缕、日臻成熟，为百年甲骨学的发展铺垫根基的同时，绝不能忽视国外学者的巨大贡献，特别是西方传教士在这段时间的甲骨学研究成绩，以及其在甲骨学国际化发展中的地位。

本章中主要择取三部西方传教士的早期甲骨学论著做简单介绍，以期管中窥豹。三种著作分别为一部论著、一篇文章、一本教材。一部论著是最早的向世界介绍甲骨文字的《中国原始文字考》，一篇文章是较早系统介绍甲骨文诸方面问题的《河南出土之卜骨》，一本教材是世界上最早的甲骨学教材之一《甲骨研究》，分出三位作者之手，代表三个不同的方面。

第一节　方法敛《中国原始文字考》

《中国原始文字考》(*Early Chinese Writing*)，是美国长老会传教士、汉学家方法敛(F.H.Chalfant)博士的一部关于中国文字研究的专题论著，1906年由卡内基博物馆出版。该书不仅是西方人第一次著录甲骨之作，也是西方人研究我国甲骨文字之始，更是第一部向西方介绍我国甲骨文字的论作，因此该书对于研究甲骨学史、甲骨学传播史均具有重要作用。

---

① 王宇信、杨升南：《甲骨学一百年》，北京：社会科学文献出版社，1999年，第76页。

② 王宇信：《甲骨学通论》，北京：中国社会科学出版社，1989年，第66页。

《中国原始文字考》全书分为正文和附表两部分，书前列卡内基博物馆主任 W.J. 霍兰的序言。其正文共有 33 页，分为四个章节，分别是：源于古铭刻的早期文字系统、《说文》札记、确定散氏家族领地范围的皇家法令、龟甲上的古文字。附表有三个，403 个常用汉字的字形演变表，共 29 页；214 个《说文》字头篆楷对照表，共 20 页；天干地支字形对照表，1 页。下面仅对其正文部分作简要介绍。

第一章“源于古铭刻的早期文字系统”；由总论和五节分论构成，另附表一“常用汉字的字形演变表”。

总论是方法敛对于中国早期文字研究的整体概述。方氏将世界上的文字分为两大体系，即表音文字和表意文字，而汉字则多属于表意文字。但由于汉字中存在着大量的形声字，所以汉字同时也具有一定的音节性文字特点。在汉字中，声符可以分为两类：“无义声符”和“表义声符”，而“表义声符”可以帮助研究者理解汉字构成符号含义的演变。方氏认为汉字的构成符号除了声符外，还存在着“字根”，即“义符”或者叫“部首”。[①] 汉字的“义符”决定了汉字所指事物的属性、类别或材料，如与情感有关的字往往附加“心（或忄）部”，木质物件名常包含表示树的符号“木”，金属器物名则多含有“金”旁。但常用汉字的许多“义符”与其本义不符。

方氏还指出研究汉字，尤其是早期汉字构型，应该对中国古代历史、文化、习俗、政治制度等有所了解。

第一节“关于中国早期书写的信息资源”，主要回顾了汉字从籀文到小篆的演变历程，认为现代汉字的书写方式始于秦始皇统治时期（公元前 240 年）[②]，而毛笔取代刻刀是造成汉字书体由曲笔向直笔转变的诱因。在此之前主流的书体多用弯曲的笔画，因为文字多是以金属利器刻写于铜、石、竹或者其他硬质物体的表面，刻画曲线要比刻画直线或者折笔容易得多。但正是因为这种书法上的变革改变了汉字符号的外形，因而极大地掩盖甚至抹煞了汉字的象形特征。[③]

故方氏倡导寻找汉字之源必须要从更早的信息资源开始，而非从现代字体。应该重视对两类材料的运用：一是中国学者著作中留存下来的古代铭文材料；二是出土铭文材料，如青铜、甲骨及碑刻材料等。关于材料的运用，

---

① 方氏认为称之为“义符”或者“部首”比称之为“字根 (radicals)”更贴切。

② 按：此处为方氏判定的时间。

③ 方氏此说尚可商榷，根据唐兰等人论述“以刀代笔，圆圈是不易画的，所以作为太阳形的‘日’字，有时画作正方形（参见唐兰：《中国文字学》，上海：上海古籍出版社，2001 年，第 103 页）。

方氏进一步指出，要留意第一类材料中因传抄和临摹而产生的讹变，警惕第二类材料本身伪造的可能。

而后，方法敛又介绍了薛尚功《历代钟鼎彝器款识法帖》等传世文献以及出土文献中铜器、钱币、玺印和陶器上的文字。特别值得称赞的是，方氏在此处同样强调了甲骨材料的出土文献功能：

> 当（农人）在古城朝歌附近，即现在河南省的卫辉府掘土时，发现了大量的刻有铭文的龟甲和祭牲用兽骨。经过作者观察，发现这是一种古老的难以释读的文字系统，这批铭文大约有600个不同的符号，这些符号似乎与周代早期（大约公元前1000年）的文字有所关联。①

此处是方氏甲骨收集以来第一次公开发表自己对甲骨文字的看法，根据中国文字研究经验，他得出甲骨文字与早周文字（金文）有所关联的结论。

在本节的最后，方氏着力推介了许慎的《说文》一书，评价它是“一流的字源学论著，要知道欧洲直到很久以后才出现可与之媲美的书籍”②。

第二节“表意文字——汉字的起源”为该书的核心所在。在本节中，方法敛详细表述了自己对于汉字起源的认识，即汉字起源于图画：

> 我们从大多数古文字中可以推断出如下更为可信的结论，即中国人和其他大多数民族一样，最初也是以原始图画来记事的，他们将之刻画于木头、石头、骨头和金属上并借此来传递思想。在这些文字雏形中，有一些是对野生或家畜动物轮廓的描绘，它们很快就以约定俗成的形式呈现，仅仅只成为那些刻画更精巧的原始符号的一种暗示。例如，老虎的符号与树有着密切联系，好像是在强调虎是栖于林中，而“⽊”就代表着“树林”。……从青铜器和碑刻所见最早的铭文中得出中国早期文字属于象形文字，这一点似乎较为可信。③

紧接着，方氏分别从动物、植物、无生命物体和抽象概念四个方面举例，并将例证用字由楷书字形反推至早期文字字形，藉此证明自己的观点。

如动物类，方氏据今“象”字等为例，指出今“象”字形体虽与大象外形毫无相似之处。但是如果将“象”字所有现存字形按照演变顺序一一排列出来的话，任何一个熟悉正字变化的人都可以看出，“象”字起源于一头“大象”的图画，其横竖位置的变化只是为了适应直线书写的方式。植物类中，方氏举“草”、“木”、“表”等字为例。如“表”字，方氏指出其本义为“指

① Chalfant F H. *Early Chinese Writing*. Pittsburgh：Carnegie Museum, 1906, P.6.
② Chalfant F H. *Early Chinese Writing*. Pittsburgh：Carnegie Museum, 1906, P.6.
③ Chalfant F H. *Early Chinese Writing*. Pittsburgh：Carnegie Museum, 1906, P.8.

示器”，义为成排的树或篱笆，即为田地设立边界，字形以堆积的灌木形象来表示。

第三节“现代字形的演变”。方氏在本节中将汉字演变划分为四个方面，并对各方面专文论述。这四个方面分别是：一、简化（对早期复杂字形的简化）；二、增繁（对早期简单字形的扩充）；三、变形（为适应形符和声符的固化系统而人为改变字形）；四、创新（依照传统造字规律，结合现存字形而创制新字）。

第四节“汉字现代书体中的错误推论”。方氏首先指出推论汉字本源“如果从当下通行的‘楷书’来推断字义，多会产生错误，因为这些方块字与其造字本源相距甚远”[①]，继而举出“田”、“朋”、“肉”、“必”等数例加以说明。

第五节“汉字形义间的不一致”。方氏在本节中以“泰”、“当”、“治”等字为例，说明汉字在正字的过程中所出现的特殊现象，即“很多汉字的形式和意义之间毫无联系”。[②]

在第一章的最后，方法敛附有“汉字字形演变表”，表中收录常见汉字403个，每个字条下分为七栏，依次为对应英文（含中文读音[③]）、现代楷书字形、“字根”、小篆、小篆前字形、方氏推断该字可能存在的原始图画文字[④]、批注（图5-1）。

第二章为“《说文》札记”。方氏首先在本章总论中介绍了《说文》一书的成书时间、书后所附部首情况以及方氏自己对《说文》的评价，认为“盲目相信《说文》的词源解释虽不可取，但完全否认其可靠性也是极大的错误”。[⑤]

本章附“《说文》字头篆楷对照表”。方氏在表内列出540个部首，分属214个字根。每个字条分为四栏，依次为说文部首、楷书字形、对应英文（含中文读音）、批注（图5-2）。

第三章“确定散氏家族领地范围的皇家法令”。在这一章中，方氏不仅对传世铜器散盘中的“城”、“相”、“莱”等字进行字形分析，并且分别论述了散盘的器形、历史信息、器铭文例、纪年以及历史价值。最后方氏附

① Chalfant F H. *Early Chinese Writing*. Pittsburgh：Carnegie Museum, 1906, P.13.

② Chalfant F H. *Early Chinese Writing*. Pittsburgh：Carnegie Museum, 1906, P.14.

③ 方法敛在书中主要采用韦德语音系统注音。

④ 方氏书中部分字形为其本人推测所画，准确性尚待讨论。本节所引仅为说明方书体例，对于字形暂不讨论。

⑤ Chalfant F H. *Early Chinese Writing*. Pittsburgh：Carnegie Museum, 1906, P.19.

以阮元的铭文摹本，给出自己的释文，并对释文进行翻译。

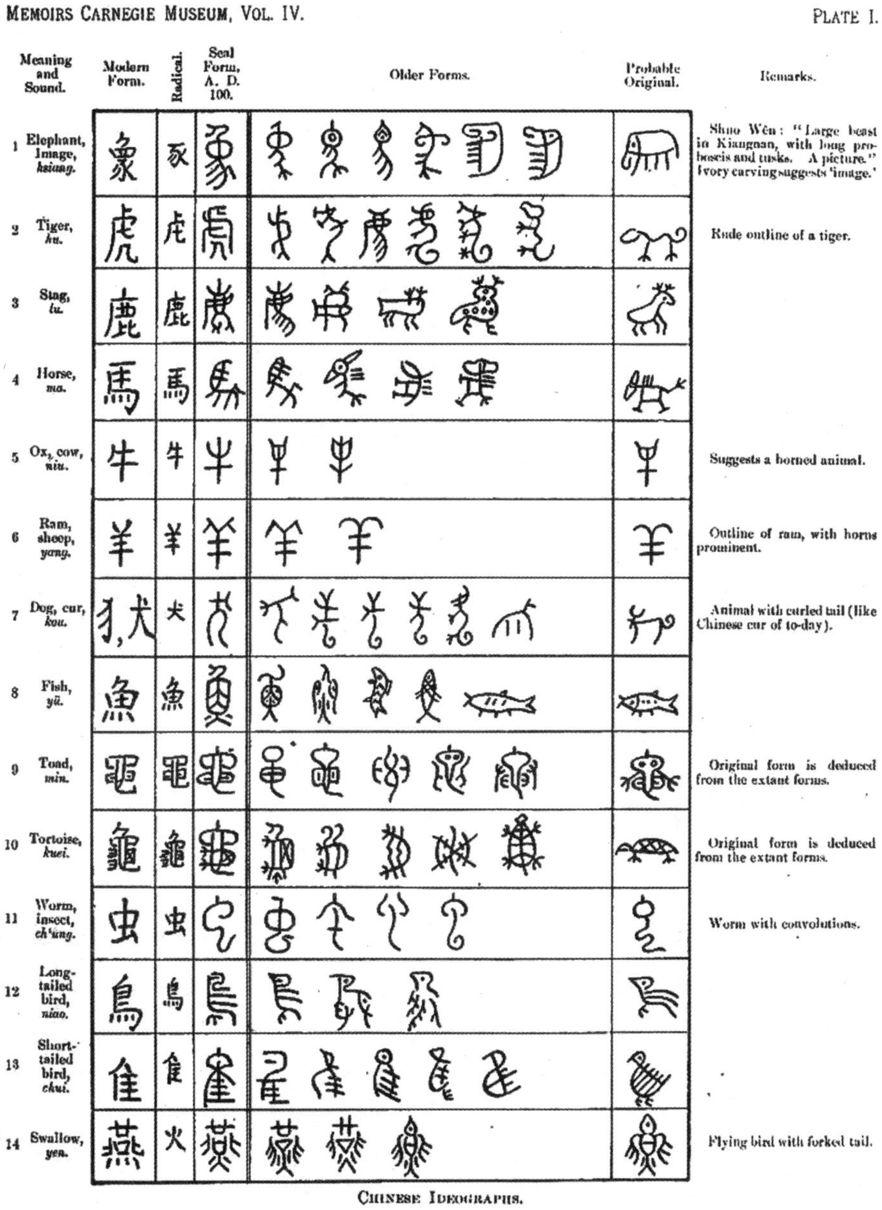

图 5-1　汉字字形演变表

资料来源：方法敛：《中国原始文字考》，匹兹堡：卡内基博物馆，1906 年，PLATE I

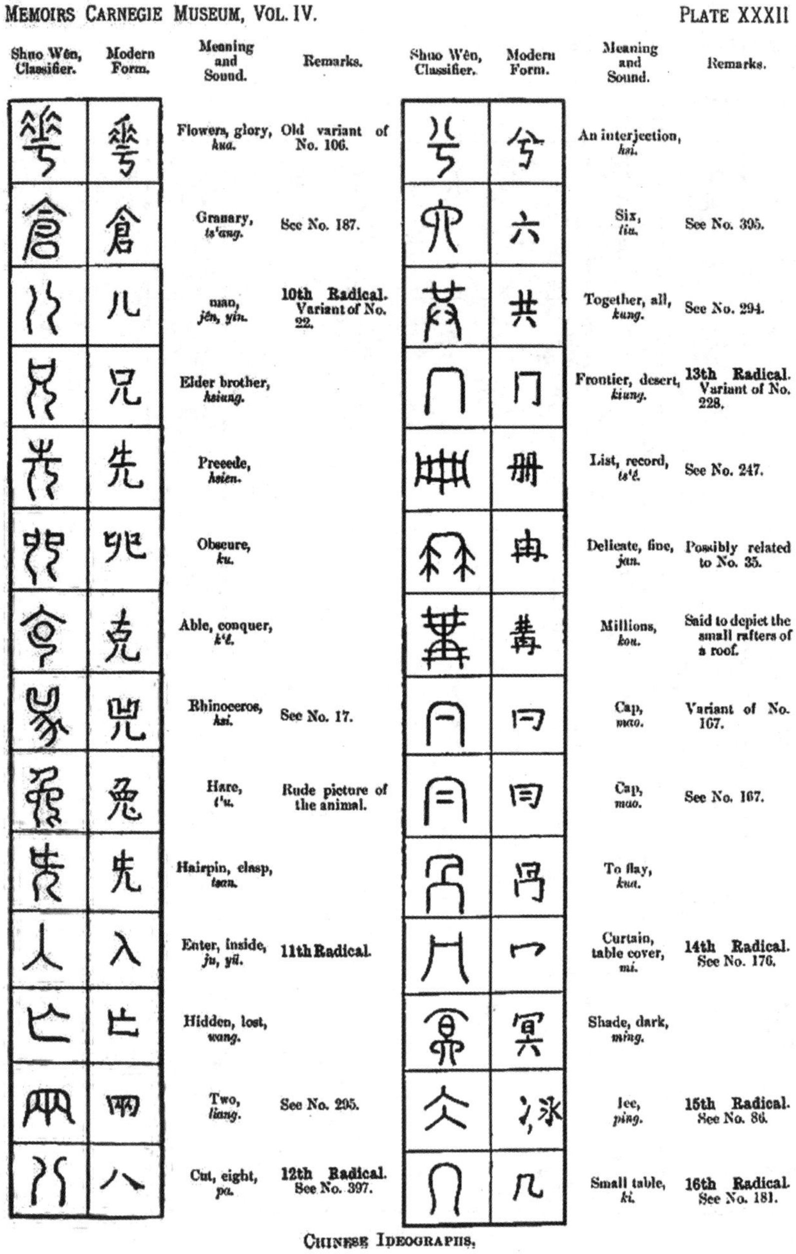

MEMOIRS CARNEGIE MUSEUM, VOL. IV. PLATE XXXII

Shuo Wên, Classifier.	Modern Form.	Meaning and Sound.	Remarks.	Shuo Wên, Classifier.	Modern Form.	Meaning and Sound.	Remarks.
	𠌶	Flowers, glory, *hua.*	Old variant of No. 106.		兮	An interjection, *hsi.*	
	倉	Granary, *ts'ang.*	See No. 187.		六	Six, *liu.*	See No. 395.
	儿	man, *jên, yin.*	**10th Radical.** Variant of No. 22.		共	Together, all, *kung.*	See No. 294.
	兄	Elder brother, *hsiung.*			冂	Frontier, desert, *kiung.*	**13th Radical.** Variant of No. 228.
	先	Precede, *hsien.*			冊	List, record, *ts'ê.*	See No. 247.
	𠑹	Obscure, *ku.*			冄	Delicate, fine, *jan.*	Possibly related to No. 35.
	克	Able, conquer, *k'ê.*			冓	Millions, *kou.*	Said to depict the small rafters of a roof.
	兕	Rhinoceros, *hsi.*	See No. 17.		冃	Cap, *mao.*	Variant of No. 167.
	兔	Hare, *t'u.*	Rude picture of the animal.		冃	Cap, *mao.*	See No. 167.
	兂	Hairpin, clasp, *tsan.*			冎	To flay, *kua.*	
	入	Enter, inside, *ju, yü.*	**11th Radical.**		冖	Curtain, table cover, *mi.*	**14th Radical.** See No. 176.
	亡	Hidden, lost, *wang.*			冥	Shade, dark, *ming.*	
	㒳	Two, *liang.*	See No. 295.		冫,冰	Ice, *ping.*	**15th Radical.** See No. 86.
	八	Cut, eight, *pa.*	**12th Radical.** See No. 397.		几	Small table, *ki.*	**16th Radical.** See No. 181.

CHINESE IDEOGRAPHS.

图 5-2 《说文》字头篆楷对照表

资料来源：方法敛：《中国原始文字考》，匹兹堡：卡内基博物馆，1906 年，PLATE XXXII

第四章“龟骨上的古文字”，是方氏关于甲骨文字的最早论述，也是西方世界最早的关于甲骨文的论述。在本章中，方氏首先详记了自己购买甲骨的经过：

> 1899 年（河南）卫辉府（古代朝歌城故址）附近发现了大批古物。据称共发掘出碎片三千片。商贩将这批古物先带往北京，不料那里正受到逐渐逼近的义和团运动的干扰，于是他们将这些古玩带到（山东）潍县，并将一部分留在了当地一个商人手中。这位中国绅士，是笔者的朋友，他告诉了笔者这些珍稀古物的存在，并借出供其查阅。余下的部分则带到上海（或其他地方），卖给了一个名为刘铁云的满洲人（道台）。这位中国学者从其所购藏的龟甲中选出八百片进行墨拓，并用他本国的语言出版了一本书（译者按：即《铁云藏龟》）。同时 / 其间，笔者替上海英国皇家亚洲协会博物馆购买了这批古物中的四百片。一年后 (1904-5)，剩余的一千八百片也找到了下落，经过一番努力，最终得以收购。目前为私人收藏并保存。不幸的是，发现者在处理它们之前没有对碎片进行匹配拼合，使得这一工作到现在几乎无法完成，因为这些碎片早已散布在不同的收藏者手中。①

继而方氏指出这些文字应该是一种“极原始的符号”，其中很多都是“象形文字”，并对其中部分象形文字进行举例式的释读：

> 这里仅以少量实例来说明所用文字的一般面貌。这些铭文记录了六百多个符号，其中大多数还有待破译。其中一些最引人注目的象形文字，如：（马）；(?)；（龙 ?）；(?)；（人 ? 或者天 ?）；和（雄鹿 ?）；和（鸟 ?）；（蝎子 ?）；（鼠 ?）或（虎 ?）；，，，，（与植物生命有关的符号）；(?)；（京城）；（车辆）；（戟）；（弓）；（天平 ?）；（酉，酒罐）；②（尊 (?) 尊敬）；（山）；（田）；（角）；，（月）；（囿“园圃”）。③

方氏于释读后，给出自己的结论：“即使你再多疑，也不得不承认，这些就是图画。”④

如前文所述，方氏在本章中著录其本人手摹甲骨 11 片，均为钢笔等比例摹写，下略举数例说明（图 5-3 至图 5-5）。

① Chalfant F H. *Early Chinese Writing*. Pittsburgh: Carnegie Museum, 1906. P.33.

② 方书原注：“该字为一个常见的倒置古文字形。”

③ Chalfant F H. *Early Chinese Writing*. Pittsburgh: Carnegie Museum, 1906. P.33.

④ Chalfant F H. *Early Chinese Writing*. Pittsburgh: Carnegie Museum, 1906. P.34.

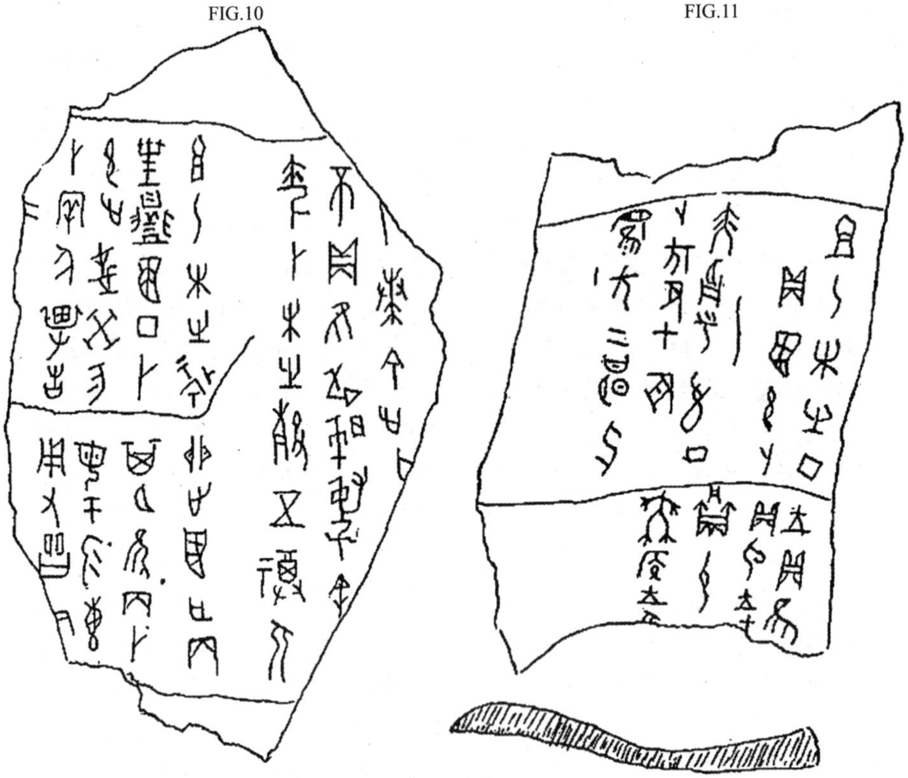

图 5-3 《中国原始文字考》FIG.10/FIG.11

资料来源：方法敛：《中国原始文字考》，匹兹堡：卡内基博物馆，1906 年，第 31 页

其中，编号 FIG.11（图 5-3）的甲骨方氏不仅摹出其上文字，而且给出了侧视图，方氏在摹本下注释：

图 10 是古代龟甲刻辞的一个很好的样本。其中大部分符号是可理解的，但由于刻辞残缺，翻译困难。（实际大小）

图 11 牛骨碎片。右上角两行读作“祖乙未之丁问角巳卜”。（一种包含贞问日期的占卜专业用语）

图 10—11 原件为库寿龄—方法敛收藏（中国山东）。（实际大小）①

但可惜的是 FIG.11 和 FIG.10，即《库方》中苏格兰皇家博物馆藏甲骨 1、2 片，经郭沫若、胡光炜等学者鉴定均为伪刻，详见本书第六章第二节的相关论述。

FIG.12 片（图 5-4）为一块近乎完整的龟背甲，方氏不仅描摹出其断裂

① Chalfant F H. *Early Chinese Writing*. Pittsburgh：Carnegie Museum, 1906. P.31.

处的纹理，而且有意识地补出了残缺部分的形状。该片同属苏格兰皇家博物馆藏甲骨，收入《库方》一书，编号 295，《合集》片号 39694。卜辞为对贞辞例，曰：

己亥卜，㱿，贞隹多子。二

贞不隹多子。二

贞隹多子。二

贞不隹多子。二 小告 二

贞隹… 二

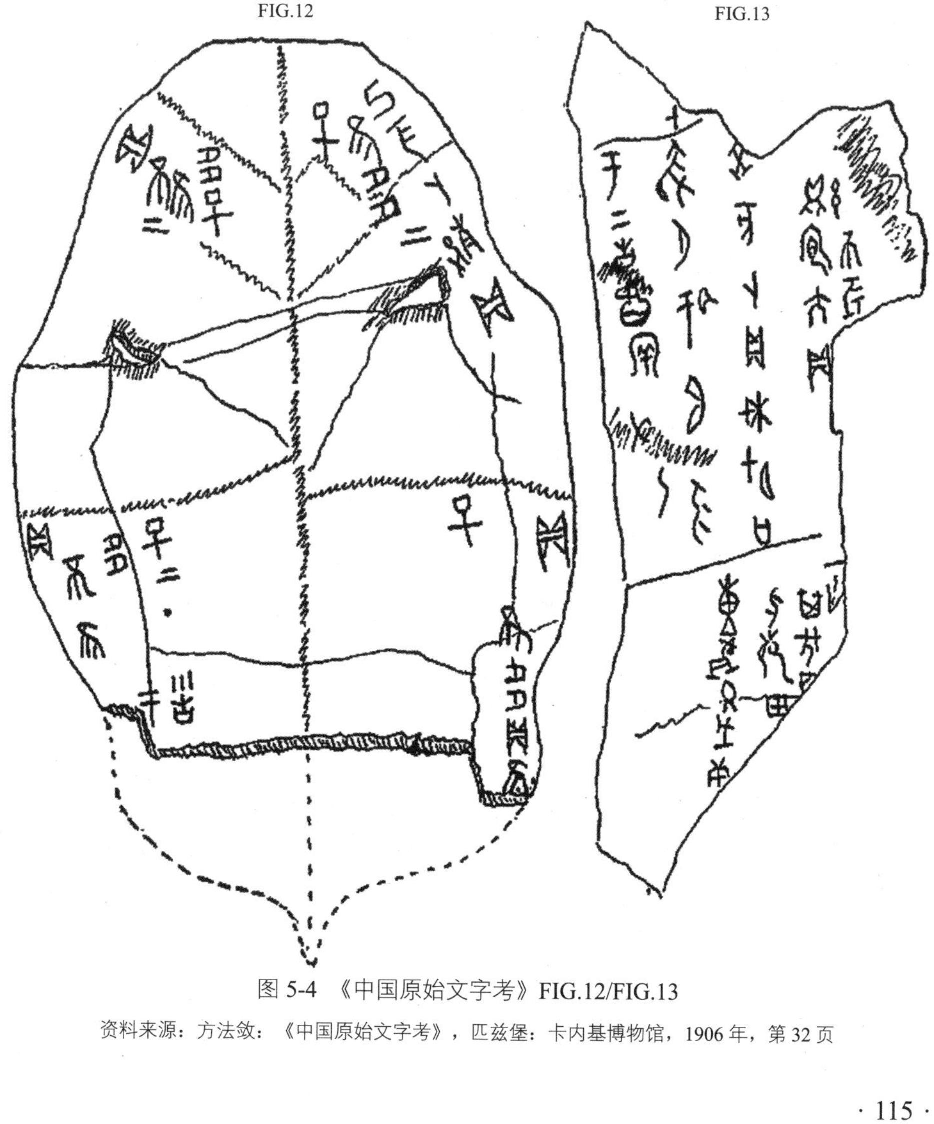

图 5-4　《中国原始文字考》FIG.12/FIG.13

资料来源：方法敛：《中国原始文字考》，匹兹堡：卡内基博物馆，1906 年，第 32 页

方氏在摹本下注释：

图 12 龟甲刻辞（几乎完整）。缺失部分由虚线表示。这是由几个碎片拼合而成。四句话大意基本一致。右上写着："己亥卜厌问唯多子二。"日期"己亥"和贞卜者后代的范围。左侧两句包含"不"和"吉"（"幸运"之意）。（实际大小）

图 13 龟甲刻辞碎片。（实际大小）

（图 12—13 原件为库寿龄—方法敛所收藏）

对照《合集》释文可知，方氏在释读右上卜辞时，把贞人"㱿"错释作"厌"，把"贞"错释为"问"。此外，左边两句的卜辞中也未包含"吉"字，应是"告"字混讹。

FIG.15 片（图 5-5）即为《库方》315 片，现藏苏格兰皇家博物馆，《合集》片号 40941。辞曰：

癸巳〔卜〕，王曰，贞□甲午□于大甲〔亡〕壱。才□□。

乙酉〔卜〕，王曰…

FIG.15

图 5-5　《中国原始文字考》FIG.15

资料来源：方法敛：《中国原始文字考》，匹兹堡：卡内基博物馆，1906 年，第 34 页

《中国原始文字考》一书理论丰富、材料翔实，是方法敛中国文字研究成果的总结。虽囿于时代和材料，书中某些结论存在错误，但其代表了当时西方人汉字研究的最新成果和最高水平，筚路蓝缕，其引介椎轮、导国际化先路之功不可没。

第二节　库寿龄《河南出土之卜骨》

《河南出土之卜骨》(*The Oracle-bones from Honan*)，是英国浸礼会传教士、汉学家库寿龄（Samuel Couling）的甲骨文字研究专题论文，该文本是1914年2月库寿龄在英国皇家亚洲学会华北支会上所作的一份报告的发言稿，后发表在《英国皇家亚洲学会分会杂志》第45期上。《河南出土之卜骨》全文共13页，其中图版2幅，库寿龄在文中主要论述了甲骨数量、甲骨与占卜艺术、文字考释等方面的内容。

库寿龄在论述“甲骨数量”相关内容时主要回顾了自己接触、收藏甲骨的经历。他写道，自己在1900年被迫离开山东，后1903年回到中国始知甲骨其事，随后与方法敛一起开始合作收购。两人总共合作购买了三批甲骨，后分别转让与卡内基博物馆、皇家苏格兰博物院、不列颠博物院等公共机构。（详见本书第二章第一节）

库寿龄还提到了当时中国甲骨市场的造假情况，他指出对于真骨刻假字的造假方式，只要随身携带一个放大镜，去仔细辨认甲骨铭刻痕迹边缘的新旧程度，就可以避免买到这种赝品。

> The bones in these cases are old, the inscriptions on them are new. It is supposed that thousands of petrified uninscribed fragments being found with the others ingenious forgers proceeded to cover them with characters imitated from the inscriptions. It should not be difficult, especially with a hand-lens, to distinguish characters newly cut in petrified bone, from those inscribed on the fresh soft bone many centuries ago, but care should be taken in buying any fragments that are now offered for sale.①

这可谓是库、方二人长期接触并研究甲骨所积累的辨伪经验之谈，但可惜的是，即使库寿龄有如此的自信和谨慎的先觉，我们还是在《库方》一书中见到了不少的伪刻，甚至是他引以为豪的“美丽的鹿角标本”也被学界认为是仿制的。而明义士更是指出，库寿龄在该文中所附的两页图，除了第一张甲骨（后归金璋，编号Hopkins181）为真外，第二张图中所有厌胜全是伪造（图5-6）。②

① Couling S. The Oracle-Bones from Honan. *Journal of the North-China Branch of the Royal Asiatic Society*, 1914, XLV.

② 明义士：《甲骨研究》，济南：齐鲁书社，1996年，第14页。

图 5-6　库寿龄《河南出土之卜骨》所附图版

资料来源：*Journal of the North-China Branch of the Royal Asiatic Society*, XLV, 1914

库寿龄还在书中回忆自己与方法敛平日以缀合甲骨为乐的往事并着重介绍了方法敛 1906 年出版的《中国原始文字考》一书的 FIG.12 的拼合过程，值得学界重视。

> More fragments reached other places than ever left Honan, and our efforts were rather to reduce the number of our pieces. Many a happy odd hour did Dr. Chalfant and I spend before a large table covered with our bone-fragments to, trying, especially where we saw new fractures, to bring corresponding broken edges together, and great was our joy whenever we could reduce two or three small fragments to one. The nearly complete tortoise-shell figured in Chalfant' s Early Chinese Writing was made up of five bite. The advantage of joining pieces which belong together is of course that, instead of single and useless characters, one may perhaps obtain a complete sentence of far more value to the student.[①]

关于“甲骨与占卜艺术”，库寿龄在这一部分中主要介绍自己对于甲骨卜法和占卜目的的理解，兼及卜辞文例和甲骨整治的讨论。

---

① 译文参见第六章第三节缀合部分。

库寿龄认为自己和方法敛二人很早就已经确定甲骨是古人占卜之遗。他在文中说：

When the first bones came into our hands it did not take long to decide that they were connected with divination. First there were among them fragments of tortoiseshell; and on these were recognisable characters which indicated their use. The inscriptions were evidently, at first sight, questions or answers to or from an oracle.①

接着，库寿龄回顾了前人对龟甲占卜的研究记录，指出史书中记载的最早龟卜术见于《尚书·洪范》②：

The practice of divination by means of the tortoise is mentioned in the earliest Chinese literature, and very frequently. Thus in the Book of History（Shu Ching）in the section named Hang Fan,which dates from the Shang dynasty, we read in Legged translation, " Having appointed officers for divining by the tortoise and by the milfoil, they are to be charged on occasion to perform their duties. In doing this they will find the appearances of rain, clearing up, cloudiness, want of connection and crossing; and the symbols solidity and repentance. In all, the indications arc seven ; five given by the tortoise and two by the milfoil, by which the errors of affairs may be traced out."③

库氏又进一步指出在《礼记·曲礼》中有关于龟卜程式的记载，《周礼》中罗列有占卜职官的名称，但这些都缺乏细节的记录。直到司马迁《史记·龟策列传》才又再次说明龟卜的方法和作用。清代学者胡煦在《史记·龟策列传》的基础上，结合《周礼》完成《卜法详考》一书，则是对前人研究的总结。之后，库氏结合自身甲骨研究经历，评论前人书中的结论，认为既往研究中所言的龟卜需要经过钻凿、燋灼、兆璺、书契、庋藏等过程是符合事实的，尤其是“庋藏”一环，前人多有议论，但以今日之所见，可知龟卜后不但确有“庋藏”的过程，而且根据现在所见甲骨的保存形态，可推知当时“庋藏”工作做得相当的好。

接下来，库氏又针对龟甲燋灼的具体方法、护身符相关问题、兆痕以及殷人的“龟灵”崇拜等阐述了自己的观点。

① Couling S. The Oracle-Bones from Honan. *Journal of the North-China Branch of the Royal Asiatic Society*, 1914, XLV.

② 库氏所言，其实就是《尚书·洪范》“五行”之“稽疑，择建立卜筮人，乃命卜筮。曰雨，曰霁，曰蒙，曰驿，曰克，曰贞，曰悔，凡七。卜五，占用二，衍忒”。

③ Couling S. The Oracle-Bones from Honan. *Journal of the North-China Branch of the Royal Asiatic Society*, 1914, XLV.

库寿龄在论述“文字考释”时主要是针对方法敛、金璋等人的文字考释成果发表看法。首先他高度赞扬了方法敛在考释甲骨文字上的贡献，并表达了对方氏英年早逝、研究未竟的遗憾惋惜之情。紧接着，库寿龄指出了甲骨文字释读的难点所在，即同一文字字形不仅复杂多变，而且与其现在字形迥然相异。库寿龄举“”（贞）字为例，称该字在卜辞中，很容易猜到它应该表示“询问”的意思，但是这个字究竟应该对应现代汉字中的哪一个，他和好友方法敛产生了意见分歧。方氏认为该字应释为“问”，并称如果释为“问”则放入任何一个出现该字的句中都可以读通。但库氏却不同意方氏的观点，他称尽管自己不能提出新的考释意见，但是却直觉地坚持认为方氏的结论不对。直到最后，则无论是方法敛还是金璋均无意中见到了另外一个写作“”形的“贞”字，于是三人方统一了意见，并都接受了“贞”作为询问义的同时还可以表达对神灵尊敬之情的用法。

值得注意的是，库寿龄在叙述汉字一字多形时，提出了字形随时间推移而演变的观点，在此基础上，他还进一步指出，甲骨上同一个字的字形变化应该与其所在甲骨实物的时代变化序列一致，若能对这类甲骨进行有序的出土记录，必可发现其文字演变规律。

> Mr. Hopkins expresses surprise that such variations could obtain contemporaneously ; but I think that except where variants occur on the same fragment it is easier to accept them as proof that the bones belong to different periods. If they were reverently buried the oldest would be at the bottom of a pit and the newest at the top; or successive pits or trenches would be made side by side as required. When the bones were exhumed unhappily no foreigner was there to observe these things; but I cannot help thinking that if instead of their all being mingled together we had them in the separate layers or order in which they were buried, we should find that one variant of a character was in use at one time, and another, superseding: it，at a later period, the latest being those which have passed into the language of to-day. ①
>
> 霍普金斯（即“金璋”）先生惊讶地表示这样的变化可能发生在同一时期。但我认为，除非这种变异发生在同一片甲骨上，才比较容易接受这些变异是说明骨头属于不同时期的证据。如果它们是被恭敬地埋藏，那么历史最悠久的将位于坑的底部，最新的则在顶部；或根据需要在连续的坑

① Couling S. The Oracle-Bones from Honan. *Journal of the North-China Branch of the Royal Asiatic Society*, 1914, XLV.

或沟中并排存放。遗憾的是，当骨头被挖出时，我们这些外国人没有在那里观察到这些重要的信息。但我还是不禁会想，如果他们不是被混放在一起，我们应该能获取他们被埋藏时独立存放的层次或顺序。我们应该能找到某个字符的某一变体在某个时间使用，而另一个变体则在另一个较晚的时期使用，而最晚近的那个就是那些已经流通传至今天的文字。——引者译

上述观点参引了西方现代考古学理论，其实质是后来明义士和董作宾等人都提到的通过将卜辞书体、甲骨坑位和埋藏层次相结合而进行甲骨断代的问题。应该说无论是中国学者还是西方传教士学者，其在长期观察甲骨文字的同时，均注意到了甲骨书体与甲骨实物所属年代间的联系，这一点应该得到我们的重视。

正如我们在第二章“西方人购藏甲骨始年钩沉”所述，库氏此文为我们提供了大量关于西方人早期甲骨购藏、流布与研究的一手资料，对于我们了解早期国际甲骨学研究状况具有重要的参考价值。

第三节　明义士《甲骨研究》

1932—1936年，明义士受聘于齐鲁大学，除了作为哈佛燕京学社的项目负责人外，他还担任甲骨研究、考古学通论等课程的教学工作。1933年石印出版的《甲骨研究》一书就是明义士的课程讲义，也是明氏早期甲骨研究成果的总结。

明氏《甲骨研究》一书共列八章，囊括了甲骨之定义，甲骨的发现、购藏、流布，甲骨的断代、校重、缀合，中外甲骨学著作评述及甲骨研究等一系列内容，可以说是甲骨学史上较早的通论性著作，具有开创之功。简介八章内容如下：

第一章甲骨之定义。明氏广征博引，用语皆详列出处。因为是用作讲义，明氏多引图片，仔细描述实物性状，尤其对甲骨背面的钻灼形态十分重视，如甲骨灼兆讲解文：

> 契处凿迹皆椭圆形，如。既契，乃灼于契处，以至坼。灼于里则坼见于表。先为直坼，而后出歧坼。此即所谓“兆”，若不契而灼，不能得兆。契处楔形外宽内尖，上下成一直线，此处距骨磁面其间不容一发之厚，灼其一边上，骨磁直线处见火自然坼，由灼火号边又出歧裂成兆，显出吉凶，后刻辞在兆旁，以记卜事。（有时骨太厚不易凿则先钻成圆孔，而凿孔下以成一线，差不多到骨磁面）①

① 明义士：《甲骨研究》，济南：齐鲁书社，1996年，第2—3页。

虽然目前甲骨钻灼形态成为甲骨断代重要依据的事实已广为人知，但在甲骨研究初期，尽管董作宾先生多次呼吁要“观其全体”，大多数学者却仍是只重视骨上文字，对甲骨背面的灼凿痕迹关注较少，如明义士这般详细给学生详解钻灼形态的学者并不多见。

第二、三、四、五章主要论述甲骨发现小史、收买甲骨者、甲骨片数等内容，详细记述了甲骨自出土以来的购藏流布情况。因为明氏本人自1914年起即在安阳传教、生活，亲密接触殷墟20多年，故其亲身回顾的这几章内容成为学界公认的早期甲骨学史研究的重要参考资料，其后学者论著，如1937年董作宾《甲骨学年表》中的许多条目均来自于明义士该部分记载。《甲骨学通论》亦评价明氏该部分内容说：

> 明义士对小屯每宗甲骨出土及流传情况，因“身临其境”而了如指掌，故所著《甲骨讲义》（引者按：即《甲骨研究》）记载最为准确，详赡和具有权威性。①

《甲骨研究》的第六、七两章主要是梳理了1933年以前的甲骨学研究成果。该部分的梳理有三个特点：

(1) 明氏将这一时期的学术成果分为三个阶段：第一阶段从1903年刘鹗《铁云藏龟》出版至1911年罗振玉《殷虚书契前编》出版前，明氏在书中说：“至罗振玉《殷虚书契前编》出版，学者研究的材料丰富多了。”② 第二阶段从1911年罗振玉《殷虚书契前编》出版到1925年商承祚《殷虚文字考》出版。在前两个阶段中，明氏不仅详列所述甲骨论著的出版时间、出版单位，而且对其中大部分作品均作出了评价。第三阶段是从1926年余永梁《殷虚文字考》出版到1933年董作宾《甲骨文断代研究例》出版，对于该阶段的甲骨论著，明氏大部分仅列出版时间及出版单位，未有详细评述。

(2) 明氏梳理的这30年的甲骨研究成果中不仅包含大量中国学者的著作，而且几乎涵盖了当时所有的西方人甲骨学研究著作。如第一阶段1903—1912年9年间，除了刘鹗《铁云藏龟》、孙诒让《契文举例》、罗振玉《殷商贞卜文字考》和《殷虚书契前编》外，明氏另介绍了方法敛《中国原始文字考》(*Early Chinese Writing*)、沙畹氏《中国古代之甲骨卜辞》(*La Divination par l'ecaille de tortue dans la haute antiquite' Chinoise*)、金璋《最近发现之中国周朝文字》(*Chinese Writing in the Chou Dynasty in the Light of Recent Discoveries*)、金璋 *Royal Relic of Ancient China*、金璋 *A Funeral Elegy and a*

① 王宇信：《甲骨学通论》，北京：中国社会科学出版社，1989年，第40页。

② 明义士：《甲骨研究》，济南：齐鲁书社，1996年，第32页。

Family Tree Inscribed on Bone、金璋 *Dragon and Alligator Being Notes on Some Ancient Inscribed Bone Carvings*、库寿龄《河南出土之卜骨》(*The Oracle Bones from Honan*）、Anna Bernhardi .*Frühgeschichtliehe Orakelknochen aus China*、H.Mueller. *Mitteilungen zur Kritik der frühgeschichtlichen chinesischen Orakelknochen*、富冈谦藏《古羑里城出土龟甲之说明》、林泰辅《清国河南省汤阴县发现之龟甲兽骨》等十一篇外国学者著作，这一点不仅是当时相类的甲骨著作梳理中所仅见的，而且即使是放在现在，其学术关注广度和“学术无国界”之胸怀也是令人钦佩的。

(3) 明义士在梳理他人甲骨研究成果时，态度严谨、评价中肯。

如在介绍罗振玉《殷虚书契考释》时，明氏严格核实罗氏书中数据：

> 《殷虚书契考释》一大册，百十页，一九一四，十二月，罗振玉著，王国维手写石印。闻初印只二百本。此书为甲骨文字学基础，分八段，都邑第一，定甲骨出土之地为殷虚；帝王第二，表列商先王妣之名共四十五；……卜辞第六，可读者祭项、祭名三百〇四（罗氏谓三百〇六）……年项：共二十一（罗氏谓二十二）……罗氏研究结果经二十年的实用仍旧还实又为研究甲骨文字的大藏库。[①]

在此段引文中，明义士并没有简单转述罗氏所列数据，而是写下了自己核对后的结果。我们仔细核对 1914 年王国维手写本《殷虚书契考释》，发现的确存在数据不符的现象，如“年项：共二十二”条（图 5-7）。

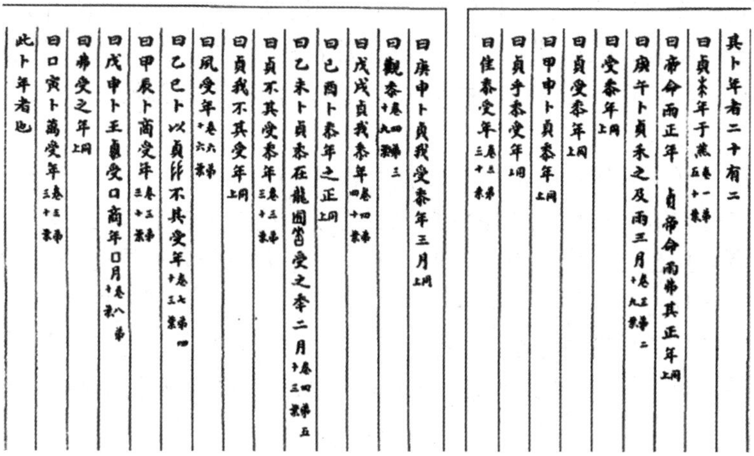
其卜年者二十有二
曰貞[illegible]年于燕
曰帝命雨正年　貞帝命雨弗其正年　上同
曰庚午卜貞禾之及雨三月
曰受黍年　上同
曰貞受黍年　上同
曰甲申卜貞黍年　上同
曰貞于黍受年　上同
曰隹黍受年
曰庚申卜貞我受黍年三月　上同
曰觀黍
曰戊戌貞我黍年
曰己酉卜黍年之正　上同
曰乙未卜貞黍在龍囿啚受之年二月
曰貞不其受黍年
曰貞我不其受年　上同
曰夙受年
曰乙巳卜以貞弜不其受年
曰甲辰卜商受年
曰戊申卜王貞受口商年口月
曰弗受之年　上同
曰[illegible]寅卜萬受年
此卜年者也

图 5-7　《殷虚书契考释》“年项：共二十二”条截图

资料来源：罗振玉：《殷虚书契考释》，永慕园石印本，1915 年

① 明义士：《甲骨学研究》，济南：齐鲁书社，1996 年，第 34 页。

罗氏自言"其卜年者二十有二"[①]，而从第一条"曰贞年于羔"至最后一条"曰□寅卜万受年"，总数的确仅为21条。

再如，明氏在介绍1911年沙婉氏 *La Divination par l'ecaille de tortue dans la haute antiquite' Chinoise* 时，明确指出了当时国内学者对于西方传教士甲骨研究的忽视：

> *La Divination par l'ecaille de tortue dans la haute antiquite' Chinoise* 为法国中国学者沙婉氏（Edward Chavannes）一九一一（辛亥，宣统三年）所著，登在 *Journal Antique* 里，方氏（引者按：方法敛）是一位传教士，不专一研究，学者不甚注意，沙婉氏的论文引起很多人的注意。[②]

再如，在《簠室殷契类纂》条下，明氏指出王襄行文仅列甲骨文字不列文字所出拓片的遗憾：

> 《簠室殷契类纂》……王襄著，次序按《说文》部首摹写原文，援引依字不按卷页，如"斊"字下有"斊"、"戊"、"[illegible]"、"[illegible]"。后见此四字之一，但言"见斊"不言卷页。虽摹写原文，但最可惜者即不言此文所依据的甲骨拓本何在。[③]

第八章商代帝系，并附录了明氏所列的商王世系表。明氏将自己多年的甲骨帝系研究尽书于此，其研究成果得到了学界的认可。详见第六章第四节。

巧的是，距离明义士《甲骨研究》出版后仅9个月，1933年11月陈晋《龟甲文字概论》出版，该书同样是一部甲骨通论性著作。

《龟甲文字概论》一书共分十章：一，契学之定义；二，甲骨出土之时代、地域；三，龟骨种类；四，卜法；五，契学中之文字；六，契学中之典礼制度风俗；七，契学中之帝王世系及人名；八，契学中之地理；九，诸家著述；十，契学之将来。

相较于《甲骨研究》，两书均涉及甲骨之定义、甲骨出土的时间和地点、诸家著录等内容，而明氏在甲骨发现、购藏、流传小史的梳理上更胜一筹，所列学者著作也更加全面丰富，明氏商王名甲者的研究成果更是与郭沫若不谋而合。而陈晋则多了龟甲种类、字词考释、殷礼、地理等内容。可惜的是陈氏在考释文字时错误较多，如释"羌"为"羊"，释"争"为"戋"等结论，多为学界诟病。戴家祥曾指出过《龟甲文字概论》一书学术质量不高，不过"大

① 罗振玉：《殷虚书契考释》，永慕园石印本，1915年。

② 明义士：《甲骨研究》，济南：齐鲁书社，1996年，第28页。

③ 明义士：《甲骨研究》，济南：齐鲁书社1996年，第38—39页。

抵就前人著述，删节诊次，略下己意；既无独见之论，又乏删述之才”。[①] 此外，戴家祥还指出：

所惜陈氏穷年兀兀于龟契雅故之中，依然所得甚微。观此书第五章第二项，论契文与金文之关系，以指事、形声、会意、假借之说，肤浅疏陋，谬误殊多。如丁字、小字、午字（午象杵形，故舂字从之），卜辞无一非象形。天字卜辞作象人颠顶形，或作则以一指颠顶之所在。灾字卜辞作，从巛省，才声；或作巛则以一指灾之所在。卜辞每有指事、形声、象形杂然并用者。至于旁字古文从凡从方，上下俱声，按诸六书，惟形声差近，陈氏以例指事；又如行字，卜辞象通衢形（壶字古文从此），陈氏举之以例形声；毕字，卜辞象田纲形，陈氏举之以例假借；诸如此类，非但于商周文字通例不甚了了，且汉儒六书例类，尚有所蔽。此外采摭他人述作失于考较（如“不绍龟”之说承孙诒让之误），疑囿于环境，匪可尽责以人事也。

惟第六章论“巡狩而卜习”、“入学而观乐习舞”、“燕至而请子”之俗诸条，为前人所未发。[②]

当然《甲骨研究》一书中也存在一些问题，如明氏在第一章中阐述的“龟甲一定比兽骨贵重”的论断便与事实不太相符：

龟甲非常贵重，不容易得，商代人大约拿兽骨代替龟甲如同希腊穷哲学家古时用羊骨代替羊皮纸写字。《尚书·禹贡》说：“荆州……厥贡……九江纳锡大龟。”盖龟有特产区域，但无论商代龟是豢养的，是远处进贡来的，龟甲一定比兽骨贵重。现在将二者按已知的实证比较：

一、龟甲上刻的字很细小，大多数不过白米粒那么大，……兽骨字大，有时至八分。

二、龟甲上的字常比兽骨上的多。一个全龟甲能刻到七十二句卜辞，背面火号一满多。或者还可以到一百。一个火号贞卜一次就知道用了七十二次或一百次。但一块骨头上有时只刻一件事，背面只有一个火号，表明用过一次就弃而不再用了。

……[③]

① 戴家祥：《评〈龟甲文字概论〉》，《大公报》1934年4月7日。

② 转引自朱彦民：《戴家祥先生在津古文字研究述评》，《中国文字研究》第十六辑，2012年。

③ 明义士：《甲骨研究》，济南：齐鲁书社，1996年，第3—5页。

众所周知，十三万片[①]出土甲骨中，实际上是龟甲多于兽骨的，其比例大约为7∶3。但因为出土龟甲多碎而小，而牛骨板较大，故完整的甲骨数量大约相当，估计当时应是用龟一万以上，用牛五千有余。[②]龟甲在商代或许部分靠“进口”，但非明氏推测的一直都“不易得到”。

另外，明氏所谓“龟甲上的字常比兽骨上的多”的论断也是片面的。就目前所见，最长的甲骨卜辞载于《战后平津新获甲骨集》中的《双剑誃所藏甲骨文字》第212片，为一片牛骨记事刻辞，其正面有178个字，记载了帝乙、帝辛时打仗俘虏的卒帅车马盾矢，及用俘首祭祀祖先的事情。[③]此外还有《殷虚书契菁华》里的第3片和第5片，其正反卜辞缀合后有文字93个，亦为牛胛骨刻辞。[④]

至于明氏所言的甲与骨上刻字的大小区别，据董作宾、李学勤、彭裕商等学者“字形”、“书体”断代研究可知，五期甲骨刻辞各有其特色，绝非“龟甲上刻的字很细小……兽骨字大”所能简单概括的。

当然，明氏的该段论述是基于其当时所见甲骨而下的判断，其结论固然存在失实的地方。但也绝非一无可取，至少明氏关注卜龟来源这一点上就很值得称赞。另外，若从学界普遍推测的祖甲后因殷道衰微，而出现的廪辛、康丁、武乙、文丁世多以兽骨占卜的情况来看，在某种程度上，也可以说在这几世王期，龟甲要比牛骨难得一些。

作为讲义，明氏此书不仅对初学者极有帮助，对业界专家也无疑是一份有益的参考书[⑤]，尤其是其中提供的大量早期甲骨发现、购藏、流布方面的信息以及外国学者的甲骨研究情况，对整个甲骨学学术史的整理都意义重大。

---

① 此处数据根据孙亚冰：《百年来甲骨文材料统计》，《故宫博物院院刊》2006年第1期，第24—47页。

② 吴浩坤、潘悠：《中国甲骨学史》，上海：上海人民出版社，2006年，第63页。

③ 胡厚宣：《五十年甲骨文发现的总结》，上海：商务印书馆，1951年，第51页。

④ 胡厚宣：《甲骨学绪论》，见《甲骨学商史论丛二集》，成都：齐鲁大学国学研究所专刊，1945年，第431页。

⑤ 例如董作宾《甲骨年表》很多条目下都注明参考自《甲骨研究》一书。

第六章　西方传教士与甲骨研究

自1899年甲骨文发现以来，一百多年的甲骨学发展史上，名家辈出，群星灿烂，把甲骨学研究推进到今日的辉煌。虽然每位学者所处的时代不同，或他们所走过的道路迥然有异，但都以自己甲骨学研究所取得的成就，达到了他们所处甲骨学研究发展阶段的高峰，成为甲骨学的一代宗师。这些在甲骨学发展史上不同时期和阶段的大师，却有其成功的共同之处，充分认识和总结经几代学者研究实践考验的成功经验，将成为推动我们新世纪甲骨学研究取得更大成绩的“共同财富”。①

第一节　早期甲骨学研究概述

1899年殷墟甲骨的发现开辟了近代学术的“新纪元”，而对甲骨的进一步深入研究则成为我国传统学术向近代学术转型的标志。②不但殷商史研究从此走出了“文献不足征”的尴尬境地，语言文字学、考古学、古生物学、传统科技史研究等相关学科也从中获得启发、汲取养分。

甲骨学作为一门综合交叉学科，其研究领域十分广泛。胡厚宣在《甲骨学概论》中将之分为辨名、出土、时代、类别、尺寸、数量、卜法、卜辞、文例、字数、长文、典册等几个方面。陈梦家在《殷虚卜辞综述》中将其分为文字、文法、断代、年代、历法天象、方国地理、政治区域、先公旧臣、先王先妣、庙号、亲属、百官、农业及其他、宗教、身份等十五个方面进行论述。王宇信等在《甲骨学一百年》中分甲骨学研究的基础工作、甲骨学的考释及其理论化、甲骨文的分期断代、甲骨占卜和卜辞文例文法、西周甲骨学、商代社会结构和国家职能研究、商代社会经济研究、商代宗教祭祀及其规律的认识、关于商代气象、历法与医学传统的发掘与研究等几部分论述。这些分类林林

① 王宇信、杨升南：《甲骨学一百年》，北京：社会科学文献出版社，1999年，第379页。

② 王宇信、杨升南：《甲骨学一百年》，北京：社会科学文献出版社，1999年，第1页。

总总，涵盖了甲骨学研究的方方面面，概括起来，主要就是甲骨学基础研究和殷商历史文化研究两个方面。

其中，甲骨学基础研究中包含有以下几项重要内容：

王宇信在《甲骨学一百年》中将甲骨的辨伪、校重、缀合称为甲骨学研究的三项基本功。众所周知，甲骨文字作为殷商遗物价值珍贵，前辈学者不惜重价购之，拓印著录，公之于众。甲骨著录成为甲骨学发展的基础。但因其埋于地下数千年，骨质酥脆，流传之间，难免支零破碎。兼之一字数金，引得趋金向利之人仿刻伪造，纵名家学士于购藏之初亦难免蒙混受骗。加之甲骨问世之初，战乱频仍，国人历难，甲骨辗转不断，得之者必宝而重之，椎拓付梓，重复混杂之况难免。故王宇信等进一步阐述道：

> 如果不会辨别甲骨上所刻文字的真伪，则易以假当真产生不应有的错误结论。如果不会校对拓本、摹本和照片上重复出现同是一片内容的甲骨文，则在研究有关问题时，容易资料庞芜和重复，科学性不强。拼兑缀合甲骨碎片，也是不可少的硬功。缀合后使刻辞内容更加完整，研究有关内容更加准确和全面。①

此外，甲骨学研究的基础工作还包括文字的考释、卜辞的理解、卜法的研究、文例的梳理等方面。在1903年出版的《铁云藏龟》序中，刘鹗就已经开始尝试对卜辞进行释读，后孙诒让作《契文举例》，在《铁云藏龟》的基础上正式开始对甲骨文字进行考释。继而“罗王之学”昌盛，以罗振玉、王国维为代表的一批学者引领出甲骨文字考释的热潮，卜辞考释在这一时期内取得了杰出的成绩。

而对卜法的研究更是由来已久，早在《史记·太史公自传》中就有“三王不同龟，四夷各异卜”的记载。“明代杨时乔有《龟卜辨》，季本有《卜筮论》，谈纲有《卜筮节要》，清代胡煦有《卜法详考》。”② 孙诒让在《契文举例》中论及甲骨文乃“纪事以征吉”③ 之用。1914年罗振玉出版《殷虚书契考释》时则专章讨论“卜法”，但可惜的是罗氏书中认为“卜祀者用龟卜，它事皆以骨”的观点不合事实。后1928年殷墟开始科学发掘，董作宾在发掘的基础上完成《商代龟卜之推测》一文，是对甲骨卜法的科学系统的总结。④ 至于甲骨文

---

① 王宇信、杨升南：《甲骨学一百年》，北京：社会科学文献出版社，1999年，第56页。

② 王宇信、杨升南：《甲骨学一百年》，北京：社会科学文献出版社，1999年，第194页。

③ 孙诒让：《契文举例》叙，上海：蟫隐庐，1927年。

④ 董作宾《商代龟卜之推测》中分列十章，即取用、辨相、衅燎、攻治、类例、钻凿、焦灼、兆璺、书契、庋藏，对卜法进行考据还原。

例研究，1928 年胡光炜的《甲骨文例》是第一部研究专书，而后董作宾《商代龟卜之推测》、《大龟四版考释》等文亦有论述。

甲骨断代的研究主要开始于 1928 年殷墟科学发掘以后，董作宾在西方现代考古技术的影响下，结合甲骨出土地层和文物伴出信息，开创性地提出了甲骨断代课题，为甲骨晚商史的研究指出了一条新思路。于是“五期”、“273 年”商代历史，在甲骨科学断代、分类著录的基础上，有关方国地理、历法天象、政治区域、先公旧臣、先王先妣、农牧、百官、战争、宗教等一系列的研究课题（乃至早周史研究）便如火如荼地发展起来了。

最后要补充的是，除以上两个方面外，在甲骨发现之初，还包括有甲骨定性、出土地考辨等分支问题，这些问题起初也是学者讨论的焦点，只不过随着研究的逐渐深入，有了定论性的解答而逐渐淡出了学者的视野。

纵观整个甲骨学研究，门类众多，成果斐然。不仅国内学者贡献卓越，外国学者同样建树良多。伦敦大学汪涛 1998 年在《甲骨学在欧美——1900—1950》中，曾对欧洲及北美的甲骨学研究情况做过一次较好地回顾和总结，他指出：

> 欧美的甲骨学起步并不晚，最初的二十年，研究甲骨文基本上是长期居住在中国的外国传教士和外交官，他们的主要贡献除了在甲骨收集方面，也起了向西方汉学界介绍中国学者研究的作用。西方传教士的特点是，由于他们的宗教和科学背景，对甲骨文中的祭祀，以及动物有很大的兴趣；某些利用社会学理论和科学手段研究甲骨的，成绩卓著。①

作为甲骨学早期极为活跃的一个群体，西方传教士的研究构成了甲骨学研究史的一个重要组成部分。本章主要梳理西方传教士与甲骨学研究方面的相关问题。

第二节　西方传教士与甲骨辨伪

我国史学界历来有对古书辨伪之优良传统，辨伪的结果走向极端，便发展为疑古学派。其积极的一面是提醒人们“托古改制”和“层累造成”的种种现象，劝人不要过于泥古；消极的一面却是使人对古代史料几乎完全丧失了信心，不敢轻言“五千年之古国古”云云。

自从甲骨文发现后，王国维等研究力证《史记·殷本纪》为信史，才又

① 汪涛：《甲骨学在欧美——1900—1950》，见《甲骨文发现一百年学术研讨会论文集》，台北：文史哲出版社，1998 年，第 145—164 页。

使人们增加了些信心，鼓起了新的研究兴趣。无奈此等地下新出土之实物资料，也因其价值不菲，而吸引了无数“东估”争相仿刻，花样翻出。或甲骨和刻辞全伪；或甲骨为真，文字伪刻；或甲骨刻辞俱真，却从旁另加新字等，林林总总，不一而足，使得早期购买者往往难辨真伪、上当受骗，西方传教士尤其如此，或被土人欺其不懂我国古代之文字，以新刻牛骨充而售之；或投其猎奇搜珍之嗜好，特制些形状罕见，文辞怪异厌胜、护身之物，诱其收买……因此，早期传教士甲骨著录往往真伪相杂，为后人诟病、更正者较多。

本节所论之传教士甲骨辨伪具体包括两个方面：一是传教士本人对甲骨材料的辨伪。从甲骨材料来源而言，传教士的辨伪工作所涉甲骨既有本人所藏，也有他人所藏；二是指他人对传教士购藏、著录甲骨材料的辨伪。

一、传教士本人对甲骨的辨伪情况

谈到传教士甲骨辨伪，不能不提明义士。许进雄曾在《殷虚卜辞后编·编者的话》里称赞“他眼光的敏锐，是难于比拟的”。但明氏并非生来就是甲骨辨伪专家。

甲骨文自1899年被发现后，一夜之间身价百倍，随之而来的便是大量甲骨伪片的出现。伪片出现之初，由于缺乏鉴别经验，即使是国内收藏行家亦不免受骗。明义士自1914年常骑白马徘徊洹水南岸，考察甲骨出土情况的同时也积极收购村人手中的甲骨。每至夜深人静，明义士结束了一天的教会工作后就伏案钻研所购之物。慢慢地，研究取得一些眉目，许多甲骨文字逐渐清晰起来。但很快明义士就发现，自己在村民手中收购的一些甲骨发出了恶臭。他打开箱子仔细观察，发现发臭的甲骨大都是新购的大块牛肩胛骨，这些俱是村民拿新骨伪刻而成的，反倒是那些小而细碎的甲骨片，大部分还是真的。

关于这段受骗的经历明氏并未打算隐瞒，而是自嘲般地将之记于《殷虚卜辞》序中。[①] 有了这段经历，明氏此后收购甲骨多选捡小块骨片，且反复甄别。董作宾在《甲骨年表》1914年栏记载：“明氏从此悉心考究，终成鉴别真伪的能手。”[②]

1917年明义士《殷虚卜辞》出版，该书共收录甲骨2369片，其中只有1片为赝品，而且，即使是该片赝品，也是明氏本人所识别出来的。

① 参见本书第四章第三节。

② 董作宾、胡厚宣：《甲骨年表》，上海：商务印书馆，1937年，第19页。

该片甲骨编号《明》758（图6-1），为一片牛骨，《合集》片号13465片，卜辞曰：

壬辰卜，𡧊，贞（㞢）壱。（己）酉卜，争，贞[illegible]隹㞢霾。

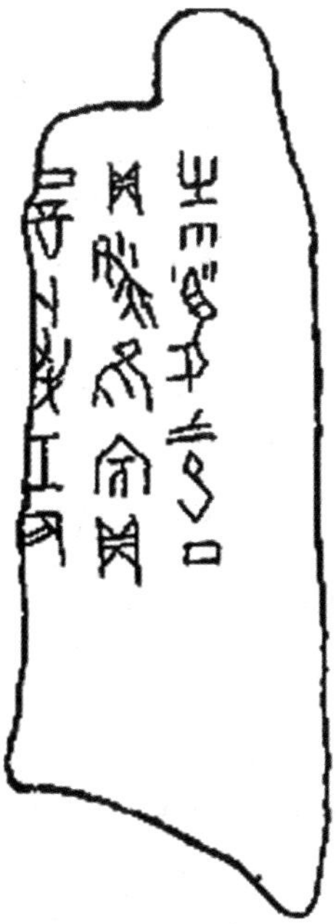

图6-1　《明》758

资料来源：明义士：《殷虚卜辞》，上海：上海别发洋行，1917年，第96页

除鉴定自己收藏甲骨外，明氏还为他人鉴别甲骨真伪。如他在《甲骨研究》第三章收买甲骨者“一九一四年”条下指出，库寿龄载于《皇家亚洲学会集刊》第四十五期上的《河南所出的卜骨》中仅“第一板，即Hopkins181为真，第二板所载厌胜全系伪造”；并评价柏根氏赠给济南广智院的70余片“甲骨皆真”，但“矢镞器真，字伪刻，厌胜器字皆伪造”。[①]《甲骨研究》第六章出版品“*Early Chinese Writing*”条下指出方法敛文“第四、五、六、七、八、九图，六矢簇器真文伪刻。第十、十一、十三图骨料不成器，文伪造不成体例。第十四、十五、十六、十七、十八、十九、二十图为七片真正甲骨……由此推测，或方库二氏所收藏真假各半。”[②]在“簠室殷契征文考释”条下，明氏说“王襄有特别方法，用薄油纸药墨拓甲骨讬石印行，郭沫若以伪，余不然。”[③]在《柏根氏旧藏甲骨文字考释》一书中，明义士指出柏根氏陈列于济南广智院的第七十三、七十四两片甲骨，除记数字之“三”、“八”字外，剩下均为伪刻。此外，明氏还帮白瑞华鉴定过《甲骨卜辞七集》中的伪片。

明氏之所以能够迅速成长为一名甲骨辨伪高手，与他多年居于安阳传教、生活的经历有关。明氏曾说自己对安阳的古董商和作伪者非常了解，他在《论殷墟出土的明氏鹿即古代的麋》中提到了安阳文物作伪高手蓝保光：

（蓝氏）刻在骨头和象牙上的字，曾使不少内行人士上当受骗……我想指出的是，斯德哥尔摩远东古物博物馆（Museum of Far Eastern Antiquities）第2期《通讯》上的所谓“男性生殖崇拜”象征的“石祖”，上有刻文，后来被柏纳德·卡尔格林氏（Bernard Karlgrens）在一篇题为《中国古代丰产的象征》文章中所采用，也是出自蓝保光之手。蓝保光

① 明义士：《甲骨研究》，济南：齐鲁书社，1996年，第12—14页。

② 明义士：《甲骨研究》，济南：齐鲁书社，1996年，第26页。

③ 明义士：《甲骨研究》，济南：齐鲁书社，1996年，第40页。

> 的伪作我见到过成百上千件，我可以很容易地识别出来。卡尔格林氏在第22页的脚注和图版说明中说这件“石祖”出自“黄河北岸不远的河南省商丘县”，以此蒙骗读者。但刻文是假的，而且是蓝保光的“杰作”。蓝氏很聪明，他的刻文都是模仿殷墟出土的甲骨文。这件东西可以说是器真铭伪，但并不是卡尔格林氏所说的“石祖”。我见过殷墟数以千计的出土物，但从未见到过什么象征男根的遗物。这件“石祖”，只不过是一件器物的把手而已。如果说它是石祖，殷墟应该有更多的石祖才对，因为甲骨文反映出商代的祖先祭祀是一项非常重要的活动。之所以谈起这些，是因为这件事情同我们正在讨论的鹿角伪刻性质是一样的。这些刻文，字体或大或小，或粗糙或精细，都是毫无意义的伪刻。我赶到时，他们刚刚刻完，字的结构错误百出。还需指出的是，据我所知，甲骨以外的刻辞非常罕见，大约只有万分之一。①

明氏一生收集甲骨逾五万，其辨伪工作帮助保存了大批珍贵古物，为中国的文物事业作出了巨大的贡献。李济先生就曾经高度评价明义士说：

> 伪造甲骨的出现，在很大程度上扰乱了古玩市场，产生了两个主要后果。一方面，由于保守派学者虔诚地尊崇许慎《说文》的一千多年权威，于是以这些伪造品确凿的证据说明所有甲骨文都是伪造的古文字，是一批冒牌的学者为欺骗大众而杜撰的。另一方面，几个有远见卓识并研究过真的而非伪造的甲骨文学者，为了探索区别甲骨真假标准而更发奋工作。这个队伍中的一个先锋是《甲骨研究》的作者明义士。②

当然进行甲骨辨伪的西方传教士绝非明义士一人，1906年库寿龄也曾在《河南出土之卜骨》中介绍过自己的辨伪经验，详见第五章第二节。

二、传教士甲骨著录书所涉伪刻的辨伪

如前所述，传教士著录甲骨文献贡献巨大，但囿于早期学术条件和研究水平，其收录难免真伪相杂，特别是与库方二氏相关的甲骨涉伪较多，故本部分主要以方法敛著录甲骨文字三书为代表，梳理其中所涉伪刻情况。

1.《库方二氏藏甲骨卜辞》中的伪刻

1)《库方二氏藏甲骨卜辞》中的伪刻情况

库方旧藏中学者对其所收伪刻争议较多的是《库方二氏藏甲骨卜辞》。经郭沫若、胡光炜、董作宾、陈梦家、容庚等人鉴别，其间全部伪刻、部分

---

① 转引自方辉：《明义士和他的藏品》，济南：山东大学出版社，2000年，第224页。

② 李济：《安阳》，北京：中国社会科学出版社，1990年，第16页。

伪刻与可疑片三类数量大致近百片或百余片。[①] 兹胪列各家辨伪结果如下：

郭沫若：郭氏曾列《库方》中伪刻83片，该辨伪结果得到白瑞华的肯定。分别是：

(1) 全伪 共59片，分藏情况如下：

①苏格兰皇家博物院藏：

1、2、5、312、748、749、750、751；

②卡内基博物院藏：

973、994；

③大英博物院藏：

1506、1507、1515、1517、1519、1523、1531、1532、1537、1541、1545、1576、1584、1586、1605、1609、1611、1612、1618、1621、1622、1625、1626、1627、1628、1631、1632、1650、1652、1654、1680、1688、1691、1693、1697、1698、1704、1707、1712、1734、1751、1795、1796、1797、1827、1949、1989；

④飞尔德博物院藏：

2175、2177；

(2) 部分伪刻者共24片，分藏情况如下：

①卡内基博物院藏：

971、976、977、978、983；

②大英博物院藏：

1598、1599、1604、1613、1617、1619、1624、1640、1686、1695、1703、1705、1706、1726、1727、1728、1740、1798；

③飞尔德博物院藏：

2176。

胡光炜：《书库方二氏藏甲骨卜辞印本》列伪刻127片，分别是[②]：

(1) 全伪者共108片，编号如下：

1、2、3、5、13、20、37、38、92、134、200、312、748、749、750、751、973、977、987、992、994、1010、1030、1082、1083、1093、1107、1108、1226、1506、1514、1515、1517、1519、1531、

① 《图书季刊》1940年新2卷3期，第321—328页；《图书馆季刊》1935年九卷三、四期，第493—498页；《岭南学报》1947年七卷二期，第19—20页。

② 胡光炜：《书库方二氏藏甲骨卜辞印本》，《图书馆季刊》九卷三、四期，1935年。

1532、1533、1537、1539、1541、1545、1552、1556、1565、1567、1568、1571、1576、1580、1604、1605、1606、1609、1610、1611、1612、1615、1617、1618、1619、1621、1622、1624、1625、1626、1627、1628、1631、1632、1633、1635、1636、1639、1640、1642、1645、1650、1652、1653、1654、1657、1676、1678、1679、1680、1688、1691、1693、1695、1697、1698、1703、1704、1705、1712、1726ab、1727、1728、1734、1751、1759、1794、1796、1797、1817、1827、1989、2176[①]；

(2) 部分伪刻共 19 片，编号如下：

791 下三节、976 上两节、983 上一节、1507 左一节、1520 下一节、1523 中一节、1557 中一节、1574 上三节、1584 下一节、1586 左二节、1593 上一节、1598 下二节、1599 下一节、1613 左一节、1686 下二节、1706（上一节）、1707 右一节、1740 右一面、1798 上一节。

董作宾：《方法敛博士对于甲骨文字之贡献》列伪刻 125 片，分别是[②]：

(1) 全伪共 87 片，分藏情况如下：

①苏格兰皇家博物院藏：

1、2、5、13、24、177、191、312、413、421、748、749、750、751；

②卡内基博物院藏：

971、973、977、978、982、994、1080、1082、1107；

③大英博物院藏：

1506、1514、1515、1517、1519、1528、1531、1532、1533、1539、1540、1541、1545、1552、1556 甲、1561、1568、1571、1576、1605、1611、1612、1613、1618、1621、1625、1626、1627、1628、1631、1632、1636、1639、1640、1650、1652、1653、1654、1657、1658、1675、1676、1677、1680、1684、1691、1693、1704、1707、1712、1726(a, b)、1727、1728、1733、1734、1751、1795、1796 甲、1797 甲、1826 甲、1827 甲、1989 角；

④飞尔德博物院藏：

2175、2177；

(2) 部分伪刻者共 38 片，分藏情况如下：

---

① 原写作 1176，应是刊印之误。

② 董作宾：《方法敛博士对于甲骨文字之贡献》，《图书季刊》新 2 卷第 3 期第 322—323 页，1940 年。

①卡内基博物院藏：

976上半、983上半、1226上半及下右；

②大英博物院藏：

1507右半、1520下半、1523右下、1537正面、1557中一段、1574上半、1575右半、1580下半、1584中下、1586右半、1598中下、1599下半、1604正面、1609中右、1610正面、1615一二三四五段、1617正面、1619正右大字、1622正面、1624右下、1633右半大字、1634正面二三行、1635正面、1678右上、1686下二段、1688下二段、1695上半、1697左半、1698左半、1703正面、1705正面、1706上一段、1740正面、1798甲上半；

③飞尔德博物院藏：

2176甲正面。

陈梦家：1940年《述方法敛所摹甲骨卜辞补》中列伪刻115片[①]，分别是：

(1) 全部伪刻者共63片[②]，分藏情况如下：

①苏格兰皇家博物院藏：

1、2、5、13、312、748、749、750、751；

②卡内基博物院藏：

971、973、978、982、994、1080、1082、1107；

③大英博物院藏：

1506、1514、1515、1517、1519、1528、1531、1532、1533、1539、1540、1542、1545、1552、1556、1561、1567、1568、1571、1580正反、1605、1611、1612、1613、1615、1618、1621正反、1625、1627、1628正反、1631、1632、1636、1639、1640、1650正反、1652、1653、1654、1657、1658、1675、1680、1684、1688、1691、1693、1704、1707、1712、1726(a、b)、1727、1733、1734、1751、1759、1796、1797、1798、1799、1826、1827、1989；

④飞尔德博物院藏：

2175、2177；

(2) 部分伪刻者共39片，分藏情况如下：

①卡内基博物院藏：

① 陈梦家：《述方法敛所摹甲骨卜辞补》，《图书季刊》新2卷第3期，1940年。引者按：根据陈文所列伪刻情况，全伪者82片，部分伪者39片，可疑者13片，共计则134片。

② 按：此数字引自原文，统计有误，实则为82片。

976 上部、977 上部、983 上部、1226 上部；

②大英博物院藏：

1507 右部、1520 下部、1523 下部、1537 正下、1541 中部、1553 中部、1557 中部、1574 上部、1575 右部、1576 上部、1584 下部、1586 右部、1598 中下、1599 下部、1604 正面、1609 正右、1610 正面、1617 正面、1619 正右、1622 正面、1624 右部、1633 右部、1634 正右、1635 正面、1676 上部、1678 右上、1686 中下、1695 上部、1697 右部、1698 左部、1703 正面、1705 正上、1706 上部、1740 正面；

③飞尔德博物院藏：

2176 正面；

(3) 可疑之片共 13 片[①]，分藏情况如下：

177、191、192 反、215、413、985、1508、1542、1642、1660、1745、1756、1807。

后 1956 年陈梦家在《殷虚卜辞综述》附录六《库方甲骨卜辞的伪刻部分》[②]中更正了自己早年的辨伪数据，重新列伪刻为三类，共 121 片。分别如下：

(1) 全部伪刻者共 70 片（按所列实际数字为 71 片），编号如下：

1、2、5、13、312、748、749、750、751、971、973、978、982、994、1080、1082、1514、1515、1517、1519、1531、1532、1533、1539、1540、1545、1552、1556、1561、1567、1568、1571、1605、1611、1612、1613、1618、1621、1625、1626、1627、1628、1631、1632、1636、1639、1640、1642、1650、1652、1653、1654、1658、1680、1684、1688、1691、1704、1707、1712、1727、1733、1751、1795、1796、1797、1826、1827、1989、2175、2177；

(2) 部分伪刻者（注明伪刻部分）共 44 片（按所列实际数字为 46 片），编号如下：

976 上部、977 上半、983 上左、1226 上半 + 下右、1507 中右、1520 中下、1523 中右、1528 上中 + 正中、1537 正面中下、1541 中部、1557 中三行、1574 上半、1576 上中、1580 正面、1584 中下、1586 右半、1598 中下、1599 下半、1604 正面、1609 左下二行 + 右三行、1610 正面、

① 其中 177、191、192 反、215、413 为苏格兰皇家博物院藏，985 为卡内基博物院藏，1508、1542、1642、1660、1745、1756、1807 为大英博物院藏。

② 陈梦家：《殷虚卜辞综述》，北京：中华书局，1988 年，第 652 页。

1615 一 + 三 + 四行、1617 正面、1619 正面中右、1622 正面、1624 右半、1633 右四行、1634 正面右三行、1635 正面、1675 左半、1676 上中、1678 上右、1686 中下、1693 上中、1695 上半、1697 左半、1698 左中、1703 正面、1705 正面、1706 上半、1726 上半 + 下左、1728 中下、1734 中下、1740 正面、1798 上中、2176 正面；

(3) 可疑之片共 4 片，编号如下：

585、985、1759、1799。

对比 1940 年的结论，全部伪刻者数目更正为 71 片，其中卡内基博物院藏去掉了 1107，大英博物院藏去掉了 1506、1528、1542、1580 正反、1615、1657、1675、1693、1726ab、1734、1759、1798、1799，增加了 1626、1642、1795。

部分伪刻者数目更改为 46 片，其中卡内基博物院藏 977 上部改为 977 上半、983 上部改为 983 上左、1226 上部改为 1226 上半下右，大英博物院藏 1507 右部改为 1507 中右、1520 下部改为 1520 中下、1523 下部改为 1523 中右、1537 正下改为 1537 正面中下、1557 中部改为 1557 中三行、1576 上部改为 1576 上中、1584 下部改为 1584 中下、1586 右部改为 1586 右半、1599 下部改为 1599 下半、1609 正右改为 1609 左下二行 + 右三行、1619 正右改为 1619 正面中右、1624 右部改为 1624 右半、1633 右部改为 1633 右四行、1634 正右改为 1634 正面右三行、1676 上部改为 1676 上中、1678 右上改为 1678 上右、1695 上部改为 1695 上半、1697 右部改为 1697 左半、1698 左部改为 1698 左中、1705 正上改为 1705 正面、1706 上部改为 1706 上半。此外大英博物院藏甲骨中部分伪刻片号又新增加 1528 上中 + 正中、1580 正面、1615 一三四行、1675 左半、1693 上中、1726 上半 + 下左、1728 中下、1734 中下、1798 上中。部分伪刻片号去掉了 1553 中部、1575 右部。

可疑之片数目更正为 4 片，减少了 177、191、192 反、215、413、1508、1542、1642、1660、1745、1756、1807，新增加了 585、1759、1799。

容庚：《甲骨学概况》列伪刻 118 片，分别是[①]：

(1) 全部伪刻者共 88 片，编号如下：

1、2、5、13、37、103（庚字从，非伪刻则摹误）、134、312、585、748、749、750、751、971、973、977、978、994、1010、1080、1082、1107、1108、1506、1514、1515、1517、1519、1531、1533、1539、1545、1552、1556、1557、1561、1567、1568、1571、1576、

① 容庚：《甲骨学概况》，《岭南学报》1947 年七卷二期，第 1—44 页。

1580、1601、1605、1610、1611、1612、1615、1617、1618、1621、1625、1626、1627、1628、1631、1632、1635、1636、1639、1640、1642、1650、1652、1653、1654、1657、1680、1688、1691、1698、1703、1704、1705、1707、1712、1727、1734、1751、1759、1795、1796、1797、1798、1827、1949、1989、2175、2176；

(2) 部分伪刻者共30片，编号如下：

976(上二段)、983上一段、1507右二段、1520下一段、1523下段之右、1532上一段、1537下一段、1541中一段、1574上三段、1584下一段、1586右二段、1593上一段、1598下二段、1599下一段、1609右二段、1619右一段、1622面、1624右二段、1633右一段、1675左一段、1676上一段、1678上一段、1686下二段、1693上一段、1695上一段、1697左一段、1706上一段、1726只“辛亥卜贞令”五字真、1728下一段、1740左一面。

陈炜湛：《甲骨文简论》中亦附录了自己对《库方》中伪刻的判断①：

(1) 全伪或部分伪刻之片共117片，分藏情况如下：

①苏格兰皇家博物院藏：

1、2、5、13、37、103、134、174、312、585、748、749、750、751；

②卡内基博物院藏：

971、973、976上半部分、977、978、983上一段、994、1080、1082、1209、1226；

③不列颠博物院藏：

1506、1507、1514、1515、1517、1519、1520下半部、1523下段之右、1531、1532右下“癸丑卜”三字不伪、1533、1537反面“王占曰吉”+正面左上“其酋年”三字不伪、1539、1914中部、1545、1552、1556、1557、1561、1567、1568、1571、1574上部三段、1576、1580正面、1584、1586右半、1593上段、1598、1599中部、1604、1605、1609仅左上角不伪、1610、1612、1613、1615、1617、1618、1619右半、1621正面、1622正面、1624右二段、1625、1626、1627、1628、1631、1632、1633右半、1635、1636、1639、1640、1642、1650、1652、1653、1654、1657、1675左半、1676、1678上一段、1680、

① 陈炜湛：《甲骨文简论》，上海：上海古籍出版社，1987年，第222—223页。

1686下二段、1688、1691、1693上部、1695上部、1697左一段、1698、1703、1704、1705、1706上部、1707、1712、1726仅“辛亥卜贞”四字不伪、1727、1728左上角辞不位、1734、1740左一面、1751、1759、1795、1796、1797、1798、1827、1989；

④飞尔德博物院藏：

2175、2176；

(2) 疑伪之片共16片，编号如下：

38、55、104、108、242、246上半、429、504、510、641、1535、1553、1603、1658、1679、1817。

综合以上学者对《库方》一书伪刻片的辨析，可将各家所指伪刻列表（表6-1）：[①]

表6-1　《库方》伪刻各家辨识情况

审定者（时间）	全部伪刻	部分伪刻	总数
郭沫若（1935）	59	24	83
胡光炜（1935）	108	19	127
董作宾（1940）	87	38	125
容　庚（1947）	88	30	118
陈梦家（1940）	82	39	121
陈梦家（1988）	71	46	117
陈炜湛（1987）	89	28	117

其中被六位学者都认为是伪刻的有：

(1) 全部伪刻者共35片，分藏情况如下：

①苏格兰皇家博物院藏：

1、2、5、312、748、749、750、751；

②卡内基博物院藏：

973、994；

③大英博物院藏：

1515、1517、1519、1531、1545、1605、1612、1618、1625、1627、1628、1631、1632、1650、1652、1654、1680、1691、1704、1712、1751、1796、1797、1827、1989；

① 本表不计疑伪片。

(2) 部分伪刻者共 6 片，分藏情况如下：

①卡内基博物院藏：

976 上半部分、983 上一段；

②大英博物院藏：

1599 下、1686 下二段、1706 上一节、1740

2)《库方》1506 的辨伪讨论

以上所谈是从整体上介绍各家学者对《库方》一书的辨伪研究，具体到《库方》中重要甲骨的辨伪，则不能不谈到《库方》1506。这是一版很大的牛胛骨，由其形态看系左胛骨下半部。左方为原边，右方侧边已断去，其反面存钻凿两处，下一钻凿已灼，正面可见卜兆。骨正面有字十四行，其上有一横线。卜辞是有关一个叫“儿”的宗族家谱，故又被习惯性称为“家谱刻辞”。其辞曰：

贞

儿先祖曰吹

吹子曰[illegible]

[illegible]子曰[illegible]

[illegible]子曰雀

雀子曰壶

壶弟曰启

壶子曰丧

丧子曰[illegible]

[illegible]子曰洪

洪子曰御

御弟曰[illegible]

御子曰[illegible]

[illegible]子曰[illegible]

此“家谱刻辞”最早见于 1913 年德国学者勃恩·哈第的《中国古代之卜骨》一文，在文中勃恩·哈第指出该刻辞为伪造。该文引起了金璋的回应，其于 1913 年 10 月发表《圭璧上的家谱刻辞》驳斥勃恩·哈第的看法，指出该“家谱刻辞”的真实性。后 1935 年白瑞华辑《库方二氏藏甲骨卜辞》时将该“家谱刻辞”收编入书，编号 1506。

1935年白瑞华请郭沫若鉴定，郭氏再次指出《库》1506大骨为骨真辞伪。[①]1935年胡光炜《书库方二氏藏甲骨卜辞印本》中说："此册所印，兽骨刻辞六百七十，龟甲刻辞千十六，鹿角刻辞一，都千六百八十七事，为英人库全英及美人方法敛所藏，由方氏勾摹传世，并多注明各方之为甲为骨及其向背，用功颇勤。惟其中真伪杂糅，赝品之多，骇人观听。……库方二氏皆为山东潍县牧师。其所藏率得自骨董商人之手，潍县在中土，本以工制伪器著称，黎丘之鬼善幻，二氏外人，因易受其诓也。……今试举册首第一方及册末第千八百二十七方为例观之，文义皆支离可笑。册中类此者至夥，如千五百零六，千六百零六诸方，多书子曰云云，稽之卜辞，绝无其例，此断出自村夫子之手。"[②]1940年董作宾《方法敛博士对于甲骨文字之贡献》一文中说该片甲骨作伪是"改编为新奇文辞者，如库1506及1989鹿角上的刻辞作伪者已粗通甲骨文义，有《铁云藏龟》一书，由其排入又加些新人物，而造成一个像煞有介事的'殷王家谱'。害的库金英氏花钱买去，金璋氏花功夫考证它。此两赝品皆在大英博物院，乃库氏1911年让与者，此赝品作于1909年小屯村中发现甲骨之后……库氏于最后得之，如获至宝，故以冠且殿于其所藏甲骨之首尾云。"[③]陈梦家在1940年《述方法敛所摹甲骨卜辞补》中将《库方》1506列入全伪刻类，后在1956年《殷虚卜辞综述》中却修改了自己既往的看法，认为该片甲骨为真品，并发表了此骨的旧拓本。到1970年，饶宗颐《欧美亚所见甲骨录存》收有该骨的完整拓本。1980年，胡厚宣《甲骨文"家谱刻辞"真伪问题再商榷》中附有照片。到1985年，李学勤再次将其收入《英藏》，编号2674。

学者间关于《库方》1506真伪的讨论一直不断，2012年先秦史网站发表了郅晓娜《家谱刻辞百年研究综述》一文，对长期以来的各家观点做了总结，引述如下[④]（表6-2）：

① 胡厚宣：《甲骨文"家谱刻辞"真伪问题再商榷》，《古文字研究》第四辑，北京：中华书局，1980年，第115—138页。

② 胡光炜：《书库方二氏藏甲骨卜辞印本》，《国学季刊》第9卷第43期，1935年，第493—496页。

③ 董作宾：《方法敛博士对于甲骨文字之贡献》，《图书季刊》新2卷第3期，1940年，第297—324页。

④ 郅晓娜：《家谱刻辞百年研究综述》，先秦史网站2012年12月31日，http://www.xianqin.org/blog/archives/2879.html。

表 6-2　郅晓娜：家谱刻辞的百年研究正反意见简述表（先秦史网站，2012 年）

伪刻说	真刻说
这是一块经过加工的卜用胛骨，上半部残去，只留下半部的骨面部分，表面光洁，呈米黄色。正面除“家谱刻辞”外无卜兆。反面左上角边缘处残留半个凿眼，在凿壁的右侧有一黑色灼痕，此外无其他钻凿或锲刻，见《英藏》2674 正、反。由此看来，原来应是一块废弃的卜骨。（齐文心，1986）	看骨的修治情况和残存钻凿的形态，应系宾组卜辞，但家谱刻辞的字体却有非王卜辞的特点。揣想契刻者是利用了已卜用的胛骨扇部空白部分。为与上方原有卜辞分开，所以在家谱顶上画有一条横线。但是，家谱刻辞开端有一“贞”字，可见仍与卜问有关，究竟是怎样的关系，有待将来有更多材料再深入探究。（李学勤，2005）
陈梦家氏改变旧说，主要根据考古所藏旧拓本。董彦堂藏有此骨照片，乃 1937 年在美国讲学时古董商卢芹斋所赠。字迹较陈氏拓片清楚，笔势刀锋，明晰可见，谛审为古董商所伪刻。（金祥恒，1962）（严一萍公布此照片，1978）	
陈梦家氏公布的考古所藏旧拓本，其左方盖有潍县金石学家陈介祺号“簠斋”的一方图章。陈簠斋卒于 1884 年，他生前不可能见到甲骨文。可见不只这大骨的刻辞不真，连这方图章也是后人所加印。（胡厚宣，1980）	考古所旧拓左方，盖有“簠斋”的印章，既为“后人所加”，那就与拓本的真伪无关。（张秉权，1988）
卜辞中之界划，是为了区分上下或左右之卜辞或卜兆，便于句读。此版上下无他辞，加界划岂非画蛇添足？（金祥恒，1962）	此骨只是大骨残存的一部分，安知它的上头“别无他辞”？正因为上面有那一条看似无用的界线，可知它不是伪的，作伪者大可不必多此一举，伪刻那条无用之线。（张秉权，1988）
贞，卜问也。宗谱不是卜问之辞，开首不当有贞字。（金祥恒，1962） 这与另一伪品《库》1989 的鹿角刻辞冠上“王曰贞”是出于同一人之手，是可以确定的。（严一萍，1978）	库方二氏收购时间在 1911 年之前，甲骨学尚处于萌芽之际，其时作伪者无从知道“贞”是卜辞问卦的专用字眼。于省吾认为“贞”字应为后人所加。（于省吾，1980） 张秉权认为“贞”字不必是伪刻，这里或许作“正”解。有没有“贞”字，都与家谱刻辞的真伪无关。（张秉权，1988） 艾兰认为“贞”字可能与反面已灼的钻凿有关。（艾兰，1991）
儿字臼内多一横划（唐兰，1957）	儿字臼内多一画，乃羡划。甲文常见。（于省吾，1980）
先祖一词至今尚未见于卜辞，虽卜辞中有祖乙先（京都 2278），但并非先祖乙。（金祥恒，1962）	先祖一词，卜辞罕见，但“其祀多先祖”（佚 860）出土在后，当非作伪者所能知。（于省吾，1980）
“子”字是武乙文丁时写法，“羿”为武丁的子名，拼凑在一起，不伦不类。（胡厚宣，1980）	胡氏所说的“子”为晚期字体，亦曾见于第一期的卜辞中。他所说的第一期人名子羿，在第四期文武丁时也有同名之人，所以不成问题。（张秉权，1980）
“弟”之写法与后出《乙编》8816 及 8818“丙午贞启弟”之“弟”同而与民初以前所出卜辞不同，这些卜辞上的“弟”，从矢从缴，实为“吊”作为“雝”解。所以《乙编》8816 及《乙编》8818 之“启弟”之“弟”是否为兄弟之弟，尚难定论	关于“弟”字，家谱写法为[illegible]，不见于当时所知甲骨文字，而与后出《乙编》8818 所见之“弟”完全相同。《乙编》8816：“丙午贞启弟”对贞辞为“丙午贞妇[illegible]”。启，妇[illegible]均为人名，所以[illegible]当为弟之初文 。很难想象作伪者会造出与乙编所见一模一样的“弟”字

续表

伪刻说	真刻说
凡重书其名字者无一不是异体。（金祥恒，1962） 家谱里的人名，或抄袭成文，或出于杜撰，有的也见于《库》1576、1598、1604、1621、1624等片，殆出于伪刻者一人之手。（胡厚宣，1980） 如三个御字，两个做宾组形式，一个做师组形式。另外，同一人名，一个写作，右半所从类似于甲骨文的（《续》5.19.5）口前分支应指舌，但另一个同样的人名又写作，不知所从。（齐文心，1986）	字初见于乙编69，𢿧二字均见出土较晚的甲骨材料（《乙》1548），非作伪者所得见。见于乙编8818；𢿧相当于牧，最早见于《缀》2.303；初见于《掇》415。俱不可能为作伪者所知。家谱中许多名字在后来出土的卜辞中是人名或地名。如“吹”是人名，另有鼎传世（吹作妊鼎）。儿是人名，也是地名；雀是人名，也是地名；启是人名，也是地名；𢿧（养）有𢿧伯，也是地名；丧是地名；有子（铁254.2），也是地名；子曰、见子组卜辞及宾组卜辞。商代常有人地同名，其间当有密切关系。家谱名字多见于后来出土之卜辞，恐非偶然，不可能有作伪者向壁虚构。（张秉权，1988）
卜辞所见上甲以下先公先王，皆以十干为名；今“家谱刻辞”称儿先且曰某，某子曰某，某弟曰某，曰下系一奇异之人名，与卜辞全然不类。（胡厚宣，1980）	家谱刻辞中的人名乃是私名。商人以十干为明和其本名有别。（于省吾，1980）
《金》566大骨上也有类似的“家谱刻辞”，是伪刻。以此例彼，则《库》1506之为伪刻，不言而喻。（胡厚宣，1980）	不能以此之伪刻，来证明牛胛上的家谱刻辞也是伪造的，因为它们中间并没有必然一致的关系。（张秉权，1988）
卜辞中每言子商、子渔、子央、子龚者，为武丁之子。或曰帚某子曰者，如《粹》1240（《合集》21793）、《乙》4856（21727），是为子命名之卜辞。（金祥恒，1962）	“家谱刻辞”不同于同时期其他伪刻那般拙劣，其中一个方面表现在语句上，尤其是“曰”表示“同位关系”的虚词的语法学解读，使得这版刻辞更符合其“家谱”的属性。（赵鹏，2010）
《殷契卜辞》209虽称子曰，但上下文已残。《甲骨文零拾》145片，乃称“耳曰”。《乙编》4856虽称某子曰某，但是明明说的是帚邰之子，《粹》1240亦称“帚敏子曰𦌰”，皆非世系，更非家谱。也不能以此作为“家谱刻辞”的证据。（胡厚宣，1980）	“家谱刻辞”不只一见。《殷契卜辞》209（即《合集》14925）其辞为“…子曰……子曰…”应是残缺但与《库》1506类似的家谱刻辞。这类刻辞将来可能仍有发现。（陈梦家，1956）
井中伟在《考古》2008年第五期上发表《由曲内戈形制辨祖父兄三戈的真伪》，证明此三戈是器真辞伪。	商代铜戈“大且（祖）日己戈”、“且日己戈”和“大兄日乙戈”。三柄戈的戈铭也都很像一份氏族家谱或祭谱。（于省吾，1980）
库1506的“家谱”是当时伪刻的“最优秀作”。但由于甲骨文完全找不到它可依据的例子，所以学者按照以往的经验判断，都误以为这是真的。这个离谱的“作品”是招致一些混乱的最大理由。（松丸道雄，1984）	“家谱刻辞”如果是伪造，在距今七十多年前，孤陋寡见的伪造者所作刻辞，从现时我们已掌握到大量丰富资料之后而予以审阅，它就必然要露出支离舛谬、漏洞丛生的现象；然而实际上恰恰与之相反，“家谱刻辞”竟达到了无隙可乘，无懈可击的地步，所以我才能一望而知其为真。（于省吾，1980）
此辞行款呆板，字迹恶劣，由于反复描刻，笔划显然毛糙粗涩。与一般甲骨文字规律整齐，写刻熟练，艺术之精美，绝不相同。（胡厚宣，1980）	其文字姿势遒硬调协，其行款屈曲自然，皆非作伪者所能企及。行款皆出诸自然，伸缩自如，并无抵触扞格之处。（于省吾，1980）

续表

伪刻说	真刻说
据放大彩色照片看，有的字字口有反复刻划现象。（刘源，2010）	儿氏家谱刻辞，包括贞字在内的每个甲骨文字都有如下特征：刻槽较深，底部均作U形；刻槽边沿干净；刻画顺序与书写笔顺完全不同。这些特征符合真品刻辞的准则。（艾兰，1991）
利用裂纹与刻痕走向来研究家谱刻辞真伪，须考虑到甲骨出土后受到干燥环境的作用也会产生裂纹。此外，金璋还藏有一件鹿角刻辞，契刻的文字与家谱刻辞一样，可能是同时伪作。（宋镇豪，2010）	骨上的裂痕顺着刻辞竖笔走向而延伸，与伪刻卜辞其竖笔并不与裂痕走向一致的现象判然有别。（艾兰，1991） 有多例显示胛骨裂纹与文字刻痕方向一致，且有裂纹因刻痕而产生弯曲的现象，可以说明裂纹是在文字契刻后产生，由此说明家谱刻辞不伪的可能性很大。（陈光宇，2011）

本表所列显示的是学界对《库方》1506的各家见解，其中对错非本书研究重点，仅为说明该片在甲骨著录和研究史上的重要地位。

《库方》1506之所以能够吸引众多学者的关注和讨论，不仅因为对其真伪的鉴定可以进一步提升学界甲骨辨伪的经验和能力，更是因为其上所记内容的独特，如能证其不伪，将大大有利于商史研究。

首先，《库方》1506是目前世界上发现的最早的记载有家谱历史的实物材料。陈光宇评价说："此片如果定点在武丁时代所刻。武丁为商代第10世23王。时当公元前1320年左右。以每一代世系30年计，此片之儿先祖吹应在夏末商初之际。这个'巧合'已为一些学者注意到。并推想儿氏先祖吹可能参与成汤建政事业。"①

其次，《库方》1506中的第五代"壶弟曰启"排列在第六代"壶子曰丧"之前，第九代"御弟曰[illegible]"排列在第十代"御子曰[illegible]"之前，可见商代宗法制研究中的"兄终弟及"说不仅适用于王室而且适用于非王室。

第三，《库》1506中出现大量人名单字，不仅可以帮我们窥探商人取名是否以单字为多，而且其中有如儿、雀、启、[illegible]、鼀、丧等名，在甲骨文中亦作地名出现，似乎也可以成为推断商人取名与封地有关的进一步依据。

2.《甲骨卜辞七集》中所谓伪刻的讨论

《七集》的第六部分为临淄孙氏所藏甲骨。孙氏所藏甲骨多为1907年前所购，据说原有一百片，多为早期出土甲骨，方氏从中选摹了31片，收入《甲骨卜辞》手稿，对于这部分甲骨的真伪，学术界向有不同看法。

早在1937年，白瑞华在《甲骨卜辞七集》出版之前，就曾请明义士将

① 陈光宇：《儿氏家谱刻辞综述及其确为真品的证据》，"商代与上古中国文明国际学术研讨会"会议论文，2011年11月11—12日。

方氏原稿全部鉴定过一遍，明氏认为孙氏所藏的甲骨文字中有三片是可疑的，即 X23、X24、X29。①

后1940年董作宾于《方法敛博士对于甲骨文字之贡献》一文中说："《七集》中孙文澜所藏甲骨最可疑。……三十一版之中，前八版附有拓本，由拓本审视，几乎全是仿刻，无一原刻。""仿刻与赝刻不同。赝刻或杂凑字句，或别构新辞，出于臆造为多。仿刻则颇像翻版之书，依样葫芦，冒牌原版。其蓄意作伪，厥罪相等。不过有情节轻重之别而已。"又说"甲骨文字从刀尖药，败龟版，一跃而为市面上有价值的古董，赝品也就应运而出。并且造伪者的技术也随着时代而改进。方氏所摹，前后不过十年之间的搜集，这十年内赝刻已有显著的进步……仿刻全段而依原款式者，疑《七集》X一至三一皆是……这是最进步的赝品。"② 后陈梦家、严一萍均同意董作宾观点。③

而胡厚宣却在《临淄孙氏旧藏甲骨文字考辨》一文中详细列举了这批甲骨现藏地来证实其"全部为真，没有一片是伪的，也没有一片是仿刻的伪品"。④ 胡氏证明文字现引述如下：

> 临淄孙文澜旧藏甲骨，系1907年以前所得，乃早期殷墟出土之物。1935年夏间孙氏死，原藏甲骨一百片，据说"山东图书馆想买，而教育厅不给钱"，最后只买了九片，有两片为一片之折，实际上仅有八片。山东图书馆将这八片甲骨，装一长方黑布盒，封面题"殷商契卜甲骨"，盒盖里面裱有拓本。又加以说明，"甲骨九片，均河南安阳县殷墟故地出土，皆商代灼卜刻辞。山东省立图书馆藏"。并盖有"山东图书馆藏"图章。这盒甲骨，现归山东博物馆保存。
>
> 孙氏所藏甲骨，另外还有二二片，同时归于当时山东图书馆馆长王献唐，王氏特制两个方形本色楠木盒，每盒内嵌装一一片，两盒共装二二片。解放后，王氏于1959年将两盒甲骨，捐赠中国科学院，现归中国科学院历史研究所库藏。
>
> 孙氏旧藏甲骨一百片，今日所能得见者只此两批，共计三〇片，另外还有七〇片，后来归于何所，不知道，尚有待于继续探寻。
>
> 解放前，我曾看到过王献唐氏所藏的甲骨，见其全真，当即选摹

① 方法敛摹、白瑞华辑：《甲骨卜辞七集》"声谢"，美国纽约影印出版，1938年。

② 董作宾：《方法敛博士对于甲骨文字之贡献》，《图书季刊》新2卷3期，1940年，第297—324页。

③ 陈梦家：《殷虚卜辞综述》，北京：中华书局，1988年，第672页；严一萍：《〈甲骨卜辞七集〉中孙氏藏甲骨的真伪问题》，《中国文字》第五十二册，1974年6月，第5729—5737页。

④ 胡厚宣：《临淄孙氏旧藏甲骨文字考辨》，《文物》1973年第9期，第52—60页。

一〇片，著录在后来拙编《战后南北所见甲骨录》中的《南北师友所见甲骨录》卷二中。即南师2.33，南师2.50，南师2.73，南师2.131，南师2.176，南师2.177，南师2.178，南师2.180，南师2.183，南师2.192。一〇片之中，其见著录于方氏《甲骨卜辞七集》中《孙氏所藏甲骨文字》者共六片，即南师2.50（X18），南师2.73（X4），南师2.178（X30），南师2.180（X22），南师2.183（X17），南师2.192（X14）。另外我未选摹而著录于《孙氏所藏甲骨文字》的，还有二片，即X15与X23。是王献唐氏所藏二二片之中，其见著录于方氏《甲骨卜辞七集》中《孙氏所藏甲骨文字》者共计八片。无一片为伪，亦无一片为仿刻之例。

解放初，从1953年以后，我曾几次去济南山东博物馆参观，也看到过原山东图书馆旧藏的甲骨文字，共九片，有两片为一片之折，实共八片，八片之中，已见著录于方氏《甲骨卜辞七集》中《孙氏所藏甲骨文字》者六片，即X1，X2，X3，X11，X13，X26。既无一片为伪，亦无一片为仿刻的卜辞。

方氏《甲骨卜辞七集》中《孙氏所藏甲骨文字》三一片，其原甲骨实物现藏于山东博物馆者六片，现藏于中国科学院历史研究所者八片，共计一四片。就这一四片甲骨实物看来，绝无一片为伪，亦绝无一片仿刻，乃全部为真。

至于孙氏所藏《甲骨卜辞七集》未曾著录之片，现藏于山东博物馆的还有二片，现藏于中国科学院历史研究所的还有一四片，共计一六片，亦无一片为仿刻之伪品。

由此可以推知不特《孙氏所藏甲骨卜辞》不见实物之一五片不伪，即孙氏所藏全部一百片亦当全为真物。[①]

综上，因该部分甲骨流出较早，没有确切的出土地记录，加上私人收藏，秘不示人，学界早期所见仅有方氏摹本；又因其摹本中存在部分卜辞摹写遗漏的情况（参看第四章第二节），所以当这批摹本发表时，多数学者才对其真伪产生怀疑。附录孙氏旧藏甲骨的部分拓片如下（图6-2、图6-3、图6-4）。

① 胡厚宣：《临淄孙氏旧藏甲骨文字考辨》，《文物》1973年第9期，第52—60页。

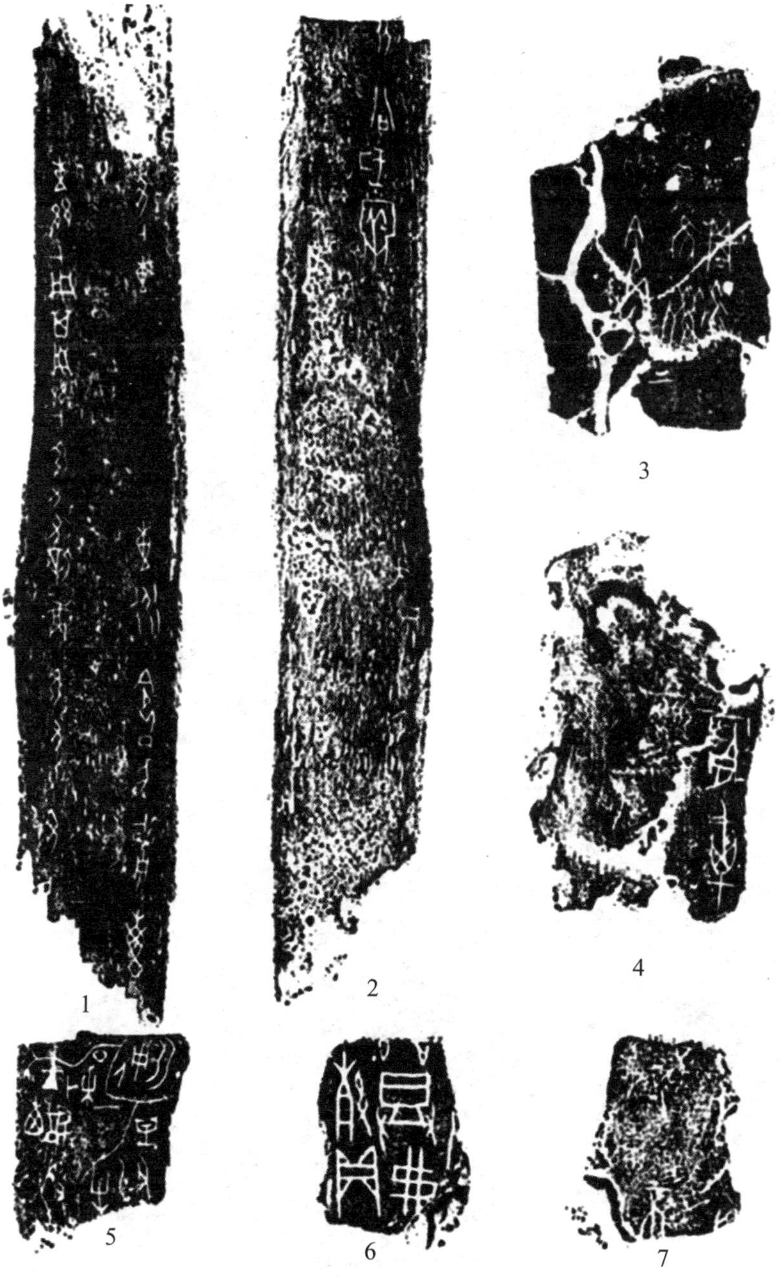

图 6-2　孙氏旧藏甲骨部分拓片 1

资料来源：胡厚宣：《临淄孙氏旧藏甲骨文字考辨》，《文物》1973 年第 9 期

图 6-3　孙氏旧藏甲骨部分拓片 2

资料来源：胡厚宣：《临淄孙氏旧藏甲骨文字考辨》，《文物》1973 年第 9 期

图 6-4　孙氏旧藏甲骨部分拓片 3

资料来源：胡厚宣：《临淄孙氏旧藏甲骨文字考辨》，《文物》1973 年第 9 期

3.《金璋所藏甲骨卜辞》中的伪刻

《金璋所藏甲骨卜辞》中所收甲骨，仅有少量是伪刻的，如123、457等片。1985年李学勤先生在英国各个博物馆近距离接触甲骨藏品及拓片时，对部分金璋旧藏的真伪又重新做了鉴定，现转述如下：

> 《金璋》123（图6-6），（引者按：即《英藏》2041，见图6-7）曾有学者怀疑为伪，怀疑是有道理的，但原甲虽已断为三，审视不伪……两处地名原均未刻。
>
> 《金璋》709（图6-9），（引者按：即《英藏》151，见图6-8），此片只摹写右半部文字，左边的伪刻未摹。细看其上"乙酉卜争贞，勿呼妇好先𠂤人于庞"及兆序"二"是真字。作伪者在其左加刻，又在"二"下增一"告"字，压在卜兆上。
>
> 《金璋》554，（引者按：即《英藏》1313，见图6-5），摹本是依伪刻的方向放置，应颠倒过来，可辨为龟腹甲右侧中下部分，有武丁卜辞"辛巳卜，翼壬……"及兆序"一"、"二"等真字。甲的齿纹极粗，盾纹形状也与常见不同，我们已请不列颠博物院的尼克·爱尔纳德博士作一鉴定……这一发现可与殷墟YH127坑"武丁大龟"的种属鉴定对比。[①]

图6-5 《英藏》1313

资料来源：李学勤、齐文心、艾兰：《英国所藏甲骨集》，北京：中华书局，1985年，第276页

根据齐文心对英国所藏甲骨的重新整理，可知《金璋》最后编号743片，实际甲骨只得479片，伪片和原骨缺失者共计20片，可代换为拓片的有459

① 李学勤、齐文心、艾兰：《英国所藏甲骨集》前言，北京：中华书局，1985年。

片，未著录过的有136片。①

需要说明的是本节所述仅是对方法敛所摹甲骨部分伪刻问题的简要介绍，相关辨伪的全貌尚有待于继续探索。

图6-6　《金璋》123

资料来源：方法敛摹、白瑞华辑：《金璋所藏甲骨卜辞》，纽约：美国影印单行本，1939年

图6-7　《英藏》2041

资料来源：李学勤、齐文心、艾兰：《英国所藏甲骨集》，北京：中华书局，1985年，第383页

图6-8　《英藏》151

资料来源：李学勤、齐文心、艾兰：《英国所藏甲骨集》，北京：中华书局，1985年，第31页

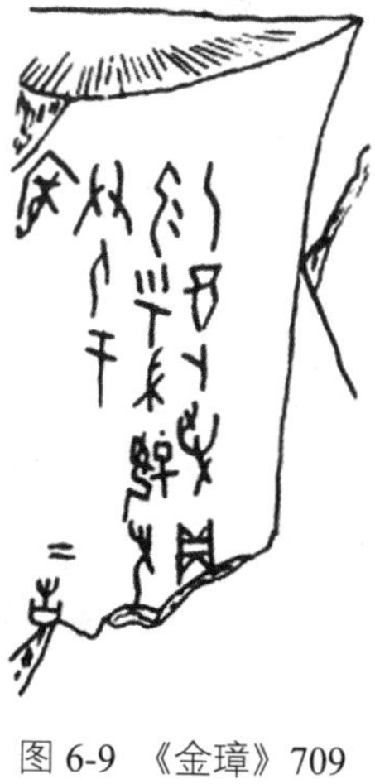

图6-9　《金璋》709

资料来源：方法敛摹、白瑞华辑：《金璋所藏甲骨卜辞》，纽约：美国影印单行本，1939年

① 齐文心：《关于英藏甲骨整理中的几个问题》，《史学月刊》1986年第3期，第12—22页。

第三节　西方传教士与著录校重、甲骨缀合

除甲骨辨伪之外，甲骨著录校重与缀合也是甲骨研究中最基础的工作。本节主要梳理传教士甲骨著录校重、缀合方面的研究成果。

一、校重

所谓校重就是剔除甲骨著录中重见的甲骨片。甲骨非集中出土，加上出土后四处流散，不同的收藏者手中的藏品又因为各种原因彼此流转，造成了甲骨著录书籍的重片现象。或一片甲骨先后出现在几种不同的著录书中，或相同甲骨在某一种著录书的不同地方出现，这给甲骨学研究带来诸多不便。据孟世凯2009年《甲骨学辞典》统计，自“1903年‘殷墟’甲骨文第一部著录书出版迄今国内外之著录专书已达九十余种。其中有六十余种著书（不包括缀合著录专书）与先著录重出近两万片次（一片重出一次为一个重片次，一片重出两次为两个重片次）。有的书中重片占本书著录五分之一，最多一部书占三分之二强。有的书中自重片达百余片。”[①] 对甲骨著录书籍校重一则可以弄清楚甲骨的实际数目，避免研究中的重复用功；二则校出的重片也可以相互参照，有拓印不清、缺反失臼、漏拓误摹之处皆可得以清晰明了。

明义士是较早致力于甲骨校重的学者之一，其1933年《表校新旧版〈殷虚书契前编〉并记所得之新材料》（以下简称《表校》），将罗振玉《殷虚书契前编》1932年珂罗版桑皮纸本与1931年珂罗版双宣纸本进行对照，于《表校》一文中分列了“删复”、“重出拓片未经删除者”和“拓片见于别书者”等有关甲骨校重的内容。[②]

其中在“删复”一项中，明氏指出罗振玉《殷虚书契前编》再版本删除初版本的重出甲骨片数四片。在“重出拓片未经删除者”一项中，明氏指出《殷虚书契前编》再版本中罗氏未加删除的甲骨重片三片，即：1.25.3与4.26.7重、1.28.1与7.20.2骨片右下角之一部分重、1.37.1与1.41.6重。最体现明氏校重功力的是其在“拓片见于别书者”一项中，将《殷虚书契前编》同《龟甲兽骨文字》、《铁云藏龟》、《戬寿堂所藏殷虚文字》、《殷虚书契后编》

① 孟世凯：《甲骨学辞典》，上海：上海人民出版社，2009年，第450页。

② 《表校》一文共分十五个小节，分别是：形式、优点、遗漏、改正倒置、删复、重出拓片未经删除者、因剪裂一片为二之损失、次序之不一致、拓片见于别书者、能对合之甲骨、“天邑商”之获得、卜辞中之“大邑商”、人方之为齐地、攸候喜考、齐鲁之古文化。

等书互相校勘，发现重见拓片36例[①]，胪列如下。

前编	他见
1.7.6	《林》1.12.11
1.8.1	《后》上2.12
1.33.5	《后》上4.12
1.38.7	《铁》179.2
1.46.4	《铁》151.2
1.52.2	《林》1.13.20
1.52.4	《林》1.29.19
2.10.1	《林》2.5.7
2.30.4	《林》2.16.10
2.38.6	《林》2.19.1
2.45.1	《林》2.22.17
3.3.2	《林》1.15.1
3.22.7	《林》1.19.14
3.29.1	《林》2.16.17
4.10.7	《林》2.20.9
4.31.6	《林》2.1.16
4.33.6	《戬》48.3
	《后》下40.10
5.30.4	《林》2.15.17
5.32.2	《林》1.25.18
6.2.3	《林》2.2.12
6.10.6	《林》1.20.6
6.28.5	《林》2.1.18
6.31.2	《林》2.1.7
6.34.7	《林》2.10.13
6.41.1	《林》2.14.15
6.49.4	《林》2.15.3
7.1.4	《林》2.7.6

① 明义士：《表校新旧版〈殷虚书契前编〉并记所得之新材料》，《齐大季刊》1933年第2期。又收入宋镇豪、段志洪：《甲骨文献集成》第十九册，第380—384页，成都：四川大学出版社，2001年。

7.4.2 《林》2.22.6
7.5.1 《林》2.9.2
7.6.3 《林》2.22.8
7.6.4 《林》2.6.1
7.8.2 《林》2.19.15
7.14.1 《林》1.19.12
7.29.4 《林》2.12.8
7.37.1 《林》1.20.1
7.43.2 《林》1.10.12

众所周知，甲骨校重不但繁复，而且需要极大的精力和耐心，而明氏对罗氏《殷虚书契前编》的校重细致而又完备，张秉权称赞其后虽“严一萍的翻版序，雷焕章的《古代中国》都曾提出一些，大致说来，明义士所指出来的，已经相当详尽”。[①]

二、缀合

殷墟甲骨长期埋于地下，骨质松散易脆，出土皆多为零散碎片，兼之流转、传拓、变质等原因，完整者寥寥，而将残片或书中著录的残碎甲骨拼合到一起，恢复其本来面目的工作，称之为甲骨缀合。甲骨缀合意义重大，“虽不是每版必能复原为整甲整骨，但一经缀合，残辞可能成全辞，或比碎片中辞意明确，不少重要之资料皆从缀合碎片后发现。如著录于《粹》中，编为112号之缀合拓片，即由三碎片缀合而成，其上两片为王国维第一次缀合后发现商先公先王之世次，故缀合碎片能为研究和使用甲骨文资料提供更完整的资料。”[②]

在1906年出版的世界上最早的一部英文介绍甲骨文的著作《中国原始文字考》的第四部分“龟甲文字”中，方法敛向学界展示了11个有字甲骨摹本。其中一片FIG.12，是一版比较珍贵的龟腹甲片。根据库寿龄1914年《河南出土之奇骨》一文的记录，这片欧洲所藏最完好（摹写时就已标明裂纹）的龟腹甲是由方法敛和库寿龄二人共同拼合而成的。库寿龄在《河南出土之奇骨》中写道：

> 更多的甲骨从河南流往各地，而我们却尽努力去减少我们碎片的数量。闲暇之余，我和方法敛常常坐在堆满甲骨的桌前（尤其是在我们发现新的裂痕后），努力去拼合那些破碎的甲骨，一旦我们可以把两到三

① 张秉权：《略论〈殷虚书契前编〉的几种版本》，见国际中国古文字学研讨会、香港中文大学合编：《古文字学论集》，1983年。

② 孟世凯：《甲骨学辞典》，上海：上海人民出版社，2009年，第621页。

块碎骨拼合在一起时，我们就是十分开心。方法敛《中国早期文字考》中那块几乎完整的龟甲就是我们由五块碎片拼合起来的。缀合甲骨的作用显而易见，与那些支零破碎用处不大的甲骨不同，完整甲骨可能会获得完整的句子，这对于学者来说价值巨大。①

按库寿龄的说法，FIG.12 片是由库方二人缀合五块甲骨而成，而且他们两人常常以缀合甲骨为乐，从《中国原始文字考》的出版时间 1906 年来看，库方二人开始缀合甲骨的时间必然不晚于 1906 年，这比 1917 年王国维在《先公先王考》中缀合甲骨而纠正《史记》中商王先公世系还要早上十年。因此，我们可以说这是世界上有记录的最早的甲骨缀合成果。

如果说库方二人最早开甲骨缀合先例一事少为人知的话，那么另一位传教士——明义士则是学界公认的较早关注甲骨缀合的学者之一。1933 年明氏在其《甲骨研究》中说《殷虚书契前编》“可惜为有许多块原为一骨，散录在书中，失许多整句”。② 同年，明氏在其《表校》一文中批评《殷虚书契前编》“最大缺点是往往以原系一骨而散列于各处……是仍欠整理工夫也。书中实有许多块片尚能对合者”。明氏称自己读书向喜旧版，认为“再版本每劣于初本也”，但其阅读《殷虚书契前编》新版时却“不禁欣喜”，原因是“书中列片的原拓，而位置之法异于旧本，旧本中拓片边缘剪齐，无从知其原形，每以为憾，盖甲骨拓片之边际苟无碍于页幅，当存其原形也，新版此种改善深利于予，因每欲检视残破之处能否吻合，而联断片为整体也。”③

1933 年明氏在其《表校》一文中先指出罗氏《殷虚书契前编》初版中“因剪裂一片为二之损失”（1.16.3 与 1.14.7 原为一片），后又针对《殷虚书契前编》发表缀合成果 29 例。

前编	能对合之拓片
1.21.4	《后》上 25.4
2.3.5	《前》2.4.1
	《前》2.4.5
	《前》2.13.7
2.3.7	《前》4.15.2

① Couling S. The Oracle-Bones from Honan. *Journal of the North-China Branch of the Royal Asiatic Society*, 1914，XLV. 64—75，引者译。

② 明义士：《甲骨研究》，济南：齐鲁书社，1996 年，第 33 页。

③ 明义士：《表校新旧版〈殷虚书契前编〉并记所得之新材料》，《齐大季刊》第 2 期，1933 年。又收入宋镇豪、段志洪：《甲骨文献集成》第十九册，第 380—384 页，成都：四川大学出版社，2001 年。

	《金璋》621
	《明》376
2.5.1	明藏之一片
2.5.7	《前》4.47.5
2.9.7	《前》4.11.4
2.14.1	《前》4.28.1
2.16.3	《前》2.16.4
2.7.1	《前》2.17.2
2.17.3	《前》2.17.5
2.21.5	《前》2.22.3
2.22.1	《前》2.24.2
2.23.1	《后》上 12.1
2.24.1	《前》2.26.7
2.30.1	《林》2.18.6
3.4.3	《林》1.1.8
3.5.2	《前》3.7.3
3.27.6	《前》4.18.1
4.11.5	《前》5.6.2
4.34.1	《铁》226.2
4.47.3	《前》4.47.4
5.7.7	《前》6.51.7
5.18.3	《林》2.1.13
5.34.2	《前》5.34.3
5.34.4	《前》5.34.6
6.57.7	《林》1.21.3
7.4.2	《前》7.14.1
	《前》7.8.2
7.5.1	《前》6.34.7
	《前》7.37.1
7.18.3	《前》6.48.5
	《前》7.24.1

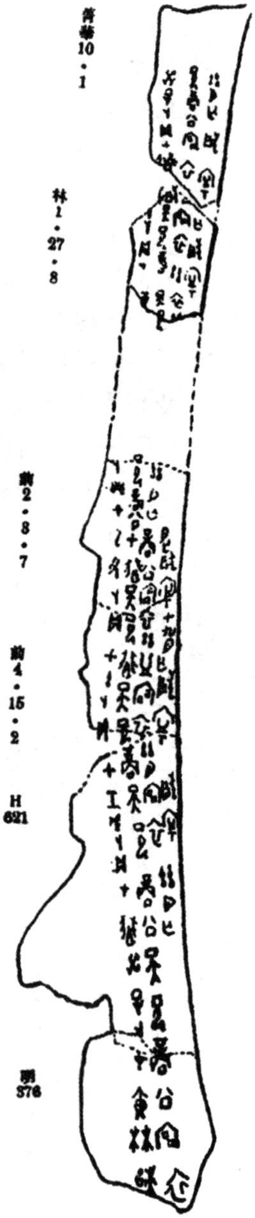

图 6-10 “大邑商”缀合图

资料来源：明义士：《表校新旧版〈殷虚书契前编〉并记所得之新材料》，《齐大季刊》第 2 期，1933 年

《表校》中最让学界称颂的是明氏关于“大邑商”问题的甲骨缀合成果（图 6-10）。这一例是

由《前》2. 3. 7、《前》4. 15. 2、Hopkins 621、《菁》10. 1、《林》1. 27. 8和《明》376等6片甲骨缀合完成，充分体现了明义士的学术功底。明氏自己亦喜称这次缀合为“奇遇”。

罗氏未察《殷虚书契前编》卷二，三页，第七片，与卷四，十五页，第二片，原为一块，“天邑商（引者按：即大邑商）”凡三见。且最饶兴趣者，英友L.C.Hopkins藏有一方，与此二片下端能对合，而予之《殷虚卜辞》(《明》)376片更复能对合其下，日本林泰辅所藏《龟甲兽骨文字》一，二七，八能对合其上端，罗振玉《书契菁华》之十，一，能对置于最高处——此二块对口处均稍有缺隙。从千万里外，于六卷书中，拾集散片而获得“天邑商”之真面目，亦奇遇矣！兹将全文——依甲骨文字常例，句由下上读，共八句——排录如下——其次序为《菁华》10.1(稍缺)；《林》1.27.8(稍缺)；《前》2.3.7与4.15.2；Hopkins621；《明》376。

癸巳卜，贞才叀林畋……天邑商公宫衣……

壬戌卜，贞才[illegible]天邑商公宫衣。兹月亡𢦔，孚。

甲午卜，贞才[illegible]天邑商皿宫衣，兹月亡𢦔，孚。

乙丑卜，贞才[illegible]天邑商公宫衣，兹月亡𢦔，孚。才九月。

……卜，贞才……邑商公…，兹月……[①]

另外，明义士亦在其《甲骨研究》一书的第八章商代帝系中，记述了他的另一例缀合成果，即《后》上8.14与《戬》上1.10的缀合，用以佐证其商王世系的论断（图6-11）。

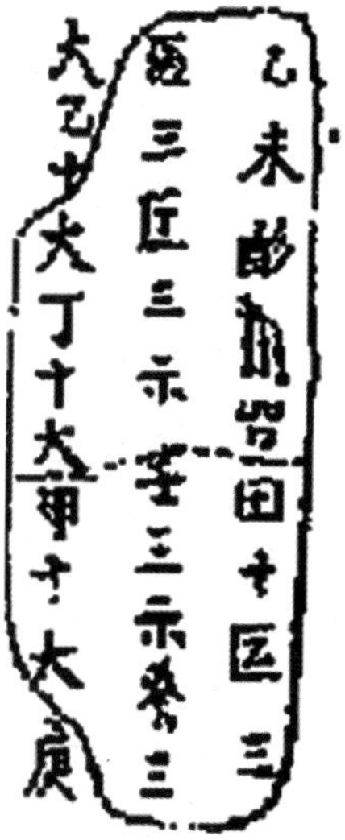

图6-11 《后》上8.14与《戬》上1.10缀合图

资料来源：明义士：《甲骨研究》，济南：齐鲁书社，1996年，第69页

值得提出的是，受明义士影响和指导，明义士的弟子曾毅公一直致力于甲骨缀合研究，并先后出版了《甲骨叕存》、《甲骨缀合编》、《殷虚文字缀合》等缀合专书。

以明义士、方法敛为代表的传教士收集著录甲骨时间较早，此时甲骨著录书籍不丰，而甲骨流转频率较快，

① 明义士：《表校新旧版〈殷虚书契前编〉并记所得之新材料》，《齐大季刊》第2期，1933年。又收入宋镇豪、段志洪：《甲骨文献集成》第十九册，第380—384页，成都：四川大学出版社，2001年。

以致许多发表的著录书中重片、碎片现象较多，后期学者对此继续进行校重和缀合工作。

美国卡内基博物馆中的库方旧藏，因碎片较多，先后有多位学者对其进行过缀合。1970 年饶宗颐《欧美亚所见甲骨录存》发表了卡内基博物馆所藏甲骨 56 号（缀合后的数字）的拓片，其实是 54 版，有两版分别是一片甲骨的正反各用一号。1970 年李棪《北美所见甲骨选粹》[①] 选录卡内基博物馆所藏甲骨 32 片（缀合后数字）的拓本，其中《库方》983+1144 还附有照片。1972 年詹姆斯·L. 斯威格尔（James L.Swauger）在《卡内基杂志》上发表过甲骨共 16 版（缀合后数字）的黑白照片。1976 年周鸿翔《美国所藏甲骨录》对卡内基博物馆库方旧藏甲骨 32 片甲骨进行缀合，缀合后得甲骨 12 片（见表 6-3）。2009 年周忠兵《卡内基博物馆所藏甲骨的整理与研究》在《美国所藏甲骨录》缀合的基础上，整理了库方旧藏甲骨缀合 23 例（其中新缀 3 例），可与其他著录缀合的 8 例，错误缀合 6 例（表 6-4）。

表 6-3 周鸿翔《美藏》卡内基博物馆库方旧藏缀合表

（美国加利福尼亚大学出版，1976 年）[②]

原片号	缀合片号
972+976	USB 1
981+1096	USB 6
983+1144	USB 8
985+1106	USB 11
1008+1102+1137	USB 33
1009+1128+1132+1133+1153	USB 34
1014+1095	USB 39
1045+1163+1164	USB 73
1050+1100+1136	USB 78
1053+1119+1121+1134	USB 81
1117+1151	USB 137
1156+1161	USB 164

1972 年许进雄编《明义士收藏甲骨》列有缀合表（表 6-5），图版收录缀合 6 例，附录可与他书缀合者 42 例。

1977 年许进雄编《明义士收藏甲骨释文篇》，图版收录可缀合甲骨 29 例，其中 17 例为拓本，12 例为摹本。

① 李棪：《北美所见甲骨选粹》，《中国文化研究所学报》第三卷第二期，1970 年。

② 周鸿翔：《美国所藏甲骨录》，伯克利：加利福尼亚大学出版社，1976 年，第 17 页。

1979年许进雄编《怀特氏等收藏甲骨文集》录有22例缀合图（图6-12），与它书缀合3例（图6-13）。此后，许氏又在《中国文字》等杂志上发表多篇缀合文，如《甲骨缀合新例》、《五种祭祀卜辞的新缀合例》等。①

表6-4　周忠兵《卡内基博物馆所藏甲骨的整理与研究》缀合表（吉林大学，2009年）

缀合表			
组别	库	与之相缀者	缀合者
1	972	976	曾毅公
2	981	987+1096	李棪、严一萍
3	983	1144+1089	李棪
4	985	1106	李学勤
5	986	1127	许进雄
6	995	1061	许进雄
7	1008	1102+1137	李棪
8	1009	1128+1132+1133+1153	李棪
9	1014	1095	李棪
10	1015	1118	周鸿翔
11	1017	1031c	周忠兵
12	1045	1163+1164	周鸿翔？
13	1050	1100+1136	李棪
14	1052	1107	许进雄
15	1053	1119+1121+1134	李棪
16	1056	1093	许进雄
17	1117	1151	李棪
18	1138	1158	许进雄、严一萍
19	1156	1161	周鸿翔？
20	1214	1277	周忠兵
21	1231	1321	许进雄
22	1315	1374	周忠兵
23	1345	1364	曾毅公
可和其他著录相缀者			
24	1004	26224	蔡哲茂
25	1024	23347	蔡哲茂
26	1025	上博新获（存补5333）	沈之瑜
27	1032	23128	蔡哲茂
15	1053+1119+1121+1134	32188+英1771+34113	白玉铮、彭裕商
28	1060	英2383+合26491	蔡哲茂
29	1126	安明2718	许进雄
30	1143	23826	蔡哲茂

① 分别发表在《中国文字》新1期（1980年）、新4—11期（1981—1995）。

续表

缀合表				
组别	库		与之相缀者	缀合者
有误的缀合				
31	981+1096	1149	为合补 6699，两版相缀处文字不合，故不能缀合	严一萍
32	989	1049	为合补 9557，两版甲骨分别为左右胛骨，故不能相缀	严一萍
33	1033	后上 14.1+京 3455	为合补 9072，相缀处文字不合，故不可相缀	严一萍
34	1083	1135	为合补 6553，两版甲骨分别为左右胛骨，故不能相缀	严一萍
35	1094	33078+怀 1638	为合补 6622，两版相缀处一边有钻凿的一半，一边无，故不可相缀	合补？
36 236	1110	1125	为合补 13245，库 1110 右侧为骨沿，若相缀，使得 1110 右侧还有骨面，显然不正确	严一萍

表 6-5　许进雄《安明》甲骨缀合表（皇家安大略博物馆出版，1972 年）

1	B1129 + Cb'i-'T 七 T 24 +Hsu -pien 续编 3.14.4
2	B1680+Ming-hsu 3268（Nan-ming 634）
3	B1742 + Jinbun 2335
4	B1690 + Ts'ui-pien 417
5	B1807 + Ming-hsu 3282（Nan-ming 612）
6	B1768 + Ming-hsu 3278（Nan-ming 696）
7	B1707 + Ming-hsu 3238（Nan-ming 670）
8	B1834 + Ts'ui-pien 655
9	Bl714 +Jinbun 1883
10	B2l02+Chia-pien 505
11	B1823 + Ming-hsu 3322（Nan-ming 683）
12	B2321+Ts'ui-pien 237
13	B2359 + Ming-hsu 3171（Nan-ming 711）+ Ming-hsu 2753（Nan-ming 546）
14	B2353+ Ching-chin 京津 4823
15	B2364 + Hsu-is' un II 780 + B2365
16	B2349+Chia-pien 726
17	B2350+ Ming-hsu 3128（Nan-ming 625）
18	B2380 + Ming-hsu 3215 {Nan-ming 691）
19	B2382 + K'u-fang 库方 1721

续表

20	B2430+ Ming-hsu　3174（Nan-ming 716）
21	B2383+Jinbun 2347
22	B2651 + Ming-hsu　2810（Nan-ming 742）
23	B2452 + Ming-hsu　3126（Nan-ming 477）
24	B2483 + Ming-hsu　3153（Nan-ming 552）
25	B2472 + Ning-bu 宁沪 1.481+ Ning-bu 1.482
26	B2493 + Ts'ui-pien 740
27	B2496 + Ming-hsu　3150（Nan-ming 541）
28	B2642+Jinbun 2505
29	B2643 + Jinbun 2517
30	B2528+ Ming-hsu　3165（Nan-ming 438）
31	B2647+ Ming-hsu　3202（Nan-ming 747）
32	B2535 + B2537 + Ts'ui-pien 217
33	B2657+I-ts'un 佚存 59 + Ching-chin 4505 + Ts'ui-pien 959 + I-ts'un 58+Chia-pien 882
34	B2648+ Ming -shih 明氏 705
35	B2740+ Ming-hsu　2799
36	B2718 + K'u-fang 1126
37	B2801 + Ming-hsu　3163（Nan-ming 688）
38	B2748 + Ming-hsu　3065（Nan-ming 551）+Chia-pien 749
39	B2755 + Ming-hsu　3132（Nan-ming 547）
40	B2337 + Ming-hsu　3070（Nan-ming 561）
41	B2312 + Ming-hsu　3077（Nan-ming 472）
42	B2386 + Ming-hsu　3162（Nan-ming 431）+ Ming-hsu　3147（Nan-ming 656）

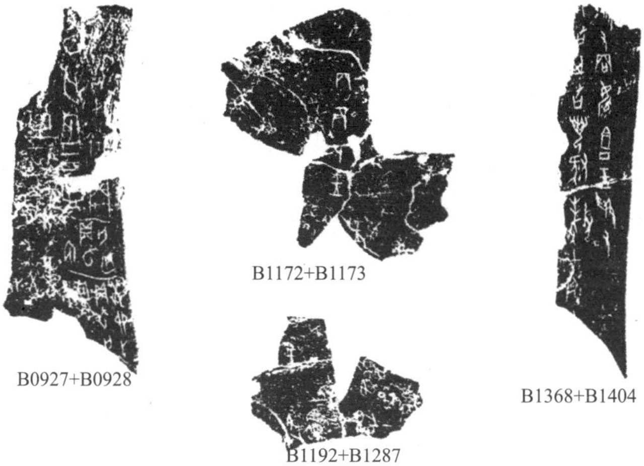

B0927+B0928　B1172+B1173　B1192+B1287　B1368+B1404

图 6-12　许进雄《怀》甲骨缀合图 1

资料来源：许进雄：《怀特氏等收藏甲骨文集》，多伦多：加拿大皇家安大略博物馆，1979 年，第 116 页

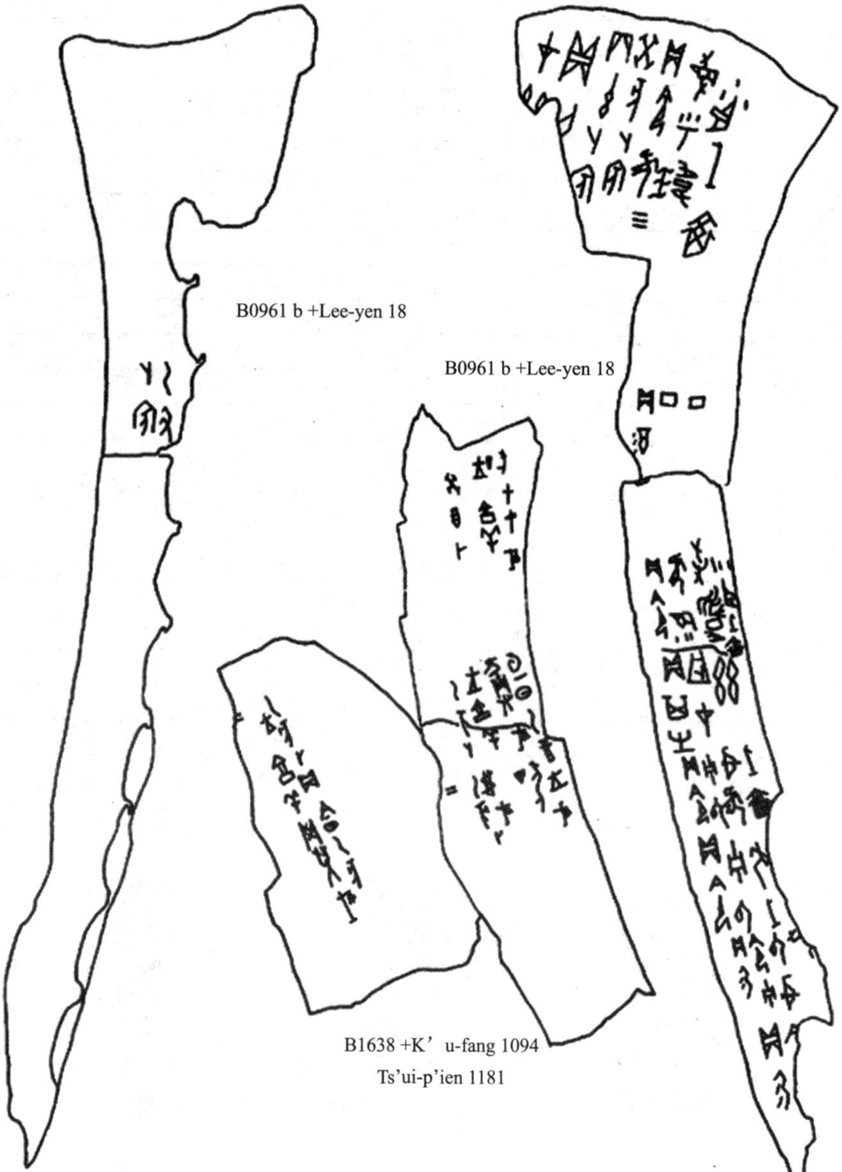

图 6-13　许进雄《怀》甲骨缀合图 2

资料来源：许进雄：《怀特氏等收藏甲骨文集》，多伦多：加拿大皇家安大略博物馆，1979 年，第 117 页

第四节　西方传教士与殷商史研究

尽管西方传教士的甲骨学活动基本上都处于甲骨学草创期和初步发展期，但每一位传教士的活动时间并不完全相同，如库方二人，来华时间较早，接触甲骨较早，主要活动于甲骨学刚刚萌芽阶段，是时甲骨材料缺乏，其要务多在于甲骨材料的收集著录；而明义士来华较晚，初到安阳时中国甲骨学已经有了一定程度的发展[①]，再加上近水楼台，得天时、地利、人和之便，其研究的广度和深度自然较之方氏等人要更进一步。故本节所梳理之甲骨学研究成果主要以明义士为代表。

一、断代

虽然库寿龄在1914年《河南出土之卜骨》中已提出过以地层学来辅助文字断代的构想，但对甲骨断代研究贡献最大的传教士是明义士。

明氏曾为《殷虚卜辞后编》写过一篇序言，其间记叙了他对1924年小屯村人筑墙时发现的一坑甲骨的断代研究。关于这批甲骨的来历，明义士说："一九二四（甲子，民国十三年），余有疾一月，才好了，小屯人打墙，发现一坑甲骨，为余所得，其中有大的。一九二七、一九二八（丁卯、戊辰，民国十六、十七）二年间拓本成，即《殷虚卜辞后编》。"[②]王宇信《甲骨学大事记》"1924年"条下亦有相关记载："1924年小屯村人筑墙发现一坑甲骨，为明义士购得。"[③]

明氏完成该序后，因战乱原因，一直未曾发表，李学勤在《明义士对一坑卜骨的整理》中介绍说：

> 明氏当时曾把该坑卜骨集中在一起，并且做了整理研究，使我们有可能据以推查。他这方面的工作，见于他没有完成的《明后》序稿。估计作于1928年的这一序稿，不包括于安大略博物馆所藏《明后》拓本之中，许进雄先生编印《明后》时也不曾见到。……五十年代我看到的这一序稿，是曾毅公先生从英文翻译的，写在几页白纸上，没有完篇，末尾赘有一

① 方辉在《明义士和他的藏品》中指出："在1914年明义士开始初次接触甲骨文之前，甲骨文字的研究已经有了一个良好的开端。根据《甲骨年表》和《甲骨研究》等书的记载，当时甲骨收藏者计有12人，其中包括5位西洋人，出土甲骨近万片，出版著作5种。作为金石学一个新兴的门类，甲骨学正以崭新的姿态，向世人昭示着其潜在的学术价值。"济南：山东大学出版社，2000年，第45页。

② 明义士：《甲骨研究》，济南：齐鲁书社，1996年，第20页。

③ 王宇信、杨升南：《甲骨学一百年》，北京：社会科学文献出版社，1999年，第701页。

些零散的文字，不能通读。那时我用笔记本抄录下来，幸能在"文革"中存留。曾毅公先生担任明氏的助手，正是从1927、1928年明氏躲避战火，到北京的华北联合语言学校任教时开始的。他保存了这一序稿，是很自然的事。[①]

1981年，李学勤将该序附于自己《小屯南地甲骨与甲骨分期》一文后发表。转引明氏序文如下：

一坑之集合

此屜之整理，先分二部分，一部分为田猎、游行之事，一部分为祭祀之事。此卷之所著录者，则为关于祭祀部分者也。

此一部分之已整理者，按时代之先后，区之为二，即甲屜与丙屜也。其残余不联续之卜文，加在小四方孔中。

甲屜二（3051—3076），武丁时：

武丁称小乙为父乙，母为母庚；阳甲为父甲，盘庚为父庚，小辛为父辛。此屜诸骨，为武丁后半期所卜者。此时代以前之字体，在兽骨重要部分所得者，在一二集中。

甲屜三（3077—3095）：

与甲屜二同。但无直接提及父乙及字形之整理。

甲屜四（3096—3126）：

与甲屜二及三同。

甲屜五（3127—3145）：

祖丁称武丁为父丁。

在此时代中之兽骨，未有称祖己为兄己者，其字形为大。小乙之所以称为小乙乃其孙之所称，因其先祖中已有祖乙之称在祖庙中也。予曾以长时间，疑此大字诸兽骨，或属于盘庚、小辛及小乙之时代，彼等之称及祖丁，但此骨之有父乙及小乙者较之，可决属于祖庚时代。

甲屜六（3146—3161）：

与甲屜五同时，并不在祖庚时代以前，且无祖甲时王宾字体之特点。其字形大而粗草。

甲屜七（3162—3187）：

与甲屜五、六同。

丙屜一（3189—3219）

同上。

丙屜二（3220—3239）

① 李学勤：《明义士对一坑卜骨的整理》，《社会科学战线》2008年第9期，第100—105页。

祖甲称武丁为父丁，孝己为兄己，祖庚为兄庚。此时代之字体，变为小而细整，尤以王宾等字，特用一种横笔。

丙屉三（3240—3263）祖甲时。

丙屉四（3264—3293）康祖丁时。

丙屉五（3294—3329）同上。

丙屉六（3330—3354）武祖乙时。

丙屉七（3355—3381）同上。[①]

在这篇序文中明义士给每个抽屉的甲骨区别以“字形”，具有方法论的意义。王宇信在《明义士殷商文化研究的成功及对我们研究的启示》中说：

在明义士早年所写的“序”中，虽然也沿用“称谓”定时代，并按时间的先后把甲骨分为武丁后半期、祖庚、祖甲、康丁、武乙诸王之时，但由于他将甲骨实物分置于不同的“屉”中进行整理，因而发现了字体的变化。诸如他在“序”中说，“甲屉五”（明义士定为盘庚时）予曾长时间，“疑此大字诸骨，或属于盘庚、小辛及小乙时代”。而“甲屉六”（明义士定为祖庚时）“其字形大而粗率”。“丙屉二”（明氏定为祖甲时）“此时代之字体，变为小而细整”。如此等等，虽然他没有把整理甲骨字体的早晚发展变化的论述加以系统化，并进一步总结出规律性的东西来，但他已发现所谓“王宾”这一类的字体“小而细整”的特点。[②]

让学界赞叹的是，虽然董作宾是在1933年第一次提出了包括“字形”、“书体”在内的十标准断代法，将殷墟甲骨分为五期，而明氏却是在五年前的研究中已经实践着这一标准了。明氏之所以能先于中国学者做出这一判断源于其较为丰富的考古学经验。1917—1920年明氏跟随“中国劳工团”前往法国时曾受到了近代考古类型学的熏陶：

在法国服役期间，他将劳工们修路时挖出的陶片和石器等古物收集起来，寄赠给刚刚成立不久的多伦多皇家安大略博物馆。其间，他始终没有忘记对中国文化的学习，多次趁休假时间，前往英国各著名博物馆参观，观摩博物馆里的中国文物藏品，并注意收集有关甲骨和青铜器方面的信息。[③]

---

① 李学勤：《小屯南地甲骨与甲骨分期》，《文物》1981年第5期，第27—33页。

② 王宇信：《明义士殷商文化研究的成功及对我们研究的启示》，《文物天地》2001年第6期，第48—49页。

③ 方辉：《明义士和他的藏品》，济南：山东大学出版社，2000年，第13页。

而考古类型学本身就是一种根据器物类型来判断其年代的方法。[①] 事实证明，明氏运用近代类型学理念进行甲骨断代的尝试，不但发现了五期卜辞“字形”的差异，而且其辅以“称谓”标准后对“历组”甲骨的断代，与李学勤等学者的研究结论不谋而合。

李学勤曾经指出：

……历组卜辞基本上就是《甲骨文断代研究例》定为第四期（武乙、文丁时）的那类卜辞，早在一九二八年，加拿大学者明义士作《殷虚卜辞后编序》（未成稿），便曾以为这类卜辞属于武丁后半期到祖庚。一九六〇年以后，我通过一些疑难的研究，达到了和明义氏相同的看法。[②]

裘锡圭也在《论“历组卜辞”的时代》[③] 中指出明义士曾认为“历组卜辞”中的父丁即武丁、父乙即小乙，只可惜他当时并没有为自己的观点找到有力的证据，所以他的意见一直没有被重视。

明义士的这篇序文为明氏赢得了学界的广誉，为其甲骨断代研究写上了重要一笔。

正如方辉、王宇信等所评价的那样，明氏在甲骨分期断代上所作的贡献不可磨灭。

明义士甲骨文分期断代的考古类型学考察，给了分期断代文字演进“两系说”以深刻的影响。而“历组卜辞”时间前提的争论，应肇始于明义士。[④]

明义士 1928 年最早进行的甲骨文分期断代整理，是他将中国传统的金石学方法与西方近代考古学的类型学理论相结合的天才实践，因而可以公正地说，他在甲骨文的分期断代研究和整理方面走在了同时代学者的最前头。[⑤]

二、商王世系

1933 年明义士《甲骨研究》与远在大洋彼岸的郭沫若《卜辞通纂》几乎

① 丹麦著名考古学家汤姆森在《北欧古物知识手册》中说：“为了确定古物的准确年代，另外还可以采用一种方法……这就是调查器物的形式和花纹装饰，仔细进行对比，找出各个种类的组合关系。用这种方法我们就可以断定连续变化的过渡顺序，而且仅仅通过观察装饰就能确认器物所归属的时期。”

② 李学勤：《〈殷墟王卜辞的分类与断代〉序》，《考古与文物》1992 年第 6 期，第 49—51 页。

③ 裘锡圭：《论“历组卜辞”的时代》，《古文字研究》第 6 辑，北京：中华书局，1981 年。

④ 方辉：《明义士和他的藏品》王宇信序，济南：山东大学出版社，2000 年。

⑤ 王宇信、杨升南：《甲骨学一百年》，北京：社会科学文献出版社，1999 年，第 136 页。

同时出版，而两人对卜辞中“沃甲”和“阳甲”问题的研究，不仅使用了几乎完全相同的材料，而且得出了完全相同的结论，这段不约而同、心有灵犀的巧合成为甲骨学术史上的一段佳话。

《史记·殷本纪》中的商王世系一直是学者关注的重点，罗振玉在 1910 年《殷商贞卜文字》中考释商王名十八个，后在 1914 年《殷虚书契考释》中将考证的商王名增加至二十二个，增订《殷虚书契考释》时则又增加了文武丁。1917 年王国维发表《殷卜辞中所见先公先王考》对罗氏结论做了进一步补充，但其二人对于卜辞中的“羊甲”和“沃甲”的考订却引起其后学者的讨论。罗振玉释“羊甲”为“阳甲”，认为“羊甲即《史记》之阳甲，羊阳古通”[①]，王国维在《先公先王考》中从之，并补充说“羊甲在南庚之次，则其即阳甲审矣”[②]。明义士认为“此说久立而非”[③]，他将甲骨卜辞与《史记》等文献相互对照，得出“羊甲”即文献中的“沃甲”，而“[illegible]甲”才是《殷本纪》“祖丁子阳甲”的结论。

《甲骨研究》中明氏关于该内容的论证过程极富西方人思维特点，甚是有趣。[④] 明氏先是用 ABCDEFG 来表示商祖名甲者：

> 商先祖名甲者七，即上甲用 A 代笔，太甲用 B 代表，小甲用 C 代表，河亶甲用 D 代表，沃甲用 E 代表，阳甲用 F 代表，祖甲用 G 代表，首三末一卜辞中有原式，D、E、F 卜辞中未见原形，前三者接连。

接着举出两个已知先祖的卜辞证明卜辞列名甲商王次序多为自下而上：

> （《文》[⑤] 帝系 39）癸巳王卜，贞亡畎。王占曰：大吉，在九月甲午祭大甲 (B) 劦上甲 (A)。
>
> 癸卯王卜，贞旬亡畎。王占曰：在九月，甲辰祭小甲 (C) 壴太甲 (B)。
>
> 由此二辞观之：王名甲者次序乃自下而上，从第一辞看由上甲 (A) 而上至太甲 (B)，从第二辞看由太甲 (B) 而上至小甲 (C)，自此而知壴劦二字祭同名先次之祖也。故由（《文》帝系 39）上甲 (A) 先太甲 (B)，又太甲 (B) 先小甲 (C)，由戊辰彝武乙先父乙（即帝乙）如此为例。
>
> （《林》1.11.10）……畎。王占曰：大吉。在□月□□祭[illegible] (D) 劦小甲 (C)。

---

① 罗振玉：《殷虚书契考释三种》，北京：中华书局，2006 年，第 343 页。

② 王国维：《观堂集林》，石家庄：河北教育出版社，2003 年，第 219 页。

③ 明义士：《甲骨研究》，济南：齐鲁书社，1996 年，第 87 页。

④ 以下内容参见明义士：《甲骨研究》，济南：齐鲁书社，1996 年，第 83—87 页。

⑤《文》即王襄《簠室殷契征文》，习惯简称为《簠》。

由此可知小甲（C）先□，而□盖河亶甲也。

确定了□即河亶甲后，明氏接下来进一步论证沃甲与阳甲：

（《前》1.42.2）癸未王卜，贞旬亡畎。王占曰：大…在正月，甲申祭□甲（F）壹□（E）□□（D）。

癸巳王卜，贞旬亡畎。在正月，王占曰：大吉，甲午壹□（F）□□甲（E）。

由上二辞可知□即河亶甲（D）后有□甲即《殷本纪》之沃甲（E）而□即阳甲（F）。

后明氏又兼举《文》帝系147、《文》帝系146、《前》1.19.5、《文》帝系151四例佐证。后得出结论：

商祖名甲者之次序：A□十（上甲），B□十（太甲），C□十（小甲），D□十（河亶甲），E□十（沃甲），F□十（阳甲），G□十（祖甲）。

□十，□罗振玉释为“阳甲”，谓□、□、□为□字之别体，□与阳同声假借，阳甲即羊甲，此说久立而非。

在此基础上，明义士绘制了商王世系表（图6-14）[①]：

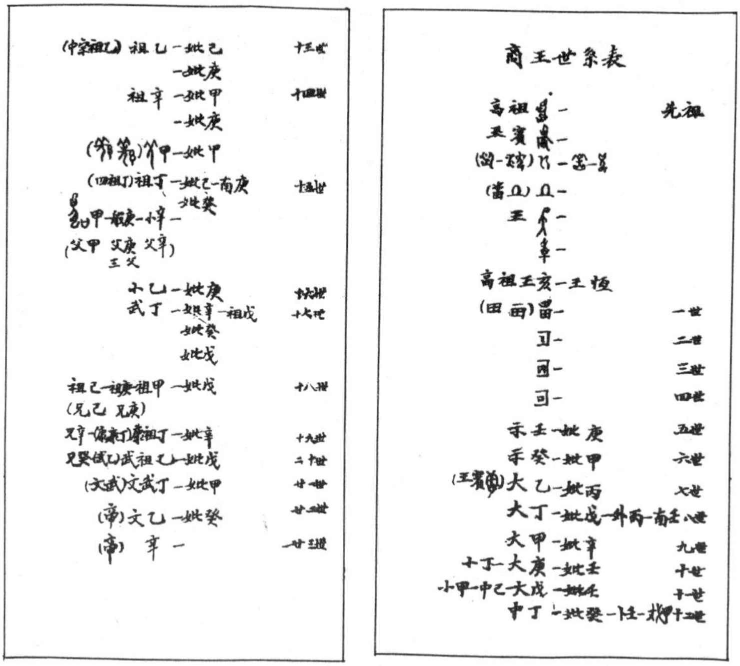

图6-14　商王世系表

资料来源：明义士：《甲骨研究》，济南：齐鲁书社，1996年，第124、125页

① 明义士：《甲骨研究》，济南：齐鲁书社，1996年，第124—125页。

三、“征人方”卜辞相关问题

图 6-15　明氏藏人头骨刻辞

资料来源：明义士：《表校新旧版〈殷虚书契前编〉并记所得之新材料》，《齐大季刊》第 2 期，1933 年

人方，地处殷商东部，古文中“人”、“夷”混用，所以人方又称“夷方”，为东夷族分支。帝辛时期[1]，有十祀征人方记录，备受学者关注，董作宾、李学勤等还据卜辞排出了战争日谱，但对于人方的确切地望，各家却说法不一。

明义士是较早关注这一问题的学者之一，他在《表校》一文中公布了自己收藏的一块有关“人方”的头骨刻辞（图 6-15），辞曰：“……且乙伐……人方白（伯）……。”明氏分析：“所谓‘人方白’者，证以《春秋·僖公十五年》‘己卯晦震夷伯之庙’，知‘夷伯’者即‘人方白’，后世所谓东方之贤人也。”并进一步将该甲文与金文、传世文献相互引证，分析得出“知人方即齐地之夷方。并知人方伯乃夷方伯伯夷，曾为纣辛所伐，辟纣居北海之滨。但武王起甚推崇之。”后该头骨卜辞被陈梦家记入《殷虚卜辞综述》，用以说明商代以邦方君长为人牲致祭先王的习俗，指出其与《史记·大宛列传》、《战国策·赵策》可互证。[2]

值得提出的是明氏在考证人方地望的同时，也对征人方卜辞中所涉及的“攸”字做了详细的考证，并以之辅证自己对于人方地望的判断：

> 攸乃一地名，位于殷虚之东，临淄之西。而攸侯喜即攸之诸侯也。惟后人未于史书中认识之。现存书籍之论周灭商者皆立于周之立场。攸侯喜乃商之将帅，遂成为周之仇敌。《孟子·滕文公章句下》曰：“有攸不为臣。东征，绥厥士女，匪厥玄黄，绍我周王见休。惟臣附于大邑周。其君子实玄黄于匪，以迎其君子。其小人箪食壶浆，以迎其小人，救民于水火之中，取其残而已矣。《太誓》曰：我武惟扬，侵于之疆，则取于残，杀伐用张，于汤有光。”《周书·多士篇》为周谕示商遗民归服周朝之文字，谕文之要义在篇末，曰：“王曰，告尔殷多士。今予惟不尔杀。予惟时命有申，今朕作大邑于兹洛，予惟四方无攸宾。亦惟尔多士。攸服奔走。臣我多逊……王曰，又日。时予乃或言尔攸居。”

① 因为日谱排序不同，有学者认为是帝乙时期，这里不做讨论。

② 陈梦家：《殷虚卜辞综述》，北京：中华书局，1988 年，第 326—327 页。

> 上引二段之注释常释“攸”为关系代词“所”，余则读为攸侯喜之名，并认为有其可能。周克商后，百姓归顺，甚至多士得迁于洛，为周之百僚。但有攸不为臣，并在东方奄地作抗周运动。于是周公东征践奄，民众齐来欢迎，惟四方无攸来宾。攸又服奔走于多士中，使不“臣我多逊”。攸侯喜乃一武人，先曾压迫百姓甚力。《周书·梓材》篇曰：“监无攸辟。”是言周克攸侯之后，设监督理，不许再用攸之辟刑。是以百姓乐于归顺周朝。周公平东夷之方法有二：（一）东征。除书籍载有践奄事外，铜器中尚有多处论及。如《贞松堂集古遗文》卷六第六页白懋父簋：“叡东夷大反白懋父以殷八师征东夷……”此处所谓之东夷系指商攸侯同部之人，被逐于东南以后，又名为淮夷南夷等。（二）安民。除书籍所载外，有《攈古录》二之三，八十七睘卣：“隹十又九年（王国维考为克商八年）王在王姜命作册睘安人白（夷伯）人白宾睘贝布扬王姜休用作文考癸宝器。”至于攸侯之结局，似演为后世之谚语。《易经》常有“有攸往”、“无攸利”句。“有攸往”何解？坤卦曰：“君子有攸往，先迷后得主，利。西南得朋，东北丧朋，安。贞吉。”有攸往，先迷而后得主意似先未顺主，后则悔而归之。……是故《易》曰“利”。“西南得朋”何解？盖言归周后成为西南周之友人矣。“东北丧朋”何解？意指先时率师伐东北之人方，因招该国民众之仇恨也，若攸侯居奄，即鲁地；人方即齐地。此即东方分为齐鲁之一因。[①]

虽然明义士推论人方应为在今山东境内，但是学界却至今仍未有一致意见。董作宾初认为在山东境内[②]，后改认为在淮水沿岸，即后世所说的“淮夷”[③]。郭沫若认为“殷代尸方乃合山东之岛夷与淮夷而言”[④]。陈梦家认为属于淮夷诸邦，大约是现在的安徽北部[⑤]。李学勤认为在今鲁北地区[⑥]。王恩

① 明义士：《表校新旧版〈殷虚书契前编〉并记所得之新材料》，《齐大季刊》第2期，1933年。又收入宋镇豪、段志洪：《甲骨文献集成》第十九册，成都：四川大学出版社。2001年，第380—384页。

② 董作宾：《甲骨文断代研究例》，《中央研究院历史语言研究所集刊》上，1933年。

③ 董作宾：《殷历谱》下编卷九，“日谱三帝辛日谱”，成都：巴蜀书社，2009年。

④ 郭沫若：《卜辞通纂》，北京：科学出版社，1983年，第462页。

⑤ 陈梦家：《殷虚卜辞综述》，北京：中华书局，1988年，第305页。

⑥ 李学勤：《商代夷方的名号和地望》，《中国史研究》2006年4期，第3—8页。

田认为在鲁南费县[①]。何光岳认为“攸、条、修、絛、儵都是人方的分支”[②]，也就是包括河南中东部、山东、河北南部、湖北、湖南、江苏、安徽等在内的中东部，即所谓的东夷加淮夷的广大地区。

近年来，焦智勤新发现的甲骨（可与《合集》36182 上部缀合），[③] 以及山东滕州前掌大 M18 出土的㮚盉铭文[④] 给人方地望的确认提供了新的材料。冯时认为，𣶃为人方一支，𣶃地内的主要河流𣶃水，即今河南商丘县以东汳水下游故道获水，故人方的活动领域应该更大一些。而攸是帝辛十祀征人方的主战场，攸在今河南永城南部、安徽宿州西北一带，那么人方应该是今皖北、鲁南一带。[⑤]

孙亚冰等则认为人方的活动范围早晚是有所变化的，即在晚商早期阶段地域范围要靠西一点，而后经过商王的多次讨伐，其势力逐渐东退。[⑥]

四、卜辞与《周易》

“疑《周易》为商代卜辞所衍变，非比始于周也”，在《柏根氏旧藏甲骨文字考释》一书中，严一萍指出明义士很早就明确提出了这一观点，并评价说明氏“疑《周易》为商卜辞所衍变，实具卓见”。[⑦]

现引明氏相关考释如下：

明氏曰：

甲骨卜辞，就所见数万片中言之，每片契辞一段，段三五行，行字数不等，其文，或旁行左读，或余行右读，亦不一律。惟各段先后之次，率自下而上为序，几为通例，而于卜旬契辞，尤为明显。基一周六旬，其卜皆以癸日，自下而上，与《周易》每卦之六爻初二三四五上之次，自下而起者同。而《周易》爻辞，亦为六段，与六旬之数尤合。疑《周易》为商代卜辞所衍变，非必始于周也。凡卜辞自下而上读，为无甲子之契辞所必守，而后辞中之代名词可得其解。然亦间有因兆璺地位关系，不守此通例者，其辞则必兼载卜日之甲子，盖例出变通，以甲子定先后，

① 王恩田：《山东商代考古与商史诸问题》，《中原文物》2000 年 4 期，第 10—14 页。

② 何光岳：《东夷源流史》，济南：齐鲁书社，1985 年，第 121 页。

③ 孙亚冰、林欢：《商代地理与方国》，北京：中国社会科学出版社，2010 年，第 393 页。

④ 铭文为：㮚擒人方𣶃伯顽首乇，用作父乙障彝。史。

⑤ 冯时：《殷代史氏考》，见《黄盛璋先生八秩华诞纪念文集》，北京：中国教育文化出版社，2005 年。

⑥ 孙亚冰、林欢：《商代地理与方国》，北京：中国社会科学出版社，2010 年，第 395 页。

⑦ 严一萍：《柏根氏旧藏甲骨文字考释》，台北：艺文印书馆，1991 年，第 1 页。

免混淆也。[①]

此外，明氏在《商代文化》一文中也说：

《易》之内容必为文王以前之物，为解释甲骨之要典。骨上记载无阴阳之说，而《易》则以之为主。但骨上之六卜，每组十日，以尽六十日，与《易》中之六爻必有固定关系；且骨上与卦中，其排列次序均由下而上。[②]

明氏这一论断在甲骨学“草创”之初无疑是惊世之论，此后，不少学者在此基础上继续着对这一论断的探索，如屈万里《易卦源于龟卜考》一文中仔细对比了卦画上下顺序（自下而上）和甲骨刻辞的顺序（多自下而上）、《易》卦反对的顺序（如“屯”、“蒙”二卦、“泰”、“否”二卦）和甲骨的左右对贞、《易》卦爻位的阳奇阴偶（六爻阴阳相间）和甲骨刻辞的相间为文、《易》卦九六之数和龟纹、“内外往来”等方面，得出“《易》卦和龟卜必定有因袭关系”的结论。[③]

1950 年安阳四盘磨曾出土一块卜骨，上有数字组成的记号，引起学者们的讨论。张政烺在 1979 年的古文字学年会上指出该种符号应该解释为八卦，后张氏又发表《试释周初青铜器铭文中的易卦》[④]，结合 1956 年陕西张家坡村出土的西周卜骨及中斿父鼎、召卣等铜器铭文对出土卜骨上的记号作进一步说明，认为这些符号应为易卦的雏形。后蔡运章亦在《论甲骨金文中的互体卦》[⑤]中指出商代筮占中出现的数字、筮数形式均可以在《周易》中找到归宿。而《甲骨学一百年》中亦列出可与《周易》卦名相参照的甲骨卜辞六片十一条[⑥]。

第五节　西方传教士的甲骨学研究与甲骨学研究的诸个方面

早在 20 世纪 30 年代伊始，一代甲骨学宗师董作宾就在“前人三十年”（即“甲骨学草创期”和“殷墟甲骨非科学发掘期”，1899—1928）甲骨学研究

① 严一萍：《柏根氏旧藏甲骨文字考释》，台北：艺文印书馆，1991 年，第 1 页。

② 转引自方辉：《明义士和他的藏品》，济南：山东大学出版社，2000 年，第 133 页。

③ 屈万里：《易卦源于龟卜考》，《“中央研究院”历史语言研究所集刊》第 27 本，1956 年。又收入宋镇豪、段志洪：《甲骨文献集成》第十七册，成都：四川大学出版社，2001 年，第 40—44 页。

④ 张政烺：《试释周初青铜器铭文中的易卦》，《考古学报》1980 年第 4 期，第 403—415 页。

⑤ 蔡运章：《论甲骨金文中的互体卦》，见《第三届国际中国古文字学研讨会论文集》，香港：香港中文大学，1997 年。

⑥ 王宇信、杨升南：《甲骨学一百年》，北京：社会科学文献出版社，1999 年，第 218 页。

探索的基础上，结合其本人参与殷墟甲骨科学考古发掘的实践经验，提纲挈领地归纳并提出了甲骨学研究的五大方面、二十五小项的研究课题，为学界“草拟了一个甲骨文研究的范围”。我们尝试在董先生原表的基础上予以拓展（表 6-6），主要是增加作为甲骨学基础工作的甲骨收集、辨伪、缀合、断代与甲骨著录校重等 5 项，并在此基础上将传教士甲骨研究所涉及的领域填入该表（此表内容涉及本书的第三、四、五、六章）。[①]（其中灰色区域（1)—(25）是董先生的原表的内容，非灰色区域（01)—(05）是新增内容）

表 6-6　甲骨学研究的诸个方面和两个阶段

<table>
<tr><th>研究</th><th colspan="2">方面</th><th>课题</th><th></th><th>西方传教士的表现[②]</th></tr>
<tr><td rowspan="15">甲骨（文）学研究的诸个方面</td><td colspan="2" rowspan="5">甲骨学研究的基础工作</td><td>(01) 收集</td><td rowspan="5"></td><td>库、方、明等购藏甲骨实物约 61 004 片
（现存约少于 39 614 片）</td></tr>
<tr><td>(02) 辨伪</td><td>库《河南出土之卜骨》提出放大镜看刻痕；
明《甲骨研究》指出早期西方收藏的伪片</td></tr>
<tr><td>(03) 校重</td><td>明《表校》</td></tr>
<tr><td>(04) 缀合</td><td>库方《中国原始文字考》Fig.12；明“大邑商”6 片</td></tr>
<tr><td>(05) 断代</td><td>明《殷虚卜辞后编》序“称谓”、“字形”断代
库《河南出土之卜骨》书体、坑位断代间的联系</td></tr>
<tr><td rowspan="10">甲骨文研究的扩大</td><td rowspan="10">（一）文字的研究</td><td>(1) 拓印</td><td rowspan="7">过去的研究</td><td>方、明著录甲骨 6 部，7 960 片</td></tr>
<tr><td>(2) 考释</td><td>明《柏根氏旧藏甲骨文字》（考释）</td></tr>
<tr><td>(3) 分类</td><td>明《殷虚卜辞后编》序“历组卜辞”</td></tr>
<tr><td>(4) 文例</td><td>库《河南出土之奇骨》</td></tr>
<tr><td>(5) 礼制</td><td>明《商代之文化》</td></tr>
<tr><td>(6) 地理</td><td>明《表校》“人方”</td></tr>
<tr><td>(7) 世系</td><td>明《甲骨研究》第八章“商代帝系”</td></tr>
<tr><td>(8) 历法</td><td rowspan="3">新的研究</td><td>明《柏根氏旧藏甲骨文字》考释</td></tr>
<tr><td>(9) 文法</td><td></td></tr>
<tr><td>(10) 书法</td><td>库《河南出土之奇骨》、明《甲骨研究》</td></tr>
</table>

① 董作宾：《甲骨文研究之扩大》，《安阳发掘报告》第二期，中央研究院历史语言研究所，1930 年，第 411—421 页。

② 表中所列成果简称格式为“人名简称 + 著作 / 著作简称 + 代表成果。”

续表

研究	方面		课题		西方传教士的表现1
甲骨（文）学研究的诸个方面	甲骨文研究的扩大	（二）实物的考察	（11）书契体式	新的研究	明《甲骨研究》、《殷虚卜辞后编》序、库《河南出土之卜骨》
			（12）卜兆		库《河南出土之卜骨》
			（13）卜法		明《柏根氏旧藏甲骨文字》考释、《商代之文化》
			（14）龟		明《殷虚卜辞》序、《甲骨研究》3页
			（15）骨		明《殷虚卜辞》序、《甲骨研究》3页
		（三）地层的关系	（16）区域		
			（17）层次		库《河南出土之卜骨》
			（18）时代		明《殷虚卜辞后编》序、库《河南出土之卜骨》
			（19）互证他器物		方《中国原始文字考》
		（四）同出器物的论证	（20）象		
			（21）器用与礼制		库《河南出土之卜骨》
			（22）动物骨骼		明“明氏鹿”
		（五）他国古学的参照	（23）象形文字		方《中国原始文字考》
			（24）骨卜之俗		明《柏根氏旧藏甲骨文字》考释、《商代之文化》
			（25）古生物学与龟骨		明“明氏鹿”

董先生将1928年科学发掘甲骨以前所取得的成果，即“过去的研究”，归纳为七项（1—7），一方面肯定过去的研究取得了很好的成绩，另一方面也对未来的探索寄予了期许。“以上所举的七项，虽然都已有很好的成绩，而未竟之绪，要我们继续努力的地方，也还甚多。”① 指出其他方面的其余各项，即“实物的考察”、“地层的关系”、“同出器物的论证”、“他国古学的参照”等等，会随着甲骨学的深入开展，包括古文字学、古代史学的深化以及考古学研究工作的开展，而不断扩大范围、加深力度，并最终将中国甲骨文置于整个人类文明的历史长河下进行考量，将之与世界上其他古老文明进行比较。董作宾此格局可谓高屋建瓴，立意深远。王宇信等在《甲骨学一百年》中中肯地评价道：“应该说，董作宾以他科学的实践和睿智、深邃目光所提出的25个课题，经纬了甲骨学研究的各个方面。”②

对于西方传教士而言，其研究所涉及的领域不仅涵盖董作宾五大类25小项的（1）（2）（3）（4）（5）（6）（7）（8）（10）（11）（12）（13）（14）（15）（17）（18）（19）（21）（22）（23）（24）（25）等22项，还包括新增的（01）（02）（03）（04）（05）的全

① 董作宾：《甲骨文研究之扩大》，《安阳发掘报告》第二期，1930年，第411—421页。

② 王宇信、杨升南：《甲骨学一百年》，北京：社会科学文献出版社，1999年，第149页。

部内容；不但涉及董作宾所指出的研究范围，而且在很多方面已经将研究的触角延伸到新阶段扩大的研究范围。不仅如此，在某些研究领域中，传教士甚至还是开创性的先导者，如前文所论库方二人开甲骨缀合的先例（1906），明义士“在分期断代和整理方面走在了同时代学者的最前头”等。

于省吾在20世纪40年代出版的《双剑誃殷契骈枝》序言中对甲骨学早期的研究有过这样一段评价：

> 诸家著述篇简纷陈。孙诒让功在开山，榛芜未剪；罗振玉讨文传古，盛业克昭；王国维考地征史，挽世绝尤；叶玉森究心钩覆，王襄别裁类例，不无发明；商承祚、孙海波分部纂文，条例具在；郭沫若通核遍参，时有创见；董作宾断其年代，唐兰审于点画……，均可为稽古之名彦，殷契之功臣者矣。[①]

当然，这段评价主要关注的是国内学者的研究成果。如果要我们对西方传教士在这一时期的研究作一个概括的话，我们也许可以这样说：

> 虽非我族类，但成绩不错。方法敛帅先购藏，勤于著录，宣扬甲骨，首发文章，堪称领先，至若开甲骨缀合之先河，辟甲骨展览之先锋，库方二人功不可没；柏尔根、福开森热衷教育、将甲骨献于公益，堪称楷模。明义士收集甲骨数量、实地考察殷墟，中外第一，著录材料、公诸中外，世人皆知。怀履光私运甲骨，虽不光彩，但存之博物馆，免其遭战火，亦绝非一无是处。

一言以蔽之，西方传教士在甲骨学研究上功不可没，是国际上最早的、较有影响的、代表着当时西方先进学术水平的一支重要的甲骨学研究力量，其于许多方面都有开创之举，绝不逊色于国内甲骨学界。

---

① 于省吾：《双剑誃殷契骈枝》序，1940年石印本。又北京：中华书局，2009年。

第七章　西方传教士的甲骨学贡献

> 一些非我类族的洋人，因为他们所受的教育不同，见闻较广，因此，在热衷收购之余，纷纷发表论著。……那些洋人的著作，大部分都发表在世界著名的学术性刊物上。殷虚新出土的甲骨文经过他们的一番宣扬，很快就成为一项轰动国际学术界的新知识了。他们除了报道新近的发现以外，还研究文字的结构、王室的谱系，然后渐渐扩展到历史、文化、社会、经济、宗教等方面。①

自1899年甲骨为学者发现，从每斤制钱六文的“龙骨”药材而一跃成为每字值银二两五钱的“古董”，后至中国殷商历史文化研究之珍贵材料，大批文人学士为之奔走用力，方有了逐渐兴起并终成蔚为大观的专门学问。在这一学问草创之初，参与其中的学者按其身份国别大致可分为两类：一类是以刘鹗、罗振玉、王国维、郭沫若、董作宾等为代表的中国学人，他们或身居要职，或国学渊博，是早期甲骨学发展的中坚力量；另一类则是以方法敛、明义士等传教士为代表的西方学者，他们身怀西学素养、挚爱中国文化，在我国甲骨收藏、著录、研究、推广等方面作出了巨大贡献。

对于前一群体，国内学界给予了极高的评价，有“筚路蓝缕，开创之功”之盛誉，有甲骨学奠基之美评，有“甲骨四堂”之名号。而对于后一研究群体，因受帝国主义侵华因素的影响、意识形态之束缚，往往多强调其盗取我国甲骨文物的劣迹，甚至蔑之以“披着宗教外衣的帝国主义文化侵略分子”的骂名。这不仅使得学界几乎完全忽略了传教士在甲骨学上的贡献，而且对于整个甲骨学术史的构建而言，也是不客观、不全面的。

本章主要在前文的基础上总结回顾以方法敛、明义士为代表的西方传教士的甲骨学贡献，具体包括保存甲骨文字材料、探访甲骨出土地、记录甲骨

---

① 张秉权：《甲骨文与甲骨学》，台北：台湾编译馆，1988年，第73、76页。

发现史、创新甲骨著录法、拓展甲骨殷商史[①]、奠基国际甲骨学等几方面。

第一节　保存甲骨文字材料

1903年《铁云藏龟》的出版为刘鹗赢得了甲骨学上的首创之功，但刘氏绝非一开始就主动愿意将甲骨拓印传世的，相反，他将甲骨藏入深阁，秘不示人。《铁云藏龟》的问世实际上有两方面的原因：

其一是罗振玉的鼓动，在《永丰乡人行年录（罗振玉年谱）》清“光绪二十七年”条下记载：

> 于刘铁云所见殷卜骨墨本，盖王文敏殉庚子国难，所藏悉归铁云，铁云又增益之。乡人（引者按：罗振玉）一见，叹为汉以来小学家若张杜杨许所未得见者，怂恿铁云尽墨所藏为《铁云藏龟》，且印行之。[②]

其二，刘氏在《铁云藏龟》自序中说：

> 因朋友函索拓片者多，应接不暇，乃影印成书。[③]

综上两点可见，如刘鹗等清末文士多还是只习惯于将甲骨作为金石古器之类玩物独自把玩的。

而鼓舞刘鹗出版《铁云藏龟》的罗振玉本来认为《铁云藏龟》的出版可以引起学界的巨大反响，可无料“先后数年间，仅孙仲容征君诒让作札记，此外无闻焉”[④]，而罗氏自己也只是把所藏甲骨作为“退食之暇”的消遣，且“性复懒散，未及笺记”，直至1910年才有《殷商贞卜文字考》问世。而即便是此书，也非罗氏主动所作，实因日人林泰辅邮寄《清国河南汤阴发现之龟甲兽骨》向他请教，作为应答之辞方费时“三阅月之力”[⑤]完成的。

与刘鹗、罗振玉被动态度不同的是西方传教士著录甲骨的热情主动，如美长老会驻潍县牧师方法敛。虽然方氏自1903年才第一次收集甲骨，但其“凡购得甲骨一批，必先画其图形，摹其文字”[⑥]，故其第一部甲骨著作《中国

---

① “拓展甲骨殷商史”部分因在前文第六章第四节中已经做过分析，故本章不再赘述。

② 甘孺：《永丰乡人行年录（罗振玉年谱）》，南京：江苏人民出版社，1980年，第21页。

③ 刘鹗：《铁云藏龟》自序，抱残守缺斋石印本，1903年。又收入北京图书馆甲骨文研究资料编委会：《甲骨文研究资料汇编》，北京：北京图书馆出版社，2000年。

④ 罗振玉：《殷虚书契前编》自序，《国学丛刊》二期三卷，1913年。又收入北京图书馆甲骨文研究资料编委会：《甲骨文研究资料汇编》，北京：北京图书馆出版社，2000年。

⑤ 罗振玉：《殷商贞卜文字考》自序，玉简斋石印，1910年。又收入《罗雪堂先生文集·三编》第1册，台北：大通书局影印本，1970年。

⑥ 胡厚宣：《临淄孙氏旧藏甲骨文字考辨》，《文物》1973年第9期，第52—60页。

原始文字考》于 1906 年即发表于 *Memeirs of the Carnegie Museum* 上。

该书第四部分“甲骨上的古代刻辞”中共收甲骨和矢簇器两种古物摹本，其中甲骨 11 片，文字附有考释。方法敛在书中说明了自己借古物以寻求文字历史线索的初衷：

> Hence the necessity for seeking older sources of information than that afforded by the modern text.Fortunately we have many examples of the older text in (1) ancient inscriptions preserved in existing works by Chinese scholars, and in (2) exhumed inscribed objects of durable materials, such as bronze, copper, stone, and bone.[①]

虽然 *Early Chinese Writing* 中所收器物真伪参半[②]，但该书却是西方人研究我国甲骨的第一部论作，也是在华传教士向西方介绍中国甲骨文化的开山之作，而方氏亦终其一生均倾心研究中国甲骨，“诚恳勤慎，始终如一”[③]，至死方辍。

除了方法敛，明义士也在《殷虚卜辞》序中说明了自己将该书列为《史前中国》系列丛书第一部分的写作计划，表达了自己希望“根据甲骨之碎片，及别项之证据，以阐发中华民族古代之宗教，并根据各种古石骨瓦器，以讨论中国古代之文化问题”[④] 的意愿。

> These records are the earliest archaeological remains of China, and they throw such a fresh light into the dim origins of Chinese religion and culture that the author feels compelled in the interests of Sinology to place these plates before the public before he has been able to complete the whole of his design. Should the contingencies of war render that completion impossible, the basal material from which to work will at least be in the hands of scholars.[⑤]
>
> 凡此所载，在中国可谓最古之遗留物，与中国之文化宗教，殆有密切之关系。故余今者，于余所拟之工作，虽未完成，然先以此等成绩，贡献于中国国学界亦良属要图，余以战事故，此后或不能继续有作，则此等基本之材料，已得供之于世，亦无恨矣。——陈柱译

---

① Chalfant F H. *Early Chinese Writing*. Pittsburgh：Carnegie Museum.1906, p.5.

② 罗振玉在《殷虚古器物图录·附说》中记载说：“殷虚所出骨镞颇不少，土人得之往往仿龟甲文字刻画其上，以给欧美人之访古中州者。”后郭沫若在《中国古代社会研究》中亦有类似记述。

③ 董作宾：《方法敛博士对于甲骨文字之贡献》，《图书季刊》新 2 卷第 3 期，1940 年，第 297—324 页。

④ 董作宾、胡厚宣：《甲骨年表》，上海：商务印书馆，1937 年，第 24 页。

⑤ 明义士：《殷虚卜辞》序，上海：上海别发洋行石印本，1917 年。

尤其是他在序中提到的，他于参战之前尽自己最大的努力，将其所收集的甲骨摹写尽快出版，只求这些资料可以公布于众，以免自己因战事而生意外之遗恨。其拳拳之心令人敬仰，其学术自觉可见一斑。

第二节　探访甲骨出土地

甲骨文被发现以前，中国最早的文字史料，只有彝器钟鼎中所见之文字。甲骨文被发现后，中国古史研究开始“峰回路转、柳暗花明”，中国的传统学术也渐朝着现代学术转型。

但甲骨发现之初，学者们对这种旷世文物的态度并不一致。如最早发现甲骨文字的王懿荣，即对其发现购藏甲骨之事秘而不宣，以至于后人对其识别甲骨及开始购藏的确切时间争论不清，究竟是1898、1899，或是1900，均难以找到直接的证据。同样的问题也存在于另一学者王襄身上。此外，关于甲骨发现年代和地点的最早记载，也如飞鸿雪泥般只有只言片语。如1903年《铁云藏龟》中刘序仅言“……龟版己亥岁出土在河南汤阴县属之古牖里城……”，罗序仅言“至光绪己亥而古龟古骨乃出焉”。甚至到1910年《殷商贞卜文字考》、1913年《殷虚书契前编》出版，罗振玉也仅仅在自序中简言道：“光绪二十五年，岁在己亥年，实为洹阳出龟之年。”

刘、罗等人的这种语焉不详，或许是不愿宣扬道听途说“商贾”之言的谨慎，也或许与乾嘉以降的朴学之风有关，其低调行事、无意争首的谦逊之风固然值得我们尊敬，但其作为接触甲骨最早的一批学者，却对甲骨发现关键信息持“风轻云淡”的记录态度，却不能不令我们扼腕憾叹。这不仅是甲骨学术史和史料学的损失，也造成了珍贵的甲骨因缺失了确切出土时间地点等信息，在其后的数年内“名不正言不顺”，成为不少著名学者嘴中笔下的“假学”，如章太炎就在《理惑论》中写道：

> 又近有掊得龟甲者，文如鸟书，又与彝器小异。其人盖欺世豫贾之徒，国土可鬻，何有文字？而一二贤儒信以为质，斯亦通人之蔽……夫骸骨入土，未有千年不坏，积岁少久，故当化为灰尘……鼎彝铜器，传者非一，犹疑其伪，况于速朽之质，易廷之器，作伪有须臾之便，得者非贞信之人，而群相信以为法物，不其傎欤。①

与刘罗等人不同的是，西方传教士对甲骨发现、出土及流传等问题表现出了极大的热情。明义士曾经在《甲骨研究》一书中记录自己亲身核实刘鹗《铁

① 章太炎：《国故论衡》，上海：上海古籍出版社，2003年，第43页。

云藏龟》中叙及的“……龟版己亥岁出土在河南汤阴县属之古牖里城……”之说的经过：

> 自序中说“龟板己亥岁出，在河南汤阴县属之古牖里城，传闻土人见地坟起，掘之，得骨片。”明按：牖里即羑里，在汤阴县城北七里，尚在殷虚之东南四十里，余亲自到过，羑里是古地方。文王庙建在一高台上，台前者用瓦垒齐，近来瓦塌了，狐狸进去，弄出一些碎陶片，余在穴口拾了块小龟板，大如拇指甲，有火号而无字。[①]

《甲骨研究》一书出版于1933年3月，此时刘鹗错把古牖里当作甲骨出土地的事已人尽皆知，而明氏仍对“牖里”地名做详细考证，并用亲身经历说明问题，其科学研究之实证精神可见一斑。明氏实证精神的另一突出表现是他对甲骨真正出土地——殷墟小屯的实地探访。[②]

学界广知罗振玉是第一个指明甲骨出土地的学者，他在1910年《殷商贞卜文字考》序中写道：“在安阳县西五里之小屯，而非汤阴。其地为武乙之墟。”此外，罗氏1915年《五十日梦痕录》中也记载了自己到访殷墟的相关经历：

> 三十日巳刻抵彰德……至小屯，其地在郡城之西北五里，东西北三面洹水环焉。《彰德府志》以此为河亶甲城，宋人《考古图》载古礼器之出于河亶甲城者不少，殆即此处。近十余年间龟甲的兽骨悉出于此。询之土人，出甲骨之地约四十余亩，因往履其地，则甲骨之无字者，田中累累皆是。拾得古兽角一，甲骨盈数掬。其地种麦及棉，乡人每以刈棉后即事发掘，其穴深者二丈许，掘后即填之，复种植焉。所出之物，骨甲以外，蜃壳至多、与甲骨等，往岁所未知也。古兽角亦至多，其角非今世所有。[③]

虽然罗氏公开指出甲骨出土地的时间是1910年，但事实上其从古董商范维清口中打探出甲骨真实出土地为安阳小屯的时间却更早。罗氏在《殷虚古器物图录》序中说：“光绪戊申（引者按：1908年），予既访知贞卜文字出土之地为洹滨之小屯，是语实得之山左估人范某。”[④] 而罗氏在得知了甲骨真正出土地后，并未立即亲往查证，而是于第二年（1909）才派遣友人祝继先、

---

① 明义士：《甲骨研究》，济南：齐鲁书社，1996年，第25页。

② 详见本书第二章第二节的论述。

③ 罗振玉：《五十日梦痕录》“三月三十日”条，雪堂丛深本，1915年。又收入《罗雪堂先生全集·三编》第20册，台北：文华出版公司影印本，1970年。

④ 罗振玉：《殷虚古器物图录》序，1916年。又收入《罗雪堂先生全集续编》第六册，台北：大通书局影印本，1969年。

秋良臣前往小屯，而在1911年2月前往小屯考察并写出《洹洛访古游记》一书，详细介绍甲骨出土地情况的罗振常也是在“自告奋勇”[①]的情况下前去的。

综上，罗振玉从1908年得知甲骨出土为安阳小屯到1915年亲至殷墟考察，整整间隔了7年，比初到中国传教、接触汉语不过三年多的明义士还要晚了一年时间。无怪乎明义士在《殷虚卜辞》序中自豪地指出其本人是第一个造访殷墟的外国人，也是第一个带着科学意识考察殷墟的考古学家：

> The writer, then, was the first foreign or Chinese archaeologist to visit the Waste of Yin with a purely scientific interest in these objects.[②]
>
> 若夫以科学兴趣考察殷虚遗迹者，中外之考古家，实自余始。——陈柱译

明义士的学生张昆河在《齐鲁大学、明义士与甲骨学研究》中回忆道：

> 明氏的确是以亲历殷墟实地勘察和周览探访的第一人自负，这是他在课堂上常谈到的。他常说，王懿荣、王襄、刘鹗、端方、方法敛、库寿龄都还不知道甲骨是在安阳出土的。罗振玉虽百方打听到确实出土地点，可只是先派了他弟弟罗振常到安阳，住在旅馆里收买甲骨，他自己到1915年才亲到安阳考察，已晚于明氏一年余。明氏又讲过，罗振玉到安阳后，也是以收买甲骨为主，只到小屯村北野坡田边望望洹水，站了没有10分钟，说了句“噢！出土甲骨的殷墟就在这儿嘛！”便返回旅馆没有再来。活道出了一位封建士大夫学者不注意科学实地考察的形象。而且罗氏只到实地潦草地望了望，还作出了“洹阳宝藏，搜探一空”的错误结论。[③]

当然，20世纪初中国政治局势动荡，罗振玉作为清廷官员政务缠身、后因辛亥革命避难日本确是事实，但其探访殷墟行踪草草、虚语洹阳宝尽也是事实，就实际探索精神而言，封建士大夫出身的罗振玉确不如传教士明义士，无怪乎王宇信在多年后仍然感慨明义士对于殷墟的关注与“罗振玉走马观花式的考察殷墟大不相同”[④]。

---

① 罗振常：《洹洛访古游记》“宣统三年二月十五日条”，郑州：河南人民出版社，1987年，第6页。

② 明义士：《殷虚卜辞》序，上海：上海别发洋行，1917年。

③ 转引自方辉：《明义士和他的藏品》，济南：山东大学出版社，2000年，第54页。

④ 王宇信：《踏破铁鞋无觅处——祝方辉博士整理明义士〈甲骨研究〉出版》，《殷都学刊》1997年第4期，第11—13页。

第三节　记录甲骨发现史

甲骨的发现者究竟是谁，发现时间究竟是哪一年，历来为学界的一大公案，目前涉及此问题的研究成果颇丰，就数量而言，其作者不下八十人，文章不下百种。[①] 总结说来，以王懿荣说和王襄、孟定生说两种最具代表性。

刘鹗《铁云藏龟》自序云：

龟版己亥岁出土在河南汤阴县属之古牖里城……庚子岁有范姓客，挟百余片走京师，福山王文敏公懿荣见之狂喜，以厚价留之。[②]

王懿荣子王汉章在《殷虚甲骨纪略》中也记述说其父是庚子年买的甲骨：

光绪己亥，河南安阳县西，五里之小屯，有乡人见地坟起，掘之得龟甲……庚子有范某者，挟百余片走京师。自炫以求售，先文敏公见之狂喜，以厚值留之。[③]

王汉章《古董录》亦云：

回忆光绪己亥、庚子间，潍县贾人陈姓，闻河南汤阴县境小商屯地方（志称河亶甲城，俗呼何三家城七村，总名小商屯）出有大宗商代铜器，至则已为他贾席载以去，仅获残鳞剩甲，为之嗒然。……贾取其一稍大者，则文字行列整齐，非篆非籀，携归京师，为先公述之。先公索阅，细为考订，始知为商代卜骨，至其文字，则确在篆籀之前。乃畀以重金，嘱令悉数购归。仅至一批而庚子难作，先公殉国。[④]

罗振玉《殷商贞卜文字考》自序中称：

光绪己亥，予闻河南之汤阴发见古龟甲兽骨，其上皆有刻辞，为福山王文敏公所得，恨不得遽见也。[⑤]

罗振玉《松翁自序》云：

洹滨甲骨，自庚子岁始由山东贾人，携来都门，福山王文敏公懿荣

---

① 据朱彦民：《近代学术史上的一大公案——关于甲骨文发现研究诸说的概括与评议》“统计到的专门研究甲骨文发现的成果，计 87 位学者、136 种论文和著作。这还不包括那些顺便提及甲骨文发现而持某种观点的论著，如果那些论著也包括进去的话，应在 100 位学者和 200 种论著以上。”

② 刘鹗：《铁云藏龟》自序，抱残守缺斋石印本，1903 年。又收入北京图书馆甲骨文研究资料编委会：《甲骨文研究资料汇编》，北京：北京图书馆出版社，2000 年。

③ 王汉章：《殷虚甲骨纪略》，天津美术馆《美术丛刊》创刊号，1931 年 10 月。

④ 王汉章：《古董录》，《河北第一博物院画报》，第 50、51 期，1933 年 10 月 10—25 日。

⑤ 罗振玉：《殷商贞卜文字考》自序，玉简斋石印本，1910 年。又收入《罗雪堂先生全集·三编》第 1 册，台北：大通书局影印本，1970 年。

首得之。①

以上是部分主张甲骨己亥岁出土，庚子岁王懿荣发现甲骨文字的早期文献。但这些说法均为他人回忆或转述，当事者王懿荣本人并未留下任何的文字记载，这就给持王襄、孟定生说者留下了争首的空间。

20世纪30年代中期，王襄在《河北博物院画刊》第85期上发表的《簠室题跋》一文中说：

村民收落花生，偶于土中捡之，不知其贵也。潍贾范寿轩辈见而收，亦不知其贵也。范贾售古器物来余斋，座上讼言所见，乡人孟定生世叔闻之，意为古简，促其诣车访求，时则光绪戊戌冬十月也。翌年秋，携来求售，名曰龟板。人世知有殷契自此始。甲骨之大者，字酬一金，孟氏与余皆困于力，未博收。有全甲之上半，珍贵逾他品，闻售诸福山王文敏公。②

在“公婆”各述其理、争论不休的时候，如何对上述两种说法做出准确的判断，明义士独辟蹊径，想到了从古董商入手探源甲骨发现经过的方法。毕竟甲骨发现经过中所涉及的重要人员除买方外，还有卖方。“从古董商研究入手，可能是揭开甲骨文发现之谜的一个重要途径。明义士牧师利用古董商提供的资料对早期甲骨文部分历史的成功复原，对我们就是一个非常重要的启示。”③

明义士在《甲骨研究》第二章“甲骨发现小史”中记述：

……最初发现的甲骨，都经过潍县范氏的手。范氏知道最详。先时范氏不肯告人正处。如告刘铁云“汤阴牖里”。余既找到正处，又屡次向范氏和小屯人打听。又得以下的小史。今按事实略说一下：

前清光绪二十五年（一八九九）以前，小屯有薙头商名李成，常用龙骨面作刀尖药。北地久出龙骨，小屯居民不以为奇，乃以兽骨片龟甲版鹿角等物，或有字或无字，都为龙骨。当时小屯以为字不是刻上的，是天然长成的，并说“有字的不好卖，刮去字迹药店才要。”李成收集龙骨，卖与药店，每斤制钱六文。按范氏一九一四年所言：

一八九九（己亥光绪二十五年）有学者名王懿荣（字廉生谥文敏公），

① 罗振玉：《松翁自序》，《考古学社社刊》第三期，1935年。又上海：上海书店影印本《考古社刊》下册，1981年。

② 转引自王宇信、杨升南：《甲骨学一百年》，北京：社会科学文献出版社，1999年，第32页。

③ 朱彦民：《近代学术史上的一大公案——关于甲骨文发现研究诸说的概括与评议》，《邯郸学院学报》，2008年第2期，第58—64页。

到北京某药店买到龙骨，得了一块有字的龟板，见字和金文相似，就问来源，并许再得了有字的龙骨，他要，价每字银一两。回家研究所得。王廉生是研究甲骨的第一人。当年秋，潍县范氏又卖与王氏甲骨十二块。每块银二两，盖范氏在北京听说王氏之事，便到彰德府得了十二块，回北京卖与王氏。一九〇〇（庚子光绪二十六年）春，范氏又得了八百块，亦卖与王氏，其中有全龟甲一壳，文五十二字。同年义和团起，北京大乱，王廉生死。

……

但问题并不是那么简单，因为最初贩卖甲骨的山东“范氏古董商”共有两人，后有学者考证，其二人是分别向王懿荣和王襄兜售甲骨的：

范维清与范寿轩均为山东老潍县西南三十里范家庄（今潍坊市潍城区符山镇范家村）人。据《范氏家谱》记载：范维清字缉熙，属四支十七世；范寿轩名叫范椿青，寿轩是他的字，属三支十五世。笔者查阅了大量史料并数次赴范氏故地采访，证实最早发现甲骨并贩销入京、提供给王懿荣的古董商人是范维清而非范寿轩。

范维清（字缉熙）是第一位发现并贩运甲骨给王懿荣的那位潍县范氏商贾；范椿青（字寿轩）是继而向天津王襄哄抬价格、重金推销甲骨的同村同宗古董商贾；《潍县志稿》“艺文志”中的记载是范椿青的孙子范之津张冠李戴的谬误之言，不足凭信。[①]

于此虽然该段公案还是未能得到解决，但明义士提出的从古董商入手调查甲骨发现史的方法却给学界提供了新的思考途径，而其实地考察甲骨产地、关注甲骨发现者，并亲访范氏古董商与小屯村人的严谨与认真，值得我们学习。

第四节　创新甲骨著录法

甲骨产自洹水之阳，其文变化百出，正如郭沫若所言“极端之图形，几占百分之八十以上。其已形声孳乳而为字者，亦或反或正，或顺或逆，或繁或省，或分或合；其行文亦或左行或右行，或竖行或横行，或下行或上行，骤视之，俨如对巴比伦与埃及王朝之古代文书”[②]，孙诒让惊慨其为“人间瑰宝”，罗振玉叹其为“汉以来小学家若张杜杨许所不得见”。[③]

① 邓华：《甲骨文发现史上的另一桩公案》，《寻根》2002年第4期，第44—47页。

② 郭沫若：《甲骨文字研究》序，北京：科学出版社，1962年。

③ 罗振玉：《殷虚书契前编》自序，《国学丛刊》二期三卷，1911年。

该如何判定这种文字的性质与价值，孙诒让在《契文举例》叙中说：“今就所通者略事甄述，用补有商一代书名之佚，兼以寻究仓后籀前文字流变之迹。”①罗振玉《殷商贞卜文字考》序中说：“其文字虽简略，然可正史家之违失，考小学之源流，求古代之卜法。”②从孙罗二人评价中可以看出，在甲骨学草创之初，中国学者即已充分认识到了甲骨的文献史料价值。

而传教士们对此也有着清醒的认识。明义士在《甲骨研究》中说：

> 有时一块骨头上的一段卜辞，有五十多个字，一件事说的很详细。学者用为史料，能多明白当时的历史。③

基于相同的认识，早期中外学者均注重对甲骨材料的著录。但同是著录甲骨，不同的学者又有着不同的特点。

一、著录方式

与中国学者采用的传统金石拓印方式不同，西方传教士的甲骨著录多为摹录。方法敛 1906 年 *Early Chinese Writing* 首开摹写记录甲骨之风，而方氏其后的另外三部甲骨著录书籍《库方》、《金璋》、《七集》亦全部为手摹完成。明义士 1917 年第一本甲骨著录书籍《殷虚卜辞》亦为手摹，其后 1928 年的《殷虚卜辞后编》则改用墨拓的方式著录，而到了 1935 年《柏》出版时，明氏则是兼用了墨拓加摹本的方式。

对比墨拓和摹写，两者互有优劣，墨拓可能更真实全面，而摹本或许更清晰直观。如图 7-1、图 7-2、图 7-3 中这片武丁时期的珍贵腹甲卜辞（《合集》39694），先是收入 1906 年的《中国原始文字考》，编号 FIG.12，后又收于《库方所藏甲骨卜辞》，1985 年李学勤等《英国所藏甲骨集》又发表了该片甲骨的拓本和照片。

① 孙诒让著，娄学礼校点：《契文举例》叙，济南：齐鲁书社，1993 年。

② 罗振玉：《殷商贞卜文字考》自序，玉简斋石印本，1910 年。又收入《罗雪堂先生全集·三编》第 1 册，台北：大通书局影印本，1970 年。又收入北京图书馆甲骨文研究资料编委会：《甲骨文研究资料汇编》，北京：北京图书馆出版社，2000 年。

③ 明义士：《甲骨研究》，济南：齐鲁书社，1996 年，第 4—5 页。

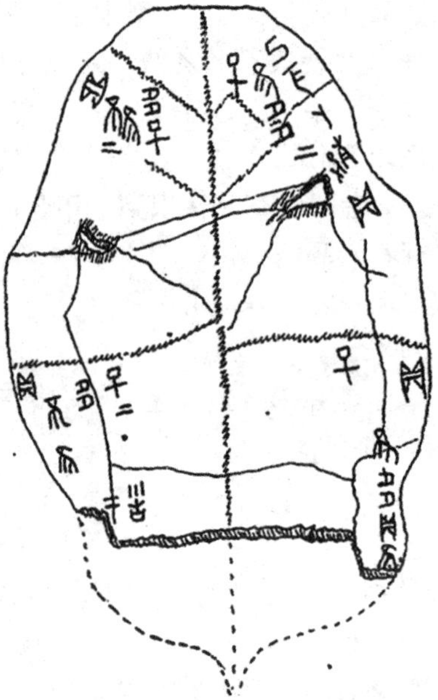

图 7-1 《中国原始文字考》FIG.12

资料来源：方法敛：《中国原始文字考》，匹兹堡：卡内基博物馆，1906 年，第 32 页

图 7-2 《英藏》148 拓本

资料来源：李学勤、齐文心、艾兰：《英国所藏甲骨集》，北京：中华书局，1985 年，第 29 页

图 7-3 《英藏》148 照片

资料来源：李学勤、齐文心、艾兰：《英国所藏甲骨集》，北京：中华书局，1985 年，图一

对比上图中的摹本与拓片可以看出，方氏在摹写的过程中有意识地补出了龟甲破损的部分，整个摹本可以较好地表现出甲骨文字契刻的味道。而对于该片甲骨右下角的四个字，拓本不如摹本表现清晰。当然无论是拓本还是摹本，两者相对于目前甲骨学界更高的研究追求来说，都是远远不够的，胡厚宣在《英藏》序中寄予将来的甲骨著录著作说："只有照片拓本摹本三位一体，互相补充，那才是尽美尽善。"①

需要指出的是，方法敛与明义士虽然都采用手摹方式著录甲骨，但两人又有所区别，方氏著录甲骨多用钢笔类的硬笔，而明氏则选用中国传统毛笔。

二、著录细节

这里要论述的著录细节主要是指著录者对于甲骨全貌重要性的认识。甲骨学发展到今天，人人皆知甲骨全身都饱含着史料信息，无论是其上文字、背后火号或者钻凿痕迹都对商史研究起着重要的作用，而甲骨边角的磨损情况、甲骨的兆裂痕迹也都可以成为甲骨校重和缀合的重要提示。但是在甲骨学草创之初，学者们对于甲骨各个部分的价值认识不一。

① 胡厚宣：《英国所藏甲骨集》序，北京：中华书局，1985 年。

罗振玉著录甲骨就存在着随意删剪甲骨片形的情况，1933年明义士在其《表校》一文曾经批评罗氏《殷虚书契前编》未曾把每片甲骨的边缘均公布清楚：

但罗氏亦未尽澈此旨，予曾见方若拓片“注云：予所见卜龟文字残片，无有大于此者矣，戊申（一九〇八）三月得之……方若记于谶室之西楼”。此片长二十四生得，阔二十三，但罗氏书卷五，十三页，第一片仅存文字，不存骨片全形。（图7-4）[①]

再如《殷虚书契前编》3.14.2，即《合集》21784（图7-5）。该甲骨拓片的实物现存于吉林大学。其上所记卜辞，特别是罗氏“无理地”[②]截去的拓本上端部分，是研究有关“子组”卜辞的重要线索。甲骨文中关于子组、午组、自组等“非王卜辞”的分期归属问题一度成为学界争论的热点，其相关材料的研究价值不言而喻。姚孝遂曾经在《吉林大学所藏甲骨选释》中指出《前》3.14.2的重要性：

图7-4 《前编》罗振玉裁剪甲骨图

资料来源：罗振玉：《殷虚书契前编》，《国学丛刊》石印本二期三卷，1913年

图7-5 《合集》21784

资料来源：郭沫若主编：《甲骨文合集》，北京：中华书局，1978—1982，第2792页

① 张秉权：《略论〈殷墟书契前编〉的几种版本》，国际中国古文字学研讨会《古文字学论集》，1983年，第191—216页。

② 林沄：《从武丁时代的几种“子卜辞”试论商代的家族形态》，《古文字研究》第一辑，北京：中华书局，1979年，第314—336页。

《殷虚书契前编》曾著录过这类刻辞的一片干支表（3.14.2），其拓本乃是经过剪裁的。实际上骨的上端尚有一部分残辞，有贞人“争”的名字。根据这片“干支表”的字体——尤其是其“子”字作“[illegible]”、“丁”字作“◇”来看，可以毫无疑问地确定它是所谓“子组”刻辞。其上端的刻辞虽然已残缺不全，但我们可以依据卜辞的通例补足为“□□卜，争□（贞），□（旬）□（亡）𡆥”。同时，就其字体来看，也和我们所常见的贞人“争”的字体完全相同。据此，则这类刻辞也应当肯定其为属于武丁时期，因为贞人“争”无可怀疑地是武丁时人。①

相比之下，方法敛、明义士等人就十分重视甲骨全貌的著录，二人摹写甲骨时不仅基本遵循等比例摹写的原则，而且注重对甲骨边缘、齿缝等部位的刻画。董作宾就曾在《方法敛博士对于甲骨文字之贡献》一文中赞扬方氏：

方氏的写本同时注意绘出龟甲的齿缝、质纹、骨板的边缝、卜兆，这在研究上，比拓而不全或剪裁整齐的拓本有用得多，是摹写胜以拓本的地方。②

观察图 7-6 中三幅小图，可以看到 FIG.17、FIG.18、FIG.20 方氏均绘出了完整的甲骨边缘、齿缝，不仅如此，FIG.17 中方氏还有意识地补出了左下角的缺口，同时采用透视绘图的方式表现出了左右断层的剖面纹理，细致入微。另外 FIG.18、FIG.20 上还可以观察到清晰的兆裂，而通过方氏的描摹，我们也可以直观地了解到 FIG.18 碎密的边缝与 FIG.20 圆滑边缝之间的差别。

FIG.17　　FIG.18　　FIG.20

图 7-6　《中国原始文字考》FIG.17/FIG.18/FIG.20

资料来源：方法敛：《中国原始文字考》，匹兹堡：卡内基博物馆，1906 年，第 34 页

① 姚孝遂：《吉林大学所藏甲骨选释》，《吉林大学社会科学学报》1963 年第 4 期，第 79—87 页。

② 董作宾：《方法敛博士对于甲骨文字之贡献》，《图书季刊》1940 年新 2 卷第 3 期，第 297—324 页。

而明义士的甲骨著录亦是如此，观察图 7-7 中两图，《明》76 上的兆痕清晰可见，《明》113 上除兆痕外，左侧破损部位的状态亦表现得十分清楚。

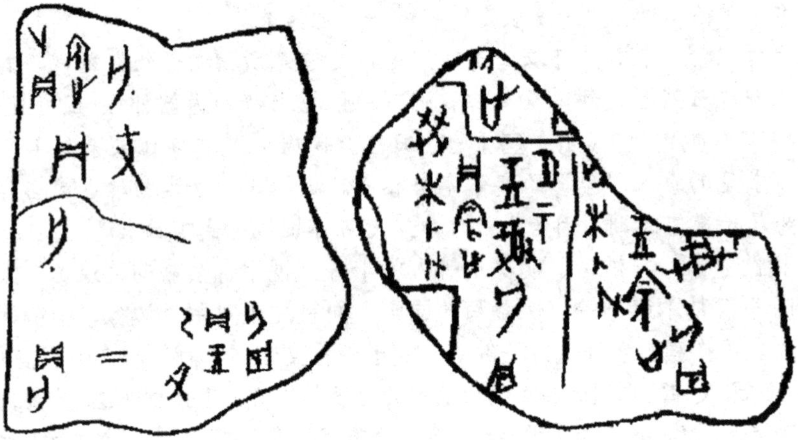

《明》76　　《明》113

图 7-7 《明》76、113

资料来源：明义士：《殷虚卜辞》，上海：上海别发洋行，1917 年，第 10、16 页

第五节　奠基国际甲骨学

自 1899 年甲骨被发现后的百余年间，向西方介绍我国甲骨文化的西方人不在少数，如早期的沙畹氏、金璋、H・穆乐（H.Mueller），中期的吉卜生、白瑞华，近期的艾兰、吉德炜、罗端等。但 20 世纪初的传教士群体是西方人中最早致力于甲骨学海外传播的学术力量，其无论是在用力的殷勤程度上，还是学术著作的数量上均不逊于同时期乃至以后相当长一段时段内的其他学者。

一、及时向世界宣扬甲骨文字发现和甲骨学研究成果

20 世纪初的传教士群体是西方人中最早向海外宣传甲骨学的一支重要的学术力量。明义士就曾经在 1917 年的《殷虚卜辞》英文序言中评价赞扬方法敛、库寿龄二人行为，称此二人是将甲骨介绍给西方的媒介：

It was through the good offices of these two gentlemen that the collections were formed in the British Museum, the Royal Scottish Museum, the Field Museum, Chicago, as well as the private collection of L, C. HOPKINS, Esq, I.S.O. who has written much on the subject in articles in the Royal Asiatic

Journal. It was they who introduced these objects to the Scientific world.①

此外，我们也可以从几位传教士学者的论著目录（表 7-1）中透视其海外宣传之功。

表 7-1　早期传教士甲骨研究成果简表

明义士②	1917 年《殷虚卜辞》	最早用英文出版的甲骨著录书
	1928 年《殷虚卜辞后编》	
	1932 年《商代之文化》(*The Culture of the Shang Dynasty*)	
	1933 年《表校新旧版〈殷虚书契前编〉并记所得之新材料》	
	1933 年《甲骨研究》	最早用于教学的论著（教材）
	1933 年《中国商代之卜骨》(*Old Bones of Shang Dynasty China*)	
	1934 年《柏尔根旧藏甲骨文字》	
	1934 年《柏尔根氏旧藏甲骨文字考释》	
	1936 年《中国古代之上帝》(*God in Ancient China*)	
	1936 年《商周的美术》(*The Art of the Shang and Chou Dynasties*)	
	1936 年《商代的文化与宗教思想》(*Cultural and Religious Ideas of the Shang Dynasty*)	
	1942 年《商戈——公元前 1311—1039 年期间的特种武器的研究》(*Shang KO A study of the Characteristic Weapon of the Period 1311-1039 B.C.*)	
方法敛	1906 年《中国原始文字考》(*Early Chinese Writing*)	最早用英文发表的文章
	1935 年《库方二氏藏甲骨卜辞》(*The Couling-Chalfant Collection of Inscribed Oracle Bone*)	
	1938 年《甲骨卜辞七集》(*Seven Collections of Inscribed Oracle Bone*)	
	1939 年《金璋所藏甲骨卜辞》(*The Hopkins Collection of the Inscribed Oracle Bone*)	
库寿龄	1914 年《河南出土之卜骨》(*The Oracle Bones from Honan*)	
怀履光	1935 年《中国最丰富的考古遗址——象塚》(*The Richest Archaeological Sites in China:The Elephant Tomb*)	
	1945 年《中国古代的骨文化》(*Bone Culture of Ancient China-An Archaeological Study of Bone Material from Northern Honan*)	

此外，传教士很早就将甲骨转让或捐赠于公共博物馆用于教学展出，尤其是 1904 年入藏上海皇家亚洲学会华北分会博物馆的那批甲骨，是世界汉学界了解、接触、研究甲骨的最早一批实物材料。

① 明义士：《殷虚卜辞》序，上海：上海别发洋行，1917 年。

② 明氏著作除表内所列外，另有部分未完成或未发表成果：《商代王妣世系考》、《殷虚卜辞类考》、《卜辞中商代之战争》、《商代器皿形式考》、《齐大古器物室录簿》、《中国初时之美术》、《殷虚卜辞文字索引》、《殷虚卜辞考释》，参见方辉：《明义士和他的藏品》，济南：山东大学出版社，2000 年，第 32—33 页。

二、保存了大批甲骨材料，成为后期甲骨研究的重要来源

传教士的甲骨旧藏无论是留存于国内部分，还是散失于国外部分，都成为当代甲骨学研究材料的重要来源。

明义士旧藏甲骨目前可见的总数为 31 431 片，其中留于国内的有 26 493 片，存放于三处：南京博物院 2461 片、故宫博物院 20 364 片、山东博物馆 3668 片。这三部分藏品成为目前国内甲骨学研究材料的大宗，如 1951 年，胡厚宣《战后南北所见甲骨录》一书著录的《明义士旧藏甲骨文字》，即根据明氏原存放于北京华语学校内，现藏于北京故宫博物院的那部分甲骨选拓来的。明氏流散于国外的甲骨总数近五千片，主要存放于加拿大安大略博物馆，该批甲骨不仅是加拿大甲骨学者研究的出发点，也成为海内外甲骨学术交流的重要依托。20 世纪 60 年代末安大略皇家博物馆曾邀请台湾学者许进雄继续对明氏旧藏进行整理。1972 年，许进雄《明义士收藏甲骨》出版，著录甲骨 3176 片。同年许氏还出版了《殷虚卜辞后编》，是在 1928 年明氏 2819 片拓本的基础上去伪、缀合后著录而得。1977 年许氏又在《明义士收藏甲骨》的基础上出版了《明义士收藏甲骨释文篇》。此外，明氏旧藏于英国的 25 片甲骨，1985 年由李学勤、齐文心、艾兰等学者共同拓印、收录于《英国所藏甲骨集》（上编）。

怀履光旧藏甲骨也藏于加拿大皇家安大略博物馆。1979 年许进雄据此出版了《怀特氏等收藏甲骨文集》，之后许进雄又在这批甲骨的基础上发表多篇研究文章。

库方旧藏甲骨现多存于英美两国，1976 年周鸿翔出版《美国所藏甲骨录》，其中 526 片为库方旧藏。1985 年李学勤等《英国所藏甲骨集》（上编）中收录库方旧藏 2261 片。

此外，方法敛的甲骨摹本也成为国内外甲骨学者的研究材料，董作宾就对方氏摹本十分推崇，他在《方法敛博士之于甲骨文字之贡献》中举了四个例子（庚申月有食、报乙宝丙的彡祭、“佳王八祀”的巧合、征人方的两个月行程）来称赞方法敛甲骨著录对其《殷历谱》写作的重要启示。如在“佳王八祀”的巧合例中董氏说：

> 《库方二氏卜辞》出版以后，曾仔细被检，最令我注意的是一六六一这一号，这里有四次卜旬，四次记月，又是祭壴劦联合举行重要祀典之片，所惜的是下面残了年祀。忽然间“佳王八祀”，从我的记忆中跳出来，何妨试一试呢？这一试真叫我喜出望外，它们果然就破镜重圆了，我当时很

佩服方法敛博士摹写的精细，“隹”字的首翼，亏他能规规矩矩的描出来，使它与我写的鸟尾鸟足可以密接。[①]

福开森旧藏甲骨全部捐赠予金陵大学，商承祚1933年出版《福氏所藏甲骨文字》，著录福氏甲骨旧藏37片。

综上，传教士早期的甲骨购藏、流布、著录、研究等活动均为后来的甲骨学研究提供了宝贵材料和学术借鉴，值得我们重视。此外，流散于国外的传教士旧藏，多存放于世界一流博物馆内，吸引了大批西方学者参观、研究。

三、对甲骨学人的培养

一门学科的建立和发展，离不开人才的培养，这在甲骨学发展的早期显得尤为重要。明义士在这一方面作出了巨大的贡献，除上文所言的明义士曾在齐鲁大学开设甲骨研究和考古学通论等课程广纳海内外弟子外，他与曾毅公的关系亦成为甲骨学界的一段佳话。1932年明义士受聘于齐鲁大学时，曾毅公曾任其助理，曾氏在帮助明义士整理其甲骨收藏的过程中，逐渐成长为一代甲骨学大家。同为明义士学生的张昆河曾经回忆道：

明氏的研究室，在考文楼（今山医大教学五楼）三楼南面的一大间，有两个南窗，明氏和曾毅公氏各有一个大写字台，各据一个南窗相对而坐。[②]

明氏对曾毅公指导颇多、亦友亦师，1939年，曾毅公《甲骨叕存》一书出版时，曾氏在序中感言：

丙子之夏，明子宜师 J. M. Menzies 返国。良师遽别，请继以为学之道。师乃诏毅曰：“甲骨出土洹滨，今且三十余载。铁云籀庼启其先河，俑庐静庵发其枕祕。功等凿空，绝学斯显。时贤硕彦，率有名篇，契学昌明，于焉略备，起例发凡，固彬彬乎其盛矣！分条钻索，尚有待于将来，若子商之谱系，人地之考征，甲骨之断代，卜法之推究，词类之比勘，残片之叕合，凡此荦荦，其尤著者。苟能勤事勘研，会通比较，则殷商文献其有补乎！余虽从事斯业，积稿盈箧，然增益修补，杀青有待。其有意乎？当共勉之。”毅获教之余，数年来未敢或忘，然赋性愚暗，且惭末学。虽有造述，未能自信。独学寡偶，请益无从。既忧患之频频，

① 董作宾：《方法敛博士对于甲骨文字之贡献》，《图书季刊》新2卷第3期，1940年，第297—324页。

② 转引自方辉：《明义士和他的藏品》，济南：山东大学出版社，2000年，第33页。

且感室家之多累。时作时缀，所业几废。是则内怍于心，而尤惭乎明教者也。今叕存排比，将次完成，谨记师说，用志缘起云尔。[1]

此后曾毅公另有《甲骨缀合编》(1949 年)、《殷虚文字缀合》(1955 年，合著)等著作出版，应该说曾氏一生致力于甲骨缀合研究与其师明义士对甲骨缀合的重视不无关系。

四、对博物馆事业的贡献

美国北长老会驻山东牧师柏尔根不仅致力于发展中国的学校教育，创办了广文学堂(齐鲁大学前身)，而且十分重视对公众历史文化知识的科普教育，他将自己购买的 76 片甲骨长期存放于济南广智院(详见本书第三章第二节)，用于公开展览陈列。柏尔根作为一个外国人，能够在甲骨刚刚出土不到 5 年的时间即将之作为重要文物展于博物馆内，其学术眼光让人敬佩，要知道此时尚有许多中国学者还在怀疑甲骨的真实性。

除柏尔根外，同在山东的明义士也对我国博物馆业的发展作出了重要贡献。明氏任教齐鲁期间，为了辅助教学、开拓学生视野，曾用个人收藏开办了古物博物馆，此时中国的博物馆业尚未起步，国内博物馆寥寥无几，而明氏开设的这个博物馆应该算是中国最早的大学博物馆了。

另一个必须要提到的是美以美会传教士福开森。福氏一生收藏古物无数，其收藏文物有个特点，即给每器均做登录。福氏登录器物有四项原则：①原物均有拍照；②可拓的均有拓片；③有文字描述，如玉质、铜质、长、高及形态、颜色等；④有鉴定，福氏收藏器物大多经过专家鉴定，后福氏再对其年代、出处等做最后判断。另外福氏还对各器物的既往收藏者，在可能的范围内予以记录。不仅如此，福氏还给各器物配有英文说明。当时的文物专家认为，福氏的这种收藏方法，可以说是井井有条，不仅与我国传统收藏家的随心摆放、毫无秩序不可同日而语。

1934 年福氏将自己数十年收藏全部捐赠给金陵大学，金陵大学为此创建了专属博物馆，1952 年金陵大学与南京大学合并，这批文物现存放于南京大学考古与艺术博物馆内。

五、提供考古材料、拓展古生物学研究范围

1924 年，具备考古学素养的明义士将小屯村民挖掘的动物标本送交古生物学家亚瑟·苏俄比鉴定，由此发现了一个新的鹿种，依据考古学惯例，

① 曾毅公：《甲骨叕存》序，济南：齐鲁大学国学研究所，1939 年。

该种鹿种被命名为“Cervus（Rucervus）Menziesianus”，有学者翻译为“明氏鹿”。

明义士并不满足于古生物学家仅从生物学上对该鹿种进行描述，他认为这种鹿应该就是甲骨文中所言的“麋”，为此他写了一篇名为《论殷墟出土的明氏鹿即古代的麋》的文章，方辉在《明义士和他的藏品》中将该文翻译为中文发表[①]，此不赘述。

综上，无论是在甲骨的购藏、著录、整理、研究，还是甲骨人才的培养、甲骨文化的传播上，传教士均贡献巨大[②]，值得我们对其群体地位进行重新思考与定位。

① 方辉《明义士和他的藏品》，济南：山东大学出版社，2000年，第223—226页。

② 另有明氏对商王名甲者的研究成果，纠正了罗王的错误；把类型学方法引入文字学，开辟了甲骨断代的新途径等贡献，前文已经论述较多，此处不再重复。

第八章　海内外学术界对西方传教士旧藏甲骨的著录

> 殷墟甲骨文流出国门原因较多，但与其他文物（无文字的）有所不同，这是因为无论是国内外任何一个收藏者，如只将其当作古董来鉴赏，或秘不示人，可以说就使甲骨文完全失去其应有的历史价值和社会意义。材料的社会化再加上甲骨学家的苦苦追寻和收藏家的奉献精神，国内外各单位收藏甲骨，不断出版著录，提供给学者们研究。[①]

所谓“一时代必有一时代之学术”，学术之发展则需顺于时代之发展，时代变，学术亦变。从世界各国学术发展的历史来看，进行学术探讨，绝不能故步自封，抱残守缺，而是必须随时应用新观点，使用新材料，提出新问题，探索新方法。只有这样，学术研究这一条长河才能流动不息，永远奔向前方。讨论西方传教士之于中国甲骨学之发展，自然亦不能脱离时代孤立静止地看待。

20世纪二三十年代，随着那批曾长期居住中国，有着中西方双重学术背景的传教士、外交家的逐渐故去，甲骨学在西方也逐渐进入低谷，早年通过西方传教士购藏而流出国门的一大批甲骨陈列在欧美各大博物馆，随着最初研究者的辞世，也渐成了仅供展览的文物。此外，由于历史的原因，成立不久的新中国遭遇了十年浩劫，无暇、无法亦无力与世界接轨。这段时间内甲骨学研究跌入低谷，中西甲骨学界长期隔离，数十年间，仅有屈指可数的几位学者如许进雄、周鸿翔、雷焕章、饶宗颐、胡厚宣等人对这批海外甲骨进行过研究。后至改革开放初期，思想慢慢开放、学术逐渐自由，中西学术交融的新契机、新高峰又再次出现，其具体表现就是海外现藏甲骨的重新整理、著录、出版。这既是对早期西方甲骨学的一次回顾，也是中外学者在西方传教士之后继续碰撞的一个缩影，是第一、二次甲骨学术交流高潮的中继。

本章主要回顾介绍海内外学术界对西方传教士旧藏甲骨的著录情况。

---

① 王宇信、杨升南：《甲骨学一百年》，北京：社会科学文献出版社，1999年，第76页。

第一节　库方二氏旧藏甲骨的再整理

一、《英国所藏甲骨集》

甲骨材料长期流失分散海外，不利于学者的研究利用，为了改变英国所藏甲骨长期未能完全公布，现有甲骨图录缺失不全、讹误过多的情况，1982年中国社会科学院历史研究所的专家李学勤先生在担任剑桥大学客座研究员期间，与中国社会科学院历史所齐文心先生以及伦敦大学亚非学院艾兰博士（Dr.Sarah Allan）在英国学术院、大学中国委员会和伦敦大学亚非学院的资助下，对全英各单位所藏甲骨进行了调查工作。调查显示英国境内共有11家公私单位和个人藏有甲骨，其中收藏较多的如皇家苏格兰博物馆、不列颠图书馆、剑桥大学图书馆、大英博物馆等，此外还有牛津大学Ashmolean博物馆、剑桥大学考古与古人类学博物馆、伦敦维多利亚和阿尔伯特博物馆等大型公共机构和一些私人藏家持有甲骨。

自1982年始，李、齐、艾三位学者展开合作，对英国所藏甲骨调查、施拓，拓集英国十一个公私单位所藏约3000片甲骨，经过甄别辨伪，略去全伪和字迹不清的残片，选用甲骨凡2674片收入《英国所藏甲骨集》（*Oracle Bone Collections in Great Britain*），全书分上、下两编，上编为图版，下编为释文和附录，于1985年和1991年由中华书局陆续出版。其中，除了摹本中已发表过的1649片外，增加了1025片此前未曾发表过的新材料。据该书所附分期分类表看，这些甲骨有66%属于董作宾划分的第一期，这期甲骨是商朝占卜内容最为广泛的时期，价值也最大。《英国所藏甲骨集》的问世，为研究和澄清甲骨学和商史中的一些疑难问题，提供了信而可征的新材料，其学术价值是显见的。

《英藏》（上编）主要包括序言、凡例和图版。《英藏》（下编）主要为甲骨片释文，并附有材料来源表、与《库方》《金璋》等书的对照表、相关论文、部分摹本及照片等。本节主要介绍《英藏》（上编）的传教士甲骨著录情况。

《英藏》（上编）所收录2674片甲骨拓片中属于库方旧藏的有2261片，分别为不列颠图书馆483片，皇家苏格兰博物馆1777片，不列颠博物院1片。其中不列颠图书馆的483片即为《库方》的1506—1988，而皇家苏格兰博物馆中有760片即《库方》1—760，不列颠博物院1片即《库方》1989鹿角刻辞。此外剑桥大学图书馆 622 片金璋旧藏中有 423 片即方法敛《金璋所藏甲骨卜辞》。

虽然《英藏》所收甲骨的大部分均为方法敛已发表过的资料，但二者最大的区别是：方氏为摹写，《英藏》为拓片。一般来说，拓本较摹本真实，但摹本亦有拓本所不及之优势，下略具数例简单比较：

《英藏》112，即《库方》1580（图 8-1、图 8-2），是为数不多的武丁卜骨中反面侧边记录卜辞的例子。该片甲骨为一期先祖类卜辞，根据摹本，上刻 7 字下行，读为：庚寅夂升岁母庚。比较方氏摹本与《英藏》拓片，可知《库方》1580 片为原骨实物等比例摹写[①]，不仅骨上文字清晰易读，且原骨边缘齿痕、正面左下角破损处的残留文字痕迹均一目了然。

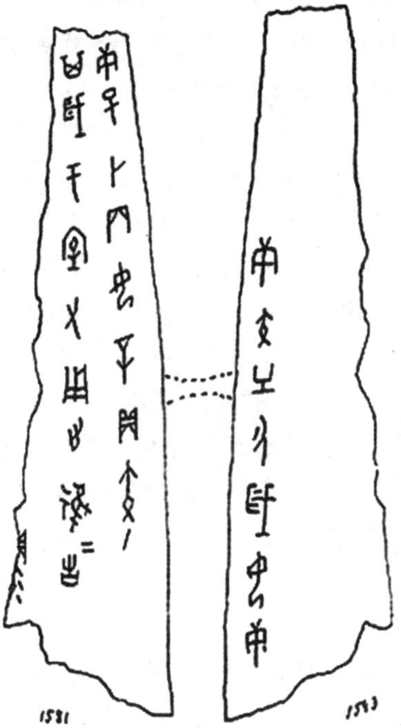

图 8-1 《库方》1580

资料来源：方法敛摹、白瑞华辑：《库方二氏藏甲骨卜辞》，上海：商务印书馆，1935 年，第 85 页

图 8-2 《英藏》112

资料来源：李学勤、齐文心、艾兰：《英国所藏甲骨集》，北京：中华书局，1985 年，第 22 页

① 根据《中国原始文字考》发表的图版标注，可知方氏很注意摹本与原物的尺寸对比，其绘出摹本，均会在后括号注明“（Actual size）”（实际大小）或“（Slightly reduced in size）”（大小略有缩减）字样。

《英藏》1873，即《库方》420（图 8-3、图 8-4），是少见的利用废弃甲骨改造饰物的实例。“该片系腹甲左甲墙内侧部分，左边可见齿纹。片上两孔是自相反的方向钻出的，在右面孔旁可见为确定钻孔位置用锋刃器划出的细线。甲片上边折断，右、下两边则是锯成的。”[①] 该片甲骨为一期𠂤组卜辞，释文为：壬寅卜……死……□……。比较方氏摹本与《英藏》拓片，可知《库方》420 片不仅为原骨实物等比例摹写，而且方氏在摹写该片甲骨时还把上方破损处的剖面、左侧破损处的齿痕一一绘出，相比之下《英藏》1873 因为墨拓的局限，其对上方破损处的剖面与左侧齿痕处的表现就不如摹本显示得清楚了。

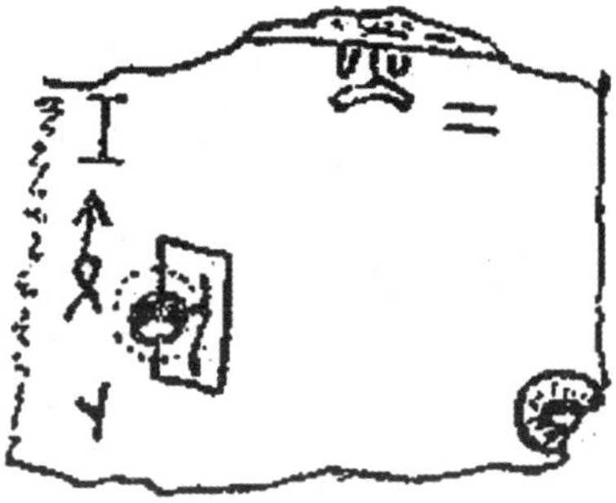

图 8-3　《库方》420

资料来源：方法敛摹、白瑞华辑：《库方二氏藏甲骨卜辞》，上海：商务印书馆，1935 年，第 24 页

图 8-4　《英藏》1873

资料来源：李学勤、齐文心、艾兰：《英国所藏甲骨集》，北京：中华书局，1985 年，第 352 页

《英藏》1925，即《金璋》84（《合集》40927）[②]，其释文为：乙酉卜贞，翼丁亥禾来尸（夷），其升自上甲，又□尸（夷），其……。另《英藏》2417，即《金璋》385（《合集》40920），其释文为：甲申贞，𡧊来尸（夷），其用，瞽……。李学勤评述说：“卜辞中常见来羌，来夷的极为难得，又同见一书，难免有人致疑。后一片曾见白瑞华《甲骨五十片》，也不很清晰。现查拓本，‘尸’字均准确，非‘羌’字之譌。这对讨论‘羌’的身份是一贡献。”[③] 由此，该片甲骨的历史文献价值可见一斑。

二、《美国所藏甲骨录》

《美国所藏甲骨录》（*A Report on the Oracle Bone Collections in the United*

① 李学勤、齐文心、艾兰：《英国所藏甲骨集》前言，北京：中华书局，1985 年。

② 《甲骨文合集》第 13 册内所收金璋旧藏甲骨摹本即为方法敛摹《金璋所藏甲骨卜辞》原书摹本。

③ 李学勤、齐文心、艾兰：《英国所藏甲骨集》前言，北京：中华书局，1985 年。

States，以下简称《美藏》)，周鸿翔编著，1976年由美国加利福尼亚大学出版。

《美藏》全书包括六个部分：①英文序言，介绍了书中所列各个甲骨收藏机构的甲骨来源，部分甲骨的缀合情况及作者对具体藏品价值的评价；②《美藏》与各收藏机构的片号对照表；③各收藏机构与《美藏》的片号对照表；④《美藏》著录甲骨中已出版甲骨片统计；⑤参考文献及中英文专有名词对照表；⑥各个收藏机构的甲骨拓片。

《美藏》共著录甲骨片700号。据作者自述，这700个编号是作者两度赴美实地考察（分别在1965年和1970年）时，从15家机构所藏1600余片甲骨中精选出681片实物的拓本，其中有19片甲骨反面有字，故全书著录编号为700。

《美藏》所著录的681片甲骨，选自美国现藏的11家单位，分别是[①]：

(1) 宾夕法尼亚州匹兹堡卡内基博物院所藏的407片甲骨，其中6片反面有字，故著录数为413片。

(2) 纽约哥伦比亚大学所藏的66片甲骨，1片反面有字，故著录67片。该批甲骨，原为美国施密氏所藏，编号414—480。

(3) 华盛顿特区佛利尔美术馆藏1片，编号481。

(4) 马萨诸塞州剑桥市哈佛大学藏61片，编号482—541。

(5) 华盛顿国会图书馆藏4片，编号546—545。

(6) 纽约大城会美术馆藏11片，编号546—556。

(7) 华盛顿历史和技术博物馆藏2片，编号557—558。

(8) 伊利诺伊州自然历史博物馆藏6片，编号559—564。

(9) 新泽西州普林斯顿大学藏119片、实为115片。已见于《甲骨卜辞七集》中的普林斯顿所藏甲骨，编号565—684。

(10) 密苏里州堪萨斯纳尔森美术馆藏12片。编号685—696。这批甲骨严一萍收录并考释，已发表于《中国文字》第22册中[②]。1973年艺文印书馆又刊行单行本。

(11) 加利福尼亚州旧金山M·H·迪杨纪念馆藏4片，编号697—700。

陈炜湛在《读〈美国所藏甲骨录〉》一文中评价：

本书可以说是对美国所藏甲骨一次全面的、综合性的著录……从这里，我们即可看到各博物馆、图书馆的收藏概况，又可看到美国全国的收藏情

① 数据参见刘一曼等：《北京图书馆藏甲骨文书籍提要》（书目文献出版社，1988年，第62页）以及陈炜湛：《读〈美国所藏甲骨录〉》（《学术研究》1980年第3期，第97—103页）。

② 严一萍：《美国纳尔森艺术馆藏甲骨卜辞考释》，《中国文字》第22册，1996年。

况。卷首除有《导论》介绍美国人收集研究甲骨文的情况、对有关拓本的若干问题提出其自己的看法、扼要介绍书中所包含的重要材料外，还附有作者《关于美国所藏甲骨的报告》一文（此文曾于一九七一年在洛杉矶太平洋海岸亚洲研究年会上宣读），详细叙述美国十五个公家机关所藏甲骨的来源、现状，以及他所见所闻的其他公私藏家的收藏情况。无论《导论》或这篇《报告》，对中外读者无疑都是有益的。

……

属于本书第一次公布的甲骨资料似乎不足百片，但以拓本而论，六百八十一片的七百个拓本中，已发表的却仅一百三十余片，大多数均是第一次发表。这于研究甲骨文者的帮助，是不言而喻的。①

正如陈氏所述，《导论》和《报告》在介绍各家单位所藏甲骨的来源和现状方面，对我们探讨西方传教士甲骨购藏、流布和著录情况都极为重要，尤其是对库方二人甲骨学的研究提供了极为有价值的线索。值得重视的是，该文后所附的根据周鸿翔 1971 年《关于美国所藏甲骨的报告》一文所制作的《美国所藏甲骨表》，价值很大，故此，我们将其原表转引于此（表 8-1），以便查核。

据陈炜湛表和周鸿翔在《美藏》英文序文中给出的各部分藏品的来源信息可知，属于西方传教士旧藏甲骨或者说是由西方传教士收购而入藏美国的甲骨现有三处，即十一处收藏单位中的 1、8、9 三处的甲骨，皆为库方二氏旧藏。根据周鸿翔记载，分别介绍如下：

第一，卡内基博物馆藏甲骨，周鸿翔认为这是美国所藏甲骨中史料价值最高的一批：

> The largest of which is that of Peabody Museum of Harvard, followed by the Carnegie Museum collection. From the point of view of the contents of the oracular records themselves, the latter collection is the most important one. It was the first collection to enter this country, having been acquired from Frank Herring Chalfant in 1909，just three years after he published his work. *Early Chinese Writing*, the earliest Western publication on oracle bone studies.②

① 陈炜湛：《读〈美国所藏甲骨录〉》，《学术研究》1980 年第 3 期，第 97—103 页。

② 周鸿翔：《美国所藏甲骨录》，伯克利：美国加利福尼亚大学出版，1976 年，第 15 页。

表 8-1　陈炜湛《读〈美国所藏甲骨录〉》附表（《学术研究》1980 年第 3 期）

收藏单位	收藏甲骨			来源	著录	备考
	甲	骨	合计			
卡内基博物馆（宾夕法尼亚州，匹兹堡）	234	173	407	方法敛于 1903—1908 年在中国所得	《库方二氏所藏甲骨卜辞》（摹本）971—1408 《美录》1—413	此系剔除伪片，且由周鸿翔缀合后的数字
圣・路易斯城市艺术博物馆（密苏里州）		7	7	购自日本京都（1919 年 5 月）		据称每片价 45 美元
哥伦比亚大学东亚图书馆（纽约）	55	18	73	施密斯等人之家属捐赠	《殷契佚存》255—316 《美录》414—480	此系 1966 年的统计，1970 年仅存 66 片（甲 50，骨 16），其中 4 片为新发现者，实际失去 11 片（甲 8，骨 3）；《殷契佚存》 第 287 片已碎为 3 片
弗里尔艺术陈列室（华盛顿）	9	2	11	1960 年购自索尔比的亲属	《美录》481	其中有整腹甲 4，羊骨 1
哈佛大学皮博迪博物馆（马萨诸塞州剑桥市）			约 900	(1) 兰登・沃恩尔于 1914 年 4 月购于小屯；(2) 佛格艺术博物馆转赠	《美录》482—541	大多属极细碎之小片
哈佛大学佛格艺术博物馆		14	14	日本古董商人于 1935 年所赠		有两片可缀合（《美录》486）现均归皮博迪博物馆
国会图书馆（华盛顿）	3	1	4	不详	《美录》542—545	
纽约市立艺术博物馆（纽约）			25	A・W・巴尔于 1923 年，波尔・E・曼海姆于 1967 年所捐赠	《美录》546—556	
历史工艺博物馆（华盛顿）	2		2	1963 年购自洛杉矶古玩店（据店主人述，来自日本）	《美录》557—558	二片价值 20 美元

续表

收藏单位	收藏甲骨			来源	著录	备考
	甲	骨	合计			
自然历史博物馆（伊利诺伊州，芝加哥）	3	21	24	有 4 片为库方藏品	《库方二氏所藏甲骨卜辞》（摹本）2175—2178 《美录》559—564	
普林斯顿大学图书馆（新泽西州）	93	22	115	此系库方藏品的一部分	《甲骨卜辞七集》《殷虚甲骨拓片》《殷虚甲骨相片》《美录》565—684	该校原编号为 119，遗失 4 片；据雪莉 H・韦伯说，该校原藏 200 片；均为碎片
加利福尼亚大学（加利福尼亚州，柏克利）		4	4	旧金山市某人于 1973 年捐赠		均为残骨
威廉・洛克歇尔・纳尔逊艺术陈列室（密苏里州，堪萨斯）		12	12	不详	《美录》685—696	其中 11 片为牛胛骨之上半，有骨臼，而骨臼上均无关于贡物的记 载
耶鲁大学艺术陈列室（康涅狄克州，纽哈芬）	2		2	爱德华・H・休姆 1905—1927 年间在中国长沙所得，1957 年由其妻捐赠该校		
M・H・迪杨纪念博物馆（加利福尼亚州）	1	4	5	艾弗里・布伦戴奇所送	《美录》697—700	
东、西方中心图书馆（夏威夷）			7			
洛杉矶东方艺术博物馆			2			
其他（私人收藏）	2	11	13		《中国的起源》图版 1 《殷契佚存》647	

注：本表主要依据周鸿翔《关于美国所藏甲骨的报告》一文（*A Report on the Oracle Bone Collections in the United States*）

这段文字指出该批甲骨虽不是美国数量最大的一批，但从其上文字来看，却是美国所藏最重要的一批，就是1909年从方法敛手中所得的那批甲骨，也是最早进入美国的一批甲骨，曾著录于前文所述的《库方》一书，其著录编号一共为438片。尽管该书早在1935年即已出版，但由于真伪混杂，学界对此一直心存疑虑，批评者多。周鸿翔根据实地考察，并参以《欧美亚所见甲骨录存》[①]和《北美所见甲骨选粹考释》[②]等成果对该馆所藏去伪存真，可以缀合者则予以缀合。因此，相对于《库方》一书所著录片号少了25片。其中《库方》所摹甲骨中全伪者有9片，分别是《库方》971、973、977、978、994、1080、1082、1209、1226；部分伪刻者有2片，即976（与972缀合为《美藏》1）、983（左上角为伪刻）；疑是伪刻者1片，即《库方》1192。关于这部分伪刻，详见第六章第二节“辨伪”部分关于《库方》一书伪刻的说明。

而关于这部分藏品是何时进入卡内基博物馆的，周鸿翔指出，卡内基博物院并没有详细的记录：

> There are no documents regarding the purchase date and price of the items acquired by the Carnegie Museum in the museum archives. According to the “Distributions of the Collection” in Chalfant’s above-mentioned book, however it was acquired from Chalfant in 1909.[③]

卡内基博物馆藏甲骨原有编号438号，经过周鸿翔缀合整理后发现，实际甲骨数应为406片，其中骨171片，甲235片。[④]卡内基博物馆藏甲骨缀合情况详见第六章第三节。现引述图文如下：

> The total number of pieces in the Carnegie collection was 438, as indicated in the “Distribution of the Collection” of which 208 were bones and 230 were shells. But number 1031 and number 1318 are duplicated in Britton’s book（i.e., no.1031 has been inadvertently assigned to two different bones and no.1318 has likewise been assigned to two different shells）. The total number of pieces in the collection, therefore, should have been 440. When I first visited this museum in 1965. I counted only 438 items. The two bones numbered 1103 and were missing, and 1104 were still missing at the time of my second visit in 1970.
>
> Among the 438 pieces, several were fragments that would be pieced

① 饶宗颐：《欧美亚所见甲骨录存》，新加坡出版，1970年。

② 李棪：《北美所见甲骨选粹考释》，《香港中文大学中国文化研究所学报》，第3卷第2期，抽印本，1970年。

③ 周鸿翔：《美国所藏甲骨录》，伯克利：美国加利福尼亚大学出版，1976年，第16页。

④ 根据陈炜湛：《读〈美国所藏甲骨录〉》（《学术研究》1980年第3期），卡内基博物馆藏甲骨实物去伪存真并加以缀合后为407片，其中6片正反皆有字，故此，著录号为413片。

together. The following have been reassembled by myself and other scholars when we visited the museum.

Therefore the actual total number of items in the Carnegie Museum Collection is now 406, of which 171 are bones and 235 are shells. In addition, there are 204 "amulets."[①]

第二，自然史博物馆馆藏的方法敛旧藏。有24片甲骨和100多个护身符。其中有4片甲骨拓片曾经在《库方》中发表，即《库方》2175—2178号。该自然史博物馆即飞尔德博物院。

Four of the 24 pieces (two shells and two bones) and all the amulets were part of the Couling-Chalfant collection. Facsimiles of these two bones and two shells are published in Chalfant's *The Couling-Chalfant Collection of Inscribed Oracle Bone* (nos. 2175-2178: 2178 has two facsimiles for both sides).[②]

根据这段说明，该馆有4片甲骨曾在《库方》中发表，其中《库方》2178（即《美藏559、560》）为同一甲骨的正反两面，另据陈炜湛《读〈美国所藏甲骨录〉》说明《库方》2176（即《美藏561、562》）亦是如此。（图8-5）

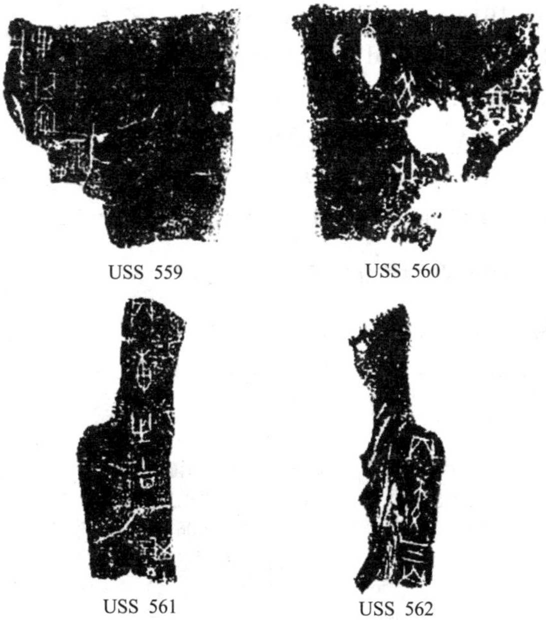

图8-5　周鸿翔《美藏》559—562

资料来源：周鸿翔：《美国所藏甲骨录》，伯克利：加利福尼亚大学出版社，1976年，第76页

① 周鸿翔：《美国所藏甲骨录》，伯克利：美国加利福尼亚大学出版，1976年，第16页。

② 周鸿翔：《美国所藏甲骨录》，伯克利：美国加利福尼亚大学出版，1976年，第21页。

对于龙龟、双鱼类奇形护身符等物的真伪，早在1930年4月，叶玉森《芝加哥博物馆殷契摄影记》中就已经明确指出其为赝品，并附录有照片。《甲骨年表》1932年条下引叶氏观点：

> 曩得芝加哥博物院甲骨影片若干叶，其十九为赝品，多雕刻为璧环、剑鏃、龙龟、双鱼、诸形，花纹致精，其上镌满文字，无三数字联贯者，且隔数字即加一小〇，若断句然。欧人易受欺，乃珍为至宝，陈列博物院中，彼国东方文学家方且据以考订吾国古代文字，是固吾国骨董家之罪也。[①]

普林斯顿大学藏115片甲骨，亦为方法敛在潍县收集的旧藏，最初本有200片，1914年方氏摹写时减少为119片，1966年周鸿翔第一次整理时只剩113片，1970年周鸿翔再去整理时，又找回了两片，所以现存115片。同时，该馆内还保存有90块护身符，同属方氏旧藏。现转引相关论述如下：

> According to Shirley H. Weber, the original number of pieces in this collection was 200. It was part of the Couling-Chalfant collection.
>
> ……
>
> The number of pieces had declined to 119 when Chalfant made sketches of them before 1914.[②]
>
> When I first examined this collection in January 1966, there were 113 pieces. Numbers 76, 77, 78, 79, 108, and 118 were missing. Upon my second visit to this library in August 1970, numbers 78 and 79 had reappeared; numbers 76, 77, 108 and 118, however, were still missing. The latest figure for this collection, then, should be 115, as previously mentioned.[③]

三、《卡内基博物馆所藏甲骨的整理与研究》

2009年吉林大学周忠兵的博士论文《卡内基博物馆所藏甲骨的整理与研究》详细著录了1909年库方二氏转让与卡内基博物馆的405片甲骨（缀合后数字，包括伪刻）[④]。

---

① 董作宾、胡厚宣：《甲骨年表》，上海：商务印书馆，1937年，第64页。

② 值得注意的是这里所记载的方法敛摹写这批甲骨的时间有误，根据第三章有关传教士购藏甲骨的“流布”所述，普林斯顿大学所藏甲骨为方法敛1906年在潍县所购得。根据董作宾在方法敛年表的1903年所记载“自本年始，凡方氏经手购得之甲骨文字，必摹其文字，图其形状”可知，方法敛摹写这批甲骨的时间更可能在1906年11月重返中国不久，在潍县购得甲骨后到转手给Harold Witcher牧师之前，而不应该是方氏逝世之1914年前。

③ 周鸿翔：《美国所藏甲骨录》，伯克利：美国加利福尼亚大学出版，1976年，第21—22页。

④ 关于甲骨片数的不统一，周忠兵记载：“白瑞华先生在1936年1月第一次拆开包裹看这批甲骨时，发现它们中有的已有较严重的裂纹和脱落。还有就是周鸿翔先生于1965年和1970年两次对这批甲骨施拓，而仅仅在这几年间，这批甲骨的残损情况都不一样，有的甲骨在他第一次施拓时还是完整的，而至他第二次施拓时就有所残缺。”

这批甲骨被运至博物馆后，并没有很快地得到基本的整理，而是保持着收到时的原貌。直到 1936 年 1 月 24 日白瑞华先生至博物馆查看这批甲骨，部分盒子才被拆封打开。同年 9 月 30 至 10 月 3 号白瑞华先生第二次至博物馆，对这批甲骨进行了初步的分类整理。他所做的工作包括：将这批甲骨重新按《库》一书的编号分装在 29 个盒子中，盒子编号从 38 至 66；对有破损的甲骨进行粘合等。另外所谓的护身符被装入 4 个盒子中，盒子无编号，所以博物馆现共有 33 个盒子分装这批甲骨。[①]

周氏这篇论文包括图版、释文、相关问题研究三个部分。图版部分中给出了摹本及实物照片，尤值得重视的是文中所给的实物照片不仅包括正面照片，而且包括甲骨反面、侧面的摄影（“护身符”无侧面照见图 8-6），对于一些大片甲骨上不是很清楚的刻辞则作了特别的放大处理，这方便了学者对甲骨背面钻灼形态的研究。

周氏除给甲骨重新做了摹本外，另对部分甲骨碎片做了缀合处理。

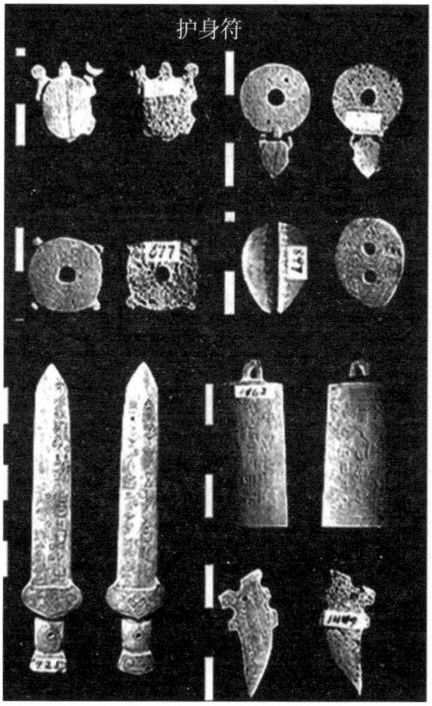

图 8-6　“护身符”照片

资料来源：周忠兵：《卡内基博物馆所藏甲骨的整理与研究》，吉林大学博士论文，2009 年，第 11 页

① 周忠兵：《卡内基博物馆所藏甲骨的整理与研究》，吉林大学 2009 年博士论文，第 1 页。

四、其他

除上述四种外，有关库方旧藏甲骨的著录书籍另有：

1935 年，明义士编著《柏根氏旧藏甲骨文字》（*Bergen Collection of the Inscribed Oracle Bone*），齐鲁大学国学研究所出版，线装，共一册。同年该书亦在《齐大季刊》六、七期连载。全文包括著者序、拓本图版（每片拓本旁附摹本）、考释三部分，共著录甲骨 74 片。书中甲骨初为库方二氏收购，后在 1904 年转让与柏根氏，柏根氏将之存放于济南广智院，后（1935 年）曾为明氏墨拓。而在明氏拓印之前，方氏已有摹本。方氏将该部分拓片编入《甲骨卜辞》一书中，因病逝未及刊出，后（1938 年）白瑞华整理编入《甲骨卜辞七集》。

1951 年 8 月，郭若愚编著《殷契拾掇》（初编），上海出版公司出版，线装，共一册。该书收录拓本 550 片，包括陈梦家序，自序、图版三部分。郭若愚在自序中介绍了该书收录的七家甲骨来源与归宿，其中第一家上海亚洲文会博物馆藏甲骨文字 1—176 片，《甲骨卜辞七集》于 1938 年已收录。[①]

1957—1958 年，饶宗颐编著《海外甲骨录遗》，载香港大学《东方文化》第四卷第 1、2 期，后 1958 年香港大学出版社又抽印出版。该书辑录第二部分为德国卫礼贤旧藏甲骨，共 68 片，后（1910 年）归瑞士巴塞尔民俗博物馆，曾刊于《甲骨卜辞七集》。但不同的是这次发表的为 68 片实物照片。

1970 年，饶宗颐编著《欧美亚所见藏甲骨录存》在香港出版。全书共选录欧、美、亚地区共 15 家单位所藏甲骨，其中欧洲的大英博物院、剑桥大学图书馆和瑞士巴塞尔民俗博物馆旧藏，美洲的加拿大多伦多大学安大略博物馆、普林斯顿大学和卡内基博物馆的藏品多为库方二氏旧藏。

1970 年，李棪《北美所见甲骨选粹》发表在香港中文大学《中国文化研究所学报》第三卷第二期上，全文选录卡内基博物馆所藏 32 片（缀合后数字）甲骨拓本，其中《库方》983+1144 附有照片。

1972 年，詹姆斯·斯威格尔在《卡内基杂志》上发表过 16 版（缀合后数字）甲骨的黑白照片，并附有简单的英文释文。

1973 年，胡厚宣著《临淄孙氏旧藏甲骨文字考辨》，载《文物》1973 年第 9 期，该部分甲骨曾收入《甲骨卜辞七集》第六部分。

① 郭若愚在自序中说："上海亚洲文会博物院：上海亚洲文会的甲骨在一九三四年《中国杂志》二十一卷第六号里有吉卜生发表的摹本，一九三八年出版的《甲骨卜辞七集》亦有。我在一九四八年的春天在博物馆里墨拓了一份，一共是一七六片。"

第二节　明义士旧藏甲骨的再整理

一、《明义士收藏甲骨》

1972 年，与《殷虚卜辞后编》同年出版的另有许进雄编《明义士收藏甲骨》① 一书（该书亦名《明义士殷虚卜辞续编第一集》，以下简称《安明》），由序文（中英文对照）、引书简目、图版、附录与其他著录书缀合例等五部分组成。

许进雄在序中介绍了该书所著录甲骨的三个来源及分类方式。这三批分别就是前面第三章第一节“流布于加拿大的传教士旧藏”中所提到的加拿大安大略博物馆藏的两宗甲骨实物和明义士《殷虚卜辞后编》拓本。全书共收有拓本 3176 片（均为安大略明氏旧藏）、缀合 6 例、背文 2 片、附录与其他著录书籍缀合 42 例。著录甲骨主要依照董作宾五期法，即武丁以前、武丁期，祖庚、祖甲期，康丁期，武乙、文丁期，帝乙、帝辛五期（序言中作者在第三期中仅列康丁，没有提及廪辛。从该书实际所收甲骨卜辞来看，有廪辛时期甲骨）。每期按甲、骨分开，并按其内容分为祭祀、祈年、风雨、旬夕、田猎、往来、内外诸事、使令、疾病占梦、杂卜等十项。由于钻凿形态的不同，作者将自组卜辞归入第四期中。②

由于许进雄的序对了解加拿大甲骨现藏情况以及明义士旧藏甲骨在加拿大的流布和现藏很有帮助，故部分摘录许进雄英文序如下：

> The Shang Dynasty oracle bone collection of the Royal Ontario Museum, comprising about one- tenth of the oracle bones ever excavated, is made up of three distinct groups. The first group, the Dr. James M. Menzies Collection, contains about 4,700 inscribed pieces. The second is a collection of 2,812 pieces in rubbings, which once belonged to Dr. Menzies, and were gathered together under the title Yin-bsǘ pu-tz'u hou-pien 殷虚卜辞后编 as yet unpublished. Unfortunately，the original bones were all destroyed. Fifteen of these rubbings appear in Yin-ch'i i-ts'un 殷契遗存，and Hu Hou-hsüan 胡厚宣 published 874 drawings from this collection in Chan-hou nan-pei-so-chien chia-ku-lu 战后南北所见甲骨录 (Nan-ming 南明). The third group is a collec-

① 许进雄：《明义士收藏甲骨》，多伦多：加拿大安大略博物馆出版，1972 年。

② 参见刘一曼等:《北京图书馆藏甲骨文书籍提要》，北京：书目文献出版社，1988 年，第 56 页。

tion of 2,686 pieces. Most of these were purchased by Bishop William Charles White, but some were bought by Mr. George Crofts. Drawings of 26 pieces from this collection appear in Bishop White's Bone Culture of Ancient China.

All the pieces selected for publication here are taken from the first group, the Menzies Collection. [①]

《安明》一书出版后许多学者发文评介祝贺[②]，称其中不少卜辞可以“考史”，“征礼”，“可供考文辨制，必有在也。”[③]。

如金祥恒在《殷墟甲骨新书介绍——明义士殷虚卜辞续编第一集》中指出，《安明》中有不少罕见之新字，从未见过，如（S115）、（S4880）、（S622）、（S854）、（S895）、（B1737）、（B1742）、（B2290）、（B2344）、（B2388）、（B2680）、（B2727）等。金氏还在文中特别列举了 B1123 片的例子（图 8-7）：

己丑卜，贞：今夕区𡆥？东夷㞢曰伐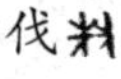，余𢦏。

东夷之名古籍金文屡见：如宗周钟“艮子乃遣闲来逆邵王，南夷东夷具见。廿有六邦”。小臣謎簋“叡东夷大反，白懋父𠂤殷八师征东夷”……《礼记·曲礼下》“其在东夷北狄西戎南蛮，虽大曰子。”《杂记》“孔子曰少连大连，善居丧，三日不怠，三月不解，期悲哀，三年忧，东夷之子也”，《左传·襄公廿九年》“杞，夏余也，而即东夷。”《左传·昭公十一年》“纣克东夷而陨其身。”《孟子·离娄下》“舜生于诸冯，迁于负夏，卒于鸣条，东夷之人也。”《管子·小匡》“东夷西戎南蛮北狄中诸侯国，莫不宾服”。《史记·五帝本纪》“殛鲧于羽山，以变东夷。”《后汉书·东夷列传》“武乙衰敝，东夷寖盛”，又“管蔡畔周，乃招诱夷狄，周公征之，遂定东夷。”惟甲骨卜辞仅此一见，考其由来，殆亦远矣。[④]

---

① 许进雄：《明义士收藏甲骨》序，多伦多：加拿大安大略博物馆出版，1972 年。

② 如严一萍：《读〈殷虚卜辞后编〉》，《中国文字》第四十四册，1972 年；前川捷三：《介绍著录明义士旧藏甲骨的新刊二书》，《甲骨学》第十一号，1976 年；金祥恒：《殷墟甲骨新书介绍——明义士殷虚卜辞续编第一集》等。

③ 金祥恒：《殷墟甲骨新书介绍——明义士殷虚卜辞续编第一集》，《中国文字》第四十四册，1972 年 6 月。又收入宋镇豪、段志洪：《甲骨文献集成》第四十册，成都：四川大学出版社，2001 年，第 305—306 年。

④ 金祥恒：《殷墟甲骨新书介绍——明义士殷虚卜辞续编第一集》，《中国文字》第四十四册，1972 年 6 月。又收入宋镇豪、段志洪：《甲骨文献集成》第四十册，成都：四川大学出版社，2001 年，第 305—306 年。

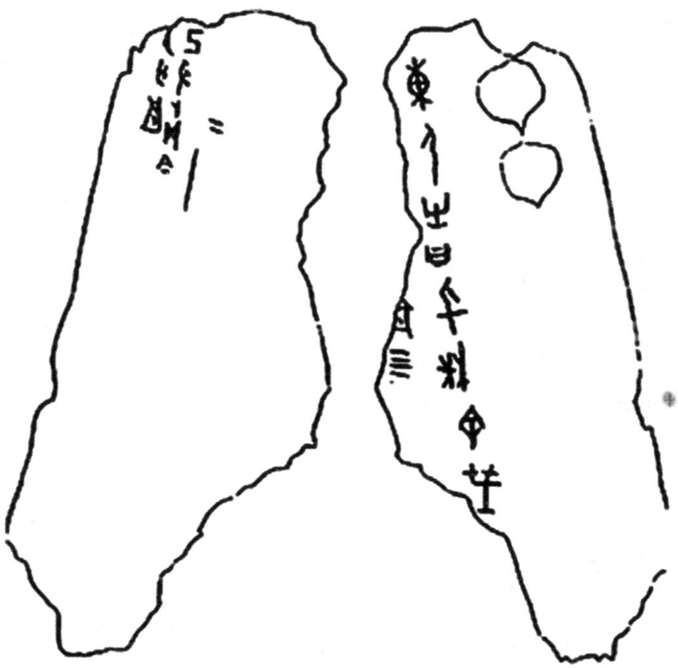

B1123　　B1123b

图 8-7　《安明》B1123

资料来源：金祥恒：《殷墟甲骨新书介绍——明义士殷虚卜辞续编第一集》，《中国文字》第 44 册，1972 年

二、《明义士收藏甲骨释文篇》

该书是许进雄《明义士收藏甲骨》一书中收录的 3176 片甲骨的中文释文部分，1977 年由加拿大皇家安大略博物馆出版，一册。书中的序及附录等，皆采用中英文对照方式撰写，先英文，后中文。全书包括序、凡例、简称表、附录、释文、图版等六部分。附录三则：关于断代分期、关于五种祭祀、关于田猎卜辞。图版收录可缀合的甲骨 29 片，其中有 16 片为拓本，12 片为摹本。

该书注重从凿钻形态来辨别卜辞的时代，认为第一、四期及第三、四期的划分，贞人供职年代超过数代等问题，均可从凿钻形态上找其依据。其分期依据董作宾的五期说，且与《明后》一样认同董氏文武丁“复古”说。在田猎卜辞部分，针对松丸道雄《关于殷虚卜辞中的田猎地》一文中殷王田猎范围提出不同看法，并对殷代后期的田与“过”的行为区分提出了自己的见解。在五种祭祀部分，主要对第五期的五种祭祀问题作了概括叙述。

释文除按原书顺序，用中文逐版释文外，凡辞意完整或可知的卜辞，皆用白话解说于后。文字隶定，主要参照李孝定《甲骨文字集释》，辞例则参照岛邦男《殷虚卜辞综类》，并对每片甲骨的钻凿形态、特征等进行详细描述。①

《北京图书馆藏甲骨文书籍提要》等书认为该书释文中对凿钻形态的描写过于繁琐。而事实上，许进雄的确是最先注意到卜骨上钻凿形态与甲骨断代间有着密切关系的学者之一，他不仅在《明义士收藏甲骨释文篇》中注重介绍钻凿形态对于断代的作用，而且早在1973年台湾艺文印书馆出版的《卜骨上的凿钻形态》中就引用了明义士旧藏甲骨的钻凿形态，并在序中附录了《明义士藏骨凿钻形态图》。许氏的贡献在于扩大了甲骨学的研究范围，从此学者们对甲骨的关注就不仅仅限于卜辞本身了。②

三、其他

除上述所列著作外，以下学者所编甲骨著录中所涉及的甲骨，或为明义士旧藏，或已为明氏著录过。

1938年，方法敛摹、白瑞华校《甲骨卜辞七集》，在美国纽约出版，影印本一册。全书共收甲骨摹本527片，所录甲骨来源于七家。其第三部分为柏根氏旧藏79片，该部分甲骨明义士曾将其墨拓影印并重加摹写，编录为《柏根氏旧藏甲骨文字》出版。

1951年11月，胡厚宣编录《战后南北所见甲骨录》③，由来薰阁书店线装出版。全书分为诗题、作者自序、图版三部分，共收录3276片甲骨摹本。其中第六部分明义士旧藏甲骨文字，就是根据明氏原存放于北京华语学校内，现藏于北京故宫博物院的那部分甲骨选拓而来的。④ 该部分摹本共100页，收录甲骨817片。根据《屯南》2951与《南明》第536片（《合集》32458）的缀合结果来看（图8-8），明氏该部分旧藏的出土地应为小屯村南地一带。

① 参见刘一曼等：《北京图书馆藏甲骨文书籍提要》，北京：书目文献出版社，1988年，第89—90页。

② 另如ChangTai Ping：Remarks on the Menzies Collection of Shang Dynsty Oracle Bones，《古代中国》第四卷，1978—1979年。

③ 该书为胡厚宣战后新获甲骨集之一。另有《战后平津新获甲骨集》(1946年，成都齐鲁大学国学研究所专刊)、《战后宁沪新获甲骨集》(1951年4月，北京来薰阁)、《战后京津新获甲骨集》(1954年3月，上海：群联出版社)。

④ 即明义士《殷虚卜辞后编》的实物。

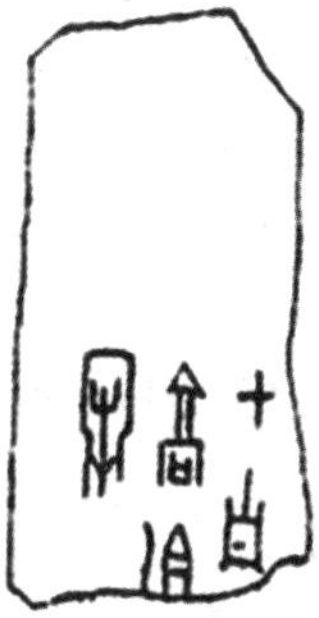

《南明》536

图 8-8　《屯南》2951 缀合图

资料来源：中国社会科学院考古研究所编：《小屯南地甲骨》，北京：中华书局，1980 年，第 620 页

1970 年，饶宗颐编著的《欧美亚所见藏甲骨录存》在香港出版。全书共选欧、美、亚共十五家所藏的甲骨，其材料均已在其他甲骨著录发表过。其中美洲五家中的第二部分来源为明义士旧藏。

1978 年，严一萍编著《柏根氏旧藏甲骨文字考释》，由台北艺文印书馆出版。严氏根据明义士《柏根氏旧藏甲骨文字》拓本重新摹录，并在明氏考释基础上详加考释，并尽量采录明氏所考释的可取之处，以便纪念这位西方传教士兼甲骨学人对中国甲骨学以及殷商文化所作出的突出贡献。

1979 年 6 月，许进雄编著《怀特氏等收藏甲骨文集》，加拿大皇家安大略博物馆出版，共收录甲骨 1915 号。其来源共有五部分，第四部分为明义士旧藏，该部分藏品，或为以往著录未曾采用者，或为与该馆尚未出版的甲骨新缀合者。许进雄在书中同样注重研究甲骨的钻凿形态，其在释文中，对许多甲骨的长凿形态进行了描述，并将一些保存较完整的长凿，绘图附于拓本之后。

此外，前文所提到的1985年出版的《英国所藏甲骨集》中亦著录有明义士旧藏甲骨25片。

第三节 怀履光、福开森旧藏甲骨著录情况

怀履光和福开森虽也藏有我国甲骨文物，但此二人自己并未著录过甲骨，其旧藏后分别为商承祚、许进雄等学者著录出版。

一、《怀特氏等收藏甲骨文集》

怀履光共收藏我国甲骨近3000片，现多藏于加拿大皇家安大略博物馆。1979年许进雄编撰《怀特氏等收藏甲骨文集》（以下简称《怀》）由加拿大安大略博物馆出版。16开本，共一册。全书包括序言（中英文）、甲骨拓本、甲骨缀合例、甲骨摹本、甲骨长凿图、释文六部分。除释文外各部分均配有图版，方便学者对比查找。因为该书中所采用的甲骨，绝大部分都浸泡在塑料溶液[①] 之中，粘黏较多，所以有些拓本不很清楚，对于特别模糊的甲骨，书中均附以写本，如118—124。

《怀》共著录甲骨拓片1915号[②]，先分期，再以先甲后骨的顺序以次事类：0001—1009是第一期的武丁及其前世；1010—1297是第二期的祖庚及祖甲；1298—1480是第三期的康丁；1481—1680是第四期的武乙及文武丁；1681—1915是第五期的帝乙及帝辛。

《怀》中所录除George Grofts收藏的65片、Spaulding夫妇捐赠的7片（Samuel Mercer藏品）、未著录的明氏旧藏[③]、该馆尚未出版的甲骨材料外，绝大部分选自怀特氏旧藏。其中怀履光藏品以52起头；Crofts氏藏品以77起头；Mercer教授藏品以152起头；明义士藏品以237起头，可与馆藏甲骨缀合但缺乏来源记录的甲骨以×129起头。[④] 本节主要介绍《怀》中怀履光旧

① 骨质文物的加固保护技术，即以化学溶液（如3%的B72、三甲树脂溶液、三氯乙烷或二甲苯与丙酮的混合液）等对甲骨进行浸泡处理。

② 书中有部分缺号：0051，0738，1040，1146，1199，1249，1254，1271，1278，1485，1490，1508，1627，1887。

③ 已出版的明氏旧藏甲骨专辑未曾采用与该馆尚未出版的甲骨缀合的明氏旧藏。

④ 经本书统计，其中George Grofts藏品有36号，Mercer藏品5号，明义士藏品9号（其中B1574、B1598、B1639、B1641、S1805、S1824号是与x129类甲骨缀合而成），x129类藏品324号（含可与明氏藏品缀合的6号）。

藏甲骨部分。

甲骨研究历来多重中后期，《怀》中却近半数是第一期的碎甲，很容易使人觉得其利用价值不高，而实际上该书中不乏珍贵的卜辞材料。

如 B1915，是迄今所仅见的虎骨刻辞（图 8-9、图 8-10)，现藏加拿大多伦多皇家安大略博物馆，为加拿大传教士怀履光旧藏。该版虎骨雕花骨柶刻辞，为虎的右上膊骨。该片甲骨属五期帝乙、帝辛时物，卜辞左起向右行，记载辛酉日商王田猎于鸡麓，获虎之事，辞曰：

辛酉，王田于鸡录（麓），隻（获）大䍙（霸＝白）虎，才（在）十月，隹（唯）王三祀（协）日。

刻辞大意是："帝辛三年十月辛酉日，王去鸡山下狩猎，追击成功，捕获一只大虎，（䍙义不详），尔后举行祭祀，以为庆祝。"[①]

许进雄在《怀》的"释文"部分注释该片：

此版的年月日及祭祀周期合于帝辛三祀的祀谱。此骨经鉴定为老虎的右上膊骨，是本馆所藏许多雕刻美丽图案的老虎骨中唯一有刻辞者，其上镶有绿松石，当是帝辛猎获老虎的珍贵纪念品，卜辞所载的猎获物中，老虎算是难获的野兽。[②]

《合集》将该骨正反两面均予以拓录，编号为 37848a、b。

再如 B1267（图 8-11)，其卜辞曰：

贞：不其易日？

壬申卜，出贞：祊户盛，亡匄？

辛卯卜，贞：来丁巳易日？十月。

丙寅卜，卜出贞：翌丁卯鱼，益𩊚？

□龠。

许进雄"释文"部分注释该片：

"丙寅卜，卜出贞"多衍一"卜"字。此版与下一版异版同文。此版的凿长在一・八及一・九公分之间，形态与下一版同，凿图不齐，大半是第一期晚期或第二期早期的东西。[③]

① 陈炜湛：《甲骨文简论》，上海：上海古籍出版社，1987 年，第 95 页。

② 许进雄：《怀特氏等收藏甲骨文集》，多伦多：加拿大安大略博物馆出版，1979 年，"释文"第 108 页。

③ 许进雄：《怀特氏等收藏甲骨文集》，多伦多：加拿大安大略博物馆出版，1979 年，"释文"第 66 页。

图 8-9 《合集》37848a、b

资料来源：郭沫若主编：《甲骨文合集》，北京：中华书局，1978—1982，第 4699 页

图 8-10 《怀》B1915

资料来源：许进雄：《怀特氏等收藏甲骨文集》，多伦多：加拿大皇家安大略博物馆，1979 年，第 115 页

图 8-11 《怀》B1267

资料来源：许进雄：《怀特氏等收藏甲骨文集》，多伦多：加拿大皇家安大略博物馆，1979 年，第 73 页

许进雄“释文”部分注释该片：

长凿为泥所遮，形态不很清楚。可知者长约一、五公分，窄而笔直肩，挖刻整齐，应是第一期的。①

与其他著录书不同的是，许进雄在《怀》中著录了大量的钻凿图。许氏在序中说：

甲骨上挖刻的凿钻形态可以作为断代分期的标准，由于其对时代判断的重要性，所以也于释文中描述个别长凿的形态。对于保存比较完整的长凿，更绘简图附录于拓本之后。②

许进雄为《怀》做了大量的缀合工作，后又在《中国文字》等杂志上发表多篇缀合文。金祥恒、史景成等亦有多篇相关缀合考释文章发表。③

二、《福氏所藏甲骨文字》

1933 年 4 月，金陵大学中国文化研究所线装出版了商承祚编《福氏所藏甲骨文字》（以下简称《福》）。全书共一册，包括自序、拓本图版、考释、跋文，著录甲骨 37 片。因其中 4 片骨臼上有刻辞，3 片有背文，故实际发表的拓本为 44 片。

商承祚在序中交代了《福》中的甲骨拓本的来源：

美国福开森先生旅居我国凡四十余年，常与士大夫游，酷嗜中华文物，举凡殷商甲骨、周秦彝器、汉魏碑碣、宋元书画以及砖瓦陶瓷、经史典籍，藏之无不备。其鉴别之精，有非寻常考古家所可企及者。余耳先生名已久而未得一见也。去年（引者按：1932 年）秋，余为金陵大学中国文化研究所来北平搜集商周文化史料，临行，研究所主任徐君养秋语余曰，金陵大学创始于汇文书院三十余年，日见扩充，始有今日，福先生即汇文书院之创办人，先生之于我校筚路蓝缕、宏规远画，功莫与京，今且将数十年所辛勤弆藏者举赠本校，其乐育兴学、热心毅力实令人铭感而莫能忘也。子盍一访之，且可就近商订印行事宜。抵平进谒，因得尽观度藏。福先生谓余曰：余年已六十有八，天假我年不过数岁，而余亦欲于数年间写定重要文字若干卷以竟此生之志愿，又余所藏物多未编目亦

① 许进雄：《怀特氏等收藏甲骨文集》，多伦多：加拿大安大略博物馆出版，1979 年，“释文”第 8 页。

② 许进雄：《怀特氏等收藏甲骨文集》序言，多伦多：加拿大安大略博物馆出版，1979 年。

③ 金祥恒：《加拿大多伦多博物馆所藏一片骨柶铭文的考释》，《华冈学报》第四期，1967 年；《加拿大多伦多大学安达黎奥博物馆所藏一片牛胛骨刻辞考释》，《中国文字》第 38 册，1970 年 12 月；史景成：《加拿大安大略皇家博物馆所藏一片胛骨刻辞考释》，《中国文字》第 46 册，1973 年 6 月。

已倩人为之，今君助我先成甲骨文，甚善也。乃将甲骨若干举以受余，研究所复将福先生已寄至学校甲骨八函赍平，共选拓得三十七版精印行世，文字之末附以考释，甲骨皆刘铁云（鹗）、徐梧生（枋）故物也（七、八、九、十一、十三、二十九凡六版为徐氏旧藏）。此册之后将续成福先生所藏彝器等编，以备好古者之观览焉。

中华民国二十二年二月[①]

雷焕章在《德瑞荷比所藏一些甲骨录》中也记述道：

福开森，为南京金陵大学创办人之一。他曾购买一些甲骨，其中一部分原为徐坊（梧生）的收藏，但大多数系源自刘鹗。后来，福开森将其收藏赠与金陵大学。一九三二年，商承祚到北京汇文书院拜访福开森，得到制作拓本的许可。一九三三年四月发表《福氏所藏甲骨文字》，刊录由三十七片甲骨而来的四十四片拓本，其中三十一片为刘鹗旧藏。现原物皆存于南京大学。[②]

商承祚在跋文中依书体、文法、贞人等标准，对37片甲骨进行分期断代：除13、28为第三期，8、9为第五期外，其余各片均为一期甲骨。他又依内容将37片甲骨分为九类，各类所属片号如下：

祭祀：1、4、7、15、18、23、26、27、30、31

征伐：3、25、36

狩猎：5

疾病：11

风雨：10、24、32

卜旬：17

杂卜：2、6、12、14、16、19、20、21、22、29、30背、32背、33、34、35、37、37背

骨臼刻辞：5臼、31臼、35臼、36臼

田游：8、9

值得注意的是，《福》中有4版骨臼刻辞，商氏对之十分重视，并在《后记》中举例说明了这4版甲骨的考史意义：

书中尤为余所注意者乃骨臼刻辞四版，以其与余《帚矛说》有互相发明处，且足以订旧义增新知也。兹分述之一确定“内”为武丁时代之史官，在骨臼刻辞中，有署名岳内（《龟甲兽骨文字》卷一第十八页之一）者，余旧释岳丙以与岳别为一人，今于又五骨臼上见内与亘先后之署名，

① 商承祚：《福氏所藏甲骨文字》序，南京：金陵大学中国文化研究所，1933年。

② 雷焕章：《德瑞荷比所藏一些甲骨录》，台北：光启出版社，1997年，第184页。

细审冂实内字，《说文解字》：内，入也，从冂自外而入也，而卜辞王入于商，正作入（《前编》二卷第一页之一）为内字所从。卜辞有：乙酉卜，内贞，子諳戋基方，（《前编》卷五第十三页之一）内为史官，亦为贞人与亘、宾、㱿、永诸史并同，同版有丙戌，丙作冂亦可证冂之是内非丙内者，亘同签名于骨臼足订余旧说以为岳丙者实乃岳内两史之并名签名骨臼上，本为记帚矛事，然亦有但签名而不复记事者如《殷虚卜辞》七二八之实。[①]

这4版骨臼刻辞分别为：

(1)“又五臼”（图8-12），卜辞为：内，亘。商氏注：

冂字董彦堂作宾先生谓是内字而非丙，丙卜辞作冂从入内作冂从入，微有分别，案董说确信，考《说文》：入，内也，内，入也。同部互训，转注兼叠均且内从入得义，故义同《史记·范雎蔡泽传》恶内诸侯客，《索隐》内，犹入也，金文无叀鼎入门入字作冂（颂鼎作入门）尤为同义之证内字之初形，本当如卜辞作冂，因与丙字分别甚微，每易混淆，后乃锐其顶作冂，冂可于金文中见之（金文丙皆冂冂冂，其皆入上连若内之入，则不上连间有写误者百十一耳），至小篆遂变作冂形矣。[②]

(2) 骨臼刻辞“三一臼”（图8-13），卜辞为：帚（十）（缺），矛㞢（一）（缺）。

(3) 骨臼刻辞“又三五臼”[③]（图8-14），卜辞为：丁六矛小㲋，辛未帚汝。商氏注：

六矛二字为土锈所掩于物上，可隐约见之。[④]

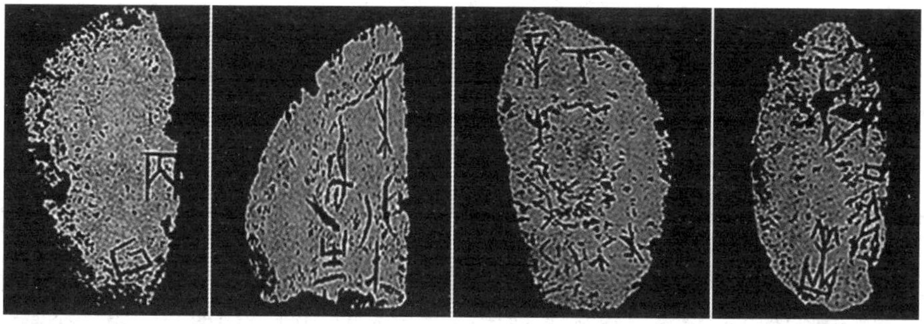

图8-12《福》又五臼 图8-13《福》三一臼 图8-14《福》又三五臼 图8-15《福》又三六臼

资料来源：商承祚：《福氏所藏甲骨文字》，南京：金陵大学中国文化研究所丛刊甲种，1933年，第2、5、6页

① 商承祚：《福氏所藏甲骨文字考释》，南京：金陵大学中国文化研究所，1933年，第12页。

② 商承祚：《福氏所藏甲骨文字考释》，南京：金陵大学中国文化研究所，1933年，第3页。

③ 原文作“又五三臼”，应为印刷错误。

④ 商承祚：《福氏所藏甲骨文字考释》，南京：金陵大学中国文化研究所，1933年，第10页。

(4) 骨臼刻辞“又三六臼”（图 8-15），卜辞为：戊辰邑丁，一矛[illegible]。

“江山代有才人出，各领风骚数百年”。如果说甲骨学草创之初的三十年是甲骨学史上的第一次碰撞，1931 年明义士与李济结下友谊和 1933 年《甲骨研究》的出版为中西甲骨学学术交流的第一个高潮的话，那么接下来的几十年中西甲骨学交流随着传教士们的纷纷离去而逐渐走向低谷，这种情况一直延续到 20 世纪最后二十年第二次高潮的出现。

表 8-2 简单总结了这一时期内部分甲骨学著录书籍：

表 8-2　学者对传教士甲骨旧藏及甲骨书籍的著录及再著录情况

著录者	成果	数量或来源	出版时间	出版者	注
商承祚	福氏所藏甲骨文字	44（福开森旧藏）	1933 年	金陵大学中国文化研究所	早期：第一次高潮
胡厚宣	战后南北所见甲骨录	817（明氏旧藏）	1951 年	来薰阁书店	
饶宗颐	欧美亚所见藏甲骨录存	美洲五家中的第二部分来源为明义士旧藏	1970 年	新加坡	
周鸿翔	美国所藏甲骨录	534（库方旧藏）[1]	1976 年	美国加利福尼亚大学	中继期
许进雄	明义士收藏甲骨	3176（明氏旧藏）	1972 年	加拿大安大略博物馆	
许进雄	怀特氏等收藏甲骨文集	（怀特氏旧藏）	1979 年	加拿大安大略博物馆	
李学勤等	英国所藏甲骨集[2]	2261（库方旧藏） 423（库方旧藏，《金璋》已录） 25（明氏旧藏）	1985 年（上），1992 年（下）	中华书局	新时代：第二次高潮
周忠兵	卡内基博物馆所藏甲骨的整理与研究	405（库方旧藏）	2009 年	吉林大学博士论文	

本表所列可分为三个阶段：

第一阶段，商承祚《福氏所藏甲骨文字》是甲骨学中西交流第一个高潮期中，唯一的一部由中国学者著录的西方传教士旧藏甲骨著作。这一阶段，中外学者之间频繁交流，友谊深厚，例如明义士与我国首位考古学家李济之间多次讨论殷墟考古发掘情况，明义士将其《殷虚卜辞后编》抄本赠送给马融、

① 卡内基博物馆 413 片，自然历史博物馆 6 片，普林斯顿大学图书馆 115 片，详见本章第一节。

② 主要为库方二氏的旧藏，详见本章第一节。

容庚等学者，在齐鲁大学为中外学生开设考古学、甲骨学课程，培养曾毅公等甲骨学家。

第二阶段，也就是自 1951 年直到 1979 年近三十年间，两岸三地各自独立对传教士旧藏的甲骨进行新的整理。其中大陆学者（胡厚宣）所整理的是留存在国内的传教士旧藏，而港（饶宗颐）、台（许进雄）学者所整理的主要是流出国门藏于欧美的那一部分。

第三阶段，则是改革开放以来我国大陆学者走出国门进行国际合作的产物。这也标志着中国甲骨学国际化第二次高潮的开始。

第九章　西方传教士与甲骨学国际化

汉学(sinology)作为一个学科在西方得以确立并在今天以前所未有的速度得到发展，从而对西方学术界和中国学术界同时产生广泛影响，有一个漫长的形成和发展的过程。这个过程就是中西文化交流的历史，就是近代以来西方文化与学术演变和发展的一个侧影。

在我看来，西方汉学经历了“游记汉学时期”、“传教士汉学时期”、“专业汉学时期”三个不同的发展阶段。而作为一门学科真正创立，应该是在“传教士汉学时期”。[①]

正如前文所述，20世纪中外甲骨学术史上出现过两次中西交流的高潮：第一次高潮出现在20世纪初叶，由西方传教士将甲骨介绍给世界，第二次高潮出现在20世纪末叶，由海外学者将甲骨学带回中国。而这两次高潮为前因后果的关系，中国甲骨学之所以成为世界性“显学”，离不开第一次甲骨学交流高潮中西方传教士的努力和贡献。以方法敛、明义士为代表的西方传教士恰处中华动荡之世（清末、民初），居甲骨流传之乡（河南、山东），备中西学术之贯，加之政治上有特权，经济上有援助，思想上有准备，学术上有训练，故能在甲骨问世不久，就积极投入其中，在甲骨材料收集、文献档案整理、学术文化探究诸方面都作出突出贡献，成为甲骨学史上一支重要力量。

甲骨学国际性显学的肇始，离不开20世纪初这批西方传教士的甲骨购藏。自1903年方法敛在潍县收购甲骨起，至1937年明义士离开中国，以他们为代表的西方传教士总共购藏我国甲骨6万多片。除去考古发掘所得的近34 000片，经传教士购藏的甲骨占了科学发掘前所出甲骨的半数以上，而其中约有1.1万余片经由这批传教士带向世界。我们在批评传教士造成我国珍贵文物流布海外的同时也应该看到，这些甲骨因为很早就进入了具有当时世界领先水平的现代博物馆中妥善保存，供人参观，吸引了大批学者去接触、

① 张西平：《西方汉学的奠基人罗明坚》，《历史研究》2001年第3期，第101—116页。

了解和研究，而成为中外甲骨学界交流的桥梁，这无疑推动了甲骨学这门“国际性”学问的诞生。

西方传教士旧藏甲骨中除部分流布国门之外，还有大批留藏在我国。根据本书统计，西方传教士旧藏甲骨留于我国国内的总数约为2.7万片，约占我国大陆地区现藏甲骨总数的四分之一强。这对我国甲骨学的发展无疑是一笔宝贵的财富。

需要指出的是，传教士很早就将其购藏的甲骨存放在公共博物馆中展出、供人学习和进行学术研究。如1906年上海皇家亚洲文会博物馆展出的甲骨是世界上最早展出的甲骨实物，成为国际学术界最早了解甲骨的窗口和平台。此外，明义士、福开森等传教士不仅积极收集购藏甲骨，还把自己挚爱的甲骨文物无偿捐赠给我国有关部门，体现出传教士对中国文化的热爱和对中国人民的友谊。

以方法敛、明义士为代表的西方传教士们大多具备一定的科学考古知识，深知及时记录文物信息的重要性。因而在接触甲骨之初，他们就特别注重甲骨的著录，《库方二氏藏甲骨卜辞》、《甲骨卜辞七集》、《金璋所藏甲骨卜辞》、《殷虚卜辞》、《殷虚卜辞后编》、《柏根氏旧藏甲骨文字》等六部甲骨著录专书共著录甲骨7960片，为甲骨学研究和发展留下了宝贵的资料。而由其收集、著录的甲骨及甲骨书籍也成为后世甲骨学家的研究对象，成为中外甲骨学交流的新依托。

此外，传教士的甲骨学研究不仅限于收藏、著录甲骨，其于著录基础上的辨伪、缀合、断代及一系列商代历史文化研究成果不但拓宽了当时甲骨学研究的范围，而且由其引入的西方考古学、类型学等西方科学理念亦有益于甲骨学科朝着现代化、全面化方向发展。

尽管既往学界对于这群传教士的看法多是负面的，但传教士的相关甲骨学活动，开西方了解甲骨之始，发西方研究甲骨之轫，奠甲骨学国际化之基。在此基础上，西方甲骨学研究风生水起，硕果累累，传教士对于甲骨学走向世界并发展为一门国际性显学功不可没。

不仅如此，如果我们将中国甲骨学的国际化历程纳入国际汉学的研究领域，仔细观察传教士甲骨学活动的时代轨迹，我们就会发现肇始中国甲骨学国际化的传教士甲骨学恰恰落在西方汉学高速发展“三阶段”的中继时期，是整个国际汉学发展历程的重要组成部分，其突出地位和群体性贡献不容忽视。

西方汉学的建立、发展经历了“游记汉学时期”、“传教士汉学时期”和“专业汉学时期”三个不同阶段。[①]“游记汉学时期”上溯可以追至元代的马可·波罗时期，继而以利玛窦、罗明坚为代表的明清传教士不仅开启了中国“西学东渐”的序幕，也开创了欧洲汉学的传教士时代。

从利玛窦到明义士，传教士甲骨学组成了“传教士汉学”在华部分的最后一章，其研究思路不仅是对“游记汉学时期”、明清“传教士汉学时期”的继承，也是对西方“专业汉学时期”的开继，其学术思想不仅帮助开启了东方学术现代化之路，也为西方汉学界留下了宝贵的财富。

从《坤舆万国全图》[②] 到《甲骨研究》，三百多年辉煌的西方传教士传教史给中西学术交流史画了一个从“西学东渐”到“东学西传”的圆形轨迹，而这一“圆形轨迹”伴随着最后一批传教士回国后的继续研究，最终引领了西方“专业汉学时期”的到来，在甲骨学界则最终掀起了20世纪80年代以来的中西交流、相互学习的第二次高潮。

此外，对于中国学术界，传教士甲骨学帮助促进传统“小学”的现代化发展，是“乾嘉学派”朝现代甲金文字学派、传统考据学向当代考据学转型的催化剂。

“现代考据学与传统考据学有一定差异，在旧学时代，由于经学占统治地位，考据学很容易产生皓首穷经、支零琐碎的弊端。”[③] 西方传教士身上恰好带有一种西式的实证精神，这种实证精神运用于中国学术研究，不但能够最好地继承实践乾嘉以来字斟句酌的学术传统，而且可以给传统考据学注入西式理性思维的新血液，使传统考据学向现代考据学转型。不同学科的知识、成果和方法的交叉，使甲骨学研究渐有了学科意识；中西思维模式的有益结合，“直接造成了人类文明成果的层累迭加，也对学术范式的不断完善与重构产生了深刻的影响”。[④] 例如本书中论述的明义士巡游甲骨出土地小屯的亲身经历，勤奋严谨的甲骨学钻研意识和丰富的考古学实践经验，三者筑基上的明氏甲骨学研究，不但是对王国维二重证据法的最好实践，更可与饶宗颐三重证据法相呼应（甲骨资料、传统文献、田野考古）。

综之，本书对20世纪初（甲骨学草创时期）曾活跃在中华大地的传教士的甲骨购藏、流布和著录情况作了初步整理，正是传教士的参与，使甲骨

① 张西平：《传教士汉学研究》序，郑州：大象出版社，2005年。

② 利玛窦所作中文世界地图，1601年献于明神宗。

③ 戴伟华、赵小华：《现代学术与传统考据学——陈尚君教授〈全唐文补编〉及其相关成果的意义和方法》，《中国文哲研究通讯》2006年第16卷第2期，第153—168页。

④ 傅勇林：《考据学的传承与学术范式的更新》，《中外文化与文论》1997年第26期，第109—120页。

学自一开始就具有了国际性影响，并为最终成为“国际性”显学埋下伏笔。而传教士促成的甲骨学中西方学术交流碰撞的第一次高潮，也伴随着20世纪80年代以来国内外学界交往的逐步开展，迎来了第二次中西学术界合作的新高峰。

甲骨学作为一门国际性显学，其产生、发展轨迹，西方传教士早期宣扬、流布、研究之功不可没。而进一步深入对传教士群体甲骨学活动的研究对于夯实甲骨学“国际性”显学地位有着重要意义。首先，我们应以一种开放的胸襟、发展的理念，对传教士群体甲骨学活动作客观评价，打破内外、你我界限，秉承“科学无国界”理念，去探讨其过去、现在与未来。其次，应继续搜集与整理传教士甲骨学资料，这些资料一方面保留在传教士早期著作和当时的中外报刊中，如《中国原始文字考》(*Early Chinese Writing*)、《教务杂志》[①](*The Chinese Recorder and Missionary Journal*)等；另一方面传教士本人及相关亲友、同事的日记、信札、序跋中亦保存了大量珍贵的信息。但这些材料或以英文写就，或留存海外，给收集、研究带来不便。[②] 因此我们应加强与海外甲骨学界间的沟通与合作，资源共享、互通信息，充分发挥各自优势，共同探讨和解决甲骨学中的一些重大问题。唯有如此，方可构建有机的世界性的“甲骨学术研究场”，并进一步创新全方位、立体化、永葆青春的国际性显学。

---

① *The Chinese Recorder and Missionary Journal*（《教务杂志》）是一套（共75册）记录了西方传教士在华传教75年（1867—1941）的英文杂志合订本，台北：台湾大学出版中心，2012年。

② 当代西方汉学专家张西平曾经指出推进国内传教士汉学研究有两点是比较重要的，第一便是从原始文献和著作出发，在第一手材料上下功夫，并引用李济《历史语言研究所工作之旨趣》中的话：“凡能直接研究材料，便进步。凡简接的研究前人所研究和前人所创造之体系，而不繁丰细密的参照所包含的事实，便退步。”

第十章 西方传教士相关甲骨学活动与甲骨著录片号对照表

本章在前文研究的基础上，列传教士甲骨学大事记、西方传教士甲骨学论著目录、西方传教士旧藏甲骨著录片号对照表三节，以方便读者查找对照西方传教士相关信息。

第一节 传教士相关甲骨学活动大事记

本节内容主要参考了董作宾、胡厚宣《甲骨年表》，董作宾《方法敛博士对于甲骨文字之贡献》，董作宾、黄然伟《续甲骨年表》[①] 等相关研究成果，并在此基础上将西方传教士相关大事拓展至 2009 年。此外，本节所列今人著作仅限于传教士收集、著录甲骨片的再刊布情况，未列评价、研究传教士或其研究成果的相关论作。

1884 年

英国浸礼会牧师库寿龄（Samuel Couling）来华传教，后从事文化教育事业。库氏曾创立山东青州广德书院，1887—1908 年出任该校校长。

1886 年

“社会福音派”传教士福开森（John Calvin Ferguson）来华，先在镇江学习华语，次年至南京，后成为 20 世纪初著名社会活动家。

1887 年

美国长老会牧师方法敛（F. H. Chalfant）来华传教，在山东潍县乐道院出任道学教授。

① 董作宾、胡厚宣：《甲骨年表》，上海：商务印书馆，1937 年；董作宾：《方法敛博士对于甲骨文字之贡献》，《图书季刊》1940 年新 2 卷第 3 期，第 297—324 页；董作宾、黄然伟：《续甲骨年表》，台湾“中央研究院”历史语言研究所单刊乙种，1967 年。

1888 年

福开森受邀出任汇文书院（1910 年与宏育书院合并为金陵大学，1952 年并入南京大学）首任院长。

1893 年

美国基督教北长老会传教士柏尔根（Pall D. Bergen）至登州文会馆任教。

1896 年

加拿大长老会传教士怀履光（William Charles White）来华传教。

本年，福开森辞去汇文书院院长职务，出任南洋公学（即上海交通大学、西安交通大学前身）监院。

1897 年

德国魏玛差会传教士卫礼贤（Richard Wilhelm）来华传教，转而将兴趣和精力投向兴教育、办医院。

本年，怀履光到达福建北部的建宁府城。在传教之余，怀履光渐对中国艺术品产生兴趣，开始研究中国文化。

1900 年

义和拳乱，山东传教士被迫离开，库寿龄亦于此时离鲁休假。

五月，卫礼贤开办德华神学堂（Deutsch—chinesische Seminar）。

1901 年

本年春，卫礼贤德华神学堂得到同善会资助建独立校舍，定名礼贤书院（Richard—Wilhelm—Schule）。

本年，柏尔根接替赫士出任文会馆监督，即校长一职。

1902 年

本年，英国浸礼会和美国北长老会决定合办大学。两会在青州通过了合办“山东基督教共合大学”的决议，将广德学堂与文会馆合并，新校取原两校名的头一个字，定名为“广文学堂”（Shantung Protestant University），后称广文大学。

1903 年

方法敛从赵执斋处得见甲骨，并开始购藏。

库寿龄亦于本年结束休假，返回山东，得知甲骨之事。

1904 年

二月，库寿龄、方法敛二人以原价将其购得的 400 余片甲骨转让给上海亚洲文会博物馆（The Museum of the Royal Asiatic Society ,Shanghai）。

本年，柏尔根随文会馆一起迁潍县，文会馆更名为广文学堂后继续担任监督之职。本年中，广文学堂改名为齐鲁大学。齐鲁大学最盛时号称“华北第一学府”，与燕京大学齐名，有“南齐北燕”之称。

本年至次年间，库方二人联合购得甲骨约1800片，并将其中的79片让与柏尔根，柏尔根将之置于济南广智院（The White Wright Institue Tsinan）布展陈列。

1905年

二月十五日，方法敛离华返美。

1906年

九月，方法敛《中国最早的文字》（*Early Chinese Writing*）在美国出版，此书仅比刘鹗所编甲骨文开山之作《铁云藏龟》晚了三年，是第一本向西方学界介绍甲骨文的英文著作，在当时的国际史学界引起较大轰动，并使我国的甲骨文研究迅速得到国际学术界关注。

十一月二十四日，方法敛由美返华。在潍县再得200片甲骨，该批甲骨后（1934年）归美国普林斯顿大学。

1907年

方法敛在临淄孙文澜处见其所藏甲骨百版，选摹其中31片，后收入《甲骨卜辞七集》X1—31，其中的1—8另附有拓本。

本年，金璋摹天津新学书院藏王懿荣旧藏甲骨25片，以示方法敛，方氏重摹之，后收入《甲骨卜辞七集》T1—25。

1908年

三月，方法敛为金璋在潍县搜求甲骨800余片。两人情谊甚笃，时有信件往来。金璋在1914年前所得甲骨多由方氏经手。

1909年

方法敛将库方二人首批联合购藏的甲骨转卖给美国匹兹堡卡内基博物馆438片。

库寿龄将二人第二批联合购得的甲骨转卖给爱丁堡皇家苏格兰博物院760片。

1910年

金璋得到伦敦皇家亚细亚学会藏甲骨摹版六版，以示方法敛，方氏重摹之，见《七集》R1—6。

本年，怀履光以河南主教的身份进入河南，在开封创建加拿大圣公会河南主教区。

本年，加拿大长老会传教士明义士（James Mellon Menzies）来华，被派往位于河南北部的豫北差会工作。豫北差会先把明义士分配到武安传教总站工作，后调任安阳传教总站，并在安阳荣升为牧师。明义士在安阳传教期间，利用工作之便，进行中国文化研究。

1911 年

夏，方法敛在青岛避暑，手摹卫礼贤所藏甲骨文字 72 版，见《七集》W1—72。

本年，方法敛在青岛遭遇意外，半身瘫痪，病重仍继续专门研究甲骨文字，孜孜不辍。

本年，库寿龄将二人第三批联合购藏的甲骨转让大英博物馆 485 片。

1913 年

方法敛将 4 版大骨转让与美国飞尔德博物院。

1914 年

一月二十三日，方法敛病逝。方法敛自 1903 年起至病逝，于 10 年间完成《甲骨卜辞》一书，书中包含有摹写本 423 页，书前有 60 页引论，又有一个 3300 字的字汇，字汇前有序文，并以甲骨文与金文、小篆比较表作为附录，另外书后还附有两种索引及一篇书目提要。该书是方法敛一生文字学研究的总结，方氏因此被称作是西方研究和传播甲骨文字的第一人。方氏去世后，其甲骨文字及考释底稿，存美国芝加哥飞尔德博物馆。

二月，库寿龄在英国皇家亚洲学会华北支会作题为《河南之卜骨》（*The Oracle-Bone form Honan*）的发言，后发言稿刊于《皇家亚洲学会集刊》第 45 期上（*Journal of the North-China Branch of the Royal Asiatic Society*, XLV）。《河南出土之卜骨》全文共 13 页，其中图版 2 幅，库寿龄在文中主要论述了甲骨数量、甲骨与占卜艺术、文字考释等方面的内容。

本年春，明义士乘老白马游于洹水南岸，考察殷墟出土甲骨文字情形。自此以后，频往调查搜求，所获颇多。

1915 年

柏尔根病逝于山东潍县。

1917 年

三月，《殷虚卜辞》（*Oracle Records from the Waste of Yin*）由上海别发洋行石印发行，初印 190 册，为明义士第一本甲骨著录书。该书著录甲骨文字 2369 版，前附英文自序一篇。明义士在本书中首创毛笔摹写法著录甲骨。

1922 年

库寿龄于中国逝世。

1924 年

小屯村人筑墙发现一坑甲骨文字，为明义士所得，其中有极大者。

本年起，怀履光开始为加拿大安大略省皇家博物馆搜集中国文物。

1926 年

三月，小屯村张学献菜园中掘得甲骨甚多，多归明义士。

1927 年

明义士于本年购得大批甲骨文字。

本年起，明义士因军阀混战任教华北联合语言学校。

1928 年

二月，陈柱译明义士《殷虚龟甲文字发掘的经过》一文出版，刊《东方杂志》第二十五卷第三号。

明义士自 1927 年起的两年间，将其在安阳第二个时期内购得的甲骨精选 2819 片著录为《殷虚卜辞后编》，分赠给马衡、容庚、商承祚等数位著名学者。

1929 年

本年起，明义士参与巴勒斯坦耶路撒冷地区的两次重大考古发掘，其中一次发掘地为泰勒恩纳思拜——《圣经》诞生地遗址。

1930 年

三月一日卫礼贤逝世。

1931 年

明义士《商代之文化》（The Culture of the Shang Dynasty）发表于《斯密森尼安报告》（*The Smithonion Report*）。

1932 年

明义士《商代之文化》(The Culture of the Shang Dynasty) 一文出版，刊《北平导报》(*The Leader*)。

秋，明义士应齐鲁大学之邀，至齐鲁大学国学研究所担任考古学教授，并兼任齐大“哈燕”项目的负责人。明义士在齐鲁大学主要讲授近代考古学课程，并开设甲骨学研究等选修课。明义士在齐鲁大学时还利用自己的私人藏品为学生开办博物馆，齐鲁大学古物博物馆是我国最早的大学博物馆之一。在齐鲁大学任教的近五年期间，明义士一直坚持中国文化研究，成果斐然，完成学术论文近二十篇。

1933 年

四月，商承祚编著《福氏所藏甲骨文字》一卷，考释一卷出版，南京金陵大学中国文化研究所影印本，一册。其书著录美国福开森所藏甲骨文字 37 版。

四月，明义士《甲骨研究》（初编）出版，济南齐鲁大学石印本。该书为明氏甲骨学课程讲义。

六月，明义士《表校新旧版〈殷虚书契前编〉并记所得之新材料》一文出版，刊《齐大季刊》1933 年第 2 期。

明义士《中国商代之卜骨》（Old Bones of Shang Dynasty China）刊《济南扶轮社报告》（*The Bulletin Rotary Club of Tsinan*）。又有抽印本。

1934 年

怀履光从河南圣公会退休返回加拿大，回国后任多伦多大学中国考古学副教授兼安大略省皇家博物馆远东部主任。

本年，福开森将全部个人收藏捐赠给金陵大学，现保存于南京大学考古与艺术博物馆。

1935 年

四月二十三日，怀履光《中国最丰富的考古遗址——象塚》（The Richest Archaeological Sites in China:The Elephant Tomb）发表于《伦敦新闻》（*London News*）上。

明义士《柏根氏旧藏之甲骨文字》发表于《齐大季刊》第 6、7 期；其单行本后由齐鲁大学国学研究所出版。

十二月，方法敛《甲骨卜辞》（*The Couling-Chalfant Collection of Inscribed Oracle Bone*）一书由美国白瑞华（Roswell S. Britton）校印出版。上海商务印书馆石印本一册，共摹甲骨文字 1687 片。前附白瑞华序文。序文曰："此甲骨集为山东潍县两牧师所收藏。两牧师者，一英人考龄先生（Samuel Couling），一美人查尔凡博士（Frank Herring. Chalfant）是也。一九〇四至一九〇八年间，二氏即向古董商收购，然初不知此即殷墟遗物也。此集有兽骨六百七十片，龟甲一千零一十六片，鹿角一，共凡一千六百八十七件。分散于四博物院中，美国二所（Carnegie Museum, Field Museum of Natural History），英伦一所（British Museum），苏格兰一所（Royal Scottish Museum）。……此集所刊之各片，均可为河南安阳县所发掘之代表品。然亦须审慎分辨，因此等均系购自商人也。如鹿角刻文，即聚讼纷纭。大兽骨片中亦颇多令人怀疑者……查尔凡博士之制成此摹本，迄今已二十余年矣。博士为西方人士中研究殷虚卜辞者之第一人。一九〇六年尝在美国发行英文书一种，讨论中国古代文字。其中一部即研究晚近发现之甲骨文。一九〇三年刘鹗氏始在上海将其收藏之拓片，刊行《铁云藏龟》六卷。距博士刊印之书仅早三年而已。博士书即问世，即致其余力从事于更大之著作，专门研究甲骨文字。一九一一年不幸在青岛遭遇意外，以致半身瘫痪。然博士仍孜孜研究不辍，至一九一四年一月二十三日病卒时，全书已告完成。方拟刊行，然同年七月间欧战爆发，不果。手稿存于飞尔德博物院（Field Museum of Natural History）者二十余年，最近始交余保管，余因以选印刊行此书。”

1936 年

明义士《中国古代之上帝》（God in Ancient China）发表于齐鲁大学，《商周的美术》（The Art of the Shang and Chou Dynasties）发表于《皇家亚洲学会集刊》（*Journal of the North China Branch of the Royal Asiatic Society*）第六、七期，《商代的文化与宗教思想》（Cultural and Religious Ideas of the Shang Dynasty）发表于《皇家亚洲学会集刊》（*Journal of the North China Branch of the Royal Asiatic Society*）第六、七期。

本年，明义士回国休假，原定一年后返回齐鲁大学继续教学研究，但1937年日本侵华战争全面爆发，打乱了明义士的原定计划。1936—1943 年，明义士居于多伦多，并任职于皇家安大略博物馆。

1938 年

方法敛摹，白瑞华校《甲骨卜辞七集》在美国纽约影印出版。

1942 年

本年，日军占领齐鲁大学，明义士的朋友将其藏品分别存放，其中一箱甲骨藏在学校仓库里，其他埋于校园各处，同时绘制两张方位图，正本转交明义士，另一份由外籍传教士安德鲁保存。与国内其他被日军盗掘的历史文物相比，这批甲骨因秘密埋藏而免于日军劫掠。

本年，明义士以《商戈——公元前 1311—1039 年期间的特种武器的研究》（Shang KO A study of the Characteristic Weapon of the Period 1311—1039 B.C.）一文获得多伦多大学哲学博士学位。

1945 年

福开森于波士顿去世。

怀履光《中国古代的骨文化——河南北部骨质器物的考古学研究》（*Bone culture of ancient China — An Archaeological Study of Bone Material from Northern Honan*）由多伦多大学出版。

1948 年

明义士委托齐大同事将包含有《殷虚卜辞》甲骨实物的藏品交南京加拿

大大使馆暂存。

九月，明义士的六大箱古物被其同事误从天津码头寄送至加拿大多伦多。当时的明义士对重返中国抱有很大的希望，因此将这六大箱古物寄存在多伦多 *Rawlinsons*（罗林森）出租货舱里，准备随时启程运往中国。直到 1957 年 3 月 16 日明氏病逝，这六大箱古物都始终存放在出租货舱内。

1949 年

中央文化部文物局清理出华北联合语言学校明义士原拓印《殷虚卜辞后编》的原件甲骨，交给故宫博物院保存。这批甲骨一部分被故宫博物院收藏（3 匣 17 屉，除一屉为陶丸、陶饼、小螺、贝壳等 164 件外，甲骨共计 870 片），另一部分则封存在故宫仓库。

1950 年

原加拿大大使郎世宁将明义士存放在南京加拿大大使馆的甲骨交南京博物院馆入藏。

1951 年

十一月，胡厚宣编录《战后南北所见甲骨录》，由来薰阁书店线装出版。全书共收录 3276 片甲骨摹本。其中第六部分明义士旧藏甲骨文字，就是根据明氏原存放于华北联合语言学校内，现藏于北京故宫博物院的那部分甲骨选拓而来的。该部分摹本共 100 页，收录甲骨 817 片。

1952 年

原齐鲁大学英籍校长林仰山向学校交出一份绘制于 1942 年、标有明义士甲骨埋藏位置的“藏宝图”副本。按照图中指示，发现古物 140 箱 29 457 件，其中甲骨 8080 片（有文字的 3668 片）。

1957 年

三月十六日明义士于加拿大多伦多逝世。

十二月，明义士之子明明德写信给明氏生前好友休姆尔（A. W. Hummel）和富善（L.G. Goodrich），询问对寄存多伦多 Rawlinsons 出租货舱里的明氏旧藏的处理意见。

1958 年

一月十八日，明氏家人就捐赠明义士藏品之事与皇家安大略博物馆考古部主任图圣汉（A. D. Tushingham）博士接洽。

六月二十三日，图圣汉代表博物馆正式回函，表示皇家安大略博物馆愿意出资 4 万加元帮助整理明氏旧藏和出版其博士论文《商戈》，作为接受明义士藏品和图书的代价。

1960 年

三月，明义士夫人安妮（Mrs. Annie Menzies）和儿子明明德将寄存于多伦多 Rawlinsons 出租货舱里的明氏旧藏捐赠给皇家安大略博物馆。

本年，怀履光于加拿大逝世。

1965 年

明义士博士论文《商戈——公元前 1311—1039 年期间的特种武器的研究》（*The Shang Ko.a study of the characteristic weapon of the Bronze Age in China during the period 1311-1039 B.C.*）由多伦多大学出版。

1970 年

饶宗颐编著的《欧美亚所见藏甲骨录存》在香港出版。全书共选欧、美、亚共十五家所藏的甲骨，其中美洲五家中的第二部分来源为明义士旧藏。

1972 年

许进雄所编《明义士收藏甲骨》由加拿大安大略博物馆出版，该书亦名《明义士殷虚卜辞续编第一集》，全书共收有拓本 3176 片。

1974 年

故宫仓库中再次清出明义士旧藏甲骨约计 10 匣 25 屉又 167 包，共 19494 片。

1976 年

美国加利福尼亚大学出版周鸿翔编著《美国所藏甲骨录》（*A Report on the Oracle Bone Collections in the United States*），共一册。《美藏》一书收录了美国 11 个大学及美术馆藏甲骨，其中第一、八、九处来源藏品为库方旧藏。第一处卡内基博物院藏 413 片。

1977 年

许进雄《明义士收藏甲骨释文篇》由加拿大皇家安大略博物馆出版，一册。该书是《明义士收藏甲骨》一书中收录的 3176 片甲骨的中文释文。

1979 年

六月，许进雄编著的《怀特氏等收藏甲骨文集》，由加拿大皇家安大略博物馆出版，16 开本，共一册。全书共收录甲骨 1915 号，全部为拓本。其来源主要是怀履光旧藏，另有部分明义士旧藏。

1985 年

中华书局出版了李学勤等编著的《英国所藏甲骨集》（*Oracle Bone Collection in Great Britain*）上编，选拓甲骨 2674 片，包括大量的库方旧藏。

1992 年

中华书局出版了《英藏》的下编，主要为甲骨片释文，并附有材料来源表、与《库方》《金璋》等书的对照表、相关论文、部分摹本及照片等。

2000 年

九月四日至五日在济南山东大学召开由加拿大研究中心和历史文化学院考古系主办的“明义士学术讨论会”。

2009 年

吉林大学周忠兵的博士论文《卡内基博物馆所藏甲骨的整理与研究》详细著录了 1909 年库方二氏转让与卡内基博物馆的 405 片甲骨。

第二节　西方传教士甲骨学论著目录

本节以时间为序，列举明义士、方法敛、库寿龄、怀履光等人甲骨学论著如下。

明义士：

《殷虚卜辞》，上海别发洋行石印本一册，1917 年 3 月；

The Culture of the Shang Dynasty（商代之文化），*The Smithonion Report*（史密森尼安报告），1931；

《甲骨研究》（初编），齐鲁大学石印本，1933 年春；

《表校新旧版〈殷虚书契前编〉并记所得之新材料》，《齐大季刊》1933 年第 2 期；

Old Bones of Shang Dynasty China（《中国商代甲骨》），刊 *The Bulletin Rotary Club of Tsinan*（《济南扶轮社报告》），1933；

《柏根氏旧藏之甲骨文字》，《齐大季刊》1935 年第 6、7 期；其单行本后由齐鲁大学国学研究所出版；

The Art of the Shang and Chou Dynasties（《商周的美术》）. *Journal of the North China Branch of the Royal Asiatic Society*（《皇家亚洲学会集刊》），VI-VII, 1936；

Cultural and Religious Ideas of the Shang Dynasty（《商代文化与宗教思想》）. *Journal of the North China Branch of the Royal Asiatic Society*（《皇家亚洲学会集刊》），VI-VII, 1936；

God in Ancient China（《古代中国之上帝》），《齐大月刊》1936 年；

The Shang Ko.a study of the characteristic weapon of the Bronze Age in China during the period 1311-1039 B.C（《商戈——公元前 1311—1039 年期间的特种武器的研究》）. University of Toronto（多伦多大学），1965.

方法敛：

Early Chinese Writing（《中国原始文字考》）. Carnegie Museum（卡内基博物馆），1906.

(*The Couling-Chalfant Collection of Inscribed Oracle Bone*)（《甲骨卜辞》），上海商务印书馆石印本一册，1935 年。

库寿龄：

The Oracle-Bones form Honan（《河南出土之卜骨》）. *Journal of the North- China Branch of the Royal Asiatic Society*（《皇家亚洲学会集刊》），XLV, 1914.

怀履光：

Bone culture of ancient China—An Archaeological Study of Bone Material from Northern Honan（《中国古代的骨文化——河南北部骨质器物的考古学研究》）. The University of Toronto（多伦多大学）. 1945.

The Richest Archaeological Sites in China:The Elephant Tomb（《中国最丰富的考古遗址——象塚》）. *London News*（《伦敦新闻》），1935.4.23.

第三节　西方传教士旧藏甲骨著录片号对照表

本节所列西方传教士甲骨著录片号对照表是在胡厚宣主编《〈甲骨文合集〉材料来源表》，彭邦炯、谢济、马季凡《甲骨文合集补编·选收著录（文）表》①等基础上完成的。

本表左栏是传教士甲骨著录书籍，片号编排依照原书片号由小到大的顺序排列，右栏为对应的《甲骨文合集》或《甲骨文合集补编》对应片号；左侧为传教士甲骨文书籍简称及片号，同一传教士的甲骨著录书籍按照完成时间先后排列，学者对传教士旧藏甲骨的再著录则列在传教士本人著录之后。全表甲骨著录书顺序依次为《殷虚卜辞》、《殷虚卜辞后编》、《柏根氏旧藏甲骨文字》、《明义士收藏甲骨》、《加拿大皇家安大略博物馆藏明义士收藏甲骨文字附拼合版》、《库方二氏藏甲骨卜辞》、《甲骨卜辞七集》、《金璋所藏甲骨卜辞》、《殷虚甲骨相片》、《殷虚甲骨拓片》、《中国古代的骨文化》、《怀特氏等收藏甲骨文集》、《福氏所藏甲骨文字》。

表中书目简称详见附录 1。

① 胡厚宣：《〈甲骨文合集〉材料来源表》，北京：中国社会科学出版社，1999 年；彭邦炯、谢济、马季凡：《甲骨文合集补编》，北京：语文出版社，1999 年，第 2276—2376 页。

传教士著录书片号	《合集》/《合补》片号
明 1	《合集》37659
明 2	《合集》37744
明 3	《合集》36657
明 4	《合集》25617
明 5	《合集》25119
明 6	《合集》24131
明 7	《合集》26282
明 8	《合集》26709
明 9	《合集》22903
明 10	《合集》26212
明 11	《合集》23736
明 12	《合集》26208
明 13	《合集》23413
明 14	《合集》4895
明 15	《合集》23504
明 16	《合集》24483
明 17	《合集》23352
明 18	《合集》30551
明 19	《合集》26333
明 20	《合集》25328
明 21	《合集》23538
明 22	《合集》22980
明 23	《合集》25520
明 24	《合集》23628
明 25AB	《合集》3573 正反
明 26	《合集》25519
明 27	《合集》23495
明 28	《合集》25297
明 29	《合集》24444
明 30	《合集》25544
明 31	《合集》25771
明 32	《合集》23277
明 33	《合集》25822
明 34	《合集》26397
明 35（正）	《合集》16664 正反
明 36	《合集》24822
明 37	《合集》6896
明 38	《合集》24023

传教士著录书片号	《合集》/《合补》片号
明 39	《合集》25322
明 41	《合集》24038
明 42	《合集》23904
明 43	《合集》23872
明 44	《合集》9794
明 45	《合集》23073
明 46	《合集》25177
明 47	《合集》22654
明 48	《合集》15280
明 49	《合集》26427
明 50	《合集》12272
明 51	《合集》25107
明 53	《合集》38877
明 54	《合集》36116
明 55	《合集》36373
明 56（正）	《合集》12060 正反
明 57	《合集》8350
明 58	《合集》38264
明 59	《合集》38769
明 60	《合集》37938
明 61	《合集》37855
明 62	《合集》37585
明 63	《合集》27869
明 64	《合集》36159
明 65	《合集》2360
明 66	《合集》37950
明 67	《合集》37583
明 68	《合集》38474
明 69	《合集》23355
明 71	《合集》18308
明 72	《合集》29870
明 73	《合集》25158
明 74	《合集》23848
明 75	《合集》24522
明 76	《合集》25861
明 77	《合集》4547
明 78	《合集》22992
明 82	《合集》22917

传教士著录书片号	《合集》/《合补》片号
明 83	《合集》22558
明 84	《合集》24373
明 85	《合集》25294
明 86	《合集》25693
明 87	《合集》26752
明 88	《合集》23860
明 91	《合集》24768
明 92	《合集》22611
明 93	《合集》24075
明 95	《合集》25270
明 96	《合集》31576
明 97	《合集》23812
明 98	《合集》24215
明 99	《合集》24446
明 100	《合集》11657
明 101	《合集》23342
明 102	《合集》20330
明 103	《合集》11947
明 105	《合集》17445
明 106（反）	《合集》14669 正反
明 107	《合集》26084
明 108	《合集》25154
明 109	《合集》25399
明 110	《合集》24510
明 112	《合集》25278
明 113（正）	《合集》25481 正反
明 115	《合集》41904
明 116	《合集》26729
明 117	《合集》23545
明 118	《合集》27705
明 119	《合集》24122
明 120	《合集》22892
明 121	《合集》26521
明 122	《合集》25237
明 123	《合集》23456
明 125	《合集》1158
明 126	《合集》23518
明 127	《合集》28303

传教士著录书片号	《合集》/《合补》片号
明 128	《合集》25497
明 129	《合集》24534
明 130	《合集》22573
明 131	《合集》25386
明 132	《合集》24371
明 133	《合集》24490
明 134	《合集》24037
明 135	《合集》22693
明 136	《合集》23919
明 137	《合集》25825
明 138	《合集》22579
明 139	《合集》31571
明 140	《合集》5928
明 142	《合集》33561
明 143	《合集》18933
明 144	《合集》14479
明 145	《合集》22692
明 146	《合集》6841
明 147	《合集》23973
明 148	《合集》11782
明 149	《合集》15683
明 150	《合集》25428
明 151	《合集》2000
明 152	《合集》11797
明 153	《合集》18659
明 154	《合集》36483
明 156	《合集》23007
明 158	《合集》25307
明 159	《合集》26149
明 160	《合集》37978
明 162	《合集》23899
明 163	《合集》25889
明 164	《合集》19530
明 165	《合集》24392
明 166	《合集》24892
明 167	《合集》33179
明 168	《合集》36182
明 169	《合集》30253

传教士著录书片号	《合集》/《合补》片号
明 171	《合集》21646
明 172	《合集》25383
明 174	《合集》21630
明 180	《合集》40690
明 180	《合集》9444
明 181	《合集》23605
明 185	《合集》23440
明 191	《合集》7672
明 192	《合集》22647
明 195	《合集》26304
明 198	《合集》25854
明 199	《合集》26407
明 200	《合集》25780
明 201	《合集》23855
明 203	《合集》30557
明 204	《合集》25796
明 205	《合集》38907
明 206	《合集》23938
明 207	《合集》11552
明 208	《合集》13480
明 209	《合集》24157
明 210	《合集》25989
明 211	《合集》26448
明 212	《合集》26082
明 214	《合集》24028
明 215	《合集》22957
明 216	《合集》23978
明 219	《合集》22667
明 221	《合集》26605
明 223	《合集》25403
明 224	《合集》4861
明 226	《合集》25686
明 227	《合集》19247
明 228	《合集》37866
明 230	《合集》4191
明 231	《合集》24097
明 232	《合集》22563
明 237	《合集》7761

传教士著录书片号	《合集》/《合补》片号
明 238A.B	《合集》16961 正反
明 239	《合集》806
明 240	《合集》23221
明 241	《合集》25080
明 244	《合集》25440
明 246	《合集》24970
明 247	《合集》5954
明 248	《合集》23882
明 251	《合集》20913
明 252	《合集》12385
明 253	《合集》26068
明 254	《合集》38147
明 255	《合集》31618
明 256	《合集》4166
明 257	《合集》26544
明 261	《合集》25284
明 262	《合集》26196
明 264	《合集》24577
明 269（正）	《合集》10590 正反
明 270	《合集》25991
明 271	《合集》23685
明 272	《合集》26120
明 273	《合集》22745
明 274（正）	《合集》2625 正反
明 275	《合集》27722
明 276	《合集》23362
明 277	《合集》25604
明 278	《合集》25363
明 279	《合集》24182
明 280	《合集》37108
明 283	《合集》23333
明 284	《合集》26168
明 285	《合集》1652
明 287	《合集》13826
明 288	《合集》25736
明 289	《合集》24999
明 290	《合集》30221
明 291	《合集》13518

传教士著录书片号	《合集》/《合补》片号
明 293	《合集》23257
明 295	《合集》38872
明 298	《合集》24637
明 299	《合集》15485
明 301	《合集》14439
明 302	《合集》22718
明 304	《合集》23123
明 305	《合集》19486
明 306	《合集》25423
明 307	《合集》22652
明 308	《合集》36175
明 310	《合集》25434
明 311	《合集》7811
明 312	《合集》24934
明 314	《合集》39059
明 317	《合集》25350
明 318	《合集》7591
明 322	《合集》8221
明 323	《合集》30558
明 324	《合集》23658
明 325	《合集》30620
明 326	《合集》27066
明 328	《合集》22945
明 329	《合集》11668
明 334	《合集》25962
明 336	《合集》26225
明 337	《合集》25382
明 340	《合集》24524
明 341	《合集》6699
明 342	《合集》13028
明 343	《合集》35315
明 344	《合集》25588
明 345	《合集》31877
明 346	《合集》742
明 347	《合集》25443
明 348	《合集》26089
明 350	《合集》24806
明 351	《合集》22736

传教士著录书片号	《合集》/《合补》片号
明 352	《合集》31936
明 353	《合集》19713
明 355	《合集》23489
明 357	《合集》22792
明 358	《合集》2819
明 359	《合集》26684
明 360	《合集》22947
明 361	《合集》39364
明 362	《合集》10813
明 363(反)	《合集》5148 正反
明 364	《合集》4615
明 365	《合集》4743
明 366	《合集》11158
明 368	《合集》25367
明 369	《合集》5241
明 371	《合集》36041
明 371	《合集》41874
明 372	《合集》10461
明 373	《合集》38697
明 374	《合集》23122
明 376	《合集》36547
明 377	《合集》35494
明 378	《合集》25285
明 379	《合集》12415
明 380	《合集》24808
明 381	《合集》35805
明 382	《合集》25130
明 383	《合集》26043
明 384	《合集》27645
明 386	《合集》25494
明 387	《合集》3096
明 389	《合集》26081
明 390	《合集》22862
明 391	《合集》24503
明 391	《合集》26181
明 392	《合集》25432
明 392	《合集》41164
明 393	《合集》25337

传教士著录书片号	《合集》/《合补》片号
明 394	《合集》22759
明 395	《合集》36559
明 396	《合集》24456
明 397	《合集》38090
明 398	《合集》18744
明 399	《合集》26760
明 400	《合集》25694
明 401	《合集》5595
明 402	《合集》31572
明 404	《合集》38869
明 405	《合集》19077
明 406	《合集》30928
明 408	《合集》30555
明 409	《合集》24745
明 411	《合集》25815
明 412	《合集》23077
明 413	《合集》24696
明 414	《合集》26231
明 416	《合集》26316
明 418	《合集》38625
明 419	《合集》22706
明 420	《合集》23315
明 422	《合集》21774
明 423	《合集》21899
明 424	《合集》36220
明 426	《合集》26394
明 428	《合集》38571
明 430	《合集》25125
明 431	《合集》20363
明 435	《合集》26171
明 436（正）	《合集》17686 正反
明 437	《合集》26167
明 439	《合集》12755
明 442	《合集》38457
明 443	《合集》14098
明 444	《合集》11748
明 445	《合集》30384
明 446	《合集》24443

传教士著录书片号	《合集》/《合补》片号
明 447	《合集》23250
明 448	《合集》10030
明 449	《合集》36578
明 450	《合集》27721
明 452（正）	《合集》2731 正反
明 453	《合集》25410
明 455	《合集》25742
明 456	《合集》22939
明 458	《合集》36410
明 459	《合集》39010
明 461	《合集》8575
明 462	《合集》2383
明 463	《合集》26034
明 466	《合集》6288
明 469	《合集》26287
明 472	《合集》12127
明 473	《合集》5873
明 476	《合集》13837
明 478	《合集》25647
明 479	《合集》9617
明 481	《合集》24997
明 482	《合集》11036
明 483	《合集》4295
明 484	《合集》1964
明 485	《合集》15803
明 486	《合集》25766
明 487	《合集》25550
明 488	《合集》2338
明 489	《合集》20082
明 491	《合集》7271
明 492	《合集》41689
明 493	《合集》35509
明 494	《合集》40968
明 495	《合集》8918
明 497	《合集》25354
明 499	《合集》12790
明 500	《合集》23096
明 502	《合集》40301

传教士著录书片号	《合集》/《合补》片号
明 503	《合集》23427
明 504	《合集》25792
明 505	《合集》12756
明 506	《合集》15657
明 508	《合集》25812
明 509	《合集》39060
明 510	《合集》25945
明 511	《合集》22707
明 512	《合集》22908
明 513	《合集》23343
明 514	《合集》26737
明 515	《合集》25700
明 516	《合集》7305
明 517	《合集》25266
明 518	《合集》14349
明 521	《合集》24705
明 523	《合集》24993
明 530	《合集》15070
明 531	《合集》23737
明 534	《合集》35927
明 538	《合集》25198
明 539	《合集》26080
明 540	《合集》23380
明 543（正）	《合集》15635 正反
明 544	《合集》25424
明 545	《合集》11386
明 546（反）	《合集》11163 正反
明 547	《合集》38682
明 549	《合集》39229
明 554	《合集》25559
明 555	《合集》37733
明 556（正）	《合集》4076 正反
明 557	《合集》25985
明 558	《合集》37135
明 559	《合集》5389
明 560	《合集》7678
明 561	《合集》22684
明 566	《合集》26117
明 569	《合集》40129
明 570	《合集》8256
明 571	《合集》40774
明 572	《合集》871
明 574	《合集》20534
明 577	《合集》11038
明 579	《合集》1049
明 580	《合集》25087
明 582	《合集》24635
明 586	《合集》2142
明 587	《合集》25129
明 588	《合集》35389
明 592	《合集》38422
明 595	《合集》3634
明 596	《合集》24206
明 597	《合集》26332
明 601	《合集》10555
明 603	《合集》12276
明 605	《合集》24203
明 606	《合集》23745
明 607	《合集》3882
明 609	《合集》25656
明 610	《合集》26668
明 611	《合集》22832
明 613	《合集》20081
明 614	《合集》26074
明 617	《合集》25797
明 618	《合集》37062
明 619	《合集》12191
明 620	《合集》3307
明 622	《合集》37895
明 623	《合集》10452
明 625	《合集》38427
明 626	《合集》25189
明 627	《合集》26872
明 628	《合集》16063
明 629	《合集》25411
明 630	《合集》36564

传教士著录书片号	《合集》/《合补》片号
明 632	《合集》25645
明 633	《合集》25501
明 634	《合集》21445
明 635	《合集》13564
明 637	《合集》13135
明 638	《合集》11221
明 641	《合集》23747
明 642	《合集》24379
明 644	《合集》25137
明 645	《合集》36998
明 648	《合集》26177
明 651	《合集》39439
明 652	《合集》26745
明 653	《合集》27839
明 654	《合集》3795
明 655	《合集》26123
明 657	《合集》9225
明 658	《合集》25500
明 659	《合集》19038
明 660	《合集》23695
明 661	《合集》25824
明 662	《合集》5197
明 663	《合集》23681
明 665	《合集》10478
明 666	《合集》12743
明 667	《合集》12402
明 668	《合集》22859
明 669	《合集》25521
明 672	《合集》26718
明 673	《合集》19413
明 674	《合集》23581
明 675	《合集》25830
明 676	《合集》25852
明 677	《合集》26474
明 678（正）	《合集》15021 正臼
明 679	《合集》26508
明 680	《合集》3542
明 681	《合集》24626

传教士著录书片号	《合集》/《合补》片号
明 682	《合集》9609
明 683	《合集》25139
明 684	《合集》5194
明 686	《合集》23762
明 687	《合集》26667
明 689	《合集》25718
明 690	《合集》25464
明 691	《合集》18260
明 692	《合集》13227
明 700	《合集》29452
明 701	《合集》34998
明 702	《合集》31512
明 703	《合集》29910
明 704	《合集》30438
明 705+	《合集》32900
明 706	《合集》31858
明 707	《合集》32164
明 708	《合集》33450
明 709	《合集》34520
明 710	《合集》30954
明 711	《合集》34542
明 712	《合集》29447
明 713	《合集》28233
明 714	《合集》34366
明 715	《合集》26979
明 716A.B	《合集》27826 正反
明 717	《合集》32020
明 718	《合集》32112
明 720	《合集》27157
明 723	《合集》9115
明 724	《合集》17552
明 726	《合集》40678
明 726	《合集》9415
明 727	《合集》26838
明 729	《合集》40677
明 730	《合集》25980
明 730	《合集》40954
明 731	《合集》41046

传教士著录书片号	《合集》/《合补》片号
明 733	《合集》9375
明 734	《合集》26085
明 735	《合集》24759
明 736	《合集》24561
明 737	《合集》24036
明 738	《合集》24975
明 739	《合集》23877
明 740	《合集》22560
明 741	《合集》10789
明 742	《合集》23085
明 744	《合集》23588
明 745	《合集》22864
明 746	《合集》24035
明 747	《合集》23898
明 749	《合集》25296
明 750	《合集》10915
明 752	《合集》24780
明 754	《合集》24551
明 757	《合集》22991
明 758	《合集》13465
明 761	《合集》23966
明 762	《合集》26049
明 763	《合集》6697
明 764	《合集》25082
明 765	《合集》22341
明 768	《合集》6750
明 769	《合集》26343
明 773	《合集》1199
明 774	《合集》12516
明 777	《合集》12656
明 778	《合集》708
明 779	《合集》25094
明 788	《合集》2810
明 789	《合集》35412
明 793（反）	《合集》18197 正反
明 797	《合集》4127
明 806	《合集》25787
明 808	《合集》25640

传教士著录书片号	《合集》/《合补》片号
明 809	《合集》37168
明 813	《合集》21490
明 816	《合集》38240
明 817	《合集》23154
明 818	《合集》22668
明 820	《合集》18275
明 822	《合集》25347
明 823	《合集》24518
明 824	《合集》26749
明 825	《合集》23509
明 827	《合集》31240
明 829	《合集》19278
明 830	《合集》22977
明 831	《合集》37049
明 831	《合集》37052
明 832（正）	《合集》1038 正反
明 835	《合集》23124
明 837	《合集》2835
明 840	《合集》11260
明 841	《合集》18298
明 842	《合集》37119
明 845	《合集》22685
明 846	《合集》23319
明 846	《合集》40994
明 847	《合集》25916
明 850	《合集》41269
明 851	《合集》1467
明 852	《合集》24990
明 854	《合集》26158
明 855	《合集》16394
明 856	《合集》15113
明 857	《合集》6693
明 858	《合集》41713
明 859	《合集》24545
明 860（正）	《合集》1516 正反
明 863	《合集》25641
明 864	《合集》38267
明 866	《合集》24571

传教士著录书片号	《合集》/《合补》片号
明 867	《合集》37076
明 871	《合集》36972
明 872	《合集》26710
明 873	《合集》38546
明 874	《合集》23609
明 875	《合集》25837
明 876	《合集》7068
明 877	《合集》23269
明 881	《合集》39352
明 890	《合集》7872
明 892	《合集》1988
明 894	《合集》12983
明 895	《合集》22872
明 896	《合集》10796
明 897	《合集》26194
明 899	《合集》11910
明 900	《合集》23388
明 901	《合集》24651
明 902	《合集》15200
明 906	《合集》38692
明 908	《合集》322
明 909	《合集》38614
明 912	《合集》26359
明 913	《合集》41208
明 914	《合集》16385
明 916	《合集》7609
明 918	《合集》36414
明 920	《合集》25732
明 921	《合集》25999
明 924	《合集》18064
明 925	《合集》37143
明 928	《合集》35543
明 929	《合集》36964
明 930	《合集》2424
明 932	《合集》13073
明 934	《合集》40251
明 934	《合集》41093
明 938	《合集》24764

传教士著录书片号	《合集》/《合补》片号
明 939	《合集》18455
明 940	《合集》37817
明 941	《合集》36583
明 943	《合集》40947
明 947	《合集》37785
明 951	《合集》27847
明 953	《合集》26408
明 954	《合集》23255
明 955	《合集》21396
明 959	《合集》36197
明 960	《合集》41334
明 962	《合集》36049
明 964	《合集》37818
明 967	《合集》22665
明 972	《合集》19759
明 975	《合集》38561
明 976	《合集》26393
明 977	《合集》22562
明 978	《合集》26110
明 984	《合集》6823
明 985	《合集》5344
明 990	《合集》19477
明 992	《合集》8127
明 993	《合集》41210
明 998	《合集》40636
明 998	《合集》41296
明 1000	《合集》37479
明 1001	《合集》21181
明 1001	《合集》40799
明 1002	《合集》14985
明 1003	《合集》14651
明 1004	《合集》22867
明 1007	《合集》21364
明 1008	《合集》17809
明 1009	《合集》21551
明 1013	《合集》40155
明 1014	《合集》5743
明 1018	《合集》3245

传教士著录书片号	《合集》/《合补》片号
明 1019	《合集》36050
明 1020	《合集》36254
明 1035	《合集》26725
明 1036	《合集》24782
明 1041	《合集》36618
明 1046	《合集》25455
明 1047	《合集》23853
明 1060	《合集》25478
明 1063	《合集》20099
明 1079	《合集》38510
明 1080	《合集》38508
明 1082	《合集》38085
明 1094	《合集》25315
明 1106	《合集》26031
明 1116	《合集》21272
明 1121	《合集》37757
明 1122	《合集》17954
明 1124	《合集》38084
明 1131	《合集》25126
明 1132	《合集》37538
明 1133	《合集》36216
明 1152	《合集》20313
明 1154	《合集》26086
明 1159	《合集》37697
明 1164	《合集》16173
明 1189	《合集》25963
明 1201	《合集》20056
明 1211	《合集》23203
明 1213	《合集》36302
明 1216	《合集》25340
明 1222	《合集》29423
明 1229	《合集》38911
明 1230	《合集》25342
明 1235	《合集》25344
明 1236	《合集》24511
明 1239	《合集》25725
明 1241	《合集》25760
明 1244	《合集》38781

传教士著录书片号	《合集》/《合补》片号
明 1251	《合集》24777
明 1253	《合集》26404
明 1254	《合集》16156
明 1255	《合集》22850
明 1258	《合集》23633
明 1263	《合集》40501
明 1263	《合集》41218
明 1265	《合集》13064
明 1266	《合集》1476
明 1267	《合集》12273
明 1269	《合集》25215
明 1271	《合集》11103
明 1276	《合集》38824
明 1277	《合集》5211
明 1283	《合集》13025
明 1284	《合集》4984
明 1289	《合集》8876
明 1292	《合集》36250
明 1295	《合集》24205
明 1296	《合集》1503
明 1298	《合集》37828
明 1299	《合集》23159
明 1300	《合集》22790
明 1301	《合集》18426
明 1304	《合集》20275
明 1305	《合集》31607
明 1306	《合集》5422
明 1307	《合集》24169
明 1308	《合集》26741
明 1312	《合集》24862
明 1315	《合集》25646
明 1326	《合集》3975
明 1330	《合集》36800
明 1333	《合集》7610
明 1334	《合集》11457
明 1335	《合集》1974
明 1336	《合集》37094
明 1339	《合集》4945

传教士著录书片号	《合集》/《合补》片号
明 1343	《合集》26014
明 1344	《合集》18044
明 1349	《合集》35836
明 1350	《合集》5731
明 1352	《合集》8589
明 1353	《合集》12033
明 1358	《合集》20754
明 1359	《合集》19842
明 1359	《合集》41315
明 1360	《合集》41155
明 1363	《合集》30542
明 1364	《合集》37596
明 1370	《合集》40796
明 1373	《合集》20729
明 1374	《合集》27728
明 1376	《合集》25654
明 1378	《合集》3729
明 1379	《合集》8363
明 1380	《合集》1269
明 1382	《合集》14141
明 1384	《合集》9346
明 1388	《合集》37012
明 1389	《合集》20489
明 1390	《合集》37092
明 1391	《合集》15842
明 1391	《合集》25629
明 1394	《合集》18765
明 1395	《合集》5905
明 1396	《合集》3360
明 1397	《合集》10569
明 1398	《合集》5904
明 1400	《合集》37680
明 1401	《合集》37529
明 1402（正）	《合集》5796 正反
明 1403	《合集》17141
明 1404	《合集》35919
明 1405	《合集》3719
明 1406	《合集》25995

传教士著录书片号	《合集》/《合补》片号
明 1407	《合集》18201
明 1408	《合集》21219
明 1409	《合集》21389
明 1411	《合集》16986
明 1412	《合集》6455
明 1413	《合集》38632
明 1415	《合集》10388
明 1417	《合集》39741
明 1418	《合集》26170
明 1419	《合集》19604
明 1423	《合集》35945
明 1425	《合集》8391
明 1426	《合集》35933
明 1427	《合集》41418
明 1429	《合集》2754
明 1430	《合集》19494
明 1432	《合集》40814
明 1433	《合集》22037
明 1435	《合集》22597
明 1437	《合集》1736
明 1445	《合集》35797
明 1448	《合集》5689
明 1452	《合集》35604
明 1453	《合集》7038
明 1454	《合集》38262
明 1455	《合集》17458
明 1457	《合集》36601
明 1458	《合集》35711
明 1461	《合集》36879
明 1462	《合集》35804
明 1465	《合集》4256
明 1466	《合集》7759
明 1468	《合集》36474
明 1474	《合集》21753
明 1475	《合集》35338
明 1476	《合集》4536
明 1478	《合集》9481
明 1481	《合集》38722

传教士著录书片号	《合集》/《合补》片号
明 1484	《合集》36375
明 1485	《合集》16146
明 1486	《合集》25896
明 1487	《合集》26169
明 1488	《合集》38744
明 1489	《合集》3024
明 1491	《合集》1589
明 1492	《合集》8205
明 1493	《合集》5371
明 1494	《合集》7910
明 1496	《合集》6806
明 1497	《合集》4507
明 1500	《合集》18697
明 1503	《合集》18968
明 1510	《合集》40803
明 1515	《合集》40777
明 1517	《合集》8965
明 1518	《合集》18093
明 1520	《合集》1193
明 1521	《合集》26006
明 1525	《合集》26339
明 1526	《合集》7725
明 1532	《合集》19370
明 1534	《合集》11492
明 1535	《合集》36046
明 1536	《合集》35572
明 1539	《合集》35928
明 1541	《合集》8258
明 1542	《合集》36732
明 1543	《合集》15887
明 1544	《合集》20682
明 1545	《合集》8083
明 1551	《合集》41419
明 1551	《合集》41783
明 1552	《合集》18178
明 1554	《合集》40066
明 1555	《合集》8971
明 1557	《合集》18506

传教士著录书片号	《合集》/《合补》片号
明 1558AB	《合集》4852 正反
明 1562	《合集》14214
明 1564	《合集》3922
明 1565	《合集》36882
明 1566	《合集》39625
明 1568	《合集》16544
明 1570	《合集》39791
明 1571（正）	《合集》15893 正反
明 1572	《合集》36015
明 1573	《合集》4433
明 1574	《合集》21536
明 1575	《合集》35450
明 1576	《合集》6955
明 1577	《合集》22974
明 1578	《合集》18829
明 1580	《合集》24937
明 1582	《合集》20211
明 1584	《合集》7535
明 1586	《合集》15878
明 1587	《合集》20635
明 1588	《合集》9839
明 1589	《合集》4970
明 1593	《合集》40704
明 1596	《合集》40709
明 1598	《合集》35563
明 1599	《合集》3424
明 1603	《合集》40056
明 1604	《合集》6381
明 1605	《合集》18735
明 1606	《合集》9876
明 1609	《合集》5800
明 1610	《合集》3921
明 1611	《合集》6969
明 1614	《合集》4972
明 1621	《合集》18328
明 1622	《合集》18586
明 1623	《合集》40476
明 1628	《合集》39789

传教士著录书片号	《合集》/《合补》片号
明 1629	《合集》20218
明 1631	《合集》752
明 1632	《合集》10922
明 1633	《合集》13629
明 1634	《合集》23436
明 1635（正）	《合集》10267 正反
明 1636	《合集》1521
明 1639	《合集》20229
明 1644	《合集》23222
明 1646	《合集》14481
明 1647	《合集》4971
明 1651（正）	《合集》13050 正反
明 1653	《合集》17287
明 1656	《合集》18783
明 1659	《合集》14752
明 1663	《合集》37003
明 1668	《合集》983
明 1669	《合集》20433
明 1671	《合集》10160
明 1674	《合集》9483
明 1675	《合集》22700
明 1676	《合集》41297
明 1677	《合集》18392
明 1680	《合集》36098
明 1681	《合集》17289
明 1682	《合集》2884
明 1683	《合集》37615
明 1687	《合集》7043
明 1694	《合集》11244
明 1695	《合集》24791
明 1696	《合集》5019
明 1698	《合集》3205
明 1703	《合集》6670
明 1707	《合集》12641
明 1708	《合集》5958
明 1709	《合集》1419
明 1711	《合集》25444
明 1718	《合集》23381
明 1720	《合集》24418
明 1721	《合集》13440
明 1722	《合集》20189
明 1728	《合集》41001
明 1731	《合集》5268
明 1737	《合集》35845
明 1741	《合集》36952
明 1744	《合集》10836
明 1751	《合集》11271
明 1753	《合集》8703
明 1754	《合集》6970
明 1759（正）	《合集》8466 正反
明 1765.	《合集》8011
明 1775	《合集》20498
明 1776	《合集》17941
明 1777	《合集》18306
明 1781	《合集》442
明 1788	《合集》21415
明 1790	《合集》26053
明 1796	《合集》26824
明 1801	《合集》8835
明 1805	《合集》18193
明 1812（正）	《合集》18629 正反
明 1819	《合集》11202
明 1835	《合集》857
明 1837	《合集》3188
明 1844	《合集》36118
明 1845	《合集》18037
明 1848	《合集》22786
明 1852	《合集》19355
明 1853	《合集》35988
明 1857	《合集》11718
明 1862	《合集》35990
明 1866	《合集》18029
明 1871	《合集》11117
明 1876	《合集》26874
明 1879	《合集》10621
明 1882	《合集》18053

传教士著录书片号	《合集》/《合补》片号
明 1884	《合集》36343
明 1889	《合集》5587
明 1892	《合集》2241
明 1893	《合集》9414
明 1894	《合集》3431
明 1895	《合集》19196
明 1896	《合集》12597
明 1898	《合集》10700
明 1899	《合集》40919
明 1902	《合集》18058
明 1905	《合集》20328
明 1906	《合集》11458
明 1908	《合集》8042
明 1909	《合集》35467
明 1911	《合集》17013
明 1912	《合集》39472
明 1913	《合集》8184
明 1914	《合集》20329
明 1916	《合集》18297
明 1918	《合集》6684
明 1924	《合集》21813
明 1925	《合集》705
明 1926	《合集》11060
明 1928	《合集》36791
明 1930	《合集》36771
明 1931	《合集》40051
明 1934	《合集》36308
明 1934	《合集》40993
明 1936	《合集》18050
明 1939	《合集》40855
明 1941	《合集》4134
明 1948	《合集》3932
明 1950	《合集》11420
明 1962	《合集》35506
明 1962	《合集》40940
明 1963	《合集》35978
明 1966	《合集》38942
明 1973	《合集》35515

传教士著录书片号	《合集》/《合补》片号
明 1975	《合集》36038
明 1977	《合集》25740
明 1980	《合集》2526
明 1981	《合集》24640
明 1983	《合集》4962
明 1984	《合集》7911
明 1985	《合集》23593
明 1989	《合集》2845
明 1991	《合集》5660
明 1992	《合集》37632
明 1995	《合集》23079
明 1996	《合集》26784
明 2000	《合集》25777
明 2001	《合集》21059
明 2002	《合集》3616
明 2008	《合集》2544
明 2014	《合集》40180
明 2018	《合集》1321
明 2019	《合集》11839
明 2024	《合集》36983
明 2028	《合集》26841
明 2030	《合集》18319
明 2031	《合集》8146
明 2041	《合集》2529
明 2049	《合集》21598
明 2053（反）	《合集》9294 正反
明 2058	《合集》40862
明 2062	《合集》648
明 2065	《合集》17950
明 2067	《合集》2908
明 2070	《合集》1219
明 2094	《合集》39451
明 2097	《合集》652
明 2113	《合集》26174
明 2115	《合集》18734
明 2119	《合集》18061
明 2120	《合集》15307
明 2121	《合集》20216

传教士著录书片号	《合集》/《合补》片号
明 2123	《合集》4974
明 2141	《合集》40131
明 2142	《合集》18069
明 2163	《合集》19553
明 2166	《合集》10512
明 2167	《合集》21489
明 2168	《合集》2909
明 2171	《合集》19664
明 2172	《合集》4702
明 2181	《合集》21627
明 2188	《合集》10211
明 2195	《合集》15324
明 2220	《合集》5033
明 2226	《合集》19052
明 2227	《合集》11305
明 2234	《合集》5986
明 2236	《合集》19371
明 2240	《合集》19918
明 2259	《合集》15447
明 2267	《合集》39806
明 2282	《合集》39447
明 2286	《合集》10057
明 2291	《合集》18269
明 2292	《合集》35900
明 2293	《合集》35415
明 2294	《合集》35917
明 2295	《合集》10743
明 2298	《合集》36301
明 2299	《合集》3440
明 2300	《合集》22773
明 2307	《合集》9343
明 2318	《合集》22709
明 2320（反）	《合集》786 正反
明 2321	《合集》9880
明 2322	《合集》26091
明 2323	《合集》8523
明 2324（正）	《合集》5512 正臼
明 2325（正）	《合集》5510 正臼

传教士著录书片号	《合集》/《合补》片号
明 2326	《合集》13284
明 2327	《合集》3385
明 2328（正）	《合集》14654 正臼
明 2329	《合集》39386
明 2330	《合集》6861
明 2331	《合集》15503
明 2332	《合集》9621
明 2334	《合集》34304
明 2335	《合集》12910
明 2336	《合集》1908
明 2337	《合集》6886
明 2338	《合集》6441
明 2339A.B	《合集》17542 正臼
明 2340	《合集》7367
明 2341	《合集》17629
明 2342	《合集》225
明 2343A.B	《合集》234 正反
明 2344	《合集》17549
明 2345	《合集》6219
明 2346	《合集》3911
明 2347A.B	《合集》17636 正臼
明 2348	《合集》12951
明 2349	《合集》2803
明 2350	《合集》1477
明 2351	《合集》11172
明 2352	《合集》5395
明 2353	《合集》17567
明 2354	《合集》7066
明 2355	《合集》3743
明 2357	《合集》17604
明 2358	《合集》8008
明 2360	《合集》23220
明 2361	《合集》14005
明 2362	《合集》3539
明 2364	《合集》2794
明 2365	《合集》19243
明 2366A.B	《合集》7144 正反
明 2368	《合集》7698

传教士著录书片号	《合集》/《合补》片号
明 2369（正）	《合集》14767 正反
明后 387	《合补》5085
明后 399	《合补》2329
明后 554	《合补》4043
明后 575	《合补》6395
明后 576	《合补》10940
明后 1683	《合补》6202
明后 1721	《合补》6944
明后 2378	《合补》507
明后 2385	《合补》6754
明后 2488	《合补》10651
明后 2498	《合补》10467
明后 2595 正反	《合补》10601 正反
柏 1	《合集》1479
柏 2	《合集》13048
柏 3	《合集》13361
柏 4 正反	《合集》14266 正反
柏 5 正反	《合集》8559 正反
柏 8	《合集》19771
柏 9 正反	《合集》792 正反
柏 10	《合集》19992
柏 12 正反	《合集》11496 正反
柏 13	《合集》22271
柏 14	《合集》19914
柏 15	《合集》14884
柏 18	《合集》2018
柏 19	《合集》8017
柏 20 正反	《合集》1632 正反
柏 21	《合集》1553
柏 22	《合集》10928
柏 23	《合集》13614
柏 24 正反	《合集》9557 正反
柏 25	《合集》6098
柏 27 正反	《合集》8956 正反
柏 28	《合集》14212
柏 29	《合集》14309
柏 31	《合集》5765
柏 33 正反	《合集》18986 正反
柏 34	《合集》19440
柏 38	《合集》5922
柏 39	《合集》19732
柏 40	《合集》14953
柏 42 正反	《合集》1050 正反
柏 45	《合集》19635
柏 67	《合集》16397
安明 1	《合集》1147
安明 2	《合集》1201
安明 3	《合集》1177
安明 6	《合集》1281
安明 7	《合集》18030
安明 12	《合集》1802
安明 17	《合集》1618
安明 18	《合集》1470
安明 22	《合集》1753
安明 24	《合集》2005
安明 26	《合集》22807
安明 27 正反	《合集》1898 正反
安明 28	《合集》13626
安明 37 正反	《合补》295 正反
安明 40 正反	《合集》2614 正反
安明 46 正反	《合集》2464 正反
安明 47 正反	《合集》725 正反
安明 48	《合集》18838
安明 49	《合集》2587
安明 51	《合集》23438
安明 52	《合集》23398
安明 53	《合补》247
安明 54	《合集》2515
安明 56	《合集》2577
安明 59	《合集》20365
安明 60 正反	《合集》432 正反
安明 62	《合集》832
安明 64	《合集》2924
安明 65	《合集》2881
安明 66	《合集》1925
安明 67	《合集》21161

传教士著录书片号	《合集》/《合补》片号
安明 68	《合集》1983
安明 70	《合集》1941
安明 72	《合补》188
安明 76	《合集》1918
安明 77	《合集》19540
安明 80	《合集》2342
安明 81	《合集》25219
安明 83	《合集》13541
安明 86	《合集》14417
安明 87	《合集》14480
安明 88	《合集》14449
安明 89 正反	《合集》14606 正反
安明 91	《合集》14851
安明 92	《合补》1928
安明 93	《合集》14382
安明 95	《合集》13386
安明 96	《合集》14195
安明 98	《合集》14304
安明 99 正反	《合补》4075 正反
安明 101 正反	《合集》3487 正反
安明 103	《合集》5854
安明 104	《合集》971
安明 105	《合补》8968
安明 105	《合集》27934
安明 105	《合集》5686
安明 106	《合集》5691
安明 107	《合集》5681
安明 109	《合集》5423
安明 110	《合集》5249
安明 113	《合集》1353
安明 114	《合集》15290
安明 115	《合集》17988
安明 116	《合集》18652
安明 118 正反	《合集》15171 正反
安明 121	《合集》11253
安明 122	《合集》14963
安明 128	《合集》10809
安明 130 正反	《合集》15633 正反

传教士著录书片号	《合集》/《合补》片号
安明 132	《合集》16201
安明 133	《合集》5733
安明 136 正反	《合集》1922 正反
安明 137	《合集》19594
安明 138	《合集》448
安明 139	《合集》21117
安明 140	《合集》4981
安明 146	《合集》19912
安明 151	《合补》5031
安明 153	《合集》2049
安明 154	《合集》5283
安明 156	《合集》2575
安明 157	《合集》2543
安明 158	《合集》2708
安明 160	《合集》22110
安明 161	《合集》9165
安明 162 正反	《合集》9145 正反
安明 163	《合集》9080
安明 164	《合集》9092
安明 165	《合集》9079
安明 167	《合集》30968
安明 168	《合集》18081
安明 169 正反	《合补》2379 正反
安明 170 正反	《合补》1451 正反
安明 170	《合集》5082
安明 172	《合集》19040
安明 179	《合集》771
安明 191 正反	《合补》4335 正反
安明 198	《合集》4118
安明 199	《合集》15779
安明 200 正反	《合集》1993 正反
安明 201	《合集》15717
安明 204	《合集》15711
安明 207 正反	《合补》2358 正反
安明 208	《合集》8825
安明 213 正反	《合集》8831 正反
安明 216	《合集》9130
安明 222	《合集》4117

传教士著录书片号	《合集》/《合补》片号
安明 226	《合集》15138
安明 228	《合集》8385
安明 230	《合集》19343
安明 236	《合集》15390
安明 237	《合集》15388
安明 239	《合集》10913
安明 241	《合集》280
安明 243	《合集》19428
安明 249	《合集》18558
安明 250	《合集》15810
安明 253	《合集》19419
安明 255	《合集》1903
安明 256	《合集》18438
安明 257	《合集》16174
安明 263	《合集》11291
安明 264	《合集》11310
安明 265	《合集》16222
安明 268	《合集》22114
安明 269	《合集》17987
安明 272	《合补》2743
安明 272	《合集》11203
安明 273	《合集》18785
安明 276	《合集》298
安明 279	《合集》11241
安明 282	《合集》363
安明 284	《合集》375
安明 289	《合集》5251
安明 290	《合集》15422
安明 291	《合集》5266
安明 292	《合集》15860
安明 303	《合集》15458
安明 305	《合集》11112
安明 306	《合集》16213
安明 307	《合补》6291
安明 311	《合补》6199
安明 313	《合补》6182
安明 321	《合集》15876
安明 323	《合集》8629
安明 325	《合集》18528
安明 326	《合集》21222
安明 329	《合集》18588
安明 340	《合集》13563
安明 342 正反	《合集》7736 正反
安明 350	《合集》15523
安明 355	《合补》2200
安明 360 正反	《合集》16472 正反
安明 363	《合补》5064
安明 364	《合集》10097
安明 366	《合补》1701
安明 367	《合集》10120
安明 368	《合补》2521
安明 372	《合补》2530
安明 383	《合集》12151
安明 384	《合补》3707
安明 385	《合集》12121
安明 386	《合集》12199
安明 387	《合集》12118
安明 390	《合集》12172
安明 391	《合集》11930
安明 401	《合集》23454
安明 402	《合集》12229
安明 414	《合集》12107
安明 415	《合集》12371
安明 418	《合集》12364
安明 419	《合集》11873
安明 421	《合集》11984
安明 422	《合集》12792
安明 423	《合集》12593
安明 424	《合集》12227
安明 429	《合集》11767
安明 433	《合集》12787
安明 440	《合集》12275
安明 441	《合集》12265
安明 442	《合集》12696
安明 445 正反	《合补》2238 正反
安明 448 正反	《合集》16551 正反

传教士著录书片号	《合集》/《合补》片号
安明 449	《合集》17668
安明 452 正反	《合集》12846 正反
安明 453 正反	《合补》3844 正反
安明 454 正反	《合集》13346 正反
安明 465	《合集》14815
安明 469	《合集》16854
安明 470	《合集》16714
安明 475	《合集》16608
安明 477	《合集》16576
安明 478 正反	《合集》16575 正反
安明 480	《合集》16567
安明 486	《合集》79
安明 488 正反	《合集》10775 正反
安明 498	《合集》10737
安明 502	《合集》10993
安明 503	《合集》10991
安明 504	《合集》10882
安明 508	《合集》26842
安明 511	《合集》10495
安明 512	《合补》2660
安明 513	《合补》2659
安明 515	《合集》10433
安明 522	《合集》18820
安明 530	《合补》2544
安明 531	《合集》9512
安明 538	《合补》6227
安明 539	《合集》19512
安明 545	《合集》6722
安明 548	《合补》503
安明 553	《合集》7416
安明 554	《合集》19516
安明 558 正反	《合集》7711 正反
安明 559	《合集》8525
安明 561 正反	《合集》5491 正反
安明 576	《合集》6782
安明 586	《合集》7015
安明 590	《合集》4227
安明 591	《合集》6775

传教士著录书片号	《合集》/《合补》片号
安明 592	《合集》4492
安明 601	《合补》512
安明 602	《合集》5830
安明 608	《合补》2072
安明 612	《合集》18465
安明 613	《合补》1212
安明 619	《合集》19434
安明 621 正反	《合集》7379 正反
安明 622	《合集》17965
安明 626 正反	《合集》7269 正反
安明 628	《合集》8213
安明 630 正反	《合集》5568 正反
安明 649	《合集》3433
安明 656 正反	《合集》6337 正反
安明 662	《合集》7089
安明 664 正反	《合集》4003 正反
安明 665	《合集》4856
安明 666	《合集》3823
安明 668	《合补》1215
安明 677 正反	《合补》2425 正反
安明 678	《合补》2427
安明 679	《合集》20607
安明 680 正反	《合集》3961 正反
安明 682	《合集》4635
安明 683 正反	《合集》6820 正反
安明 685 正反	《合补》397 正反
安明 689	《合集》5684
安明 690	《合集》120
安明 692	《合集》19083
安明 695	《合集》19657
安明 709 正反	《合集》14794 正反
安明 713	《合补》2444
安明 714	《合补》6739
安明 715	《合集》13767
安明 717	《合集》13916
安明 719 正反	《合集》17089 正反
安明 720	《合集》18141
安明 721	《合补》4032

传教士著录书片号	《合集》/《合补》片号
安明 726 正反	《合补》328 正反
安明 733	《合补》3993
安明 734	《合集》13710
安明 736	《合补》6205
安明 736	《合集》6663
安明 768	《合集》9352
安明 769	《合集》9341
安明 778 正反	《合集》18086 正反
安明 780	《合集》38176
安明 792	《合集》18091
安明 796	《合集》4561
安明 804	《合补》1165
安明 828 正反	《合集》11437 正反
安明 854	《合集》15293
安明 856	《合集》17369
安明 859	《合集》18352
安明 861	《合集》18203
安明 864	《合补》2191
安明 875	《合补》6735
安明 882	《合集》8370
安明 885	《合集》611
安明 894	《合集》5939
安明 895	《合集》33158
安明 908	《合补》6246
安明 936	《合集》17982
安明 940	《合集》11429
安明 942	《合补》2743
安明 962	《合集》5430
安明 966	《合集》18101
安明 971X129.226	《合集》36873
安明 971X129.227	《合集》35522
安明 971X192.501	《合集》34154
安明 973	《合集》2856
安明 999	《合集》20605
安明 1005	《合集》31782
安明 1015	《合集》21225
安明 1023	《合集》21097
安明 1024	《合集》5969

传教士著录书片号	《合集》/《合补》片号
安明 1034	《合集》17955
安明 1035	《合集》19613
安明 1038	《合集》10255
安明 1041	《合集》18667
安明 1045	《合集》18859
安明 1046	《合集》18366
安明 1108	《合集》683
安明 1109	《合集》1956
安明 1111	《合集》15333
安明 1112 正反	《合集》14470 正反
安明 1113	《合集》15826
安明 1119 正反	《合集》12287 正反
安明 1122	《合集》16691
安明 1123 正反	《合集》8410 正反
安明 1124	《合集》16877
安明 1125	《合补》4640
安明 1126	《合补》4891
安明 1127 正反	《合集》17301 正反
安明 1128	《合集》2658
安明 1129	《合集》7802
安明 1130	《合补》1759
安明 1157	《合集》14962
安明 1160	《合集》16182
安明 1169	《合集》22651
安明 1170	《合集》27080
安明 1171	《合集》22672
安明 1172	《合集》22642
安明 1178	《合集》23307
安明 1179	《合集》22711
安明 1184	《合集》22777
安明 1188	《合集》22772
安明 1190	《合集》22801
安明 1192	《合集》22821
安明 1194	《合补》7000
安明 1195	《合补》6999
安明 1198	《合集》23020
安明 1202	《合集》22895
安明 1203	《合集》22886

传教士著录书片号	《合集》/《合补》片号
安明 1208	《合集》22959
安明 1212	《合集》23031
安明 1216	《合补》6991
安明 1220	《合集》23000
安明 1221	《合集》22961
安明 1222	《合补》7009
安明 1223	《合补》7031
安明 1224	《合集》25061
安明 1225	《合集》23247
安明 1228	《合补》7032
安明 1229	《合集》23231
安明 1230	《合集》22549
安明 1231	《合集》23297
安明 1232	《合补》8754
安明 1233	《合集》23471
安明 1235	《合集》22880
安明 1240	《合集》23491
安明 1241	《合集》23523
安明 1244	《合集》35431
安明 1245	《合补》8744
安明 1247	《合集》23394
安明 1249	《合集》23369
安明 1251	《合集》23304
安明 1255	《合补》9662
安明 1256	《合集》23409
安明 1258	《合集》830
安明 1262	《合集》25047
安明 1263	《合补》7742
安明 1266	《合集》23568
安明 1269	《合集》26003
安明 1279	《合集》25109
安明 1287	《合集》25115
安明 1288	《合集》25135
安明 1297	《合集》23709
安明 1298	《合集》25059
安明 1301	《合集》23690
安明 1303	《合集》23529
安明 1306	《合集》24649

传教士著录书片号	《合集》/《合补》片号
安明 1309	《合补》7712
安明 1311	《合集》23462
安明 1314	《合补》7753
安明 1319	《合集》25387
安明 1323	《合补》7698
安明 1326	《合补》7614
安明 1327	《合补》7613
安明 1331	《合补》7751
安明 1341	《合集》25691
安明 1345	《合集》25275
安明 1356	《合补》7775
安明 1378	《合集》25826
安明 1411	《合补》7228
安明 1415	《合集》26157
安明 1416	《合集》26159
安明 1423	《合补》8282
安明 1424	《合补》8284
安明 1428	《合集》26732
安明 1433	《合集》26743
安明 1435	《合集》26742
安明 1438	《合集》24735
安明 1443	《合集》29959
安明 1445	《合集》24749
安明 1451	《合集》12114
安明 1452	《合集》11806
安明 1458	《合集》12278
安明 1459	《合集》11937
安明 1461	《合集》11938
安明 1462	《合集》12944
安明 1463	《合集》12173
安明 1471	《合集》12125
安明 1473	《合集》12184
安明 1480	《合集》12703
安明 1484	《合集》12580
安明 1487	《合集》24899
安明 1491	《合集》29930
安明 1499	《合补》8196
安明 1500	《合集》26625

传教士著录书片号	《合集》/《合补》片号
安明 1501	《合集》26532
安明 1502	《合集》26620
安明 1504	《合补》4670
安明 1506	《合补》4890
安明 1511	《合集》23580
安明 1512+	《合集》26298
安明 1514	《合集》26389
安明 1519	《合集》26324
安明 1520	《合集》16593
安明 1525	《合集》26440
安明 1529	《合集》24467
安明 1532	《合集》26781
安明 1536	《合集》23742
安明 1537	《合集》23767
安明 1538	《合集》24130
安明 1546	《合集》17090
安明 1550	《合集》24167
安明 1551	《合集》24180
安明 1556	《合集》24188
安明 1558	《合集》24172
安明 1580	《合补》8874
安明 1581	《合集》25224
安明 1588	《合补》8870
安明 1604	《合集》24499
安明 1605	《合集》24125
安明 1622	《合集》23135
安明 1623	《合补》7968
安明 1624	《合集》22843
安明 1625	《合集》23061
安明 1626	《合集》25670
安明 1627	《合集》25715
安明 1629	《合集》25445
安明 1631	《合集》26616
安明 1632	《合集》26580
安明 1635	《合集》23833
安明 1637	《合集》5707
安明 1639	《合集》24092
安明 1640 正反	《合集》23977 正反

传教士著录书片号	《合集》/《合补》片号
安明 1641	《合集》24080
安明 1644	《合补》7311
安明 1647	《合集》30592
安明 1650	《合集》27850
安明 1651	《合集》27832
安明 1655	《合集》12168
安明 1658	《合集》29966
安明 1662	《合补》9856
安明 1663	《合补》10498
安明 1666	《合补》8812
安明 1670	《合集》32569
安明 1671	《合集》27621
安明 1672	《合集》27260
安明 1673	《合集》32457
安明 1674	《合集》32611
安明 1675	《合集》27584
安明 1676	《合集》27470
安明 1677	《合集》26976
安明 1678	《合集》30462
安明 1682	《合集》27648
安明 1684	《合集》30042
安明 1685	《合补》9601
安明 1686	《合集》30825
安明 1687	《合集》29992
安明 1688	《合集》30946
安明 1689	《合集》34504
安明 1690	《合集》30877
安明 1691	《合集》30980
安明 1693	《合集》30820
安明 1694	《合集》30862
安明 1695	《合集》30845
安明 1696+	《合集》30614
安明 1697	《合集》30859
安明 1698	《合集》30884
安明 1699	《合集》29704
安明 1700	《合集》30808
安明 1701	《合集》30971
安明 1702	《合集》32977

传教士著录书片号	《合集》/《合补》片号
安明 1703	《合集》30644
安明 1704	《合集》29614
安明 1705	《合集》31284
安明 1706	《合集》31679
安明 1707+	《合集》31157
安明 1708	《合集》30489
安明 1709	《合集》31118
安明 1710	《合集》29518
安明 1711	《合集》30736
安明 1712	《合集》29595
安明 1713	《合集》30665
安明 1714	《合集》30654
安明 1715	《合集》31109
安明 1718	《合集》30621
安明 1720	《合集》30624
安明 1721	《合集》26910
安明 1722	《合补》8707
安明 1723	《合补》9634
安明 1723	《合集》30614
安明 1724	《合集》35244
安明 1725	《合集》28182
安明 1727	《合集》31163
安明 1728	《合集》30363
安明 1729	《合集》30657
安明 1730	《合集》30505
安明 1731	《合集》31086
安明 1733	《合补》9629
安明 1734	《合集》33348
安明 1736	《合集》28066
安明 1737	《合集》28124
安明 1738	《合集》30575
安明 1741	《合集》31288
安明 1742	《合集》33691
安明 1743	《合补》9761
安明 1745	《合集》30916
安明 1746	《合补》9728
安明 1748	《合集》30120
安明 1749	《合集》30943

传教士著录书片号	《合集》/《合补》片号
安明 1750	《合集》26984
安明 1751	《合集》31003
安明 1752	《合集》26912
安明 1755	《合集》29649
安明 1759	《合集》29587
安明 1760	《合集》31133
安明 1762	《合集》35235
安明 1763	《合集》30746
安明 1764	《合集》35145
安明 1767	《合集》30982
安明 1768	《合集》34588
安明 1771	《合集》30919
安明 1772	《合集》30764
安明 1774	《合集》29603
安明 1776	《合集》29539
安明 1777	《合集》29997
安明 1778 正反	《合补》9724 正反
安明 1780	《合集》33189
安明 1781	《合集》33190
安明 1782	《合集》29441
安明 1784	《合集》29504
安明 1785	《合集》30408
安明 1786	《合集》30717
安明 1787	《合集》30338
安明 1788	《合补》9677
安明 1790	《合集》30756
安明 1792	《合集》29748
安明 1793	《合补》10294
安明 1796	《合补》10300
安明 1801	《合集》31138
安明 1802	《合集》31211
安明 1803	《合集》30518
安明 1807	《合集》26996
安明 1808	《合集》28177
安明 1811	《合集》28134
安明 1813	《合集》28220
安明 1814	《合集》28250
安明 1815	《合集》28223

传教士著录书片号	《合集》/《合补》片号
安明 1816	《合集》28257
安明 1817	《合集》28210
安明 1818	《合集》28004
安明 1818	《合集》28242
安明 1820	《合集》31031
安明 1821	《合集》30028
安明 1822	《合集》30032
安明 1823	《合集》31022
安明 1824	《合集》31014
安明 1825	《合集》31033
安明 1826	《合集》31027
安明 1827	《合集》30031
安明 1828	《合集》29990
安明 1830	《合集》30170
安明 1831	《合集》30172
安明 1832	《合集》34480
安明 1833	《合集》30169
安明 1834	《合集》30167
安明 1835	《合集》30178
安明 1836	《合集》32300
安明 1837	《合集》29873
安明 1838	《合集》29916
安明 1839	《合集》29883
安明 1840	《合集》29009
安明 1841	《合集》29914
安明 1844	《合补》9416
安明 1846	《合集》29789
安明 1847	《合集》29076
安明 1848	《合集》29795
安明 1850	《合集》30066
安明 1851	《合补》9418
安明 1852	《合集》30034
安明 1853	《合集》28977
安明 1854	《合补》9424
安明 1855	《合集》30149
安明 1857	《合集》30061
安明 1858	《合集》29898
安明 1859	《合集》30037

传教士著录书片号	《合集》/《合补》片号
安明 1862	《合集》29967
安明 1865	《合集》29782
安明 1867	《合集》29901
安明 1869	《合集》30020
安明 1870	《合集》30133
安明 1873	《合集》28651
安明 1875	《合集》30139
安明 1876	《合集》30130
安明 1877	《合集》30070
安明 1878	《合集》28514
安明 1879	《合集》30144
安明 1880	《合集》28787
安明 1881	《合集》27772
安明 1882	《合集》29176
安明 1883	《合集》28854
安明 1884	《合集》28668
安明 1885	《合集》29327
安明 1886	《合集》27804
安明 1887	《合集》28534
安明 1888	《合集》33514
安明 1889	《合集》28776
安明 1890	《合集》28680
安明 1891	《合集》28658
安明 1892	《合集》29885
安明 1893	《合集》29920
安明 1895	《合集》29850
安明 1896	《合集》29994
安明 1897	《合集》30085
安明 1898	《合集》29891
安明 1900	《合集》28993
安明 1901	《合集》30142
安明 1902	《合集》28554
安明 1903	《合集》30122
安明 1904	《合集》28538
安明 1905	《合补》9031
安明 1906	《合集》29333
安明 1907	《合集》28572
安明 1908	《合集》28992

传教士著录书片号	《合集》/《合补》片号
安明 1909	《合集》29174
安明 1910	《合集》29278
安明 1911	《合集》28555
安明 1912	《合补》10280
安明 1915	《合集》27007
安明 1916	《合补》9545
安明 1918	《合集》28533
安明 1920	《合集》30252
安明 1921	《合集》30249
安明 1924	《合集》30239
安明 1925	《合集》31746
安明 1927	《合补》9571
安明 1928	《合集》30251
安明 1930	《合集》30206
安明 1931	《合集》30204
安明 1932	《合集》30210
安明 1933	《合集》30213
安明 1934	《合集》29696
安明 1935	《合补》9564
安明 1936	《合集》30218
安明 1938	《合集》27769
安明 1939	《合集》28519
安明 1940	《合集》28557
安明 1941	《合集》27949
安明 1942	《合集》28972
安明 1943	《合集》29107
安明 1944	《合集》29404
安明 1945	《合集》28568
安明 1946	《合集》29085
安明 1947	《合集》29012
安明 1948	《合集》28494
安明 1949	《合补》9041
安明 1950	《合集》28995
安明 1951	《合集》28507
安明 1953	《合集》28886
安明 1954	《合集》33528
安明 1955	《合集》29177
安明 1956	《合集》33367
安明 1957	《合集》28983
安明 1958	《合集》29319
安明 1959	《合集》29374
安明 1960	《合集》29241
安明 1961	《合集》29334
安明 1962	《合集》29151
安明 1963	《合集》29917
安明 1964	《合集》28771
安明 1965	《合集》28772
安明 1966	《合集》29302
安明 1967	《合集》29341
安明 1968	《合集》28828
安明 1969	《合集》29383
安明 1970	《合集》28986
安明 1971	《合集》28975
安明 1972	《合集》29388
安明 1973	《合集》29166
安明 1974	《合集》28678
安明 1975	《合集》28686
安明 1976	《合集》28499
安明 1977	《合集》28935
安明 1978+	《合集》33572
安明 1979	《合补》9221
安明 1980	《合集》28607
安明 1981	《合集》28982
安明 1982	《合集》29106
安明 1983	《合集》29347
安明 1984	《合集》28984
安明 1985	《合集》29156
安明 1986	《合集》29279
安明 1987	《合集》29094
安明 1988	《合集》28712
安明 1989	《合集》28707
安明 1990	《合集》29296
安明 1991	《合集》28537
安明 1992	《合集》28501
安明 1993	《合集》28994
安明 1994	《合集》29184

传教士著录书片号	《合集》/《合补》片号
安明 1995	《合补》9036
安明 1997	《合补》9059
安明 1998	《合集》28371
安明 1999	《合集》28894
安明 2000	《合集》28357
安明 2001	《合集》29412
安明 2002	《合集》28370
安明 2004	《合集》28410
安明 2005	《合集》28733
安明 2006	《合集》29246
安明 2007	《合集》28684
安明 2008	《合集》29235
安明 2010	《合集》28503
安明 2011	《合集》28713
安明 2012	《合集》28340
安明 2013	《合集》33401
安明 2016	《合集》28874
安明 2017	《合集》28338
安明 2018	《合集》28811
安明 2021	《合集》28790
安明 2022	《合集》28407
安明 2024	《合集》28780
安明 2025	《合集》28398
安明 2026	《合集》28646
安明 2029	《合集》31260
安明 2030	《合集》29113
安明 2031	《合集》33364
安明 2037	《合集》28504
安明 2039	《合集》28139
安明 2044	《合集》32271
安明 2045	《合集》29361
安明 2046	《合集》28355
安明 2050	《合集》29367
安明 2051	《合补》9262
安明 2054	《合集》31142
安明 2055	《合集》28393
安明 2056	《合集》28372
安明 2057	《合集》28375
安明 2058	《合集》27799
安明 2059	《合集》28919
安明 2060	《合集》28947
安明 2063	《合集》28960
安明 2064	《合集》28918
安明 2065	《合集》29077
安明 2066	《合集》28908
安明 2067	《合集》28927
安明 2068	《合集》28957
安明 2069	《合集》28966
安明 2070	《合集》29022
安明 2071	《合集》28916
安明 2073	《合集》29136
安明 2074	《合集》29192
安明 2075	《合集》28171
安明 2076	《合集》29150
安明 2077	《合集》28954
安明 2078	《合集》29017
安明 2079	《合集》29030
安明 2080	《合集》29057
安明 2081	《合集》27920
安明 2082	《合集》29011
安明 2083	《合集》28763
安明 2084	《合集》29061
安明 2085	《合集》28959
安明 2086	《合集》28952
安明 2088	《合集》28758
安明 2090	《合集》28932
安明 2091	《合集》28928
安明 2092	《合集》28157
安明 2094	《合集》28032
安明 2097	《合集》27800
安明 2098	《合集》30292
安明 2099	《合集》28427
安明 2102	《合集》28188
安明 2103	《合集》29049
安明 2104	《合集》28023
安明 2105	《合集》32983

传教士著录书片号	《合集》/《合补》片号
安明 2106	《合集》28000
安明 2107	《合集》27975
安明 2109	《合集》27903
安明 2110	《合集》27923
安明 2111	《合集》32444
安明 2112	《合集》28090
安明 2113	《合集》27973
安明 2114	《合集》28007
安明 2115	《合集》30989
安明 2116	《合集》26895
安明 2117	《合集》28125
安明 2118	《合集》28091
安明 2119	《合集》27898
安明 2120	《合集》32990
安明 2121	《合集》28042
安明 2122	《合集》27790
安明 2123	《合集》27959
安明 2124	《合集》28126
安明 2125	《合集》31270
安明 2126	《合集》28012
安明 2127	《合集》27974
安明 2128	《合集》32969
安明 2129	《合集》27741
安明 2130	《合集》28013
安明 2132	《合集》28059
安明 2133	《合集》28094
安明 2136	《合集》31861
安明 2138	《合集》31845
安明 2214	《合补》10400
安明 2215	《合集》30185
安明 2217	《合集》31831
安明 2219	《合集》28152
安明 2224	《合集》33572
安明 2224	《合集》31790
安明 2235	《合补》10178
安明 2238	《合集》33718
安明 2239	《合集》29753
安明 2244	《合补》10174

传教士著录书片号	《合集》/《合补》片号
安明 2246	《合集》29751
安明 2256	《合集》29695
安明 2260	《合集》2897
安明 2262	《合集》20891
安明 2265	《合集》20535
安明 2266	《合集》2331
安明 2267	《合集》32740
安明 2268	《合补》6578
安明 2269	《合集》21180
安明 2270	《合集》21617
安明 2271	《合集》21842
安明 2272	《合集》20344
安明 2273	《合集》10028
安明 2275	《合集》20893
安明 2276	《合补》6897
安明 2279	《合集》21819
安明 2280	《合集》21308
安明 2282	《合集》20152
安明 2283	《合集》21652
安明 2284	《合集》21650
安明 2285	《合补》8959
安明 2286	《合集》20828
安明 2290	《合集》20088
安明 2293	《合集》21529
安明 2296	《合集》20554
安明 2300	《合集》20288
安明 2303	《合集》20800
安明 2307	《合集》21299
安明 2308	《合集》32441
安明 2309	《合集》34293
安明 2311	《合集》32199
安明 2312	《合集》32916
安明 2313	《合集》32349
安明 2314	《合集》32422
安明 2315	《合集》32497
安明 2316	《合集》32442
安明 2317	《合集》32124
安明 2318	《合集》32365

传教士著录书片号	《合集》/《合补》片号
安明 2319	《合集》32089
安明 2320	《合集》32505
安明 2321	《合集》32113
安明 2322	《合集》32699
安明 2323	《合集》32659
安明 2324 正反	《合集》35217 正反
安明 2325	《合集》32739
安明 2326	《合集》22457
安明 2327	《合集》32685
安明 2328	《合集》32666
安明 2329	《合集》32055
安明 2330	《合集》32847
安明 2331	《合集》34189
安明 2332	《合集》32193
安明 2333	《合集》34230
安明 2334	《合集》34242
安明 2335	《合集》32272
安明 2336	《合集》32273
安明 2337	《合集》32014
安明 2338+	《合集》34153
安明 2339	《合集》32006
安明 2342	《合集》32183
安明 2343	《合集》34711
安明 2344	《合集》34596
安明 2345	《合集》32149
安明 2346	《合集》33055
安明 2347	《合集》32197
安明 2348	《合集》34535
安明 2349	《合集》34538
安明 2350+	《合集》32235
安明 2351	《合集》32936
安明 2352	《合集》33661
安明 2353	《合集》34343
安明 2354	《合补》10676
安明 2355	《合集》34506
安明 2356	《合集》34507
安明 2358	《合集》32151
安明 2359	《合集》34318

传教士著录书片号	《合集》/《合补》片号
安明 2360	《合集》34505
安明 2361	《合集》18307
安明 2362	《合补》10662
安明 2363	《合集》32734
安明 2365	《合补》10653
安明 2367	《合集》35147
安明 2368	《合集》21226
安明 2370	《合集》35159
安明 2372	《合集》33578
安明 2373	《合集》33585
安明 2374	《合集》34630
安明 2376	《合集》33584
安明 2377	《合集》32132
安明 2380	《合集》34315
安明 2381	《合集》34683
安明 2382	《合集》34670
安明 2383	《合集》32596
安明 2384	《合集》32146
安明 2385	《合集》34662
安明 2386	《合集》34106
安明 2387	《合补》10623
安明 2388	《合集》32192
安明 2389	《合集》30765
安明 2390	《合集》33613
安明 2392	《合补》10545
安明 2393	《合集》32257
安明 2394	《合集》34573
安明 2395	《合集》34675
安明 2396	《合集》34674
安明 2397	《合集》32924
安明 2398	《合集》34575
安明 2400	《合集》33623
安明 2402	《合集》34445
安明 2403	《合集》32777
安明 2404	《合集》34422
安明 2405	《合集》34299
安明 2406	《合补》10684
安明 2408	《合集》34428

传教士著录书片号	《合集》/《合补》片号
安明 2409	《合集》34464
安明 2410	《合集》34595
安明 2411	《合集》34444
安明 2412	《合集》33191
安明 2413	《合集》32814
安明 2414	《合集》34311
安明 2415	《合集》32060
安明 2416	《合集》34316
安明 2418	《合集》34453
安明 2419	《合集》34336
安明 2420	《合集》34631
安明 2421	《合集》34306
安明 2423	《合补》10554
安明 2424	《合集》34035
安明 2425	《合集》34430
安明 2426	《合集》34641
安明 2428	《合集》2811
安明 2429	《合集》33014
安明 2432	《合集》32048
安明 2434	《合集》34416
安明 2435	《合集》34439
安明 2436	《合集》33139
安明 2437	《合集》21862
安明 2438	《合集》34456
安明 2439	《合集》32248
安明 2440	《合集》32194
安明 2441	《合集》34359
安明 2443	《合集》33705
安明 2444	《合集》20514
安明 2445	《合补》10691
安明 2446	《合补》10709
安明 2447	《合集》32059
安明 2452	《合集》32087
安明 2455	《合集》32778
安明 2456	《合集》33264
安明 2457	《合集》33335
安明 2458	《合集》33794
安明 2459	《合集》33268

传教士著录书片号	《合集》/《合补》片号
安明 2460	《合集》33261
安明 2462	《合集》33274
安明 2465	《合集》33341
安明 2467	《合集》33342
安明 2469	《合集》33351
安明 2471	《合补》10531
安明 2472	《合集》33357
安明 2473	《合集》33349
安明 2474	《合集》33880
安明 2475	《合集》32289
安明 2476	《合集》33954
安明 2477	《合集》33842
安明 2478	《合集》32299
安明 2479 正反	《合补》3858 正反
安明 2480	《合集》32290
安明 2481	《合集》30175
安明 2482	《合集》34487
安明 2483	《合集》32488
安明 2484	《合集》33848
安明 2485	《合集》33839
安明 2490	《合集》33798
安明 2491	《合集》33827
安明 2493	《合集》33758
安明 2494	《合集》33751
安明 2495	《合集》33865
安明 2496	《合集》32429
安明 2500	《合集》33760
安明 2502	《合集》34004
安明 2503	《合集》33862
安明 2505	《合集》33912
安明 2508	《合集》33836
安明 2510	《合集》29874
安明 2512	《合集》29969
安明 2513	《合集》13861
安明 2514	《合集》33803
安明 2516	《合集》33993
安明 2518	《合集》33818
安明 2520	《合集》33937

传教士著录书片号	《合集》/《合补》片号
安明 2521	《合集》33929
安明 2522	《合集》33843
安明 2523	《合补》10619
安明 2526	《合集》33875
安明 2528	《合集》33986
安明 2530	《合集》34003
安明 2531	《合集》34016
安明 2532	《合集》33414
安明 2533	《合集》34022
安明 2535+	《合集》34026
安明 2536	《合集》31970
安明 2537	《合集》34026
安明 2538	《合集》28536
安明 2539	《合集》33700
安明 2540	《合集》32944
安明 2541	《合集》33427
安明 2542	《合集》34927
安明 2543	《合集》35192
安明 2544	《合集》34952
安明 2545	《合集》34801
安明 2546	《合集》34877
安明 2547	《合集》35092
安明 2548	《合集》34786
安明 2549	《合集》34839
安明 2550	《合集》34922
安明 2551	《合集》31478
安明 2553	《合集》35077
安明 2554	《合集》34811
安明 2555	《合集》34737
安明 2556	《合集》34946
安明 2557	《合补》10878
安明 2558	《合集》34919
安明 2559	《合集》35109
安明 2560	《合集》34886
安明 2561	《合集》35014
安明 2563	《合集》33132
安明 2564	《合集》34890
安明 2565	《合集》34956

传教士著录书片号	《合集》/《合补》片号
安明 2567	《合补》10804
安明 2568	《合补》10831
安明 2569	《合集》34988
安明 2570	《合集》35117
安明 2571	《合集》34891
安明 2572	《合集》35061
安明 2573	《合集》34978
安明 2574	《合集》34994
安明 2575	《合集》35020
安明 2576	《合集》34806
安明 2577	《合集》35060
安明 2578	《合集》34836
安明 2580	《合集》35047
安明 2583	《合集》34780
安明 2586	《合集》34942
安明 2587	《合集》34807
安明 2588	《合集》35048
安明 2589	《合补》10811
安明 2590	《合集》34975
安明 2591	《合集》34901
安明 2592	《合集》35001
安明 2593	《合集》35076
安明 2594	《合集》35075
安明 2597	《合集》34930
安明 2598	《合集》34840
安明 2600	《合集》34941
安明 2604	《合集》34739
安明 2605	《合补》10802
安明 2606	《合补》10747
安明 2608	《合集》34895
安明 2609	《合集》34808
安明 2611	《合集》34821
安明 2612	《合集》34728
安明 2613	《合集》34727
安明 2615	《合集》34876
安明 2616+	《合集》34730
安明 2618	《合补》10814
安明 2618	《合集》34730

传教士著录书片号	《合集》/《合补》片号
安明 2619	《合补》10927
安明 2622	《合集》33531
安明 2623	《合集》33557
安明 2624	《合集》33527
安明 2625	《合集》33523
安明 2626	《合集》33548
安明 2627	《合集》33521
安明 2628	《合集》33442
安明 2629	《合集》28451
安明 2630	《合集》33443
安明 2631	《合集》33463
安明 2632	《合集》33478
安明 2633	《合集》33508
安明 2634	《合集》33489
安明 2635	《合补》9103
安明 2637	《合集》33492
安明 2639	《合集》33461
安明 2640	《合补》9066
安明 2641	《合集》33457
安明 2642	《合集》33560
安明 2643	《合集》33424
安明 2644	《合集》33361
安明 2645	《合补》9109
安明 2646	《合集》28454
安明 2647	《合集》33423
安明 2648	《合集》33413
安明 2650	《合集》33421
安明 2652	《合集》33387
安明 2656	《合集》33476
安明 2657 正反	《合补》10535 正反
安明 2658	《合集》33384
安明 2659	《合集》33360
安明 2661	《合集》33167
安明 2662	《合补》8934
安明 2663	《合补》10079
安明 2664	《合集》35240
安明 2666	《合补》6589
安明 2666	《合集》34153

传教士著录书片号	《合集》/《合补》片号
安明 2667	《合集》32940
安明 2669	《合集》35317
安明 2671+	《合集》34154
安明 2672	《合集》22327
安明 2673	《合集》35328
安明 2674 正反	《合集》31996 正反
安明 2675	《合集》33149
安明 2676	《合集》32988
安明 2677	《合集》34718
安明 2678	《合集》32286
安明 2679	《合集》33114
安明 2680	《合集》33087
安明 2681	《合补》10875
安明 2682	《合集》32000
安明 2683	《合集》33111
安明 2684	《合集》32900
安明 2685	《合集》32989
安明 2687	《合集》32878
安明 2688	《合集》31990
安明 2689	《合补》10688
安明 2691	《合集》31999
安明 2692	《合集》20027
安明 2694	《合集》32864
安明 2696（不全）	《合集》31998
安明 2699	《合集》28079
安明 2700	《合集》33239
安明 2701	《合集》33060
安明 2702	《合集》32838
安明 2703 正反	《合集》32874 正反
安明 2704	《合补》10505
安明 2705	《合集》32888
安明 2707	《合集》32771
安明 2708	《合集》32889
安明 2709	《合集》32887
安明 2710	《合集》32996
安明 2711	《合集》32994
安明 2712	《合集》32852
安明 2713	《合集》32939

传教士著录书片号	《合集》/《合补》片号
安明 2716	《合集》33106
安明 2717	《合集》33059
安明 2718+	《合集》32835
安明 2719	《合集》33034
安明 2720	《合集》33731
安明 2721	《合集》33219
安明 2722	《合集》32999
安明 2723	《合集》33068
安明 2724	《合补》10566
安明 2725	《合补》10508
安明 2727	《合集》32963
安明 2728	《合集》33173
安明 2729	《合集》35171
安明 2730	《合集》35173
安明 2733	《合集》8242
安明 2734	《合集》35172
安明 2739	《合集》33057
安明 2740	《合集》33722
安明 2742	《合补》10708
安明 2743	《合补》10867
安明 2745	《合补》10917
安明 2748	《合集》32473
安明 2749	《合补》10874
安明 2757	《合补》10873
安明 2760	《合集》18429
安明 2764	《合集》34567
安明 2765	《合补》10868
安明 2766	《合补》10177
安明 2767	《合补》10567
安明 2795	《合集》34153
安明 2808	《合集》28193
安明 2821	《合集》35250
安明 2824	《合集》32282
安明 2832	《合集》36224
安明 2833+	《合集》36217
安明 2834	《合集》35723
安明 2838	《合集》35812
安明 2839	《合集》38251

传教士著录书片号	《合集》/《合补》片号
安明 2840	《合补》12131
安明 2842	《合集》39458
安明 2845	《合补》11905
安明 2847	《合集》35786
安明 2849	《合补》11699
安明 2850	《合集》36255
安明 2851	《合集》35601
安明 2853	《合补》11705
安明 2857	《合集》35957
安明 2858（甲）2854（乙）	《合集》36226 甲乙
安明 2859	《合集》35730
安明 2860	《合集》35962
安明 2861	《合集》35630
安明 2862	《合集》35808
安明 2867	《合集》38609
安明 2870	《合补》11917
安明 2871	《合集》38555
安明 2872	《合集》38628
安明 2873	《合集》38527
安明 2874	《合集》38594
安明 2878	《合集》38610
安明 2881	《合集》36033
安明 2882	《合集》35858
安明 2883	《合集》36032
安明 2885	《合集》36087
安明 2888	《合集》35820
安明 2889	《合补》11037
安明 2891	《合集》36048
安明 2896	《合集》35818
安明 2898	《合集》35847
安明 2901	《合集》36095
安明 2904	《合集》35843
安明 2905	《合集》35969
安明 2908	《合集》36104
安明 2912	《合集》36335
安明 2913	《合集》36328
安明 2914	《合集》36329

传教士著录书片号	《合集》/《合补》片号
安明 2915	《合集》36331
安明 2925	《合集》37105
安明 2928	《合补》11385
安明 2930	《合补》11454
安明 2931	《合补》11381
安明 2933	《合集》37245
安明 2937	《合集》37081
安明 2938	《合集》37217
安明 2942	《合集》37336
安明 2943	《合补》11439
安明 2944	《合集》37275
安明 2946	《合集》37104
安明 2953	《合集》37341
安明 2956	《合集》37001
安明 2959	《合集》37244
安明 2960	《合集》37287
安明 2966	《合集》37103
安明 2967	《合集》36997
安明 2970	《合集》37344
安明 2979	《合集》35555
安明 2980	《合集》38450
安明 2981	《合集》38452
安明 2982	《合集》38101
安明 2983	《合集》38446
安明 2992	《合集》35833
安明 2993	《合集》35390
安明 2994	《合集》38683
安明 2995	《合集》1658
安明 2997	《合集》36316
安明 2999	《合集》36339
安明 3000	《合集》35717
安明 3003	《合集》35881
安明 3006	《合集》35488
安明 3007	《合集》35609
安明 3008	《合集》36287
安明 3011	《合集》35556
安明 3012	《合集》35807
安明 3013	《合补》11004

传教士著录书片号	《合集》/《合补》片号
安明 3015	《合集》36217
安明 3016	《合补》10984
安明 3018	《合集》38338
安明 3019	《合补》11751
安明 3026	《合集》36345
安明 3027	《合补》11786
安明 3028	《合补》12127
安明 3038	《合补》12047
安明 3041	《合集》36978
安明 3043	《合集》19590
安明 3044	《合集》38168
安明 3045	《合集》29822
安明 3048	《合集》38153
安明 3051+	《合集》35522
安明 3052	《合集》38247
安明 3053	《合集》35750
安明 3056	《合集》35911
安明 3057+	《合集》38827
安明 3058	《合补》12144
安明 3059	《合补》12582
安明 3061	《合补》12583
安明 3062	《合补》12611
安明 3062	《合集》38827
安明 3062	《合集》37682
安明 3063	《合集》24331
安明 3068	《合集》36875
安明 3069	《合集》39175
安明 3072	《合集》39035
安明 3074	《合补》13029
安明 3077	《合补》12620
安明 3078	《合补》12622
安明 3080	《合补》12596
安明 3081	《合集》39048
安明 3082	《合集》39181
安明 3083	《合集》39061
安明 3084	《合补》12592
安明 3085	《合补》12815
安明 3086	《合补》12816

传教士著录书片号	《合集》/《合补》片号
安明 3088	《合补》12157
安明 3089	《合集》36550
安明 3091	《合集》36826
安明 3093	《合集》36763
安明 3094+	《合集》36873
安明 3095	《合集》38881
安明 3098	《合集》38914
安明 3099	《合集》38826
安明 3100	《合集》38916
安明 3102	《合补》12509
安明 3103	《合集》38884
安明 3106	《合集》38855
安明 3110	《合补》12462
安明 3114	《合集》38919
安明 3124	《合集》38870
安明 3131	《合补》11322
安明 3132	《合集》37815
安明 3133+	《合集》37682
安明 3137	《合集》37682
安明 3139	《合集》38177
安明 3140	《合集》37558
安明 3147	《合集》39436
安明 3150	《合补》13051
安明 3152	《合集》37826
安明 3153	《合补》13066
安明 3154	《合补》13065
安明 3157	《合补》13064
安明 3159	《合集》36958
安明 3160	《合集》36465
安明 3161	《合集》36523
安明 3164	《合集》39457
安明 3168	《合集》37928
安明 3169	《合集》39080
安明 3170	《合集》36847
安明 3172	《合集》37397
安明 3174	《合集》37649
安明 3176	《合集》38243
安明拼 1	《合补》1714

传教士著录书片号	《合集》/《合补》片号
安明拼 2	《合补》112
安明拼 3	《合补》2743
安明拼 10	《合补》10423
安明拼 15	《合补》11242
安明拼 19	《合补》11256
安明拼 20	《合补》12894
安明拼 21	《合补》10393
安明拼 24	《合补》12781
安明拼 26	《合补》13424
安明拼 27	《合补》13445
库方 3	《合集》41528
库方 6	《合集》40604
库方 10	《合集》39477
库方 11	《合集》39955
库方 12	《合集》40878
库方 17	《合集》39990
库方 19	《合集》39604
库方 20	《合集》41485
库方 22	《合集》41575
库方 23	《合集》41367
库方 24	《合集》41589
库方 25	《合集》41827
库方 26	《合集》39574
库方 27 正反	《合集》39484 正反
库方 28	《合集》41651
库方 30	《合集》40054
库方 31	《合集》41464
库方 33	《合集》41217
库方 37	《合集》41504
库方 38	《合集》40734
库方 40	《合集》41544
库方 42	《合集》39490
库方 47	《合集》41541
库方 48	《合集》41569
库方 57	《合集》41637
库方 58	《合集》41644
库方 62 正反	《合集》40109 正反
库方 64	《合集》40233

传教士著录书片号	《合集》/《合补》片号
库方 65	《合集》40378
库方 66	《合集》41558
库方 67	《合集》41567
库方 69	《合集》41345
库方 70	《合集》41346
库方 73	《合集》40202
库方 74	《合集》41577
库方 76	《合集》41659
库方 77	《合集》41570
库方 78	《合集》41574
库方 81	《合集》41462
库方 82	《合集》41586
库方 83	《合集》40428
库方 86	《合集》40108
库方 87	《合集》41573
库方 89	《合集》39586
库方 91	《合集》40122
库方 92	《合集》40373
库方 93	《合集》39627
库方 96	《合集》41158
库方 99	《合集》41647
库方 103	《合集》40903
库方 106	《合集》39566
库方 107	《合集》40307
库方 108	《合集》41627
库方 109	《合集》40918
库方 110	《合集》39848
库方 111	《合集》41469
库方 112	《合集》40465
库方 116	《合集》41018
库方 117	《合集》39532
库方 131	《合集》40277
库方 133	《合集》40110
库方 134	《合集》40395
库方 135	《合集》41373
库方 139	《合集》41652
库方 140	《合集》40117
库方 142	《合集》41613

传教士著录书片号	《合集》/《合补》片号
库方 149	《合集》39998
库方 156	《合集》40697
库方 157	《合集》39665
库方 165	《合集》41557
库方 167	《合集》39993
库方 171	《合集》41347
库方 176	《合集》40286
库方 177	《合集》40510
库方 181	《合集》39531
库方 182	《合集》39842
库方 183	《合集》40053
库方 185	《合集》40794
库方 186	《合集》40397
库方 187	《合集》40563
库方 188	《合集》39519
库方 189	《合集》40858
库方 191	《合集》40906
库方 192 正反	《合集》39725 正反
库方 198	《合集》39486
库方 199	《合集》40346
库方 200	《合集》39703
库方 201 正反	《合集》39705
库方 202 正反	《合集》40257 正反
库方 203	《合集》40764
库方 207	《合集》40505
库方 209	《合集》40341
库方 210	《合集》39820
库方 211 正反	《合集》40574 正反
库方 213	《合集》40488
库方 214	《合集》39679
库方 215	《合集》39808
库方 220	《合集》40815
库方 221	《合集》41112
库方 223	《合集》41095
库方 224	《合集》39558
库方 226	《合集》39836
库方 227	《合集》40223
库方 229	《合集》39613

传教士著录书片号	《合集》/《合补》片号
库方 230	《合集》39764
库方 231	《合集》39677
库方 232 正反	《合集》40503 正反
库方 234	《合集》40829
库方 235	《合集》39834
库方 236	《合集》40103
库方 237	《合集》39886
库方 239	《合集》40613
库方 240	《合集》40623
库方 242	《合集》40163
库方 249	《合集》40831
库方 253	《合集》39730
库方 254	《合集》40139
库方 257	《合集》40821
库方 260	《合集》39653
库方 261	《合集》40306
库方 264	《合集》40419
库方 267	《合集》39528
库方 268	《合集》40513
库方 269	《合集》40759
库方 271	《合集》40137
库方 273	《合集》39992
库方 275	《合集》39641
库方 276	《合集》39529
库方 281	《合集》40512
库方 283	《合集》40372
库方 287	《合集》40689
库方 289	《合集》39575
库方 290	《合集》40158
库方 295	《合集》39694
库方 298	《合集》39601
库方 301	《合集》39678
库方 303	《合集》40498
库方 305	《合集》39687
库方 306	《合集》39944
库方 308	《合集》40090
库方 310	《合集》39902
库方 311	《合集》40641

传教士著录书片号	《合集》/《合补》片号
库方 313	《合集》39700
库方 314	《合集》41113
库方 315	《合集》40941
库方 316	《合集》40763
库方 320 正反	《合集》39729 正反
库方 321	《合集》39537
库方 322	《合集》39587
库方 325	《合集》40448
库方 326	《合集》41169
库方 327	《合集》39801
库方 328	《合集》41008
库方 330	《合集》40795
库方 331	《合集》39797
库方 333	《合集》40119
库方 337	《合集》40893
库方 346	《合集》40567
库方 348	《合集》40164
库方 350	《合集》40319
库方 351	《合集》40639
库方 353 正反	《合集》40528 正反
库方 356	《合集》39846
库方 361	《合集》40173
库方 362	《合集》39535
库方 365	《合集》39823
库方 372	《合集》40356
库方 375	《合集》40165
库方 378	《合集》40298
库方 380	《合集》39770
库方 382	《合集》40347
库方 383	《合集》40026
库方 389	《合集》40785
库方 392	《合集》40517
库方 393	《合集》39629
库方 402	《合集》40159
库方 406	《合集》40484
库方 407 正反	《合集》40116 正反
库方 408	《合集》39530
库方 410	《合集》40780

传教士著录书片号	《合集》/《合补》片号
库方 411	《合集》40179
库方 421	《合集》40909
库方 422	《合集》40276
库方 423	《合集》40260
库方 429	《合集》39692
库方 431	《合集》40711
库方 432	《合集》39922
库方 439	《合集》40143
库方 443	《合集》40698
库方 444	《合集》39728
库方 459	《合集》40752
库方 464	《合集》41074
库方 468	《合集》39777
库方 469 正反	《合集》40854 正反
库方 475 正反	《合集》39652 正反
库方 476	《合集》41215
库方 481	《合集》39681
库方 482	《合集》39497
库方 483	《合集》39620
库方 487	《合集》40000
库方 491	《合集》40557
库方 492	《合集》40021
库方 493	《合集》39643
库方 494	《合集》39843
库方 495	《合集》40228
库方 498 正反	《合集》39570
库方 499	《合集》40539
库方 501	《合集》39915
库方 502	《合集》40028
库方 504	《合集》39804
库方 505	《合集》41091
库方 511	《合集》40337
库方 517	《合集》39637
库方 520	《合集》40256
库方 521	《合集》40394
库方 522	《合集》39996
库方 527	《合集》40061
库方 528	《合集》39949
库方 529	《合集》39494
库方 531	《合集》39585
库方 536	《合集》39851
库方 537 正反	《合集》39893 正反
库方 538	《合集》39979
库方 539	《合集》40425
库方 540	《合集》39646
库方 542	《合集》40081
库方 543	《合集》40403
库方 544	《合集》40565
库方 547	《合集》39910
库方 548	《合集》40894
库方 549	《合集》39717
库方 550	《合集》40765
库方 551	《合集》39838
库方 552	《合集》40393
库方 555	《合集》39962
库方 556 正反	《合集》40471 正反
库方 557	《合集》40077
库方 559	《合集》40897
库方 560	《合集》40097
库方 561	《合集》40738
库方 563	《合集》39775
库方 564	《合集》40368
库方 569	《合集》40595
库方 570	《合集》40409
库方 571	《合集》40554
库方 573	《合集》40622
库方 574	《合集》40487
库方 575	《合集》40486
库方 576	《合集》40157
库方 579	《合集》39672
库方 584	《合集》39611
库方 587	《合集》39640
库方 588	《合集》39845
库方 590	《合集》40311
库方 591	《合集》40052
库方 592 正反	《合集》40527 正反

传教士著录书片号	《合集》/《合补》片号
库方 595	《合集》39918
库方 596	《合集》40717
库方 597	《合集》40253
库方 598	《合集》40206
库方 599	《合集》41024
库方 600	《合集》39673
库方 601	《合集》40534
库方 602	《合集》39816
库方 603	《合集》39761
库方 604	《合集》39899
库方 605	《合集》40758
库方 607	《合集》40391
库方 609	《合集》40123
库方 610	《合集》40127
库方 612	《合集》40134
库方 613	《合集》39596
库方 615	《合集》40142
库方 616	《合集》40859
库方 618	《合集》39667
库方 620	《合集》40007
库方 624	《合集》40060
库方 625	《合集》40049
库方 626	《合集》40880
库方 630	《合集》40380
库方 631	《合集》40003
库方 634 正反	《合集》40666 正反
库方 635	《合集》40631
库方 637	《合集》40784
库方 640	《合集》40997
库方 641	《合集》40733
库方 642	《合集》39657
库方 645	《合集》40886
库方 646	《合集》39994
库方 647	《合集》39508
库方 648	《合集》40885
库方 650	《合集》39745
库方 652	《合集》40156
库方 653	《合集》40757

传教士著录书片号	《合集》/《合补》片号
库方 655	《合集》40520
库方 656	《合集》40810
库方 657	《合集》41293
库方 658	《合集》40847
库方 662	《合集》40748
库方 663	《合集》39650
库方 664	《合集》40342
库方 670	《合集》40762
库方 672	《合集》39931
库方 673	《合集》40776
库方 675	《合集》39805
库方 676	《合集》40199
库方 681	《合集》39921
库方 683	《合集》40460
库方 685	《合集》40470
库方 687	《合集》40348
库方 688	《合集》40042
库方 689	《合集》40827
库方 690	《合集》39948
库方 691	《合集》40816
库方 692 正反	《合集》40515 正反
库方 693	《合集》39501
库方 696	《合集》39788
库方 697	《合集》40092
库方 698	《合集》40881
库方 700	《合集》39608
库方 701	《合集》40243
库方 703	《合集》40883
库方 704 正反	《合集》39959 正反
库方 705	《合集》40624
库方 706	《合集》39903
库方 708	《合集》40357
库方 709	《合集》39917
库方 713	《合集》41545
库方 714	《合集》40420
库方 715	《合集》39610
库方 715 1/2	《合集》39755
库方 717	《合集》40304

传教士著录书片号	《合集》/《合补》片号
库方 718	《合集》39876
库方 719	《合集》40181
库方 720	《合集》39849
库方 722	《合集》39950
库方 723	《合集》40285
库方 724	《合集》40791
库方 726	《合集》41288
库方 738	《合集》39580
库方 743	《合集》40239
库方 746	《合集》40240
库方 755	《合集》40905
库方 972	《合集》40866
库方 974	《合集》20038
库方 975	《合集》27366
库方 979	《合集》27426
库方 980	《合集》31703
库方 981+	《合集》20584
库方 982	《合集》33733
库方 983+	《合集》20260
库方 984	《合集》23497
库方 986	《合集》21032
库方 995	《合集》27219
库方 996	《合集》30934
库方 998	《合集》29995
库方 999	《合集》27205
库方 1002	《合集》30285
库方 1003	《合集》20585
库方 1003	《合集》33125
库方 1004	《合集》26226
库方 1005	《合集》32504
库方 1007	《合集》30865
库方 1008+	《合集》33834
库方 1009+	《合集》32187
库方 1010	《合集》21102
库方 1011	《合集》23879
库方 1013	《合集》20786
库方 1014+	《合集》33081
库方 1015	《合集》20792

传教士著录书片号	《合集》/《合补》片号
库方 1017	《合集》24778
库方 1017	《合集》29950
库方 1018	《合集》25668
库方 1021	《合集》23485
库方 1022	《合集》33692
库方 1024	《合集》24005
库方 1025	《合集》23148
库方 1030	《合集》24462
库方 1031(1)	《合集》22844
库方 1031(2)	《合集》24802
库方 1032	《合集》22931
库方 1033	《合集》24410
库方 1034	《合集》24920
库方 1035	《合集》22830
库方 1036	《合集》26251
库方 1037	《合集》26217
库方 1040	《合集》23866
库方 1042	《合集》26644
库方 1043	《合集》26254
库方 1044	《合集》23329
库方 1045+	《合集》26670
库方 1046	《合集》23058
库方 1048	《合集》22875
库方 1050+	《合集》34991
库方 1051	《合集》20521
库方 1053+	《合集》32189
库方 1054	《合集》22612
库方 1055	《合集》20396
库方 1056	《合集》19807
库方 1060	《合集》26484
库方 1061	《合集》34107
库方 1064	《合集》30448
库方 1064	《合集》32088
库方 1065	《合集》33688
库方 1067	《合集》32383
库方 1068	《合集》26297
库方 1069	《合集》33833
库方 1070	《合集》25547

传教士著录书片号	《合集》/《合补》片号
库方 1071	《合集》26403
库方 1072	《合集》24662
库方 1073	《合集》25426
库方 1074	《合集》28354
库方 1075	《合集》27222
库方 1075	《合集》32537
库方 1076	《合集》26258
库方 1077	《合集》23952
库方 1079	《合集》25638
库方 1081	《合集》27967
库方 1083	《合集》21377
库方 1085	《合集》25528
库方 1086	《合集》22778
库方 1088	《合集》32855
库方 1090	《合集》28971
库方 1091 正反	《合集》20346 正反
库方 1093	《合集》19945
库方 1094	《合集》33080
库方 1095	《合集》33081
库方 1096	《合集》20584
库方 1098	《合集》20258
库方 1100	《合集》34991
库方 1102	《合集》33834
库方 1105	《合集》27002
库方 1108	《合集》20080
库方 1109	《合集》32813
库方 1111	《合集》25818
库方 1112	《合集》25142
库方 1113	《合集》22631
库方 1114	《合集》26190
库方 1115	《合集》26590
库方 1116	《合集》26330
库方 1117+	《合集》20393
库方 1117+	《合集》33089
库方 1118+	《合集》20792
库方 1119	《合集》32189
库方 1120	《合集》26817
库方 1121	《合集》32189

传教士著录书片号	《合集》/《合补》片号
库方 1122	《合集》32598
库方 1123	《合集》33616
库方 1124	《合集》21433
库方 1126	《合集》32835
库方 1127	《合集》20954
库方 1128	《合集》32187
库方 1130	《合集》21100
库方 1132	《合集》32187
库方 1135	《合集》21378
库方 1136	《合集》34991
库方 1137	《合集》33834
库方 1138	《合集》30785
库方 1139	《合集》33825
库方 1140	《合集》32629
库方 1143	《合集》23830
库方 1144	《合集》20260
库方 1145	《合集》20395
库方 1146	《合集》20039
库方 1147	《合集》30894
库方 1148	《合集》26499
库方 1149	《合集》20584
库方 1151	《合集》20393
库方 1151	《合集》33089
库方 1153	《合集》32187
库方 1155	《合集》26263
库方 1156+	《合集》27933
库方 1157	《合集》26145
库方 1159	《合集》23358
库方 1160	《合集》25113
库方 1161	《合集》27933
库方 1162	《合集》23932
库方 1163	《合集》26670
库方 1164	《合集》26670
库方 1166	《合集》22803
库方 1167	《合集》26261
库方 1168	《合集》23999
库方 1172	《合集》23403
库方 1173	《合集》25246

传教士著录书片号	《合集》/《合补》片号
库方 1174	《合集》25097
库方 1175	《合集》23201
库方 1177	《合集》23559
库方 1180	《合集》23166
库方 1181	《合集》25223
库方 1182	《合集》25767
库方 1183	《合集》23036
库方 1184	《合集》25517
库方 1185	《合集》24175
库方 1186	《合集》27211
库方 1187	《合集》25236
库方 1188	《合集》24839
库方 1189	《合集》23422
库方 1190	《合集》23198
库方 1191	《合集》23641
库方 1193	《合集》22694
库方 1194	《合集》20377
库方 1195	《合集》25986
库方 1196	《合集》23642
库方 1197	《合集》22808
库方 1198	《合集》23238
库方 1199	《合集》22896
库方 1200	《合集》25156
库方 1201	《合集》27210
库方 1202	《合集》22936
库方 1203	《合集》25816
库方 1204	《合集》23141
库方 1205	《合集》22658
库方 1206	《合集》22701
库方 1207	《合集》30549
库方 1208	《合集》25351
库方 1210	《合集》29669
库方 1214	《合集》24363
库方 1215	《合集》26410
库方 1216	《合集》23357
库方 1217	《合集》25416
库方 1218	《合集》22735
库方 1219	《合集》25414
库方 1220	《合集》22714
库方 1221	《合集》23303
库方 1222	《合集》24866
库方 1223	《合集》23267
库方 1224	《合集》22926
库方 1225	《合集》25847
库方 1227	《合集》25821
库方 1229	《合集》22582
库方 1230	《合集》22656
库方 1231	《合集》20502
库方 1232	《合集》25535
库方 1233	《合集》23421
库方 1235	《合集》25804
库方 1236	《合集》26523
库方 1237	《合集》22935
库方 1238	《合集》25493
库方 1239	《合集》26561
库方 1240	《合集》25928
库方 1241	《合集》25545
库方 1242	《合集》30548
库方 1243	《合集》24988
库方 1244	《合集》23692
库方 1245	《合集》25711
库方 1246	《合集》22340
库方 1247	《合集》25425
库方 1248	《合集》23650
库方 1249	《合集》27718
库方 1250	《合集》26878
库方 1251	《合集》27870
库方 1252	《合集》24620
库方 1253	《合集》25978
库方 1254	《合集》24168
库方 1255	《合集》24210
库方 1258	《合集》24007
库方 1259	《合集》21546
库方 1260	《合集》24644
库方 1261	《合集》26522
库方 1262	《合集》25868

传教士著录书片号	《合集》/《合补》片号
库方 1264	《合集》26851
库方 1265	《合集》26470
库方 1266	《合集》25845
库方 1267	《合集》26102
库方 1269	《合集》22909
库方 1271	《合集》24375
库方 1272	《合集》24643
库方 1273	《合集》24628
库方 1275	《合集》24077
库方 1276	《合集》26876
库方 1278	《合集》26738
库方 1280	《合集》25981
库方 1281	《合集》23196
库方 1282	《合集》26296
库方 1283	《合集》25245
库方 1284	《合集》25929
库方 1287	《合集》25959
库方 1289	《合集》24586
库方 1291	《合集》23294
库方 1292	《合集》24171
库方 1293	《合集》25457
库方 1294	《合集》22717
库方 1295	《合集》24729
库方 1296	《合集》24627
库方 1297	《合集》23083
库方 1298	《合集》24961
库方 1299	《合集》22881
库方 1300	《合集》25775
库方 1301	《合集》25871
库方 1302	《合集》27707
库方 1303	《合集》25719
库方 1304	《合集》25613
库方 1305	《合集》24153
库方 1306	《合集》25454
库方 1307	《合集》25498
库方 1308	《合集》23847
库方 1309	《合集》24751
库方 1310	《合集》23918

传教士著录书片号	《合集》/《合补》片号
库方 1312	《合集》26163
库方 1313	《合集》25869
库方 1314	《合集》24570
库方 1315	《合集》25143
库方 1316	《合集》22769
库方 1317	《合集》27565
库方 1318(1)	《合集》22660
库方 1318(2)	《合集》25144
库方 1319	《合集》24463
库方 1320	《合集》23147
库方 1321	《合集》20503
库方 1322	《合集》23764
库方 1323	《合集》25558
库方 1324	《合集》25293
库方 1325	《合集》23856
库方 1326	《合集》26014
库方 1327	《合集》25823
库方 1328	《合集》22555
库方 1329	《合集》26730
库方 1330	《合集》25866
库方 1332	《合集》24655
库方 1333	《合集》25052
库方 1335	《合集》25448
库方 1336	《合集》26829
库方 1338	《合集》24437
库方 1339	《合集》24434
库方 1340	《合集》22897
库方 1341	《合集》26433
库方 1342	《合集》23592
库方 1343	《合集》25651
库方 1344	《合集》23295
库方 1345	《合集》26401
库方 1346	《合集》22989
库方 1347	《合集》22879
库方 1348	《合集》26329
库方 1349	《合集》23643
库方 1351	《合集》23629
库方 1352	《合集》23577

传教士著录书片号	《合集》/《合补》片号	传教士著录书片号	《合集》/《合补》片号
库方 1353	《合集》26568	库方 1396	《合集》26455
库方 1354	《合集》24989	库方 1397	《合集》21211
库方 1356	《合集》25085	库方 1398	《合集》22750
库方 1357	《合集》24218	库方 1399	《合集》24039
库方 1358	《合集》25867	库方 1400	《合集》26430
库方 1359	《合集》23107	库方 1403	《合集》25808
库方 1360	《合集》22810	库方 1404	《合集》19764
库方 1362	《合集》26325	库方 1405	《合集》30562
库方 1363	《合集》24470	库方 1406	《合集》31362
库方 1364	《合集》25474	库方 1407	《合集》24181
库方 1365	《合集》25151	库方 1408	《合集》24091
库方 1366	《合集》25525	库方 1509	《合集》39493
库方 1368	《合集》24191	库方 1511	《合集》39680
库方 1369	《合集》22789	库方 1513	《合集》41661
库方 1370	《合集》29762	库方 1516	《合集》39720
库方 1371	《合集》31615	库方 1517	《合集》40643
库方 1372	《合集》27708	库方 1521	《合集》40100
库方 1373	《合集》25807	库方 1525	《合集》40087
库方 1374	《合集》23881	库方 1526	《合集》40916
库方 1375	《合集》23777	库方 1527	《合集》39966
库方 1376	《合集》23871	库方 1528	《合集》39589
库方 1377	《合集》24641	库方 1529	《合集》41853
库方 1378	《合集》29935	库方 1530	《合集》41852
库方 1379	《合集》25772	库方 1533	《合集》39718
库方 1380	《合集》23816	库方 1535 正反	《合集》39498 正反
库方 1381	《合集》31611	库方 1536	《合集》41801
库方 1382	《合集》24526	库方 1538	《合集》41103
库方 1383	《合集》26511	库方 1541	《合集》39706
库方 1384	《合集》31508	库方 1542	《合集》41023
库方 1385	《合集》26294	库方 1543	《合集》41562
库方 1386	《合集》25865	库方 1544	《合集》40597
库方 1387	《合集》25723	库方 1546	《合集》39901
库方 1388	《合集》23237	库方 1547	《合集》39812
库方 1389	《合集》23160	库方 1548	《合集》41767
库方 1392	《合集》25103	库方 1549 正反	《合集》39853 正反
库方 1393	《合集》26536	库方 1551	《合集》40914
库方 1394	《合集》23622	库方 1553	《合集》39860
库方 1395	《合集》26103	库方 1554	《合集》39897

传教士著录书片号	《合集》/《合补》片号
库方 1555	《合集》39557
库方 1557	《合集》40873
库方 1558	《合集》39889
库方 1559	《合集》40303
库方 1560	《合集》40327
库方 1562	《合集》40361
库方 1563	《合集》41021
库方 1564	《合集》40105
库方 1565	《合集》39708
库方 1566	《合集》40107
库方 1569	《合集》41776
库方 1572	《合集》40415
库方 1573	《合集》39958
库方 1575	《合集》41861
库方 1579	《合集》40418
库方 1583	《合集》39671
库方 1585	《合集》40489
库方 1588	《合集》41060
库方 1589	《合集》41209
库方 1591	《合集》39904
库方 1592	《合集》39896
库方 1593	《合集》39768
库方 1594	《合集》40321
库方 1595 正反	《合集》40610 正反
库方 1596	《合集》40605
库方 1597	《合集》40102
库方 1598	《合集》40530
库方 1599	《合集》39887
库方 1600	《合集》39872
库方 1601	《合集》39857
库方 1602 正反	《合集》39713
库方 1603	《合集》40559
库方 1604	《合集》40687
库方 1606	《合集》40852
库方 1607	《合集》41225
库方 1608	《合集》41828
库方 1609	《合集》40427
库方 1610	《合集》40688

传教士著录书片号	《合集》/《合补》片号
库方 1614 正反	《合集》39895 正反
库方 1615	《合集》40264
库方 1616	《合集》39621
库方 1619 正反	《合集》41724 正反
库方 1620	《合集》41161
库方 1621 正反	《合集》39491 正反
库方 1622 正反	《合集》40411 正反
库方 1625	《合集》41690
库方 1629	《合集》39648
库方 1630 正反	《合集》39655. 正反
库方 1631	《合集》39735
库方 1633	《合集》41324
库方 1634 正反	《合集》41066 正反
库方 1635 正反	《合集》40644 正反
库方 1637	《合集》39711
库方 1641	《合集》39520
库方 1643	《合集》41604
库方 1644	《合集》41540
库方 1645	《合集》41476
库方 1646	《合集》41459
库方 1647	《合集》41677
库方 1648	《合集》41463
库方 1649	《合集》39861
库方 1650 正反	《合集》39978 正反
库方 1651 正反	《合集》40104 正反
库方 1656	《合集》41224
库方 1657	《合集》40877
库方 1659	《合集》41941
库方 1660	《合集》41350
库方 1661	《合集》41704
库方 1665	《合集》41864
库方 1667	《合集》40317
库方 1668	《合集》40892
库方 1669	《合集》40362
库方 1670	《合集》39704
库方 1671	《合集》41068
库方 1672	《合集》41757
库方 1672（右）	《合集》41780

传教士著录书片号	《合集》/《合补》片号
库方 1673	《合集》41591
库方 1674	《合集》40074
库方 1675	《合集》41650
库方 1677	《合集》41510
库方 1678	《合集》41663
库方 1680	《合集》40379
库方 1681	《合集》40086
库方 1683	《合集》40410
库方 1684	《合集》40115
库方 1685	《合集》40095
库方 1686	《合集》40398
库方 1687	《合集》40482
库方 1689	《合集》41409
库方 1690	《合集》41641
库方 1691	《合集》41683
库方 1694	《合集》40609
库方 1696	《合集》39584
库方 1697	《合集》41481
库方 1699	《合集》41553
库方 1700	《合集》39539
库方 1701 正反	《合集》39521 正反
库方 1702	《合集》39862
库方 1703	《合集》40682
库方 1705	《合集》40680
库方 1708	《合集》40633
库方 1710	《合集》39565
库方 1711	《合集》41871
库方 1713	《合集》41620
库方 1714	《合集》41323
库方 1715	《合集》41535
库方 1716	《合集》41491
库方 1717	《合集》41490
库方 1718	《合集》41506
库方 1720	《合集》41635
库方 1721	《合集》41616
库方 1722	《合集》41467
库方 1723	《合集》41607
库方 1730	《合集》41745
库方 1732	《合集》41035
库方 1735 正反	《合集》40012 正反
库方 1737	《合集》40287
库方 1738	《合集》40114
库方 1739 正反	《合集》39906 正反
库方 1740 正反	《合集》39593 正反
库方 1741	《合集》39976
库方 1742	《合集》41478
库方 1743	《合集》41598
库方 1744	《合集》41516
库方 1749	《合集》39567
库方 1750	《合集》39937
库方 1759 正反	《合集》41059 正反
库方 1764	《合集》41748
库方 1765	《合集》40244
库方 1766	《合集》40522
库方 1767	《合集》40266
库方 1768	《合集》41312
库方 1769	《合集》41642
库方 1770	《合集》41624
库方 1771	《合集》41343
库方 1772	《合集》41214
库方 1773	《合集》39591
库方 1775	《合集》39945
库方 1776	《合集》41653
库方 1777	《合集》41482
库方 1778	《合集》40222
库方 1781	《合集》40867
库方 1783	《合集》41120
库方 1786	《合集》41608
库方 1787	《合集》39815
库方 1788 正反	《合集》39550 正反
库方 1791	《合集》39762
库方 1794 正反	《合集》39496 正反
库方 1799 正反	《合集》40133 正反
库方 1800	《合集》40344
库方 1801	《合集》39582
库方 1802 正反	《合集》40632 正反

传教士著录书片号	《合集》/《合补》片号
库方 1803	《合集》40422
库方 1804	《合集》39670
库方 1805 正反	《合集》40013 正反
库方 1806	《合集》39926
库方 1807	《合集》40818
库方 1808	《合集》40229
库方 1809	《合集》39482
库方 1810	《合集》39929
库方 1811	《合集》40006
库方 1812	《合集》39790
库方 1814	《合集》40617
库方 1816 正反	《合集》39609 正反
库方 1817 正反	《合集》40071 正反
库方 1822 正反	《合集》40432 正反
库方 1823	《合集》39689
库方 1825	《合集》41204
库方 1826 正反	《合集》40737 正反
库方 1829	《合集》40824
库方 1832	《合集》39594
库方 1833	《合集》40823
库方 1838 正反	《合集》39485 正反
库方 1843	《合集》40279
库方 1844	《合集》40082
库方 1848	《合集》39656
库方 1849	《合集》40547
库方 1852	《合集》40421
库方 1860	《合集》40961
库方 1868	《合集》40338
库方 1870	《合集》41227
库方 1871	《合集》41192
库方 1874 正反	《合集》40326 正反
库方 1875	《合集》39771
库方 1877	《合集》41031
库方 1882 正反	《合集》40332 正反
库方 1883	《合集》39753
库方 1884	《合集》39837
库方 1885	《合集》41137
库方 1888	《合集》40029
库方 1894	《合集》40979
库方 1895	《合集》41107
库方 1898	《合集》41786
库方 1900	《合集》39985
库方 1902	《合集》40444
库方 1906	《合集》40760
库方 1917	《合集》40773
库方 1922	《合集》39891
库方 1923 正反	《合集》40057 正反
库方 1925	《合集》41009
库方 1931	《合集》40846
库方 1933	《合集》40933
库方 1934	《合集》40646
库方 1939	《合集》40943
库方 1940	《合集》40988
库方 1949	《合集》40876
库方 1955	《合集》39553
库方 1957	《合集》40369
库方 1958	《合集》40981
库方 1961	《合集》40496
库方 1965	《合集》40442
库方 1970	《合集》41282
库方 1971	《合集》40099
库方 1974	《合集》40583
库方 1975	《合集》40629
库方 1976	《合集》39487
库方 1977	《合集》40121
库方 1986	《合集》39867
库方 1987 正反	《合集》40514 正反
库方 2001	《合集》31972
七集 T1（正）	《合集》9172 正臼
七集 T2	《合集》39924
七集 T3	《合集》40540
七集 T4	《合集》40526
七集 T5	《合集》39828
七集 T6	《合集》40089
七集 T6	《合集》9517
七集 T7（正）	《合集》8190 正臼

传教士著录书片号	《合集》/《合补》片号
七集 T8	《合集》40401
七集 T9	《合集》39885
七集 T10	《合集》40462
七集 T11	《合集》39540
七集 T12	《合集》40681
七集 T13	《合集》39888
七集 T14	《合集》39649
七集 T15	《合集》39984
七集 T16	《合集》40628
七集 T17	《合集》40273
七集 T18	《合集》40645
七集 T19（正）	《合集》588 正反
七集 T20	《合集》40045
七集 T21	《合集》40642
七集 T22	《合集》39669
七集 T23	《合集》40236
七集 T24	《合集》39991
七集 T25	《合集》40549
七集 S4	《合集》11807
七集 S5	《合补》1577
七集 S6	《合补》636
七集 S7 正反	《合集》16890 正反
七集 S8	《合集》22626
七集 S9	《合集》12726
七集 S9 1/2	《合集》761
七集 S10	《合集》32726
七集 S11	《合集》5555
七集 S12	《合集》8516
七集 S13	《合集》5053
七集 S14（正）	《合集》9050 正反
七集 S15	《合集》5499
七集 S16	《合集》4901
七集 S18	《合集》6745
七集 S21	《合集》8285
七集 S22	《合集》14517
七集 S25	《合集》11019
七集 S26	《合集》2871
七集 S27	《合集》22306

传教士著录书片号	《合集》/《合补》片号
七集 S28	《合集》13976
七集 S29 正反	《合集》3839 正反
七集 S30	《合集》13760
七集 S37	《合集》1103
七集 S38	《合集》10479
七集 S39（正）	《合集》16345 正反
七集 S42	《合集》10392
七集 S43	《合集》17320
七集 S46	《合集》16212
七集 S47	《合集》19016
七集 S48	《合集》20183
七集 S49 正反	《合集》2468 正反
七集 S50	《合集》5321
七集 S58	《合补》48
七集 S62	《合集》15906
七集 S63	《合集》11594
七集 S64	《合集》7937
七集 S69	《合集》10435
七集 S70	《合集》10096
七集 S74	《合集》4312
七集 S76	《合集》18410
七集 S78	《合集》6940
七集 S81	《合集》692
七集 S82	《合集》15775
七集 S85	《合集》14192
七集 S86	《合集》15511
七集 S87	《合集》7548
七集 S88	《合集》15445
七集 S90	《合集》2099
七集 S91 正反	《合集》842 正反
七集 S92（倒）	《合集》7649
七集 S93	《合集》1155
七集 S95	《合集》1607
七集 S102	《合集》6918
七集 S108	《合集》18128
七集 S110	《合集》354
七集 S114	《合集》312
七集 S115	《合集》4419

传教士著录书片号	《合集》/《合补》片号
七集 S116	《合集》19128
七集 S120	《合集》8488
七集 S121	《合集》10949
七集 S122	《合集》8790
七集 S123	《合集》13802
七集 S125	《合集》17873
七集 S126	《合集》8769
七集 S127	《合集》7006
七集 S128（缺反）	《合补》539 正反
七集 S130	《合集》2284
七集 S131	《合集》20617
七集 S133	《合集》3721
七集 S135	《合集》11206
七集 S136+（正）	《合集》17004 正反
七集 S137	《合集》15754
七集 S140	《合集》10846
七集 S144	《合集》17004 正反
七集 S150	《合集》1551
七集 S155	《合集》6919
七集 S161	《合集》2917
七集 B4	《合集》1479
七集 B5 正反	《合集》8559 正反
七集 B6（正）	《合集》14266 正反
七集 B8 1/2	《合集》13361
七集 B11	《合集》2018
七集 B13	《合集》13614
七集 B15（正）	《合集》18986 正反
七集 B19	《合集》5922
七集 B20	《合集》19992
七集 B22	《合集》40198
七集 B28	《合集》22271
七集 B29	《合集》19771
七集 B30	《合集》6098
七集 B31	《合集》13048
七集 B32	《合集》14212
七集 B33 正反	《合集》9557 正反
七集 B34 正反	《合集》792 正反
七集 B36 正反	《合集》39894 正反
七集 B38	《合集》19914
七集 B39	《合集》1553
七集 B40（正）	《合集》1632 正反
七集 B42	《合集》8017
七集 B43（正）	《合集》11496 正反
七集 B45	《合集》10928
七集 B46	《合集》19440
七集 B49	《合集》5765
七集 B50（正）	《合集》8956 正反
七集 B51	《合集》14884
七集 B80	《合集》16397
七集 P3	《合集》40611
七集 P4	《合集》40616
七集 P6 正反	《合集》40182 正反
七集 P15	《合集》40039
七集 P16	《合集》41029
七集 P19	《合集》40101
七集 P21	《合集》40769
七集 P22	《合集》41621
七集 P24	《合集》39826
七集 P26	《合集》39690
七集 P28	《合集》39840
七集 P29	《合集》41626
七集 P30	《合集》39737
七集 P31	《合集》40744
七集 P32	《合集》39916
七集 P33	《合集》39612
七集 P35	《合集》40568
七集 P37	《合集》40350
七集 P38	《合集》39760
七集 P40	《合集》41596
七集 P41	《合集》40263
七集 P43	《合集》41182
七集 P44	《合集》41295
七集 P48	《合集》40620
七集 P50	《合集》40775
七集 P51	《合集》40700
七集 P57	《合集》40291

传教士著录书片号	《合集》/《合补》片号
七集 P58	《合集》40215
七集 P60	《合集》40708
七集 P61	《合集》39756
七集 P65	《合集》40278
七集 P66	《合集》1701
七集 P67	《合集》40749
七集 P68	《合集》39702
七集 P69	《合集》20145
七集 P69	《合集》40842
七集 P71	《合集》39971
七集 P72	《合集》40835
七集 P74	《合集》40495
七集 P75	《合集》40389
七集 P78	《合集》40937
七集 P79	《合集》41238
七集 P80	《合集》40970
七集 P81	《合集》27827
七集 P82	《合集》41077
七集 P83	《合集》41017
七集 P84	《合集》41272
七集 P87	《合集》41150
七集 P88	《合集》41162
七集 P89	《合集》40929
七集 P90	《合集》41203
七集 P91	《合集》41479
七集 P92	《合集》40020
七集 P93	《合集》41128
七集 P94	《合集》41188
七集 P95	《合集》41080
七集 P96	《合集》40841
七集 P97	《合集》40984
七集 P98	《合集》41211
七集 P99	《合集》41172
七集 P100	《合集》41205
七集 P102	《合集》41109
七集 P103	《合集》41127
七集 P104	《合集》40950
七集 P105	《合集》41247
七集 P106	《合集》40946
七集 P107	《合集》41125
七集 P108	《合集》41067
七集 P111	《合集》9696
七集 P113	《合集》40953
七集 P115	《合集》41106
七集 P116	《合集》41584
七集 P118	《合集》40967
七集 P119	《合集》20067
七集 P119	《合集》32804
七集 W6	《合集》40190
七集 W10	《合集》22574
七集 W11	《合集》41665
七集 W15	《合集》40991
七集 W41	《合集》22680
七集 W69	《合集》26543
七集 X1（正）	《合集》31678 正反
七集 X2（正）	《合集》5571 正反
七集 X3	《合集》19929
七集 X4（正）	《合集》4647 正反
七集 X11	《合集》24457
七集 X12	《合集》16301
七集 X13	《合集》33140
七集 X14	《合集》34516
七集 X15	《合集》15172
七集 X16	《合集》40274
七集 X17	《合集》26505
七集 X18	《合集》41457
七集 X19	《合集》39696
七集 X20	《合集》41156
七集 X21	《合集》40248
七集 X22	《合集》25281
七集 X23	《合集》23244
七集 X25	《合集》40735
七集 X26	《合集》22556
七集 X28	《合集》41062
七集 X30	《合集》41180
七集 R1	《合集》41202

传教士著录书片号	《合集》/《合补》片号
七集 R3	《合集》41022
七集 R4	《合集》41178
七集 R5	《合集》40506
金璋 1	《合集》39525
金璋 1	《合集》826
金璋 2	《合补》13281
金璋 3	《合集》41322
金璋 5	《合集》41221
金璋 6	《合集》40995
金璋 7	《合集》40939
金璋 8	《合集》41048
金璋 9	《合补》13324
金璋 10	《合集》41198
金璋 11	《合集》41053
金璋 13	《合集》41259
金璋 14	《合集》41317
金璋 15	《合集》41254
金璋 17	《合集》41086
金璋 19	《合集》41173
金璋 20	《合集》39626
金璋 21	《合集》41145
金璋 23	《合补》13313
金璋 25	《合集》41075
金璋 26	《合集》40931
金璋 28	《合集》41473
金璋 29	《合集》41488
金璋 30	《合补》13296
金璋 31	《合集》41118
金璋 32	《合补》13311
金璋 33	《合集》40861
金璋 34	《合集》40932
金璋 46	《合集》41184
金璋 49	《合补》13303
金璋 50	《合集》41289
金璋 55	《合集》40374
金璋 59	《合集》40999
金璋 60	《合集》41000
金璋 61 正反	《合集》41036 正反

传教士著录书片号	《合集》/《合补》片号
金璋 66	《合集》41083
金璋 70	《合集》39749
金璋 74	《合集》41319
金璋 75	《合集》40959
金璋 75 1/2	《合集》41196
金璋 76	《合集》40975
金璋 78	《合集》41020
金璋 79	《合集》40948
金璋 80	《合集》41559
金璋 82	《合集》40990
金璋 83	《合集》41032
金璋 84	《合集》40927
金璋 85	《合集》41070
金璋 88	《合集》41835
金璋 90	《合集》41135
金璋 91	《合集》41136
金璋 118	《合集》41461
金璋 119	《合集》22621
金璋 120	《合集》41458
金璋 121	《合集》40986
金璋 122	《合集》40926
金璋 123	《合集》40957
金璋 124	《合集》41027
金璋 177	《合集》41555
金璋 182	《合集》41351
金璋 183	《合集》41628
金璋 184	《合集》41560
金璋 188	《合集》41691
金璋 189	《合集》41411
金璋 191	《合集》41456
金璋 192	《合集》41366
金璋 200	《合集》41527
金璋 201	《合集》41655
金璋 202	《合集》40982
金璋 205	《合集》41542
金璋 208	《合集》41605
金璋 211	《合补》13356
金璋 212	《合补》13355

传教士著录书片号	《合集》/《合补》片号
金璋 334	《合集》41695
金璋 335	《合集》39616
金璋 337	《合集》41233
金璋 341	《合集》40783
金璋 348	《合集》41855
金璋 349	《合集》41503
金璋 350	《合补》13220
金璋 351	《合集》41429
金璋 353	《合集》41364
金璋 354	《合集》41468
金璋 355	《合集》40761
金璋 356	《合集》40459
金璋 357	《合集》40853
金璋 361	《合集》41331
金璋 363	《合集》41320
金璋 364	《合集》39874
金璋 365	《合集》41474
金璋 366	《合集》41368
金璋 367	《合集》39776
金璋 368	《合集》41499
金璋 369	《合集》41511
金璋 370	《合集》41349
金璋 371	《合集》41563
金璋 372	《合集》40094
金璋 373	《合集》40118
金璋 374	《合集》41529
金璋 375	《合集》39577
金璋 376	《合集》41850
金璋 377	《合集》41867
金璋 378	《合集》41422
金璋 379	《合集》41638
金璋 380	《合集》39721
金璋 381	《合集》41308
金璋 382	《合集》41723
金璋 383	《合集》40662
金璋 384	《合补》13197
金璋 385	《合集》40920
金璋 386	《合补》13185

传教士著录书片号	《合集》/《合补》片号
金璋 387	《合集》40354
金璋 388	《合集》39524
金璋 389	《合集》40402
金璋 391 正反	《合集》39560 正反
金璋 392	《合集》41526
金璋 393	《合集》41303
金璋 397	《合集》41041
金璋 398	《合集》41304
金璋 399	《合集》41660
金璋 400	《合补》13411
金璋 401	《合集》41348
金璋 402	《合集》39527
金璋 403	《合集》40890
金璋 404 正反	《合集》40161 正反
金璋 405	《合集》40441
金璋 406	《合集》40417
金璋 407	《合集》40205
金璋 408	《合集》40524
金璋 409	《合集》40817
金璋 410	《合集》39975
金璋 411	《合集》39782
金璋 412	《合集》39927
金璋 413	《合集》41011
金璋 414	《合集》40977
金璋 415	《合集》40830
金璋 417	《合集》39688
金璋 448	《合集》41761
金璋 449 正反	《合集》40437 正反
金璋 450	《合集》41936
金璋 451	《合集》39602
金璋 452	《合集》41818
金璋 453	《合集》41819
金璋 454	《合集》41697
金璋 455	《合集》41840
金璋 456	《合集》14890
金璋 456	《合集》40450
金璋 458(a)	《合集》41770
金璋 458(b)	《合集》41773

传教士著录书片号	《合集》/《合补》片号
金璋 459	《合集》39502
金璋 460	《合补》13198
金璋 462	《合集》40998
金璋 463	《合集》41804
金璋 464	《合集》41803
金璋 465	《合集》41923
金璋 466	《合集》40363
金璋 469	《合集》41765
金璋 470	《合集》41845
金璋 472	《合集》40550
金璋 473	《合集》40059
金璋 474	《合集》40302
金璋 477	《合集》39968
金璋 478	《合集》40360
金璋 479	《合补》13211
金璋 480	《合集》40093
金璋 481	《合集》39538
金璋 482	《合集》41928
金璋 483	《合集》40297
金璋 484	《合集》41952
金璋 485	《合集》41925
金璋 486	《合集》40879
金璋 487	《合集》39516
金璋 488	《合补》13189
金璋 490	《合集》40521
金璋 491	《合集》39500
金璋 492	《合集》41830
金璋 493	《合集》41756
金璋 494	《合补》13365
金璋 495	《合集》39515
金璋 496	《合集》39912
金璋 498	《合集》39952
金璋 500	《合集》41005
金璋 501	《合集》39716
金璋 502	《合集》40525
金璋 503	《合集》39981
金璋 504	《合集》41088
金璋 507	《合集》39858

传教士著录书片号	《合集》/《合补》片号
金璋 508	《合集》39856
金璋 509 正反	《合集》39513 正反
金璋 510	《合集》41849
金璋 511	《合集》41866
金璋 512	《合集》41831
金璋 515	《合集》40447
金璋 516	《合集》41937
金璋 517	《合集》41953
金璋 518	《合集》41717
金璋 519	《合集》41747
金璋 4520	《合集》41947
金璋 521	《合集》39514
金璋 522	《合集》39868
金璋 523	《合集》39554
金璋 524	《合集》39864
金璋 525	《合集》39873
金璋 526	《合集》39925
金璋 529	《合集》40265
金璋 530	《合集》40973
金璋 531	《合集》39877
金璋 532	《合集》41763
金璋 533	《合集》41656
金璋 535	《合集》39967
金璋 538	《合集》39881
金璋 539	《合集》39882
金璋 544	《合集》41768
金璋 547	《合补》13433
金璋 548	《合集》40384
金璋 549	《合集》41824
金璋 550	《合集》40921
金璋 555	《合集》39588
金璋 557	《合集》39900
金璋 559	《合集》41868
金璋 567	《合集》39483
金璋 569	《合集》40075
金璋 570	《合集》40599
金璋 572	《合集》41951
金璋 573	《合集》41929

传教士著录书片号	《合集》/《合补》片号
金璋 574	《合集》41762
金璋 575	《合集》41946
金璋 576	《合集》41938
金璋 577	《合集》41829
金璋 578	《合集》41771
金璋 579	《合集》41696
金璋 580	《合集》41811
金璋 581	《合集》41949
金璋 582	《合集》41950
金璋 583	《合集》41777
金璋 584	《合集》41753
金璋 585	《合集》41944
金璋 586	《合集》39963
金璋 587	《合集》41927
金璋 588	《合集》41810
金璋 589	《合集》40098
金璋 590	《合集》39835
金璋 591	《合集》40483
金璋 592	《合集》40032
金璋 593	《合集》40329
金璋 594 正反	《合集》40204 正反
金璋 595	《合集》40416
金璋 596	《合集》39489
金璋 597	《合集》39701
金璋 599	《合集》41760
金璋 600	《合集》39869
金璋 601	《合集》39954
金璋 602	《合集》41870
金璋 603	《合集》41342
金璋 604	《合集》39883
金璋 605	《合集》40162
金璋 606	《合集》39880
金璋 607	《合集》41954
金璋 608	《合集》41839
金璋 609	《合集》41340
金璋 611 正反	《合集》40353 正反
金璋 613	《合集》39934
金璋 615	《合集》41764

传教士著录书片号	《合集》/《合补》片号
金璋 616	《合集》40106
金璋 618	《合集》40571
金璋 620	《合集》40896
金璋 621	《合集》41758
金璋 622	《合集》40888
金璋 623	《合集》40430
金璋 624 正反	《合集》40435 正反
金璋 625	《合集》39618
金璋 627	《合补》12820
金璋 630	《合集》39663
金璋 631	《合集》40111
金璋 632	《合集》40451
金璋 636	《合集》40359
金璋 637	《合集》39617
金璋 638	《合集》40429
金璋 639	《合集》39719
金璋 641	《合集》39533
金璋 642	《合集》39698
金璋 645 正	《合集》40088
金璋 645 正反	《合集》40079 正反
金璋 647	《合集》39964
金璋 650	《合集》39865
金璋 651	《合集》39492
金璋 652 正反	《合集》39773 正反
金璋 653	《合集》39676
金璋 654	《合集》40328
金璋 655	《合集》41939
金璋 656	《合集》39811
金璋 657	《合集》41329
金璋 659	《合集》40037
金璋 660	《合集》39947
金璋 662	《合集》39503
金璋 663	《合集》39941
金璋 664	《合集》40438
金璋 665	《合集》39878
金璋 666	《合集》39908
金璋 667	《合集》41865
金璋 670	《合集》40507

传教士著录书片号	《合集》/《合补》片号
金璋 673	《合集》39854
金璋 674	《合集》40383
金璋 675	《合集》39526
金璋 677	《合集》40345
金璋 679	《合集》40891
金璋 685	《合集》39930
金璋 689	《合集》41833
金璋 690	《合集》41507
金璋 694	《合集》40912
金璋 696	《合集》40352
金璋 699	《合集》39781
金璋 703	《合集》39545
金璋 709	《合集》39953
金璋 711	《合集》40308
金璋 715	《合集》40076
金璋 717	《合集》40112
金璋 721	《合集》41759
金璋 722	《合集》39572
金璋 723	《合集》40050
金璋 726	《合集》41901
金璋 727	《合集》40820
金璋 728	《合集》41754
金璋 729	《合集》40924
金璋 730	《合集》41119
金璋 731	《合集》40541
金璋 732	《合集》40742
金璋 734	《合集》40452
金璋 735	《合集》41739
金璋 738	《合集》40856
金璋 739	《合集》40825
金璋 740	《合集》41741
金璋 741	《合集》40638
金璋 742	《合集》41802
金璋 743	《合集》41709
相 49	《合集》23453
相 79	《合集》26674
相 80	《合集》23116
相 81	《合集》27827
相 87	《合集》30550
相 89	《合集》24873
相 92	《合集》4485
相 101	《合集》25907
相 101	《合集》26100
相 104	《合集》25306
相 107	《合集》25123
相 111	《合集》9696
拓 23	《合集》27846
拓 78	《合集》26486
拓 86	《合集》26487
拓 86	《合集》26490
骨 4	《合集》39898
骨 7	《合集》40908
骨 8	《合集》40907
骨 11	《合集》40865
骨 13	《合集》40630
骨 14	《合集》40396
骨 20	《合集》41869
骨 25 正臼	《合集》39870 正臼
骨 NB6125 正反	《合集》37848 正反
怀 1	《合补》1878
怀 4	《合补》21
怀 5	《合补》4084
怀 6 正反	《合补》4093 正反
怀 7	《合补》4077
怀 8	《合补》4079
怀 12	《合补》1630
怀 14 正反	《合补》4121 正反
怀 15 正反	《合补》4126 正反
怀 16 正反	《合补》92 正反
怀 17	《合补》89
怀 18	《合补》5760
怀 19	《合补》2712
怀 20	《合补》2908
怀 24 正反	《合补》67 正反
怀 25	《合补》6233
怀 26	《合补》327

传教士著录书片号	《合集》/《合补》片号	传教士著录书片号	《合集》/《合补》片号
怀 28	《合补》86	怀 86	《合补》4261
怀 29	《合补》83	怀 87	《合补》4267
怀 30	《合补》70	怀 89	《合补》4266
怀 31	《合补》59	怀 92	《合补》4228
怀 32 正反	《合补》69 正反	怀 93 正反	《合补》4246 正反
怀 33	《合补》78	怀 94	《合补》4253
怀 34	《合补》76	怀 97 正反	《合补》2746 正反
怀 35	《合补》223	怀 99	《合补》2715
怀 36	《合补》6212	怀 100	《合补》4238
怀 37	《合补》4159	怀 101 正反	《合补》4235 正反
怀 38	《合补》103	怀 102 正反	《合补》4234 正反
怀 39	《合补》147	怀 104	《合补》4074
怀 40	《合补》213	怀 105 正反	《合补》221 正反
怀 41	《合补》218	怀 110	《合补》234
怀 42	《合补》131	怀 112	《合补》42
怀 44	《合补》130	怀 113	《合补》4322
怀 45	《合补》129	怀 114	《合补》2540
怀 53 正反	《合补》287 正反	怀 116	《合补》4347
怀 54	《合补》149	怀 117 正反	《合补》4346 正反
怀 56	《合补》282	怀 118	《合补》3934
怀 57	《合补》258	怀 120	《合补》9336
怀 58	《合补》4390	怀 126	《合补》4379
怀 59	《合补》312	怀 130	《合补》4404
怀 62 正反	《合补》271 正反	怀 136	《合补》6219
怀 63 正反	《合补》311 正反	怀 137	《合补》4446
怀 64 正反	《合补》303 正反	怀 138	《合补》324
怀 65	《合补》259	怀 139	《合补》4447
怀 67 反	《合补》297	怀 141	《合补》5893
怀 70	《合补》239	怀 143	《合补》57
怀 72	《合补》3437	怀 145	《合补》4474
怀 73 正反	《合补》6412 正反	怀 146	《合补》4467
怀 75 正反	《合补》431 正反	怀 147	《合补》3861
怀 78	《合补》6409	怀 149	《合补》4495
怀 79 正反	《合补》6084 正反	怀 152	《合补》910
怀 80	《合补》1146	怀 153 正反	《合补》6493 正反
怀 83	《合补》2783	怀 154	《合补》2698
怀 84	《合补》4414	怀 156	《合补》2676
怀 85	《合补》4065	怀 157	《合补》3193

传教士著录书片号	《合集》/《合补》片号
怀 161	《合补》28
怀 163	《合补》2729
怀 164	《合补》2703
怀 168	《合补》2697
怀 170 正反	《合补》2731 正反
怀 172	《合补》191
怀 173	《合补》2720
怀 174	《合补》2672
怀 178	《合补》2502
怀 179	《合补》2529
怀 183	《合补》2520
怀 188 正反	《合补》4418 正反
怀 189 正反	《合补》6431 正反
怀 192	《合补》3759
怀 193	《合补》3624
怀 197	《合补》3626
怀 198	《合补》3764
怀 200	《合补》3621
怀 201	《合补》3619
怀 204	《合补》3754
怀 210 正反	《合补》3612 正反
怀 211 正反	《合补》3890 正反
怀 213 正反	《合补》3084 正反
怀 216	《合补》3523
怀 219	《合补》3534
怀 220	《合补》3594
怀 221	《合补》3591
怀 222	《合补》3675
怀 223	《合补》3600
怀 228	《合补》3596
怀 234	《合补》3868
怀 235 正反	《合补》3846 正反
怀 238	《合补》9558
怀 240	《合补》3696
怀 241 正反	《合补》3806 正反
怀 244	《合补》3798
怀 245	《合补》3768
怀 247	《合补》3964
怀 248	《合补》3968
怀 249	《合补》3961
怀 251	《合补》6775
怀 252	《合补》3916
怀 253	《合补》3911
怀 255	《合补》3908
怀 256	《合补》9562
怀 258	《合补》3722
怀 260 正反	《合补》4947 正反
怀 261	《合补》5891
怀 263	《合补》949
怀 264	《合补》4882
怀 266	《合补》4902
怀 267 正反	《合补》4876 正反
怀 269	《合补》4877
怀 271	《合补》4943
怀 272	《合补》4944
怀 276	《合补》4934
怀 279	《合补》4746
怀 282	《合补》4738
怀 283	《合补》4935
怀 284	《合补》4745
怀 285	《合补》9857
怀 287	《合补》4743
怀 291	《合补》4750
怀 292	《合补》4751
怀 294	《合补》4752
怀 295	《合补》4748
怀 299	《合补》2614
怀 300	《合补》2616
怀 301 正反	《合补》2554 正反
怀 302	《合补》2553
怀 303	《合补》2637
怀 304	《合补》2620
怀 306	《合补》2612
怀 308	《合补》2610
怀 310 正反	《合补》2581 正反
怀 314	《合补》2647

传教士著录书片号	《合集》/《合补》片号
怀 315	《合补》2762
怀 318	《合补》2668
怀 320	《合补》2756
怀 326	《合补》1415
怀 327	《合补》1419
怀 328	《合补》1450
怀 330 正反	《合补》1508 正反
怀 334	《合补》1478
怀 335	《合补》1300
怀 336	《合补》1460
怀 337	《合补》1461
怀 338	《合补》1462
怀 340 正反	《合补》2158 正反
怀 344	《合补》2286
怀 346 正反	《合补》5569 正反
怀 348	《合补》1709
怀 355	《合补》2008
怀 356	《合补》1643
怀 357 正反	《合补》2099 正反
怀 360	《合补》502
怀 361	《合补》6189
怀 362	《合补》500
怀 365	《合补》1188
怀 367	《合补》1226
怀 371	《合补》4392
怀 373	《合补》1189
怀 380	《合补》497
怀 381	《合补》2736
怀 383	《合补》2408
怀 384	《合补》1275
怀 386	《合补》1524
怀 387	《合补》6121
怀 388	《合补》2297
怀 392	《合补》1941
怀 393	《合补》499
怀 394 正反	《合补》2107 正反
怀 395	《合补》2255
怀 396	《合补》6510
怀 398 正反	《合补》402 正反
怀 399 正反	《合补》2424 正反
怀 400	《合补》2292
怀 401	《合补》2197
怀 402	《合补》2282
怀 407 正反	《合补》2165 正反
怀 408	《合补》4586
怀 411 正反	《合补》6421 正反
怀 412	《合补》1235
怀 417 正反	《合补》3031 正反
怀 418	《合补》2101
怀 419	《合补》4249
怀 420 正反	《合补》1736 正反
怀 423	《合补》2233
怀 424	《合补》6447
怀 426 正反	《合补》1762 正反
怀 429	《合补》2027
怀 436	《合补》2373
怀 442	《合补》2380
怀 443 正反	《合补》529 正反
怀 448 正反	《合补》1405 正反
怀 449	《合补》6110
怀 451	《合补》1356
怀 453	《合补》1365
怀 457	《合补》1403
怀 459	《合补》1395
怀 468 正反	《合补》6197 正反
怀 474	《合补》1261
怀 475	《合补》864
怀 476	《合补》5116
怀 477	《合补》3976
怀 478	《合补》5117
怀 481	《合补》6133
怀 484 正反	《合补》5108 正反
怀 485	《合补》4038
怀 486 正反	《合补》5041 正反
怀 487	《合补》3975
怀 488	《合补》4014

传教士著录书片号	《合集》/《合补》片号
怀 489	《合补》1544
怀 490	《合补》5591
怀 491	《合补》5123
怀 492 正反	《合补》4041 正反
怀 497	《合补》3999
怀 503	《合补》1547
怀 504	《合补》6275
怀 512 正反	《合补》643 正反
怀 513 正反	《合补》953 正反
怀 514	《合补》870
怀 518 正反	《合补》796 正反
怀 519	《合补》797
怀 521	《合补》881
怀 526	《合补》641
怀 530 正反	《合补》941 正反
怀 531	《合补》4709
怀 533 正反	《合补》773 正反
怀 534 正反	《合补》943 正反
怀 535	《合补》865
怀 536	《合补》1169
怀 538	《合补》1051
怀 539	《合补》1138
怀 545 正反	《合补》2451 正反
怀 547 正反	《合补》5939 正反
怀 548 反	《合补》6187
怀 550 正反	《合补》2322 正反
怀 552 正反	《合补》6278 正反
怀 556 正反	《合补》2907 正反
怀 561	《合补》2922
怀 562	《合补》2938
怀 563	《合补》3010
怀 564	《合补》2947
怀 570 正反	《合补》5145 正反
怀 595 正反	《合补》5282 正反
怀 596 正反	《合补》6070 正反
怀 596 正反	《合补》6076 正反
怀 598	《合补》2438
怀 599	《合补》1558

传教士著录书片号	《合集》/《合补》片号
怀 600	《合补》2528
怀 605 正反	《合补》5540 正反
怀 606 反	《合补》3032
怀 622 正反	《合补》4635 正反
怀 631	《合补》3788
怀 633	《合补》3033
怀 640	《合补》6244
怀 641 正反	《合补》3292 正反
怀 644	《合补》6612
怀 645 正反	《合补》2446 正反
怀 646 正反	《合补》6536 正反
怀 647	《合补》5775
怀 654	《合补》5737
怀 659	《合补》3766
怀 660	《合补》5858
怀 665 正反	《合补》4541 正反
怀 666 正反	《合补》4982 正反
怀 670	《合补》3187
怀 682	《合补》1580
怀 700 正反	《合补》6260 正反
怀 708	《合补》6277
怀 709 正反	《合补》5777 正反
怀 725	《合补》2920
怀 726	《合补》6208
怀 727 反	《合补》2666
怀 736	《合补》6082
怀 737	《合补》4713
怀 740	《合补》2669
怀 741 正反	《合补》5961 正反
怀 745	《合补》6399
怀 746	《合补》3115
怀 747	《合补》1496
怀 748	《合补》2730
怀 749	《合补》2155
怀 752	《合补》6252
怀 754	《合补》2480
怀 761	《合补》3144
怀 764	《合补》4258

传教士著录书片号	《合集》/《合补》片号
怀 765	《合补》3058
怀 767	《合补》6236
怀 770	《合补》6357
怀 774	《合补》323
怀 778	《合补》3284
怀 780 正反	《合补》4575 正反
怀 783	《合补》6276
怀 785	《合补》3794
怀 786	《合补》5732
怀 787	《合补》6229
怀 793	《合补》1695
怀 795	《合补》6140
怀 802	《合补》65
怀 805	《合补》6496
怀 806	《合补》6190
怀 808	《合补》442
怀 811	《合补》6255
怀 813	《合补》5702
怀 818 正反	《合补》6249 正反
怀 819	《合补》6167
怀 835	《合补》6214
怀 846	《合补》1254
怀 847	《合补》6729
怀 849 正反	《合补》6499 正反
怀 853	《合补》6258
怀 855	《合补》5836
怀 856 正反	《合补》3483 正反
怀 867	《合补》6280
怀 884 正反	《合补》2466 正反
怀 887	《合补》3182
怀 888	《合补》4525
怀 893 正反	《合补》6003 正反
怀 895	《合补》6186
怀 896	《合补》1866
怀 903 正反	《合补》157 正反
怀 905 正反	《合补》2924 正反
怀 906	《合补》291
怀 907	《合补》7045

传教士著录书片号	《合集》/《合补》片号
怀 908 正反	《合补》240 正反
怀 914	《合补》4445
怀 915 正反	《合补》4405 正反
怀 916	《合补》3927
怀 917 正反	《合补》2531 正反
怀 918	《合补》4524
怀 919	《合补》2492
怀 921	《合补》3465
怀 923	《合补》3636
怀 925	《合补》3830
怀 929	《合补》4948
怀 930	《合补》4878
怀 933	《合补》2601
怀 935	《合补》2215
怀 937 反	《合补》2476
怀 939	《合补》2204
怀 941	《合补》5672
怀 942 正反	《合补》6228 正反
怀 949	《合补》1703
怀 950	《合补》2185
怀 954	《合补》2381
怀 955 正臼	《合补》1771 正臼
怀 958	《合补》1249
怀 961 正反	《合补》878 正反
怀 963	《合补》1765
怀 966 臼	《合补》412 臼
怀 971	《合补》5168
怀 976	《合补》5245
怀 983	《合补》945
怀 985	《合补》866
怀 986	《合补》2537
怀 999	《合补》6090
怀 1000 正反	《合补》1480 正反
怀 1004	《合补》4170
怀 1006	《合补》3375
怀 1011	《合补》6977
怀 1012	《合补》6975
怀 1013	《合补》7006

传教士著录书片号	《合集》/《合补》片号
怀 1015	《合补》7004
怀 1016	《合补》7035
怀 1017	《合补》6986
怀 1023	《合补》7016
怀 1025	《合补》7559
怀 1027	《合补》7745
怀 1029	《合补》7664
怀 1033	《合补》7662
怀 1034	《合补》7862
怀 1035	《合补》7860
怀 1036	《合补》7848
怀 1037	《合补》7667
怀 1042	《合补》7846
怀 1043	《合补》7845
怀 1047	《合补》7748
怀 1048	《合补》7206
怀 1050	《合补》7552
怀 1051	《合补》7754
怀 1052	《合补》7555
怀 1053	《合补》7265
怀 1054	《合补》7665
怀 1057	《合补》8589
怀 1058	《合补》7761
怀 1059	《合补》7500
怀 1060	《合补》7556
怀 1061	《合补》7716
怀 1063	《合补》7730
怀 1067	《合补》7758
怀 1070	《合补》7681
怀 1076	《合补》8294
怀 1079	《合补》8297
怀 1082	《合补》9392
怀 1083	《合补》7416
怀 1087	《合补》7466
怀 1091	《合补》7376
怀 1092	《合补》7391
怀 1094	《合补》7460
怀 1095	《合补》9453

传教士著录书片号	《合集》/《合补》片号
怀 1097	《合补》7390
怀 1098	《合补》7476
怀 1099	《合补》7474
怀 1101	《合补》7306
怀 1102	《合补》8686
怀 1103	《合补》8141
怀 1105	《合补》8204
怀 1108	《合补》8066
怀 1111	《合补》8003
怀 1112	《合补》8067
怀 1113	《合补》9858
怀 1118	《合补》8085
怀 1119	《合补》8087
怀 1121	《合补》8088
怀 1125	《合补》9863
怀 1126	《合补》8688
怀 1129	《合补》8638
怀 1133	《合补》9060
怀 1134	《合补》9055
怀 1136	《合补》9070
怀 1137	《合补》7259
怀 1139	《合补》7263
怀 1140	《合补》7255
怀 1147	《合补》8953
怀 1148	《合补》7461
怀 1150	《合补》7929
怀 1151	《合补》7925
怀 1152	《合补》8907
怀 1155	《合补》356
怀 1160	《合补》8498
怀 1162	《合补》8552
怀 1163	《合补》8468
怀 1164	《合补》8564
怀 1165	《合补》7666
怀 1174	《合补》8409
怀 1175	《合补》7927
怀 1176	《合补》8539
怀 1177	《合补》8541

传教士著录书片号	《合集》/《合补》片号
怀 1179	《合补》8509
怀 1180	《合补》8517
怀 1185	《合补》8521
怀 1186	《合补》8537
怀 1190	《合补》8491
怀 1198	《合补》7121
怀 1201	《合补》10175
怀 1203	《合补》7352
怀 1206	《合补》7073
怀 1214	《合补》8579
怀 1215	《合补》8672
怀 1217	《合补》7972
怀 1223	《合补》8602
怀 1226	《合补》5918
怀 1227	《合补》8578
怀 1228	《合补》10023
怀 1231	《合补》7087
怀 1237	《合补》7992
怀 1241	《合补》7320
怀 1244	《合补》10176
怀 1245	《合补》7241
怀 1247	《合补》6980
怀 1248	《合补》7881
怀 1250	《合补》7850
怀 1251	《合补》7611
怀 1252	《合补》7682
怀 1255	《合补》7574
怀 1257	《合补》8606
怀 1259	《合补》7615
怀 1266	《合补》7462
怀 1267	《合补》8293
怀 1268	《合补》7047
怀 1270	《合补》8166
怀 1272	《合补》8216
怀 1274	《合补》8090
怀 1276	《合补》8081
怀 1277	《合补》7162
怀 1279	《合补》8546

传教士著录书片号	《合集》/《合补》片号
怀 1280	《合补》7287
怀 1281	《合补》7886
怀 1282	《合补》8325
怀 1284	《合补》7601
怀 1285	《合补》8560
怀 1286	《合补》8562
怀 1288	《合补》7092
怀 1289	《合补》8607
怀 1291	《合补》8599
怀 1301	《合补》8757
怀 1304	《合补》9675
怀 1305	《合补》9668
怀 1315	《合补》10314
怀 1316	《合补》9454
怀 1317	《合补》9411
怀 1319	《合补》9570
怀 1320	《合补》9466
怀 1321	《合补》9569
怀 1322	《合补》9568
怀 1326	《合补》10058
怀 1328	《合补》10130
怀 1330	《合补》10017
怀 1331	《合补》10004
怀 1332	《合补》10080
怀 1335	《合补》10015
怀 1336	《合补》10104
怀 1341	《合补》10262
怀 1343	《合补》9067
怀 1344	《合补》9220
怀 1346	《合补》9074
怀 1350	《合补》9096
怀 1352	《合补》8951
怀 1366	《合补》9525
怀 1367	《合补》9645
怀 1370	《合补》8739
怀 1372	《合补》8759
怀 1373	《合补》8752
怀 1374	《合补》8758

传教士著录书片号	《合集》/《合补》片号
怀 1376	《合补》8753
怀 1378	《合补》10408
怀 1381	《合补》9603
怀 1382	《合补》9731
怀 1396	《合补》10339
怀 1399	《合补》10398
怀 1400	《合补》9723
怀 1401	《合补》10171
怀 1405	《合补》9678
怀 1407	《合补》10156
怀 1408	《合补》10323
怀 1409	《合补》9290
怀 1410	《合补》10540
怀 1412	《合补》9685
怀 1414	《合补》9510
怀 1416	《合补》9543
怀 1418	《合补》9413
怀 1419	《合补》9561
怀 1420	《合补》9556
怀 1421	《合补》9976
怀 1422	《合补》9975
怀 1423	《合补》10002
怀 1427	《合补》9235
怀 1428	《合补》9189
怀 1429	《合补》9042
怀 1430	《合补》9037
怀 1431	《合补》9159
怀 1432	《合补》9207
怀 1433	《合补》9168
怀 1434	《合补》9190
怀 1435	《合补》8943
怀 1436	《合补》8936
怀 1437	《合补》9212
怀 1438	《合补》9102
怀 1441	《合补》9071
怀 1442	《合补》9227
怀 1444	《合补》9082
怀 1445	《合补》9224
怀 1446	《合补》9099
怀 1447	《合补》9223
怀 1448	《合补》9098
怀 1449	《合补》9097
怀 1451	《合补》9846
怀 1452	《合补》8997
怀 1454	《合补》11128
怀 1455	《合补》9007
怀 1456	《合补》8891
怀 1458	《合补》10355
怀 1459	《合补》8893
怀 1461	《合补》10641
怀 1463	《合补》8941
怀 1466	《合补》8971
怀 1467	《合补》10366
怀 1476	《合补》9369
怀 1478	《合补》10144
怀 1479	《合补》9820
怀 1483	《合补》6733
怀 1486	《合补》6545
怀 1487	《合补》6550
怀 1496	《合补》6858
怀 1497	《合补》6708
怀 1498	《合补》6651
怀 1516	《合补》6689
怀 1518	《合补》6740
怀 1526	《合补》6746
怀 1529	《合补》6777
怀 1530	《合补》6771
怀 1544	《合补》6601
怀 1548	《合补》6749
怀 1552	《合补》6953
怀 1554	《合补》10461
怀 1555	《合补》10434
怀 1557	《合补》10459
怀 1559	《合补》6950
怀 1562	《合补》10928
怀 1567	《合补》9623

传教士著录书片号	《合集》/《合补》片号
怀 1574	《合补》6690
怀 1576	《合补》6952
怀 1580	《合补》10694
怀 1582	《合补》10657
怀 1583	《合补》10686
怀 1584	《合补》10413
怀 1585	《合补》10690
怀 1586	《合补》10678
怀 1588 正反	《合补》6931 正反
怀 1589	《合补》10673
怀 1590	《合补》6694
怀 1594	《合补》10548
怀 1596	《合补》10549
怀 1598	《合补》6544
怀 1599	《合补》10532
怀 1600	《合补》10936
怀 1601	《合补》10443
怀 1602	《合补》10620
怀 1603	《合补》3776
怀 1604	《合补》10617
怀 1605	《合补》10618
怀 1606	《合补》10604
怀 1607	《合补》6940
怀 1609	《合补》10624
怀 1612	《合补》10848
怀 1613	《合补》10797
怀 1614	《合补》10718
怀 1615	《合补》10839
怀 1616	《合补》10720
怀 1617	《合补》10849
怀 1619	《合补》10757
怀 1623	《合补》10798
怀 1625	《合补》10497
怀 1626	《合补》10537
怀 1629	《合补》6794
怀 1630	《合补》6804
怀 1632	《合补》10937
怀 1639	《合补》10411
怀 1641	《合补》10524
怀 1642	《合补》10912
怀 1644	《合补》10420
怀 1647	《合补》10506
怀 1648	《合补》10491
怀 1658	《合补》10629
怀 1659	《合补》10914
怀 1660	《合补》10564
怀 1661	《合补》10933
怀 1662	《合补》10561
怀 1663	《合补》6800
怀 1664	《合补》8544
怀 1674	《合补》10517
怀 1675	《合补》10570
怀 1684	《合补》13149
怀 1689	《合补》10993
怀 1690	《合补》11166
怀 1703	《合补》10992
怀 1704	《合补》11673
怀 1705	《合补》11097
怀 1706	《合补》11656
怀 1709	《合补》13163
怀 1712	《合补》11899
怀 1713	《合补》12038
怀 1714	《合补》11674
怀 1717	《合补》11779
怀 1718	《合补》11665
怀 1720	《合补》11851
怀 1722	《合补》11867
怀 1723	《合补》12147
怀 1730	《合补》12037
怀 1731	《合补》11061
怀 1734	《合补》12046
怀 1737	《合补》12053
怀 1738	《合补》11761
怀 1739	《合补》11757
怀 1742	《合补》11755
怀 1758	《合补》12064

传教士著录书片号	《合集》/《合补》片号
怀 1760	《合补》11754
怀 1767	《合补》11753
怀 1768	《合补》12149
怀 1770	《合补》11458
怀 1772	《合补》11459
怀 1773	《合补》11420
怀 1774	《合补》13128
怀 1775	《合补》11463
怀 1788	《合补》11426
怀 1789	《合补》11425
怀 1792	《合补》11467
怀 1794	《合补》12616
怀 1795	《合补》12634
怀 1796	《合补》12599
怀 1797	《合补》12601
怀 1798	《合补》12731
怀 1799	《合补》12795
怀 1800	《合补》13095
怀 1801	《合补》12579
怀 1802	《合补》12580
怀 1805	《合补》12808
怀 1806	《合补》12581
怀 1807	《合补》12885
怀 1808	《合补》13017
怀 1809	《合补》12783
怀 1810	《合补》12653
怀 1811	《合补》12823
怀 1813	《合补》12809
怀 1818	《合补》12963
怀 1820	《合补》12392
怀 1822	《合补》12302
怀 1824	《合补》11251
怀 1825	《合补》12561
怀 1827	《合补》13019
怀 1828	《合补》12552
怀 1830	《合补》12227
怀 1831	《合补》12379
怀 1837	《合补》12345

传教士著录书片号	《合集》/《合补》片号
怀 1840	《合补》12489
怀 1842	《合补》12958
怀 1843	《合补》12485
怀 1844	《合补》12346
怀 1845	《合补》12286
怀 1846	《合补》12365
怀 1847	《合补》12323
怀 1848	《合补》12388
怀 1853	《合补》11359
怀 1854	《合补》11357
怀 1856	《合补》11316
怀 1857	《合补》11333
怀 1858	《合补》11335
怀 1859	《合补》11270
怀 1860	《合补》11336
怀 1861	《合补》11358
怀 1862	《合补》11317
怀 1863	《合补》13167
怀 1864	《合补》11354
怀 1865	《合补》11304
怀 1870	《合补》13161
怀 1874	《合补》13105
怀 1880	《合补》13150
怀 1882	《合补》11565
怀 1883	《合补》11286
怀 1884	《合补》11644
怀 1885	《合补》11642
怀 1888	《合补》12720
怀 1889	《合补》13013
怀 1890	《合补》12713
怀 1891	《合补》12572
怀 1892	《合补》12606
怀 1894	《合补》12604
怀 1897	《合补》12597
怀 1899	《合补》12593
怀 1900	《合补》11338
怀 1904	《合补》11275
怀 1905	《合补》11274

传教士著录书片号	《合集》/《合补》片号
怀 1906	《合补》13048
怀 1907	《合补》10995
怀 1911	《合补》11593
怀 1913	《合补》11596
福 1	《合集》6894
福 2	《合集》9471
福 3	《合集》6691
福 4	《合集》3768
福 5 正臼	《合集》10347 正臼
福 6	《合集》2923
福 7	《合集》8992
福 8	《合集》37386
福 9	《合集》36644
福 10	《合集》7307
福 11+	《合集》6197
福 12	《合集》5907
福 13	《合集》31416
福 14	《合集》5015
福 15	《合集》1283
福 16	《合集》14044
福 17	《合集》16873
福 18	《合集》14660
福 19	《合集》18711
福 20	《合集》13231
福 21（乙）	《合集》4503 甲乙
福 22	《合集》19089
福 23	《合集》14667
福 24	《合集》12006
福 25	《合集》8482
福 26	《合集》13635
福 27	《合集》14763
福 28	《合集》22146
福 29	《合集》36986
福 30 正反	《合集》13246 正反
福 31 正臼	《合集》935 正臼
福 32 正反	《合集》12998 正反
福 33	《合集》16396
福 34	《合集》19398
福 35 正臼	《合集》5551 正臼
福 36 正臼	《合集》7322 正臼
福 37 正反	《合集》11661 正反

参考文献

白瑞华、苏秀菊：《〈甲骨卜辞〉序言》，《殷都学刊》1992 年第 1 期。

曹锦炎、沈建华：《甲骨文校释总集》，上海：上海辞书出版社，2006 年。

蔡震：《中国古代社会研究及版本的几个问题》，《郭沫若学刊》2010 年第 2 期。

陈光宇：《儿氏家谱刻辞综述及其确为真品的证据》，“商代与上古中国文明国际学术研讨会”会议论文，2011 年 11 月 11—12 日。

陈巨慧、钟倩：《加拿大学者明义士：甲骨研究“西方学者第一人”》，《大众日报》2012 年 12 月 18 日。

陈梦家：《述方法敛所摹甲骨卜辞》，《图书季刊》新第 2 卷第 1 期 ,1940 年。

陈梦家：《述方法敛所摹甲骨卜辞补》，《图书季刊》新第 2 卷第 3 期 ,1940 年。

陈梦家：《殷虚卜辞综述》，北京：中华书局，1988 年。

陈年福：《殷墟甲骨文摹释全编》，北京：线装书局，2010 年。

陈炜湛：《〈读美国所藏甲骨录〉》，《学术研究》1980 年第 3 期。

陈炜湛：《甲骨文简论》，上海：上海古籍出版社，1987 年。

陈炜湛：《关于殷墟甲骨文的两个基本数字》，《中国文物报》2003 年 1 月 3 日。

陈寅恪:《陈垣敦煌劫余录》, 见《金明馆丛稿二编》, 上海: 上海古籍出版社, 1980 年。

陈寅恪:《王观堂先生挽词序》,《陈寅恪学术文化随笔》, 北京: 中国青年出版社, 1996 年。

陈柱译 :《殷虚龟甲文字发掘的经过》,《东方杂志》第二十五卷第三号，1928 年。

崔华杰：《传教士学者与中国历史研究：以〈教务杂志〉为中心的考察》，上海大学 2011 年博士学位论文。

戴家祥：《评〈龟甲文字概论〉》，《大公报》1934 年 4 月 7 日。

戴伟华、赵小华：《现代学术与传统考据学——陈尚君教授〈全唐文补编〉及其相关成果的意义和方法》，《中国文哲研究通讯》2006 年第 2 期。

邓华：《甲骨文发现史上的另一桩公案》，《寻根》2002 年第 4 期。

董延寿：《加拿大传教士怀履光与洛阳文物被盗》，《中原文物》2005 年第 6 期。

董作宾：《方法敛博士对于甲骨文字之贡献》，《图书季刊》新第 2 卷第 3 期，1940 年。

董作宾：《殷虚文字甲编》，上海：商务印书馆，1948 年。

董作宾：《甲骨学五十年》，《大陆杂志语文丛刊》第一辑第三册，1950 年。

董作宾：《殷虚文字乙编》上、中辑，上海：商务印书馆，1948—1949年；下辑，台北：台湾“中央研究院”历史语言研究所，1953年。
董作宾：《董作宾先生全集》，台北：艺文印书馆，1956年。
董作宾：《甲骨文断代研究例》，台北：台湾“中央研究院”历史语言研究所，1965年。
董作宾：《新获卜辞写本》，《安阳发掘报告》第一期，中央研究院历史语言研究所，1929年。又收入《董作宾先生全集·甲编》，台北：艺文印书馆，1977年。
董作宾：《甲骨文研究之扩大》，《安阳发掘报告》第二期，中央研究院历史语言研究所，1930年。又收入《董作宾先生全集·甲编》，台北：艺文印书馆，1977年。
董作宾：《殷历谱》，成都：巴蜀书社，2009年。
董作宾、胡厚宣：《甲骨年表》，上海：商务印书馆，1937年。
董作宾、黄然伟：《续甲骨年表》，台北：台湾“中央研究院”历史语言研究所单刊乙种，1967年。
渡道兼庸：《东洋文库所藏甲骨文字》，东京：东洋文库中国史研究委员会，1979年。
段玉裁：《说文解字注》，上海：上海古籍出版社，1981年。
段振美：《殷墟：从考古遗址到世界遗产》，北京：文物出版社，2011年。
范毓周：《甲骨文》，北京：人民出版社，1986年。
方法敛摹、白瑞华辑：《库方二氏藏甲骨卜辞》，上海：商务印书馆，1935年。又收入严一萍编：《方法敛摹甲骨卜辞三种》，台北：艺文印书馆影印本，1966年。
方法敛摹、白瑞华辑：《殷虚甲骨相片》，纽约：美国影印单行本，1935年。
方法敛摹、白瑞华辑：《殷虚甲骨拓片》，纽约：美国影印单行本，1937年。
方法敛摹、白瑞华辑：《甲骨卜辞七集》，纽约：美国影印单行本，1938年。又收入严一萍编：《方法敛摹甲骨卜辞三种》，台北：艺文印书馆影印本，1966年。
方法敛摹、白瑞华辑：《金璋所藏甲骨卜辞》，纽约：美国影印单行本，1939年。又收入严一萍编：《方法敛摹甲骨卜辞三种》，台北：艺文印书馆影印本，1966年。
方辉：《明义士的甲骨收藏与甲骨学研究》，《殷都学刊》1994年第1期。
方辉：《有关明义士藏品的一封信》，《殷都学刊》1996年第3期。
方辉：《从传教士到考古学家——明义士学术评传》，《加拿大人在中国》，北京：东方出版社，1998年。
方辉：《明义士甲骨入藏南京博物院》，《中国文物报》1999年3月28日。
方辉：《明义士和他的藏品》，济南：山东大学出版社，2000年。
冯时：《殷代史氏考》，见《黄盛璋先生八秩华诞纪念文集》，北京：中国教育文化出版社，2005年。
富善著、黄然伟译：《明义士先生传略》，《中国文字》1961年第2期。
傅勇林：《考据学的传承与学术范式的更新》，《中外文化与文论》1997年第26期。
甘孺：《永丰乡人行年录（罗振玉年谱）》，南京：江苏人民出版社，1980年。
高明：《中国古文字学通论》，北京：文物出版社，1987年。
高慧：《怀履光及其汉学研究》，山东大学硕士学位论文，2008年。

葛霞：《南京博物院珍藏的甲骨档案》，《档案与建设》2002 年第 8 期。
顾颉刚等：《古史辨》，上海：上海古籍出版社，1982 年。
顾颉刚：《当代中国史学》，上海：上海古籍出版社，2002 年
关百益：《殷虚文字存真》，郑州：河南省博物馆拓本，1931 年。
郭沫若：《殷契粹编》，东京：文求堂，1937 年。
郭沫若：《中国古代社会研究》，上海：上海群益出版社，1954 年。
郭沫若主编：《甲骨文合集》，北京：中华书局，1978—1982 年。
郭沫若：《卜辞通纂》，北京：科学出版社，1983 年。
郭若愚：《殷契拾掇》，上海：上海出版公司，1953 年。
郭若愚：《殷契拾掇二编》，上海：上海出版公司，1953 年。
郭若愚、曾毅公、李学勤：《殷虚文字缀合》，北京：科学出版社，1955 年。
郭胜强：《甲骨学研究与中国对外开放》，《夏商周文明研究・六——2004 年安阳殷商文明国际学术研讨会论文集》，中国殷商文化学会，2004 年。
郭潇雅：《海外甲骨学的现状与透析》，《中国社会科学报》2011 年 02 月 15 日。
郭旻：《“纪念甲骨文发现 100 周年国际学术研讨会”综述》，《殷都学刊》1999 年第 4 期。
何光岳：《东夷源流史》，济南：齐鲁书社，1985 年。
胡光炜：《书库方二氏藏甲骨卜辞印本》，《图书馆季刊》九卷三、四期，1935 年。
胡厚宣：《甲骨六录》，成都：齐鲁大学国学研究所专刊，1945 年。
胡厚宣：《战后平津新获甲骨集》，成都：齐鲁大学国学研究所专刊之一、二册，1946 年。
胡厚宣：《战后南北所见甲骨录》，北京：来薰阁书店，1951 年。
胡厚宣：《战后宁沪新获甲骨集》，北京：来薰阁书店，1951 年。
胡厚宣：《五十年甲骨学论著目》，上海：中华书局，1952 年。
胡厚宣：《战后京津新获甲骨集》，上海：群联出版社，1954 年。
胡厚宣：《临淄孙氏旧藏甲骨文字考辨》，《文物》1973 年第 9 期。
胡厚宣：《中国奴隶社会的人殉和人祭》（下篇），《文物》1974 年 8 期。
胡厚宣：《甲骨文“家谱刻辞”真伪问题再商榷》，《古文字研究》第四辑，北京：中华书局，1980 年。
胡厚宣等：《甲骨文与殷商史》，上海：上海古籍出版社 ,1983 年。
胡厚宣：《八十五年甲骨文材料之再统计》，《史学月刊》1984 年第 5 期。
胡厚宣：《关于刘体智、罗振玉、明义士三家旧藏甲骨现状的说明》，《殷都学刊》1985 年第 1 期。
胡厚宣：《苏德美日所见甲骨集》，成都：四川辞书出版社，1988 年。
胡厚宣：《甲骨文合集材料来源表》，北京：中国社会科学出版社，1999 年。
胡厚宣主编：《甲骨文合集释文》，北京：中国社会科学出版社，1999 年。
胡厚宣：《甲骨学商史论丛初集》，石家庄：河北教育出版社，2002 年。
胡适：《老残游记》序，见《胡适文存》（三），合肥：黄山书社，1996 年。
黄震：《中国法律史的学科史反思》，见《法律史学科发展国际学术研讨会文集》，北京：

中国政法大学出版社，2006 年。
姬佛佗：《戬寿堂所藏殷虚文字》，《艺术丛编》第三集石印本，1917 年。
蒋逸雪：《〈炎黄氏族文化考〉序》，《文教资料简报》1983 第 1 期。
金富贤：《河南安阳“纪念甲骨文发现一百周年国际学术研讨会”述要》，《考古与文物》2000 年第 1 期。
金祥恒：《加拿大多伦多博物馆所藏一片骨柶铭文的考释》，《华冈学报》第四期，1967 年。又收入宋镇豪、段志洪主编：《甲骨文献集成》第六册，成都：四川大学出版社，2001 年。
金祥恒：《加拿大多伦多大学安达黎奥博物馆所藏一片牛胛骨的刻辞考释》，《中国文字》第 38 册，1970 年 12 月。又收入宋镇豪、段志洪主编：《甲骨文献集成》第六册，成都：四川大学出版社，2001 年。
金祥恒：《殷墟甲骨新书介绍——明义士殷虚卜辞续编第一集》，《中国文字》第四十四册，1972 年 6 月。又收入宋镇豪、段志洪主编：《甲骨文献集成》第四十册，成都：四川大学出版社，2001 年。
金祥恒：《辅仁大学所藏甲骨文字后言》，《中国文字》第 50 册，1973 年 12 月。又收入宋镇豪、段志洪主编：《甲骨文献集成》第六册，成都：四川大学出版社，2001 年。
雷焕章：《法国所藏甲骨录》，台北：光启出版社，1985 年。
雷焕章：《德瑞荷比所藏一些甲骨录》，台北：光启出版社，1997 年。
李凤勇：《最早收藏研究甲骨文的外国人》，《中国档案报》2010 年 05 月 14 日。
李济：《安阳》，北京：中国社会科学出版社，1990 年。
李晟文：《加拿大来华传教士与中加文化交流》，《中国社会科学报》2013 年 09 月 4 日。
李巍：《从传教士到汉学家——加拿大圣公会主教怀履光》，《加拿大人在中国》，北京：东方出版社，1998 年。
李学勤：《论殷代亲族制度》，《文史哲》1957 年第 11 期。
李学勤：《论美澳收藏的几件商周文物》，《文物》1979 年第 12 期。
李学勤：《〈殷墟王卜辞的分类与断代〉序》，《考古与文物》1992 年第 6 期。
李学勤：《记美国飞尔德博物院所藏甲骨》，《收藏家》1995 年第 1 期。
李学勤、彭裕商：《殷墟甲骨分期研究》，上海：上海古籍出版社，1996 年。
李学勤：《失落的文明》，上海：上海文艺出版社，1997 年。
李学勤：《甲骨学的七个课题》，《历史研究》1999 年第 5 期。
李学勤：《商代夷方的名号和地望》，《中国史研究》2006 年 4 期。
李学勤：《明义士对一坑卜骨的整理》，《社会科学战线》2008 年第 9 期。
李学勤、齐文心、艾兰：《英国所藏甲骨集》，北京：中华书局，1985 年。
李棪：《北美所见甲骨选粹》，香港中文大学《中国文化研究所学报》第二卷第二期，1970 年。
梁丽芳：《加拿大传教士对前期汉学的贡献：一个跨国学术领域的建立》，《海南师范大学学报》（社会科学版）2013 年第 2 期。
梁启超：《中国近三百年学术史》，北京：中国书店，1985 年。

梁启超：《中国历史研究法》，北京：中华书局，2010 年。
林泰辅：《龟甲兽骨文字》，东京：三省堂，1921 年。
林沄：《从武丁时代的几种“子卜辞”试论商代的家族形态》，见《古文字研究》第一辑，北京：中华书局，1979 年。
刘鹗：《铁云藏龟》，抱残守缺斋石印本，1903 年。又收入北京图书馆甲骨文研究资料编委会：《甲骨文研究资料汇编》，北京：北京图书馆出版社，2000 年。
刘钢：《探密福氏古物馆》，《中国收藏》2007 年第 8 期。
刘体智：《善斋藏契萃编》，台北：艺文印书馆，1970 年。
刘一曼、郭振录、徐自强：《北京图书馆藏甲骨文书籍提要》，北京：书目文献出版社，1988 年。
刘志庆、尚海丽：《加拿大传教士与安阳》，《殷都学刊》1999 年第 1 期。
刘志伟、侯亚非：《纪念甲骨文发现 100 周年国际学术研讨会在安阳隆重召开》，《中州今古》2000 年第 1 期。
刘志伟：《明义士博士：还您一个公道》，http://aycua.blogchina.com/100528.html。
吕思勉：《先秦学术概论》，北京：中国大百科出版社，1995 年。
骆阿雪、云自在：《甲骨文收藏正处于洗牌期》，《艺术市场》2009 年第 12 期。
罗覃著、苗巍译：《两位中国艺术品收藏家的交汇：端方与福开森》，济南：山东画报出版社，2013 年。
罗振常：《洹洛访古游记》，郑州：河南人民出版社，1987 年。
罗振玉：《殷商贞卜文字考》，玉简斋石印本，1910 年。又收入《罗雪堂先生全集 · 三编》第 1 册，台北：大通书局影印本，1970 年。
罗振玉：《殷虚书契前编》，《国学丛刊》石印本二期三卷，1913 年。又收入北京图书馆甲骨文研究资料编委会：《甲骨文研究资料汇编》，北京：北京图书馆出版社，2000 年。
罗振玉：《殷虚书契菁华》，1914 年。又收入北京图书馆甲骨文研究资料编委会：《甲骨文研究资料汇编》，北京：北京图书馆出版社，2000 年。
罗振玉：《五十日梦痕录》，雪堂丛深本，1915 年。又收入《罗雪堂先生全集·三编》第 20 册，台北：文华出版公司影印本，1970 年。
罗振玉：《殷虚书契考释》，永慕园石印本，1915 年。
罗振玉：《殷虚古器物图录》，影印本一册，1916 年。又收《罗雪堂先生全集续编》第六册，台北：大通书局影印本，1969 年。
罗振玉：《殷虚书契后编》，影印本一册，1916 年。又收入《罗雪堂先生全集 · 七编》第六册，台北：大通书局影印本，1976 年。
罗振玉：《松翁自序》，《考古学社社刊》第三期，1935 年。又上海 : 上海书店影印本《考古社刊》下册，1981 年。
孟世凯：《中华民族文化的凝聚力——汉字》，《中华文化论坛》1997 年第 1 期。
孟世凯：《甲骨学辞典》，上海：上海人民出版社，2009 年。

明义士：《殷虚卜辞》，上海：别发洋行石印本，1917年。
明义士：《表校新旧版〈殷虚书契前编〉并记所得之新材料》，《齐大季刊》第2期，1933年。又收入宋镇豪、段志洪主编《甲骨文献集成》第十九册，成都：四川大学出版社，2001年。
明义士：《柏根氏旧藏甲骨文字》，《齐大季刊》六、七期，1935年。又济南：齐鲁大学国学研究所单行本一册，1935年。
明义士著、苏秀菊译：《詹姆斯·M·明义士传——他的兴趣在于中国的考古和艺术》，《殷都学刊》1992年第4期。
明义士：《甲骨研究》，济南：齐鲁书社，1996年。
彭邦炯、谢济、马季凡：《甲骨文合集补编》，北京：语文出版社，1999年。
齐文心：《关于英藏甲骨整理中的几个问题》，《史学月刊》1986年第3期。
前川捷三著、刘锐译：《介绍著录明义士旧藏甲骨的新刊二书》，《古文字研究》第1辑，北京：中华书局，1979年。又收入宋镇豪、段志洪主编：《甲骨文献集成》第四十册，成都：四川大学出版社，2001年。
裘锡圭：《论"历组卜辞"的时代》，《古文字研究》第6辑，北京：中华书局，1981年。
裘锡圭、胡振宇编校：《中国现代学术经典·董作宾卷》，石家庄：河北教育出版社，1996年。
屈万里：《易卦源于龟卜考》，《"中央研究院"历史语言研究所集刊》第27本，1956年4月。又收入宋镇豪、段志洪主编：《甲骨文献集成》第十七册，成都：四川大学出版社，2001年。
饶宗颐：《巴黎所见甲骨录》，香港：大宏雕刻印刷公司，1956年。
饶宗颐：《海外甲骨录遗》，《东方文化》四卷一至二期，1957—1958年。又香港：香港大学出版社抽印本一册，1958年。
饶宗颐：《欧美亚所见甲骨录存》，《南洋大学学报》第四期，1970年。
容庚：《甲骨学概况》，《岭南学报》1947年七卷二期。
山东省博物馆：《明义士收集我国文物目录》，1959年。
商承祚：《福氏所藏甲骨文字》，南京：金陵大学中国文化研究所，1933年。
沈建华、曹锦炎：《新编甲骨文字形总表》，香港：香港中文大学出版社，2001年。
沈之瑜：《介绍一片伐人方的卜辞》，《考古》1974年第4期。
宋家珩：《加拿大传教士在中国》，北京：东方出版社，1995年。
宋镇豪、常耀华：《百年甲骨学论著目》，北京：语文出版社，1999年。
宋镇豪、段志洪：《甲骨文献集成》，成都：四川大学出版社，2001年。
苏秉琦：《中国文明起源新探》，香港：三联书店，1999年。
孙心一：《访甲骨学专家胡厚宣教授》，《中州学刊》1985年第1期。
孙亚冰：《百年来甲骨文材料统计》，《故宫博物院院刊》2006年第1期。
孙亚冰、林欢：《商代地理与方国》，北京：中国社会科学出版社，2010年。
孙诒让著、娄学礼校点：《契文举例》，济南：齐鲁书社，1993年。
唐兰：《天壤阁甲骨文存》，北京：北京辅仁大学石印本，1939年。

田大畏等：《民国时期总书目》，北京；书目文献出版社，1986—1997年。
田牧：《彻底肃清帝国主义文化侵略的影响——济南市高等学校“三反”及思想问题展览会》，《大众日报》1952年5月21日。
陶亚飞：《传教士中医观的变迁》，《历史研究》2010年第5期。
王恩田：《山东商代考古与商史诸问题》，《中原文物》2000年4期。
王国维：《观堂集林》，石家庄：河北教育出版社，2003年。
王国维：《古史新证》，北京：清华大学出版社，1994年。
王汉章：《殷虚甲骨纪略》，《美术丛刊》创刊号，1931年10月。
王汉章：《古董录》，《河北第一博物院画报》第50、51期，1933年10月10日、25日。
王神荫：《齐鲁大学校史简介》，《文史资料选辑》91期，1983年。
汪寿松：《晚清西学东渐与海外汉学研究述论》，《天津大学学报》（社会科学版）2005年第1期。
汪涛：《甲骨学在欧美——1900—1950》，《甲骨文发现一百年学术研讨会论文集》，台北：文史哲出版社，1998年。
王献唐：《炎黄氏族文化考》，济南：齐鲁书社，1985年。
王襄：《簠室殷契征文》，天津：天津博物院石印本，1925年。
王襄：《簠室题跋》（《题易籍园殷契拓册》），《河北博物院画刊》第85期，1935年。
王毅：《皇家亚洲文会北中国支会研究》，上海：上海书店出版社，2005年。
王勇则：《痴心敏求汉学情——英国驻天津总领事金璋的甲骨缘》，《北京档案史料》2007年第3期。
王宇信：《甲骨学通论》，北京：中国社会科学出版社，1989年。
王宇信：《踏破铁鞋无觅处——祝方辉博士整理明义士〈甲骨研究〉出版》，《殷都学刊》1997年第4期。
王宇信、杨升南主编：《甲骨学一百年》，北京：社会科学文献出版社，1999年。
王宇信：《明义士殷商文化研究的成功及对我们研究的启示》，《文物天地》2001年第6期。
王宇信、徐义华：《探幽索赜 锲而不舍：王宇信先生访谈录》，《南方文物》2009年第4期。
王宇信：《中国甲骨学》，上海：上海人民出版社，2009年。
魏敬群：《明义士收藏甲骨始末》，《春秋》2010年第2期。
吴浩坤、潘悠：《中国甲骨学史》，上海：上海人民出版社，2006年。
吴汶：《甲骨研究之史的发展》，《复旦学报》（社会科学版）1937年第2期。
吴梓明、陶亚飞：《晚清传教士对中国文化的研究》，《文史哲》1997年第2期。
汐翁：《龟甲文》，《华北日报·华北画刊》第89期，1931年7月5日。
肖楠：《〈小屯南地甲骨〉缀合篇》，《考古学报》1986年第3期。
肖琴摘译：《金璋在中国收购甲骨的概况》，《殷都学刊》1991年第2期。
谢济：《“甲骨四堂”的比较研究》，见《郭沫若百年诞辰纪念文集》，北京：社会科学文献出版社，1992年。
许进雄：《简介加拿大皇家安大略博物馆所藏甲骨文字》，《书目季刊》1971年第5卷3期。

许进雄：《明义士收藏甲骨》，多伦多：加拿大皇家安大略博物馆，1972 年。
许进雄：《殷虚卜辞后编》，台北：艺文印书馆，1972 年。
许进雄：《辅仁大学所藏甲骨文字——明义士先生藏拓本》，《中国文字》第 50 册，1973 年 12 月。又收入宋镇豪、段志洪主编《甲骨文献集成》第六册，成都：四川大学出版社，2001 年。
许进雄：《明义士收藏甲骨释文篇》，多伦多：加拿大皇家安大略博物馆，1977 年。
许进雄：《怀特氏等收藏甲骨文集》，多伦多：加拿大皇家安大略博物馆，1979 年。
徐锡台：《西德、瑞士藏我国殷墟出土的甲骨文》，《人文杂志》1980 年第 5 期。
徐锡台：《周原甲骨文综述》，西安：三秦出版社，1987 年。
徐义华：《纪念甲骨文发现一百周年国际学术研讨会纪要》，《中国史研究动态》2000 年第 7 期。
严强、席伟：《甲骨入藏山东记》，《文物天地》1986 年第 1 期，30。
严一萍：《读〈殷虚卜辞后编〉》，《中国文字》第 44 册，1972 年 6 月。又收入《萍庐文集第二辑·严一萍先生全集甲编之十七》（第十函），台北：艺文印书馆，1989 年。
严一萍：《〈甲骨卜辞七集〉中孙氏藏甲骨的真伪问题》，《中国文字》第 52 册，1974 年 6 月。又收入《甲骨古文字研究》第一辑，台北：艺文印书馆，1976 年。
严一萍：《甲骨缀合新编》，台北：艺文印书馆，1975 年。
严一萍：《甲骨缀合新编补》，台北：艺文印书馆，1976 年。
严一萍：《美国纳尔森美术馆藏甲骨刻辞考释》，台北：艺文印书馆，1973 年。
严一萍：《柏根氏旧藏甲骨文字考释》，台北：艺文印书馆，1991 年。
姚孝遂：《吉林大学所藏甲骨选释》，《吉林大学社会科学学报》1963 年第 4 期。
姚孝遂、肖丁：《小屯南地甲骨考释》，北京：中华书局，1985 年。
姚孝遂、肖丁：《殷墟甲骨刻辞摹释总集》，北京：中华书局，1999 年。
伊藤道治：《天理大学附属天理参考馆甲骨文字》，天理：天理时报社，1987 年。
于省吾：《双剑誃殷契骈枝》，1940 年石印本。又北京：中华书局，2009 年。
于省吾：《甲骨文字释林》，北京：中华书局，1979 年。
于省吾：《甲骨文“家谱刻辞”真伪辩》，见《古文字研究》第四辑，1980 年。
原田淑人：《周汉遗宝》，东京：日本帝室博物馆出版，1932 年。
曾毅公：《殷契叕存》，齐鲁大学国学研究所出版，1939 年。
曾毅公：《甲骨缀合编》，北京：修文堂书店，1950 年。
张秉权：《略论〈殷虚书契前编〉的几种版本》，国际中国古文字学研讨会，香港中文大学合编《古文字学论集》，1983 年。
张秉权：《甲骨文与甲骨学》，台北：台湾编译馆，1988 年。
张岱年：《国学大师丛书·总序》，南昌：百花洲文艺出版社，1995 年。
张光直：《商代文明》，哈尔滨：北方文艺出版社，1999 年。
张海燕：《艾兰博士的汉学研究》，《世界汉学》1998 年第 1 期。
张科生：《福开森捐赠文物始末》，《纵横》2006 年第 4 期。

张西平：《西方汉学的奠基人罗明坚》，《历史研究》2001 年第 3 期。
张西平：《传教士汉学研究》，郑州：大象出版社，2005 年。
张西平：《比较文学视野下的海外汉学研究》，《中国比较文学》2011 年第 1 期。
章太炎：《国故论衡》，上海：上海古籍出版社，2003 年。
张政烺：《试释周初青铜器铭文中的易卦》，《考古学报》1980 年第 4 期。
张之恒、周裕兴：《夏商周考古》，南京：南京大学出版社，1995 年。
赵彦昌：《甲骨档案流失海外的原因、经过及具体分布》，《山西档案》2011 年第 6 期。
郅晓娜：《家谱刻辞百年研究综述》，先秦史网站 2012 年 12 月 31 日 http://www.xianqin.org/blog/archives/2879.html
中村不折：《书道》第一卷，东京：日本书道院，1931 年。
中国社会科学院历史研究所《甲骨文合集》编辑工作室：《甲骨文合集》，北京：中华书局，1978—1982 年。
中国社会科学院考古研究所：《小屯南地甲骨》，北京：中华书局，1980—1983 年。
周谷城：《在中国殷商文明国际学术研讨会开幕式上的讲话》，《殷墟博物苑苑刊》（创刊号），北京：中国社会科学出版社，1989 年。
周鸿翔：《美国所藏甲骨录》，伯克利：加利福尼亚大学出版社，1976 年。
周惠斌：《刘鹗首次提出：甲骨文是“殷人刀笔文字”》，《东方收藏》2010 年第 12 期。
周忠兵：《卡内基博物馆所藏甲骨的整理与研究》，吉林大学博士论文，2009 年。
朱凤瀚：《近百年来的殷墟甲骨文研究》，《历史研究》1997 年第 1 期。
朱骏声：《说文通训定声》，武汉：武汉古籍书店，1983 年。
朱彦民：《〈明义士牧师家藏中国文物展〉中两片甲骨的考释》，“明义士学术研讨会”论文，山东大学，2000 年 9 月 4—5 日。
朱彦民：《近代学术史上的一大公案——关于甲骨文发现研究诸说的概括与评议》，《邯郸学院学报》2008 年 18 卷 2 期。
朱彦民：《戴家祥先生在津古文字研究述评》，《中国文字研究》第十六辑，2012 年 8 月。
邹衡：《夏商周考古学论文集》（增订版），北京：文物出版社，2001 年。
E.H. 卡尔：《历史是什么》，北京：商务印书馆，2008 年。
F.H.Chalfant. 1906. *Early Chinese Writing.* Pittsburgh: Carnegie Museum.
James Mellon Menzies. 1965.*The Shang Ko.a study of the characteristic weapon of the Bronze Age in China during the period 1311-1039 B.C.* Toronto: University of Toronto.
L.C.Hopkins & R. L. Hobson.（Apr. 1912）A Royal Relic of Ancient China. *Man*. Vol.12.
L.C.Hopkins. Oct. 1912A Funeral Elegy and a Family Tree Inscribed on Bone. *The Journal of the Royal Asiatic Society of Great Britain and Ireland.*
Linfu Dong. 2005. Cross Culture and Faith.The Life and Work of James Mellon Menzies. Toronto: University of Toronto Press.
Roswell Sessoms Britton. 1940. Fifty Shang Inscriptions. Princeton: The Library of Princeton University.

Samuel Couling, 1914. The Oracle-Bones form Honan.Journal of the North-China Branch of the Royal Asiatic Society, XLV

William Charles White. 1945. Bone culture of ancient China. Toronto: The University of Toronto Press.

附　　录

附录 1　甲骨书籍简称表

作者	书籍全称	简称
白瑞华	《殷虚甲骨相片》	《相》
白瑞华	《殷虚甲骨拓片》	《拓》
方法敛	《库方二氏藏甲骨卜辞》	《库方》
方法敛	《甲骨卜辞七集》	《七集》
方法敛	《金璋所藏甲骨卜辞》	《金璋》
郭沫若主编	《甲骨文合集》	《合集》
胡厚宣	《战后平津新获甲骨集》	《平津》
胡厚宣	《战后南北所见甲骨录》	《南北》
胡厚宣	《战后京津新获甲骨集》	《京津》
怀履光	《骨的文化》	《骨》
李棪	《北美所见甲骨选粹》	《北美》
李学勤等	《英国所藏甲骨集》	《英藏》
林泰辅	《龟甲兽骨文字》	《林》
罗振玉	《殷虚书契前编》	《前》
罗振玉	《殷虚书契后编》	《后》
罗振玉	《殷虚书契菁华》	《菁》
刘鹗	《铁云藏龟》	《铁》

续表

作者	书籍全称	简称
明义士	《柏根氏旧藏甲骨文字》	《柏》
明义士	《表校新旧版〈殷虚书契前编〉并记所得之新材料》	《表校》
明义士	《殷虚卜辞》	《明》
商承祚	《福氏所藏甲骨文字》	《福》
王襄	《簠室殷契征文》	《簠》
姬佛佗	《戬寿堂所藏殷虚文字》	《戬》
王国维	《殷卜辞中所见先公先王考》	《先公先王考》
王国维	《殷辞中所见先公先王续考》	《续考》
许进雄	《殷虚卜辞后编》	《明后》
许进雄	《明义士收藏甲骨》	《安明》
许进雄	《加拿大皇家安大略博物馆藏明义士收藏甲骨文字附拼合版》	《安明拼》
许进雄	《怀特氏等收藏甲骨文集》	《怀》
严一萍	《美国纳尔森美术馆藏甲骨刻辞考释》	《纳尔森》
伊藤道治	《天理大学附属天理参考馆甲骨文字》	《天理》
曾毅公	《甲骨叕存》	《叕》
周鸿翔	《美国所藏甲骨录》	《美藏》
中国社会科学院考古研究所	《小屯南地甲骨》	《屯南》

附录 2　西方传教士与甲骨学研究主要研究论著目录

1928　明义士著，陈柱译：《殷虚龟甲文字发掘的经过》，《东方杂志》第二十五卷第三号。

1933　商承祚：《福氏所藏甲骨文字》，金陵大学中国文化研究所。

1934　吉卜生：《海亚洲文会博物馆藏甲骨卜辞》，《中国杂志》二十一卷六号。

1935　胡光炜：《书库方二氏藏甲骨卜辞印本》，《图书馆季刊》九卷三、四期。

1937　董作宾、胡厚宣：《甲骨年表》，商务印书馆。

1940　陈梦家：《述方法敛所摹甲骨卜辞》，《图书季刊》新第 2 卷第 1 期。

陈梦家：《述方法敛所摹甲骨卜辞补》，《图书季刊》新第 2 卷第 3 期。

董作宾：《方法敛博士对于甲骨文字之贡献》，《图书季刊》新第 2 卷第 3 期。

1959　山东省博物馆：《明义士收集我国文物目录》。

1961　富善著，黄然伟译：《明义士先生传略》，《中国文字》2 期。

1970　许进雄：《殷卜辞中五种祭祀研究的新观念——加拿大皇家安大略博物馆的一版明义士先生收藏的龟背甲》，《中国文字》第 35 册。

1971　许进雄：《简介加拿大皇家安大略博物馆所藏甲骨文字》，《书目季刊》第 5 卷 3 期。

1972　Chin-Hsiung Hsu. *The Menzies collection of Shang Dynasty oracle bones*. Royal Ontario Museum.

金祥恒：《殷墟甲骨新书介绍——明义士殷虚卜辞续编第一集》，《中国文字》第四十四册。

许进雄：《明义士收藏甲骨》，加拿大安大略博物馆。

许进雄：《殷虚卜辞后编》，艺文印书馆。

严一萍：《读〈殷虚卜辞后编〉》，《中国文字》第四十四册。

1973　许进雄编：《辅仁大学所藏甲骨文字——明义士先生藏拓本》，《中国文字》第 50 册。

金祥恒：《辅仁大学所藏甲骨文字后言》，《中国文字》第 50 册。

1974　严一萍：《〈甲骨卜辞七集〉中孙氏藏甲骨的真伪问题》，《中国文字》第 52 册。

1976　前川捷三著，刘锐译：《介绍著录明义士旧藏甲骨的新刊二书》，《甲骨学》第十一号。

1977　许进雄：《明义士收藏甲骨释文篇》，加拿大皇家安大略博物馆。

1978—1979　ChangTai—Ping. *Remarks on the Menzies Collection of Shang Dynsty Oracle Bones*，《古代中国》第四卷。

1979　许进雄：《怀特氏等收藏甲骨文集》，加拿大安大略博物馆出版。

1980　胡厚宣：《甲骨文“家谱刻辞”真伪问题再商榷》，《古文字研究》第四辑。

陈炜湛：《读〈美国所藏甲骨录〉》，《学术研究》第3期。

1985　胡厚宣：《关于刘体智、罗振玉、明义士三家旧藏甲骨现状的说明》，《殷都学刊》第1期。

雷焕章：《法国所藏甲骨录》，台北光启出版社。

李学勤、齐文心、艾兰：《英国所藏甲骨集》，中华书局。

1986　孟世凯：《明义士收购甲骨受骗记》，《古今掌故》创刊号，四川社会科学出版社。

孟世凯：《洋教士受骗之后——甲骨学史中的一则趣闻》，《历史大观园》（中山大学）第6期。

严强、席伟：《甲骨入藏山东记》，《文物天地》第1期。

1988　许进雄：《皇家安大略博物馆收藏甲骨文字索引》，《中国文字》新12期。

张广存：《齐鲁大学与中国古代文物的聚散》，《山东医科大学学报》（社会科学版）第4期。

1991　肖琴摘译：《金璋在中国收购甲骨的概况》，《殷都学刊》第2期。

严一萍：《柏根氏旧藏甲骨文字考释》，台北艺文印书馆。

1992　明义士著，苏秀菊译：《詹姆斯·M·明义士传——他的兴趣在于中国的考古和艺术》，《殷都学刊》第4期。

1994　方辉：《明义士的甲骨收藏与甲骨学研究》，《殷都学刊》第1期。

1995　宋家珩：《加拿大传教士在中国》，东方出版社。

李学勤：《记美国飞尔德博物院所藏甲骨》，《收藏家》第1期。

1996　方辉：《有关明义士藏品的一封信》，《殷都学刊》第3期。

桦子：《流散在国外的甲骨》，《上海师范大学学报》（哲学社会科学版）第2期。

1997　朱凤瀚：《近百年来的殷墟甲骨文研究》，《历史研究》第1期。

雷焕章：《德瑞荷比所藏一些甲骨录》，台北光启出版社。
1998 方辉：《从传教士到考古学家——明义士学术评传》，《加拿大人在中国》，东方出版社。
李巍：《从传教士到汉学家——加拿大圣公会主教怀履光》，《加拿大人在中国》，东方出版社。
汪涛：《甲骨学在欧美——1900—1950》，《甲骨文发现一百年学术研讨会论文集》，文史哲出版社。
1999 刘志庆、尚海丽：《加拿大传教士与安阳》，《殷都学刊》第1期。
宋镇豪、常耀华：《百年甲骨学论著目》，语文出版社。
方辉：《明义士甲骨入藏南京博物院》，《中国文物报》3月28日。
范毓周：《甲骨文研究百年回顾与前瞻》，《江苏纪念甲骨文发现100周年甲骨文与商代文明国际学术研讨会论文选集》。
范毓周：《甲骨文研究的历史、现状与未来展望》，《史学月刊》第1期。
2000 方辉：《明义士和他的藏品》，山东大学出版社。
方辉：《明义士在皇家安大略博物馆》，《殷都学刊》第1期。
朱彦民：《〈明义士牧师家藏中国文物展〉中两片甲骨的考释》，“明义士学术研讨会”论文，山东大学。
刘志庆、尚海丽：《加拿大传教士在安阳四进四出及其影响》，《世界宗教研究》第4期。
2001 王宇信：《明义士殷商文化研究的成功及对我们研究的启示》，《文物天地》第6期。
刘志伟：《明义士年谱》，中国古都学会年会论文。
郭胜强：《甲骨学研究与中国对外开放》，《夏商周文明研究·六——2004年安阳殷商文明国际学术研讨会论文集》。
2002 葛霞：《南京博物院珍藏的甲骨档案》，《档案与建设》第8期。
2005 Linfu Dong.*Cross Culture and Faith. The Life and Work of James Mellon Menzies*.University of Toronto Press.
刘志伟：《明义士博士：还您一个公道》，《中国文物报》。
董延寿：《明义士与甲骨文研究》，《中州学刊》第6期。
2006 孙亚冰：《百年来甲骨文材料统计》，《故宫博物院院刊》第1期。
张科生：《福开森捐赠文物始末》，《纵横》第4期。
唐际根：《有多少殷墟文物流失海外》，《中国文化遗产》第3期。

2007　刘钢：《探密福氏古物馆》，《中国收藏》第 8 期。
王雪玲：《齐鲁大学国学研究所初探》，华东师范大学硕士毕业论文。

2008　李学勤：《明义士对一坑卜骨的整理》，《社会科学战线》第 9 期。
朱彦民：《近代学术史上的一大公案——关于甲骨文发现研究诸说的概括与评议》，《邯郸学院学报》第 2 期。
高慧：《怀履光及其汉学研究》，山东大学硕士学位论文。
刘志伟：《有关明义士几个存疑问题的考证》，《安阳甲骨学会论文集》，文物出版社。

2009　周忠兵：《卡内基博物馆所藏甲骨的整理与研究》，吉林大学博士学位论文。

2010　李凤勇：《最早收藏研究甲骨文的外国人》，《中国档案报》5 月 14 日。
魏敬群：《明义士收藏甲骨始末》，《春秋》第 2 期。
尚海丽：《近世基督教、天主教在中国内地传播的比较研究 : 以河北道为例》，《世界宗教研究》，第 5 期。
胡万德、周春玲：《中国文化瑰宝甲骨文的悲惨境遇》，《图书情报工作》第 7 期。

2011　赵彦昌：《甲骨档案流失海外的原因、经过及具体分布》，《山西档案》第 6 期。
尚海丽：《研究甲骨文的“西方学者第一人”——明义士牧师》，《安阳师范学院学报》第 3 期。
盛世收藏网：《国际友人援手　殷墟“龙骨”璧归》，《东方收藏》第 3 期。

2012　郅晓娜：《家谱刻辞百年研究综述》，先秦史网站：http://www.xianqin.org/blog/archives/2879.html
陈巨慧、钟倩：《加拿大学者明义士：甲骨研究“西方学者第一人”》，《大众日报》12 月 18 日。
李耀曦、陈巨慧：《甲骨迷踪》，《大众日报》12 月 18 日。

2013　梁丽芳：《加拿大传教士对前期汉学的贡献：一个跨国学术领域的建立》，《海南师范大学学报》（社会科学版）第 2 期。
郅晓娜：《金璋甲骨的收藏始末》，《甲骨文与殷商史》（新三辑），上海古籍出版社。

2014　邹芙都、樊森：《西方传教士与中国甲骨学的国际化》，《学习与探索》第 9 期。

附录3 《库方》、《英藏》所收部分甲骨图片

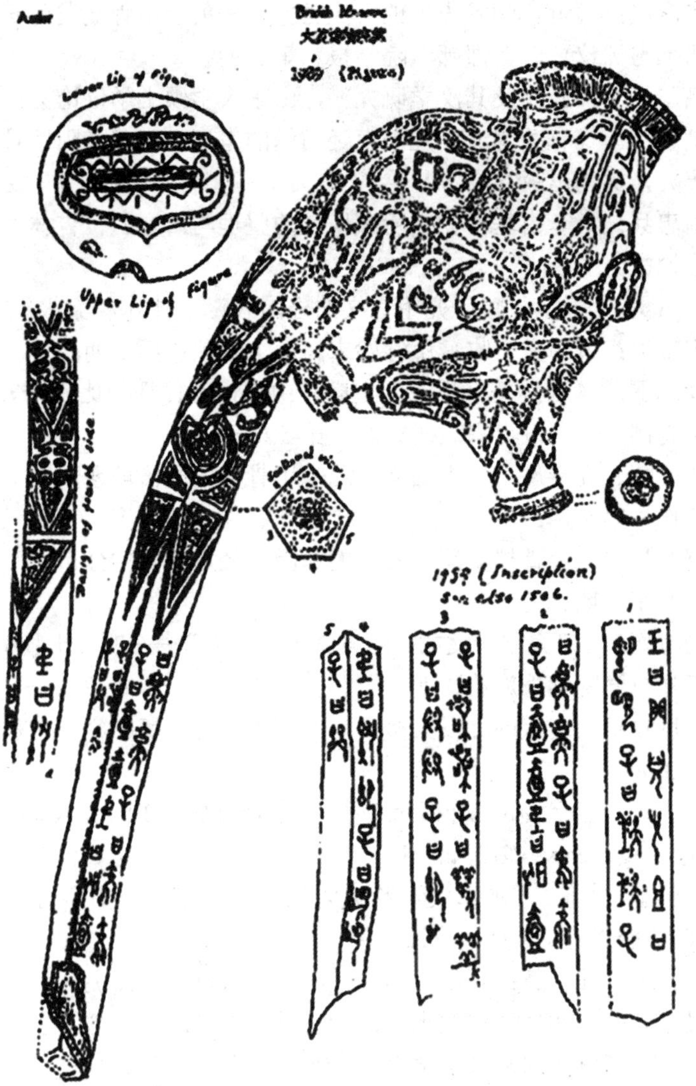

附图1 《库方》1989摹本

资料来源：方法敛摹、白瑞华辑：《库方二氏藏甲骨卜辞》，上海：商务印书馆，1935年，第131页

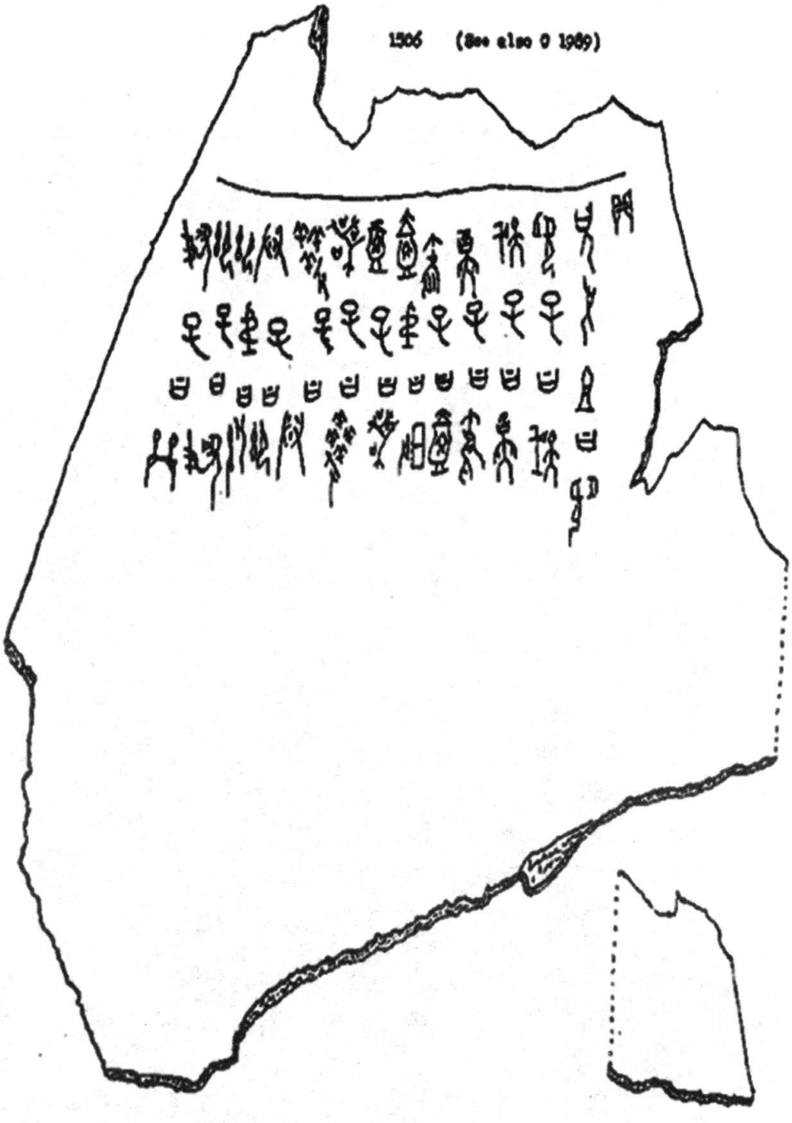

附图2 《库方》1506摹本

资料来源：方法敛摹、白瑞华辑：《库方二氏藏甲骨卜辞》，上海：商务印书馆，1935年，第67页

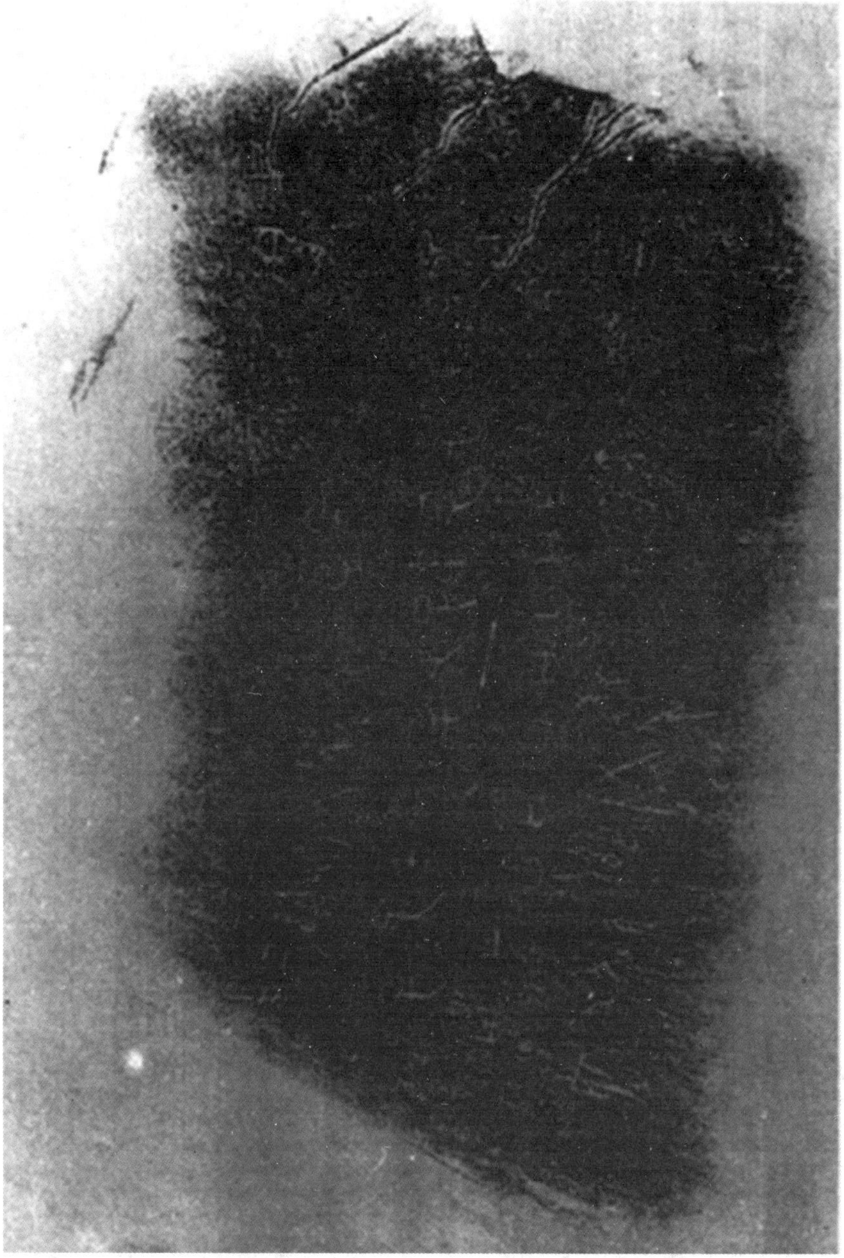

附图 3 《库方》1506 文字部分拓本

资料来源：陈梦家：《殷虚卜辞综述》，北京：中华书局，1988 年，图版二十

附图 4 《库方》1506 照片

资料来源：勃恩·哈第：《中国古代之卜骨》，《布鲁塞文集》4 卷 1 期，1913 年

附图 5 《英藏》2674 正面照片

资料来源：李学勤、齐文心、艾兰：《英国所藏甲骨集》，北京：中华书局，1985 年，图七

附图 6　《英藏》2674 反面照片

资料来源：李学勤、齐文心、艾兰：《英国所藏甲骨集》，北京：中华书局，1985 年，图八

后 记

关于西方传教士与中国甲骨学的关系问题多年来一直萦绕于心。在中国甲骨学发展史上，西方传教士是一个特殊群体，但遗憾的是，既往甲骨学史对这一群体关注甚少。据孙亚冰先生统计，科学发掘前，殷墟出土甲骨有十万片左右，而传教士则购藏约六万片。那么西方传教士的甲骨购藏到底是什么性质的活动？收藏甲骨这一珍贵文化遗产在客观上对甲骨保存产生了什么作用？其在华甲骨学研究对中国甲骨学的发展产生了什么影响？回国后对海外汉学的传播发挥了什么作用？该如何客观评价西方传教士甲骨学活动的功过是非？等等。对这一系列问题，当今学界并未给出明确的回答，这正是本书研究与著述的主要原由。

四年前，本人在讲授《古文字学概论》课程时，将这一想法及研究思路与樊森进行了深入交流，希望共同努力来对这些问题作一初浅回答。经过三年多进一步的资料查阅、寻访与思考，西方传教士的甲骨学活动轨迹在我们脑海中渐趋清晰，关于其对中国甲骨学发展与甲骨学国际化的贡献也形成了新的认识。我们发现西方传教士不仅是最早购藏甲骨的西方群体，也是最早著书立说并向西方学界介绍我国甲骨发现的学术群体；他们不仅是最早将甲骨存放博物馆用于教学展出的教育家，还是较早探寻甲骨出土地的田野工作者；他们不仅是甲骨购藏与文化传播者，还是率先将“地层学”和“类型学”引入甲骨学研究的研究者。应该说，西方传教士在保存甲骨实物和资料、传播甲骨文化、推进甲骨学研究、促进甲骨学国际化、引领海外专业汉学时代等诸多方面，均发挥了不容忽视的积极作用。当然，对西方传教士甲骨学活动的评判，我们要有一分为二的态度，既要认同其学术贡献，又要深刻认识到其购藏甲骨的原始动机。

借拙著出版之机，衷心感谢学界前辈与同仁对笔者的帮助与关心！首先，要诚挚感谢中国社会科学院历史研究所所长卜宪群先生，卜先生在百忙之中审阅拙稿并赐序，这是对后学极大的鼓励与提携！其次，要真诚感谢科学出版社付艳、杨静、宋开金编辑，他们对拙稿提出了许多极富创见的建议，尤其是对稿子的审读付出了诸多心血，辛苦你们了！其三，要深深感谢学界各位专家，拙著借鉴了诸多学者的观点，没有前辈学者付出的艰辛努力，拙著断难完成。此外，为行文方便，在引用各位专家相关成果时，均径称名讳，省略了“先生”二字，敬请见谅！其四，要真挚感谢西南大学及历史文化学院各位领导与老师，无论在工作还是生活上你们均给予了诸多关心与帮助，使我们在学术探索的道路上能踯躅前行！最后，要感谢北京语言大学黄劲伟博士，本书在写作与研究过程中，劲伟博士代为收集了大量资料，辛苦你了！

拙著虽然即将出版，但此时的心情可谓诚惶诚恐。笔者深知，拙著肯定存在不足或需提升的地方，如由于诸多方面的原因，一些有关传教士的海外手稿与资料未曾全部收集到，如关于传教士旧藏甲骨的数量问题，因头绪甚多且各家所言又多相抵触，故在对比、求索、取舍之际左右为难。此类问题，不一而足。故借此机会，恳请各位专家学者不吝赐教，多为批评与指正，以助笔者学识的提高！

邹芙都

2015年1月于西南大学学府小区